Martina Winkelhofer
Eine feine Gesellschaft



PIPER

Zu diesem Buch

Zwischen der Welt der Kaiser und Könige des ausgehenden 19. Jahrhunderts und heute steht eine Zeit des radikalen gesellschaftlichen Wandels, die den Blick auf die Realität in den Herrscherhäusern Europas vor 1918 verstellt. Was übrig bleibt, ist ein verklärtes Bild royalen Lebens, von stolzen Herrschern, schönen Prinzessinnen und weisen Regenten. Doch die Wirklichkeit sah ganz anders aus.
In ihrem neuen Buch zeigt Martina Winkelhofer die Bruchstellen royaler Lebenswelten auf, die – schon damals – von der Presse gnadenlos ans Licht der Öffentlichkeit gezerrt wurden. Sadistische Erzieher, königliche Kurtisanen, verschwenderische Operetten-Thronfolger und rebellische Prinzessinnen, die sich der dynastischen Heiratspolitik nicht mehr unterwerfen wollten, lösten Skandale aus, die die Dynastien Europas gewaltig ins Wanken brachten.

*Martina Winkelhofer*, Dr. phil. für Geschichte und Kunstgeschichte (Universität Wien), ist Expertin für die Geschichte der Habsburgermonarchie und die Familiengeschichte europäischer Herrscherhäuser. Sie hat Standardwerke zum franzisko-josephinischen Kaiserhof und zur Alltagsgeschichte des Adels verfasst. Für Österreichs auflagenstärkste Tageszeitung Kronen Zeitung verfasst sie seit 2012 wöchentlich eine zweiseitige Geschichtskolumne, seit 2015 konzipiert und gestaltet sie auch Spezialmagazine zu verschiedensten historischen Themen.

Martina Winkelhofer

# Eine feine Gesellschaft

Skandale und Intrigen an Europas Königs- und Kaiserhäusern

Mit 83 Abbildungen

PIPER

*Mehr über unsere Autorinnen, Autoren und Bücher:*
*www.piper.de*

Von Martina Winkelhofer liegen im Piper Verlag vor:
Sisis Weg
Eine feine Gesellschaft



Unser Versprechen für mehr Nachhaltigkeit
• Klimaneutrales Produkt
• FSC®-zertifiziertes Papier
• Hergestellt in Europa

MIX
Papier | Fördert gute Waldnutzung
FSC® C083411

ISBN 978-3-492-30881-6
Ungekürzte Taschenbuchausgabe
1. Auflage August 2016
8. Auflage Juni 2024
Piper Verlag GmbH, München

Umschlaggestaltung: semper smile, München
Umschlagabbildung: W. G. Phillips/Phillips/Getty Images
Satz: VerlagsService Dietmar Schmitz GmbH, Heimstetten
Gesetzt aus der Garamond Premier Pro
Druck und Bindung: CPI books GmbH, Leck
Printed in the EU

# Inhalt

# Vorwort

Schmutzige« Briefe kursierten am Kaiserhof und blamierten die Vornehmsten der Gesellschaft. Anonyme Pamphlete berichteten von ausschweifenden Orgien und einem mysteriösen Wunderheiler. Ein Thronfolger wurde vor Gericht geladen. Eine Kronprinzessin ging mit dem Hauslehrer durch, eine Königstocher klagte vor Gericht ihr Erbe ein und die teuersten Kurtisanen Europas rühmten sich, Kaisern und Königen ihre Preise für eine Nacht mit ihnen zu diktieren. Prinzen weigerten sich zunehmend, ihrer hohen Stellung wegen auf Liebe zu verzichten, und brachten damit dynastische Heiratsallianzen zu Fall. Und viele Prinzessinnen pochten zunehmend auf ihr Recht auf persönliches Glück und ein Mindestmaß an Freiheit. Dazu kamen noch unzählige Ehedramen, skandalöse Affären und dramatische Zustände in den königlichen und kaiserlichen Kinderstuben.

In den letzten Jahrzehnten vor dem Ausbruch des Ersten Weltkriegs häuften sich Skandale an Europas Königs- und Kaiserhäusern dramatisch. Sie alle trugen eine enorme gesellschaftliche Sprengkraft in sich. Gekrönte Häupter in ganz Europa schienen die hohen Ansprüche, die ihre Stellung verlangte, nicht mehr erfüllen zu können. Dazu gesellte sich eine zunehmend selbstbewusster werdende Öffentlichkeit, die nicht mehr bereit war, über skandalöses Verhalten ihrer Monarchen hinwegzusehen. Und die neu aufkommenden Massenmedien zerrten ab nun Pikantes und Skandalöses aus Europas Königshäusern ins gleißende Schweinwerferlicht, so dass nun jeder geradezu eingeladen wurde, sich ein Urteil über jene zu bilden, die an der Spitze der alteuropäischen Gesellschaftspyramide standen.

Lange Zeit galten Skandale nicht als geeignetes Forschungsobjekt. Zu banal schien eine nähere Beschäftigung mit königlichem Fehlverhalten. Doch seit einiger Zeit rücken Skandale in den Fokus der Forschung. Denn sie stehen für wesentlich mehr als nur schlechtes Benehmen der Eliten: Skandale zeigen Schmerzgrenzen einer Gesellschaft und einer Zeit auf. Skandale signalisieren, wo alt hergebrachtes Verhalten oder Selbstverständnis nicht mehr akzeptiert wird. Skandale stehen deshalb auch immer für gesellschaftliche Veränderungen. Sie sind ein Indikator dafür, was eine Gesellschaft noch bereit ist zu akzeptieren – und was eben nicht mehr. Sie erzählen von menschlichen Schwächen, die das Potenzial in sich bergen, ganze gesellschaftliche und politische Systeme ins Wanken zu bringen.

Aber, ist das nicht alles viel zu privat? Welche Relevanz haben häusliche Skandale oder ein skandalöses Privatleben in Europas Herrscherhäusern? Die Antwort ergibt sich aus der Sonderstellung, die Könige und Kaiser im alten Europa einnahmen. Ein Monarch stand deshalb an der Spitze eines Landes, weil ihn der Zufall der Geburt – oder, je nach Lesart, die göttliche Vorsehung – an diese Position gebracht hatte, die Frage der Qualifikation wurde nicht gestellt. Und genau deshalb konnten Monarchen auch nicht auf eine Trennung zwischen öffentlicher und privater Person plädieren. Sie konnten ihre Rolle nicht ablegen wie ein abgewählter Politiker und sich ins Privatleben zurückziehen, denn sie verkörperten die Monarchie. Damit hatte jede einzelne ihrer Handlungen, ob politisch oder privat, weitreichende Konsequenzen. Das Leben der gekrönten Häupter und ihrer Familien spielte sich immer mehr unter den kritischen Augen ihrer Untertanen ab. Und je gefährdeter ihr Thron wurde, desto besser mussten sich Royals den Erwartungen ihrer Bürger anpassen.

Es ist aber auch eine Geschichte des »Obenbleibens« in einer Welt, die sich rasant änderte, und handelt von den Schwierigkeiten, die eigenen Traditionen an eine neue Zeit anzupassen. Damit wird ein vermeintlich altes Thema wieder aktuell: Wie gehen Menschen mit politischen und gesellschaftlichen Veränderungen um? An welchen Werten soll man festhalten, wenn eine Neuorientierung gefragt ist? Im Fall der gekrönten Häupter hieß das: Ist die traditionelle königliche Kindererziehung überhaupt noch zeitgemäß? Kann man dynastische Heiratsvorgaben einfach so über den Haufen werfen? Wie lebt man unter dem Vergrößerungsglas der Medien? Und, muss ein Monarch auch in einer immer freier werdenden Gesellschaft stets Vorbild sein?

Dieses Buch will europäische Geschichte aus einer anderen Perspektive erzählen. Nicht die große Politik des ausklingenden alten Europas, sondern deren Protagonisten und ihre privaten Irrungen sollen im Mittelpunkt stehen. Denn es waren die Könige und Kaiser, die bis zum Ersten Weltkrieg das Schicksal dieses Kontinents formten. Vieles, das auf den ersten Blick privat scheint, ist eben nicht privat, sondern hat weitreichenden Einfluss auf die Gesellschaft. Wenn sich etwa ein Monarch nicht an die strikten Heiratsvorgaben seiner Dynastie hielt oder wenn ein katholisches Herrscherhaus Scheidungen zuließ, dann handelte es sich eben nicht nur um individuelle Fehlleistungen, sondern um viel mehr: um den Verlust der Glaubwürdigkeit. Und Glaubwürdigkeit war die einzige Währung, mit der Monarchen im Zeitalter der aufkommenden Demokratisierung noch punkten konnten.

Nicht eine abstrakte und theoretische Einführung in die Sozialgeschichte von Europas Herrscherhäusern war das Ziel der vorliegenden Arbeit, vielmehr sollte dem Leser ein Einblick in das private Leben der Mitglieder der europäischen Herrscherhäuser mit all ihren Widersprüchen geboten werden. Es wird von Menschen erzählt, die zwar mit dem sprichwörtlich goldenen Löffel aufgewachsen sind, persönlich aber manchmal tragisch versagten. Von Menschen, die eine Vorbildfunktion einnehmen sollten, an den Vorgaben ihrer hohen Stellung aber oftmals scheiterten. Es handelt aber auch von Menschen, die nicht mehr bereit waren, für ihr Land und ihre Dynastie auf persönliches Glück (und manchmal auch nur auf Vergnügen) zu verzichten – und damit oftmals weitreichende Krisen auslösten.

In diesem privaten Spannungsfeld wurde das Schicksal des alten Europa besiegelt – nicht zuletzt deshalb lohnt es sich, einen Blick hinter die Kulissen der europäischen Herrscherhäuser zu werfen.

Wien, Oktober 2014

Danksagung:
Mein besonderer Dank gilt meinen Kollegen Alma Hannig (Bonn), Georg Gaugusch (Wien) und Milan Svoboda (Prag) für ihre Hinweise und Hilfestellungen sowie natürlich allen Mitarbeitern des Amalthea Verlags.
In Liebe gewidmet ist dieses Buch meinem Mann und unseren Kindern.

»Könige sollen fern und nah sein,
Könige sollen anziehend und zurückhaltend sein,
Könige sollen einsam und überall sein,
Könige sollen unpersönlich und Persönlichkeiten sein,
Könige sollen an allem teilnehmen und ewig heiter sein,
kurz, sie sollen Übermenschen,
sollen alles sein.«

KÖNIGIN MARIE VON RUMÄNIEN

»Es heißt, dass wir Könige auf Erden die Ebenbilder Gottes seien. Ich habe mich daraufhin im Spiegel betrachtet. Sehr schmeichelhaft für den lieben Gott ist es nicht.«

KÖNIG FRIEDRICH II., DER GROSSE, VON PREUSSEN

Europa, ein »dynastisches Familienkartell«: links das russische Zarenpaar Nikolaus II. und Alexandra mit seiner erstgeborenen Tochter, in der Mitte die alte Queen Victoria von Großbritannien, rechts ihr Sohn Edward. Nikolaus' Mutter und Edwards Frau waren Schwestern, das russische und englische Königshaus waren eng verwandt.

# Einleitung – Götterdämmerung

Es war die letzte Blütezeit des tausend Jahre alten, königlichen und kaiserlichen Europas, jene Jahrzehnte vor Ausbruch des Ersten Weltkriegs im Jahr 1914. Der Kontinent hatte sich in den hundert Jahren zuvor grundlegend verändert. Aus dem feudalen Europa war ein Europa der modernen Industriestaaten geworden. Die Einwohnerzahl hatte sich zwischen 1800 und 1900 mehr als verdoppelt – von 200 auf rund 430 Millionen – und die Lebenserwartung der Menschen war enorm gestiegen.[1] Die Wirtschaft boomte und brachte immer größeren Bevölkerungsschichten zumindest bescheidenen Wohlstand. Eine moderne Staatsbürokratie hatte sich mittlerweile in allen Ländern etabliert und immer breitere Gesellschaftsschichten drängten nach politischer Mitbestimmung. Die Demokratisierungsprozesse waren nicht mehr aufzuhalten – Europa war in der Moderne angekommen.[2]

Fast alles hatte sich verändert, nur eines nicht: An der Spitze Europas stand nach wie vor ein »dynastisches Familienkartell«.[3] Es waren immer noch die gekrönten Häupter, die Kaiser und Könige, die das Schicksal des Kontinents entscheidend prägten. Ihr Herrschaftsanspruch war trotz des gesellschaftlich-politischen Wandels ungebrochen. Europas Dynastien, dieses familiäre Beziehungsgeflecht, das sich von den skandinavischen Ländern bis ins südliche Griechenland und vom östlichen Russland bis ins westliche Spanien erstreckte, konnte sich auch im jetzigen bürgerlichen Zeitalter durch starke Netzwerke, Taktik, Geschick und eine geradezu erstaunliche Anpassungsfähigkeit immer noch an der Macht halten.[4]

Betrachtet man die Landkarte Europas in den letzten Jahren vor dem Ersten Weltkrieg, so erkennt man, dass der ganze Kontinent einem Mosaik von unterschiedlichsten Kaiser- und Königreichen glich. Es gab die jahrhundertalten großen Imperien wie die mitteleuropäische Habsburgermonarchie, das Britische Weltreich und das riesige russische Zarenreich und daneben eine Vielzahl kleinerer, wesentlich jüngerer Königreiche, wie etwa Italien, Belgien oder die Balkanstaaten. Trotz Modernisierung war der Kontinent großteils nach wie vor in der Hand von gekrönten Häuptern. Nur vier europäische

**König Haakon I. und Königin Maud von Norwegen. In der Volksabstimmung von 1905 sprach sich die Mehrheit der Norweger für die Einführung der Monarchie aus.**

Staaten waren am Vorabend des Ersten Weltkriegs bereits Republiken: Frankreich (ab 1870), Portugal (seit 1910) und, bereits seit Jahrhunderten, die Schweiz und der Zwergstaat San Marino.

Im Unterschied zu früheren Jahrhunderten gab es aber nicht mehr nur »die eine« Monarchie als Staatsform, sondern verschiedene Varianten davon: Im Westen, in Großbritannien hatte sich etwa die konstitutionelle Monarchie in ihrer ausgeprägtesten Form etabliert – die tatsächliche politische Macht war im Wesentlichen längst beim Parlament, Britanniens Könige und Königinnen waren eher symbolische Repräsentanten ihrer Nation als politisch einflussreiche Regenten.[5] Im Osten des Kontinents, im russischen Zarenreich, existierte dagegen noch ein autokratisches Herrschaftssystem, das in West- und Mitteleuropa zu diesem Zeitpunkt bereits undenkbar war. Die Monarchien der anderen europäischen Länder waren innerhalb dieses Spektrums zwischen parlamentarischer Monarchie und sakralem Gottesgnadentum angesiedelt.[6]

Es gab auch interessante Sonderfälle: In Norwegen wurde etwa das Volk befragt, ob es, nach der Unabhängigkeit von Schweden im Jahr 1905, wieder wie in alten Zeiten einen König haben wolle. Bei der Volksabstimmung zu dieser Frage sprachen sich 260 000 Norweger für und 70 000 gegen eine Monarchie aus. Erster König des neuen, unabhängigen Norwegen wurde Prinz Christian von Dänemark, der als König Haakon VII. den Thron bestieg. Solch eine Krone von Volkes Gnaden war für die meisten europäischen Royals gewöhnungsbedürftig. Nach der feierlichen Krönung des neuen Monarchen schrieb eine englische Verwandte des neuen Königspaares, dass es eine eigenartige, fast »revolutionäre Krönung« gewesen sei: »... als hätte man damit die grausliche Revolution sanktioniert«. Aber, so fügte die alte Tante seufzend hinzu: »Wir leben heute leider in sehr modernen Zeiten«.[7]

Trotz solcher Klagen auf höchstem Niveau erlebte das Königtum gerade im 19. Jahrhundert und bis zum Ausbruch des Ersten Weltkriegs ein regelrechtes »Revival«.[8] Denn auch Staatsgründungen wurden noch immer dynastisch legitimiert. Wollte ein junges Land, das eben erst seine Souveränität erlangt hatte, im Konzert der europäischen Großmächte ernstgenommen werden, musste es einen herzeigbaren König vorweisen. Wenigstens gab es keinen Mangel an Kandidaten für dieses Amt, da Europas etablierte Herrscherhäuser über ein riesiges Reservoir an Prinzen verfügten, die, wenn gewünscht, jederzeit in die Rolle eines Monarchen schlüpfen konnten – wie eben im Fall Norwegens oder auch Rumäniens, Bulgariens oder Griechenlands, die ebenfalls im 19. Jahrhundert ihre Unabhängigkeit erlangten.

Diese letzte Hochblüte der Monarchie geschah somit unter grundlegend veränderten Bedingungen: Die »modernen Zeiten«, über die sich so viele Royals beschwerten, verlangten nämlich auch nach einem völlig neuen Herrscherideal. Wollten Kaiser und Könige weiterhin bestehen, mussten sie sich und ihre gesellschaftliche Rolle neu definieren. Denn was blieb einem Monarchen im Zeitalter der zunehmenden Demokratisierung, wenn seine politische Funktion immer mehr eingeschränkt wurde? Nur mehr eines: sein symbolisches Kapital, seine Reputation und das Vertrauen seiner Untertanen.[9]

Das bedeutete für Europas Monarchen, dass sie, ob sie es wollten oder nicht, zum ersten Mal in ihrer Geschichte Imagepflege betreiben mussten. Sie mussten sich, hart formuliert, gut »verkaufen«. Denn Europas Königs- und Kaiserhäuser waren nun von der Akzeptanz der Bevölkerung abhängig.[10]

**Ein Treffen von Europas Königen war immer auch ein Familienfest, Foto ca. 1907. Obere Reihe von links, stehend: König Alfonso XIII. von Spanien, der deutsche Kaiser Wilhelm II., Königin Alexandra von Großbritannien, König Edward VII. von Großbritannien. Untere Reihe von links, sitzend: Königin Maud von Norwegen, die deutsche Kaiserin Auguste, Königin Amélie von Portugal, Königin Victoria Eugénie von Spanien.**

Was Monarchen jetzt brauchten, was ihre Position an der Spitze der Staaten nun sichern konnte, war die emotionale Bindung ihrer Bürger an sie. Und die Bedingung dafür war eine tadellose Reputation. Ein guter Ruf war aber auch deshalb wichtiger als je zuvor, weil die Toleranz der Untertanen gegenüber königlichem Fehlverhalten im Schwinden war. Man war nicht mehr bereit, so wie früher, über alle Unsitten hinwegzusehen.

Da nun also für die Royals nichts wichtiger war als ihre Reputation, war umgekehrt nichts schädlicher für ihren Ruf als Skandale oder skandalöses Verhalten. Wobei das Gefährliche an Skandalen weniger darin lag, dass sie die Herrschenden bloßstellten, sondern dass sie das Potential in sich trugen, das Selbstverständnis einer Elite massiv in Frage zu stellen und, noch schlimmer, diese zu diskreditieren.[11] Was Menschen als skandalös empfinden, war und ist auch immer ein Ausdruck ihrer Zeit. Deswegen erzählen Skandale auch immer von gesellschaftlichen Entwicklungen, manchmal sogar von Zeitenwenden – denn die öffentliche Empörung wird oft zum Motor für politische und soziale Veränderungen.[12]

Wie war es nun möglich, dass gerade jene Zeitspanne des ausklingenden alten Europas derart von Skandalen und Fehltritten ihrer Monarchen überschattet war? Warum drifteten gerade jetzt Schein und Sein der Schönen und Mächtigen so auseinander? Die Antwort mag alle, die sich auch nur ein wenig mit Geschichte beschäftigt haben, kaum verwundern: Die Protagonisten hatten sich nicht so sehr verändert – die wenigsten Könige der Geschichte waren für ihre Tugendhaftigkeit berühmt –, sie sahen sich nun lediglich mit etwas konfrontiert, das sie vorher nicht gekannt hatten: einer breiten Öffentlichkeit, die über fast alles Bescheid wusste und die sich auch herausnahm, über Fehlverhalten zu urteilen.

Das moderne Informationszeitalter hatte begonnen und Europas Royals gehörten zu den Ersten, die das am eigenen Leib zu spüren bekamen. Mitte des 19. Jahrhunderts wurde eine neue Technologie entwickelt, die es den Menschen ermöglichte, über große Entfernungen hinweg fast ohne Zeitverzögerung zu kommunizieren: die Telegraphie, das »viktorianische Internet«. Innerhalb kürzester Zeit entstand ein weltweites Kommunikationsnetz. Dicke Kabel überspannten die Kontinente und durchzogen die Meere, um Nachrichten in rasanter Geschwindigkeit zu übermitteln.[13]

Die Telegraphie brachte eine zweite große Neuerung mit sich: die Entstehung der Nachrichtenagenturen, die nun selbst den Provinzzeitungen die Teilnahme am Weltgeschehen ermöglichten.[14] Es war der Anfang des modernen Medienzeitalters: Ab den 1870er Jahren setzte die Massenpresse ein. Zeitungen schossen wie Pilze aus dem Boden, und da sie auch für weniger Begüterte erschwinglich waren – Bücher waren viel zu teuer für die arbeitende Bevölkerung –, lasen mehr Menschen als je zuvor. Der Informationskonsum stieg rapide an. Benötigte man für ein Buch Geld, Zeit und Muße, konnte man eine Zeitungsspalte auch in kürzester Zeit überfliegen. Dadurch erreichten mehr Nachrichten den Großteil der Bevölkerung als je zuvor.

Dieser Eintritt ins Informations- und Medienzeitalter brachte mit sich, dass die Menschen sich nun auch permanent und umfassend über das Leben ihrer Herrscher informieren konnten. Der Klatsch über Europas

Fürstenhäuser war nicht mehr der Hofgesellschaft vorbehalten. Auch der bürgerliche Zeitungsleser wusste nun über die Situation bei Hof Bescheid, und obwohl in fast allen Ländern Zensur herrschte, konnten auch damals die Menschen gut zwischen den Zeilen lesen. Für die Mitglieder der europäischen Dynastien bedeutete dies, dass ihr Privatleben zunehmend öffentlich wurde, mit allen daraus folgenden Konsequenzen. Jeder Skandal, jedes skandalöse und unstandesgemäße Verhalten fand sofort seinen Niederschlag in Zeitungsartikeln, Kommentaren und Leserbriefen und wurde so zum Gegenstand der öffentlichen Debatte. Kritik blieb nicht mehr, wie bisher, im relativ privaten Bereich (sei es des Hofs, der Verwandtschaft oder der eigenen Gesellschaftsschicht), sondern fand auf einmal millionenfachen Widerhall in den damaligen Medien. Könige waren nun präsenter, aber auch verletzlicher als je zuvor. Sie waren zum öffentlichen Gut geworden – das hat sich bis heute nicht geändert.[15]

Freilich fand nicht jeder gesellschaftliche Skandal Eingang in die Zeitungen. Aber dennoch hinterließen jedes skandalöse Verhalten und jede royale Fehlleistung Spuren in der Beziehung zwischen Monarchen und ihren Untertanen. Denn jeder König und jede Königin, aber auch die anderen Angehörigen von Herrscherhäusern, jeder Prinz und jede Prinzessin, die sich nicht so verhielten, wie es den hohen Anforderungen ihrer Dynastien entsprach und wie es die Öffentlichkeit erwartete, forderten Kritik geradezu heraus. Die vielen, öffentlich gemachten Widersprüche zwischen Anspruch und Wirklichkeit in Europas Herrscherhäusern prägten die Phase des königlichen Europas vor dem Ende der alten Welt. Allerdings sei auch betont, dass gerade die vielen Widersprüche, die vielen »Sollbruchstellen« im Leben der Royals die spannendsten Einblicke in die untergegangene Welt des europäischen Königtums zulassen. Niemals »menschelte« es mehr in den Herrscherhäusern als zu dieser Zeit.

1914 endete das tausendjährige königlich-kaiserliche Europa mit einem schrillen Schwanengesang. Europas Royals boten in ihrer letzten Phase noch einmal alles, worin auch heute noch die Faszination der wenigen verbliebenen Königshäuser für eine breite Öffentlichkeit besteht: Skandale, unangepasstes und unstandesgemäßes Verhalten und die ewige Spannung zwischen Tradition und Anpassung. In diesem Sinn hatte die »Götterdämmerung« vor Anbruch des neuen Zeitalters durchaus moderne Züge.

# 1 »Ich hatte keine Kindheit«

## Das tägliche Grauen in königlichen und kaiserlichen Kinderstuben

Queen Victoria war entzückt. Die neue Amme Mary Ann Brough schien ein Glücksgriff zu sein. Ihre Aufgabe war es, Viktorias 1841 geborenen Sohn Albert Edward (»Bertie«), den Thronerben, zu stillen. Ammen wie sie wurden stets mit großer Sorgfalt ausgewählt. Als Frauen, die die königlichen Kinder stillten, mussten sie nicht nur über eine exzellente Gesundheit verfügen, sondern vor allem ein moralisch einwandfreies Leben führen. Schließlich nahm man damals an, dass eine Amme die ihr anvertrauten Säuglinge nicht nur nährte, sondern bereits ersten moralischen Einfluss auf die Kinder nahm.

Dreizehn Jahre später erfuhr die – völlig geschockte – Königin, dass die wenigstens siebenfache Mutter Mary Ann Brough, die einst als Amme über das Leben des Thronerben gewacht hatte, sechs ihrer eigenen Kinder im Alter von zwei bis elf Jahren mit einer Rasierklinge die Kehle durchgeschnitten und anschließend versucht hatte, sich selbst zu töten.[16] Der aufsehenerregende Mehrfachmord beherrschte die britische Presse über Monate; doch erst langsam wurde bekannt, dass es sich bei der Mörderin um die frühere Amme des künftigen britischen Königs handelte. Dass ausgerechnet eine spätere sechsfache Mörderin zur Amme jenes Kindes eingestellt worden war, das als Erwachsener den prestigeträchtigsten Thron der westlichen Welt besteigen sollte, führte bald zu lebhaften öffentlichen Diskussionen über das Auswahlverfahren von Bediensteten für die königliche Kinderkammer. Ob Mary Ann Brough wirklich wahnsinnig war, wie ihr Anwalt angab, der im Gerichtsverfahren auf Unzurechnungsfähigkeit plädierte, kann rückwirkend nicht mehr geklärt werden. Im Mordprozess gab die ehemalige Amme jedenfalls zu Protokoll, dass die Pflege ihrer Kinder – alle waren vor ihrer Ermordung an Masern erkrankt – sie völlig erschöpft hätte; hinzu kam noch die Angst vor einem bevorstehenden Sorgerechtsstreit mit ihrem Mann. Die Kindsmörderin und Kronprinzen-Amme verstarb wenige Jahre nach ihrer schrecklichen Tat.

Die Geschichte der Mary Ann Brough ist zwar ein tragischer Einzelfall, doch in einer Beziehung symptomatisch für viele königliche und kaiserliche

Kinderstuben: Der Großteil der königlichen Eltern hatte schlichtweg keine Ahnung, wer die Menschen waren, die ihre Kinder betreuten. In königlichen Kinderstuben herrschten zum Teil skandalöse Zustände. Im besten Fall war das Betreuungspersonal kühl und unzugänglich, im schlechtesten Fall wurden die Kinder Psychotikern, Sadisten oder Alkoholikern überlassen. Liebevolles und verantwortungsvolles Betreuungspersonal war eher die Ausnahme.

Es war nicht das erste Mal, dass die königliche Kinderstube in Großbritannien Gegenstand der medialen Berichterstattung war. Schon dreizehn Jahre vor dem Fall Brough, im Jahr 1842, mokierte sich die öffentliche Meinung darüber. Britische Zeitungen – die wesentlich weniger zensuriert wurden als jene auf dem Kontinent – brachten beißende Karikaturen, etwa eines beschwipsten Kindermädchens, das dem kleinen Prince of Wales eine Weinflasche aufzwang und dabei gröhlte: »Möchtest Du auch einen Schluck, kleiner Thronerbe?«[17] In die Öffentlichkeit war durchgesickert, dass die Kinderfrau von Königin Victorias ältester Tochter Vicky dem Alkohol alles andere als abhold war – was für die Zeitungskarikaturisten natürlich ein lohnendes Sujet darstellte.

Auch der massive Einsatz von Beruhigungsmitteln wurde kritisiert. So war ebenfalls an die Öffentlichkeit gedrungen, dass der königliche Leibarzt seinen kindlichen Schützlingen bei Hof gerne einen Schluck des berüchtigten Beruhigungssaftes »Godfrey's cordial« verordnete. Diese Opiumtinktur wurde verabreicht, um Babys und Kleinkinder ruhigzustellen und in einen stundenlangen Tiefschlaf zu versetzen. »Godfrey's cordial« war zunächst ein Verkaufsschlager gewesen; nachdem aber immer mehr Todesfälle bekanntwurden, die sich auf das Opiat zurückführen ließen, stieg die grundsätzliche Kritik am – damals verbreiteten – medikamentösen Ruhigstellen von Kleinkindern.[18] Queen Victoria und ihr Ehemann, Prinzgemahl Albert, waren zwar entsetzt über die Tat der Mary Ann Brough, und auch eine übermäßige Gabe von Beruhigungsmitteln lehnten die königlichen Eltern ab – doch trotz der öffentlichen Diskussionen überdachten sie weiterhin weder ihre Personalauswahl noch die medizinische Betreuung ihrer Kinder grundsätzlich.[19]

Erst seit knapp zweihundert Jahren wird in unserer Kultur der Kindheit – als die Psyche und den Charakter prägende Phase im Leben jedes Menschen – jene Bedeutung zugestanden, die ihr zusteht. Kinder als ebenbürtige kleine Menschen wahrzunehmen, die in ihrer Entwicklung auf Zuwendung und Empathie geradezu angewiesen sind, ist, historisch betrachtet, ein sehr junges

Phänomen. Salopp gesagt: Die Kindheit ist eine Erfindung des späten 18. Jahrhunderts; und die Grundkenntnisse der Pädagogik entwickelten sich überhaupt erst im 19. Jahrhundert.[20] Dass traumatische Erfahrungen im frühkindlichen Alter die Persönlichkeitsentwicklung nachhaltig beeinträchtigen und aus gequälten Kindern oftmals schwierige Zeitgenossen werden, gehört heute zum pädagogischen Grundwissen. Wie wichtig musste dann erst eine beschützte Kindheit für jene Menschen sein, die der Zufall ihrer Geburt dazu auserkoren hatte, später über das Schicksal ganzer Völker zu entscheiden? Schließlich gab es in der Geschichte genügend Herrscher, deren charakterliche Defizite und deren Mangel an Empathie und Verantwortungsgefühl sich katastrophal auf politische Entscheidungen auswirkten. Auch im alten Europa hing das Wohl der Bürger nicht zuletzt von der Persönlichkeitsentwicklung der hochgestellten Herrschaften ab.

Auf den ersten Blick schienen die kleinen Prinzen und Prinzessinnen in Europas Königs- und Kaiserhäusern überbehütet aufzuwachsen. Sie wurden von einer Unmenge Personal betreut, lebten in den schönsten Palästen und waren in Samt und Seide gekleidet. Doch der äußere Schein trog: Die königlichen Kinder lebten zwar in einer luxuriösen Umgebung, aber ihre Kindheit war zumeist einsam, lieblos und schwierig. An fast allen Herrscherhäusern wuchsen die Kinder ohne ihre royalen Eltern auf, die für sie in der Regel sowohl physisch als auch emotional nicht erreichbar waren. Kam nun noch verantwortungsloses Personal dazu, war die Katastrophe in der Kinderstube perfekt. Nicht wenige Königskinder erfuhren Vernachlässigung, Demütigungen und Kränkungen, einige auch massive körperliche Gewalt. Bevor eingegriffen wurde, hatten die meisten Kinder aber bereits eine lange Leidensgeschichte hinter sich.

Heute hält man für selbstverständlich, dass eine gelungene Kindheit auf einer intakten, am besten innigen Mutter-Kind-Bindung basiert. Diese gab es in Europas Herrscherhäusern jedoch selten bis gar nicht. Kinder zu gebären galt in erster Linie als dynastische Pflicht; dementsprechend distanziert stand man Schwangerschaft und Geburt gegenüber. Schwangerschaften wurden ausgetragen, aber nicht besprochen. Sogar das Wort »Schwangerschaft« war in der Hofgesellschaft tabu – eine hohe Dame befand sich allenfalls in einem »interessanten Zustand«.[21] Die Etikette verlangte, dass Königinnen und Prinzessinnen würdevoll, gleichsam über allen körperlichen Beschwernissen und Unpässlichkeiten schwebend, die Schwangerschaft durchlebten. Hinter den höfischen Kulissen sah es jedoch oft anders aus; dort wurden die körperlichen Veränderungen und Beschwerden heftig beklagt. So bezeichnete Königin Victoria Schwangerschaften und Geburten als »Schattenseiten« ihres Ehelebens.[22] Und Frauen, die zu schnell hintereinander schwanger wurden, wirkten auf sie überhaupt »wie Hasen oder Meerschweinchen«. Diese Haltung stand in krassem Gegensatz zum vorherrschenden Frauenbild, das die Rolle der Frau als Gebärerin idealisierte.[23]

Die Frauen der europäischen Königs- und Kaiserhäuser definierten sich nicht über ihre Mutterrolle. Nach der Geburt übergaben sie die Kinder schnell dem Personal. Man war natürlich stolz auf seinen Nachwuchs, aber das bedeutete keineswegs, dass man seine Zeit mit ihm verbrachte. Eine Königin oder Kaiserin hatte sich schließlich nicht Säuglingen und Kleinkindern zu widmen, sondern ihren königlichen Pflichten – so war es den jungen Müttern vorgelebt worden, so hatten sie es als Kinder bei ihren Eltern beobachtet. In königlichen Familien bestand von Anfang an eine – heute befremdlich wirkende – große, emotionale Distanz zwischen Eltern und Kindern. Und es gab hier nicht wenige Eltern, die sich für die Gefühle ihrer Kinder schlichtweg nicht interessierten. So litten überdurchschnittlich viele Herrscherkinder unter der mangelnden Zuneigung ihrer Eltern, und das, obwohl sie für die Dynastie von enormer Bedeutung waren – sie repräsentierten schließlich das Überleben des Geschlechts. Außer dem royalen Pflichtbewusstsein gibt es jedoch noch eine weitere Ursache für die emotionale Gleichgültigkeit dieser Eltern gegenüber ihren Kindern: Viele Kinder entsprangen arrangierten Ehen. Vater und Mutter empfanden oftmals nicht das Geringste füreinander, dementsprechend wenig Zuneigung hegte man dann zumeist auch für den gemeinsamen Nachwuchs.

Vielen Müttern und Vätern hatte es, als sie Kinder waren, selbst an Zuneigung und Interesse gefehlt; sie hatten von ihren Eltern nichts als Ignoranz und Gleichgültigkeit erfahren und gaben nun unreflektiert weiter, was sie selbst erlebt hatten. So wird dem britischen König George V. folgendes Zitat zugeschrieben: »Mein Vater fürchtete sich vor seiner Mutter, ich fürchtete mich vor meinem Vater und ich werde darauf achten, dass meine Kinder sich vor mir fürchten.«[24] Und eine ehemalige Zofe schrieb über das Verhältnis zwischen Mutter und Kind in höchsten Kreisen: »Eine liebevolle und hingebungsvolle Mutter zu sein ist in der Upperclass nach meiner Erfahrung sehr, sehr rar. Ich denke, dass Kinder vernachlässigt wurden – nicht was Nahrung,

Kleidung oder materielle Dinge betraf, aber was die eine Sache betrifft, die wichtiger ist als alles von diesen Dingen: wirkliche Liebe, Liebe, die sich zeigt.«[25] Es waren die Worte einer in ärmlichsten Verhältnissen geborenen Zofe, die ihre eigene Kindheit trotz bedrückender Armut doch als reicher empfand als jene der meisten Kinder in höchsten Kreisen.

Die Distanz zu den eigenen Kindern zeigte sich auch in einem wesentlichen Aspekt im Umgang mit Neugeborenen: dem Stillen. Seine Kinder selbst zu nähren galt in Europas Königshäusern als wenig königlich, unfein und sogar als abstoßend. Dass sich kaum eine Prinzessin dafür einsetzte, ihr Kind selbst zu stillen, mag angesichts dieser Vorurteile wenig verwundern. Was jedoch heute wirklich befremdet, ist die Empörung und Häme, die jenen Frauen entgegenschlug, die ihre Kinder trotzdem stillten. Als eine der Schwiegertöchter von Queen Victoria, eine selbstbewusste Zarentochter, ihrem ersten Kind völlig entspannt und mit großer Natürlichkeit selbst die Brust gab, und das auch noch öffentlich während der Tauffeier, war die Königin entsetzt. Die Situation sei abstoßend, widerlich und höchst peinlich gewesen, schrieb die fassungslose Monarchin an ihre Tochter.[26] Und als dann auch noch eine ihrer eigenen Töchter darauf bestand, ihr Kind selbst zu stillen, fand das die Queen so ekelhaft, dass sie als deutliches Zeichen ihrer Abneigung eine preisgekrönte Milchkuh in Windsor nach ihrer »unfeinen« Tochter Alice benannte.[27]

So kühl die Beziehung königlicher Eltern zu ihren Kindern begann, so kühl setzte sie sich fort. Das Motto in den Kinderstuben des 19. Jahrhunderts lautete, dass Kinder gesehen, aber nicht gehört werden sollten. Doch auch mit dem Gesehenwerden war es nicht allzu weit her, zumindest an Europas Höfen. Man wünschte sich auch in königlichen Kreisen zwar eine möglichst große Kinderschar – aber das bedeutete nicht, dass man die Kinder auch um sich haben, mit ihnen leben wollte. Ganz im Gegenteil: In der Regel wohnten sie separat, abseits von ihren Eltern. Die königliche Kinderkammer war eine eigene Wohneinheit mit mehreren Zimmern innerhalb der königlichen Residenzen und räumlich komplett getrennt von den elterlichen Appartements. Fast die gesamte Zeit kümmerten sich die Ammen, Babyschwestern, Gouvernanten und Erzieher um den royalen Nachwuchs. Die Eltern sahen ihre Kinder höchstens einmal täglich, wenn sie ihnen, hübsch herausgeputzt, für eine halbe Stunde präsentiert wurden. Gemeinsame Mahlzeiten zog man überhaupt erst in Betracht, wenn die Kinder über ausreichende Tischmanieren verfügten.

Durch diese getrennten Leben verfestigte sich die emotionale Distanz zwischen Eltern und Kindern. Spontane Zeichen der Zuneigung seitens der Kinder führten bei den Eltern mitunter sogar zu Irritationen; schließlich waren unmittelbare Gefühlsäußerungen im höfischen Mikrokosmos eher ungewöhnlich. Die britische Königin Mary sagte einmal, erstaunt über zarte Signale der Anhänglichkeit ihres damals zweijährigen Sohnes Edward: »Ich glaube, er beginnt mich zu mögen. Zumindest benimmt er sich sehr zivilisiert mir gegenüber.«[28]

Manche dieser bedauernswerten royalen Sprösslinge erfuhren während ihrer gesamten Kindheit niemals Liebe oder Zuwendung von ihren Eltern. So beschrieb Prinzessin Louise von Belgien am Ende ihres Lebens das Verhältnis ihres Vaters, König Leopold II., zu seinen Kindern mit folgendem traurigen Satz: »Unser Vater hat seine in königlicher Ehe geborenen Töchter wohl anerkannt und voll Resignation geduldet, aber sein Herz hat er ihnen niemals geschenkt.«[29]

**Queen Victoria im Kreise ihrer Kinder und Enkel: Regierende Monarchen und Monarchinnen hatten das Recht, in die Erziehung aller Kinder der Dynastie einzugreifen.**

Die Richtlinien für die Erziehung des royalen Nachwuchses gaben nicht allein die Eltern vor, sondern auch – und vor allem – der regierende Monarch. Er, oder auch sie, war das hoch respektierte, oftmals gefürchtete Familienoberhaupt, dem man strengen Gehorsam schuldete. Die Kinder einer Dynastie unterstanden also nicht nur der Verantwortung ihrer Eltern, sondern mussten, wie diese auch, den Anordnungen des regierenden Monarchen nachkommen, der als Chef der Dynastie seit jeher die volle Verfügungsgewalt über alle Familienmitglieder hatte. Wie die Kinder erzogen, nach welchen Lehrplänen sie unterrichtet wurden und welches Erziehungspersonal zugelassen wurde: Für all das musste die Erlaubnis des Familienoberhauptes eingeholt werden. Und viele Monarchen verteidigten dieses alte Recht auch eisern, wenn ein Elternpaar sich ihnen widersetzte – was ohnehin selten vorkam. Als sich etwa einmal der Sohn von Queen Victoria eine Einmischung seiner Mutter in die – ihrer Ansicht nach sehr laxe – Erziehung ihrer Enkel verbat, pochte die Queen auf ihr Recht als Familienoberhaupt. Sie selbst sprach in einem Brief offen davon, dass ihr Sohn einsehen müsse, wie sehr sie als Königin dazu befugt und verpflichtet sei, in die Erziehung ihrer Enkel einzugreifen.[30]

Es versteht sich von selbst, dass nur besonders selbstbewusste Kinder oder Schwiegerkinder sich überhaupt trauten, ihre eigenen Erziehungsvorstellungen gegen den Willen des regierenden Monarchen durchzusetzen. So führte die preußische Kronprinzessin Victoria einen aussichtslosen Kampf um die Kontrolle über die Erziehung ihres ältesten Sohnes, den sie anders erzogen haben wollte, als es der königliche Schwiegervater vorsah. Unterschiedliche Vorstellungen darüber, wie ein Kind heranwachsen und was es lernen sollte, konnten das Verhältnis einzelner Mitglieder eines königlichen oder kaiserlichen Hauses zum Familienchef schwer belasten.[31]

Königliche Kinderstuben waren ein hartes Pflaster: Prinzessin Victoria und Prinz Henry, die jüngsten Kinder des späteren britischen Königs George V. Ihre älteren Geschwister wurden von einem sadistischen Kindermädchen gequält.

Und die Kinder? Sie hatten es, zwangsläufig, alles andere als leicht. Wer an einem der europäischen Königs- oder Kaiserhäuser heranwuchs, erlebte eine Kindheit, die vor allem eins war: streng und hart. Die Erziehung glich einer Dressur. Die obersten Prinzipien, die den kleinen Prinzen und Prinzessinnen antrainiert wurden, hießen: Verzicht, Disziplin und eiserne Selbstbeherrschung. Mit spartanischer Härte sollten die Kinder zu starken Persönlichkeiten geformt werden; sie sollten – von klein auf – Verzicht und Entsagung würdevoll ertragen lernen. Nur auf diesem Weg, glaubte man, würden sie späteren Prüfungen im Leben

**Der spätere russische Zar Nikolaus II. mit seiner Mutter, Zarin Maria Fjodorowna.**

gewachsen sein und auch in schwierigen Zeiten ein Vorbild darstellen können. Kinder sollten also abgehärtet werden, sowohl körperlich als auch emotional. Verzärtelte, verwöhnte Kinder, die – in den Augen ihrer Umgebung – sich selbst zu wichtig nahmen, waren königlichen Eltern ein Gräuel. Der Nachwuchs, so die vorherrschende Meinung, laufe durch zu viel Nachsicht und Zuwendung Gefahr, Extravaganzen zu entwickeln. Je früher die harte Schule des Lebens beginne, desto besser für die Kinder.

Einer der am längsten regierenden Herrscher Europas erzählte im Alter, wie er als Kind auf seine künftigen Pflichten vorbereitet worden war. Kaiser Franz Joseph I. von Österreich-Ungarn, von 1848 bis 1916 auf dem Thron des habsburgischen Vielvölkerstaates, war aufgrund seiner strengen, genügsamen Lebensweise bereits zu Lebzeiten eine Legende. Weil er auch noch unzählige private Tragödien verkraften musste – die Ermordung von Frau und Bruder, der Selbstmord des einzigen Sohnes –, galt Franz Joseph als Personifizierung des tragischen, einsamen, alles erduldenden Herrschers.

Der alte Kaiser erinnerte sich, dass er und seine Brüder, als sie noch Kinder waren, eines Tages bei der Mutter spielten und von dieser gefragt wurden, ob sie nicht gern mit ihr in den Prater, einen Wiener Stadtwald, fahren wollten. Die Buben antworteten mit einem freudigen »Ja!« und wurden daraufhin in ihr Zimmer geschickt, um sich umzukleiden. Als sie dann fix und fertig für die Ausfahrt in den Salon zurückkamen, wurden sie nochmals gefragt, ob sie sich auch wirklich auf den Ausflug freuten, was die Kinder nochmals mit »Ja!« beantworteten. Daraufhin, so der alte Kaiser, habe die Mutter gesagt: »Ihr müsst Euch wieder ausziehen, denn es wird nicht ausgefahren.« Anschließend habe sie den Buben erklärt, dass man bereits in der Jugend lernen müsse, auf Dinge, die man gern tun möchte, zu verzichten. Franz Joseph gab zwar zu, dass dies eine harte Methode war, kleinen Kindern Pflichtbewusstsein beizubringen, aber er befand auch, dass diese und manche andere Prüfung in seiner Kindheit ihn gestärkt und ihm geholfen hätte, im späteren Leben vieles leichter zu tragen.[32] Dass der Kaiser aber als Erwachsener auch große Schwierigkeiten hatte, selbst engsten Familienmitgliedern emotional nahezukommen – worunter trotz aller Liebe Frau und Kinder litten –, zeigt deutlich die Kehrseite einer solchen »abhärtenden« Erziehung. (Mit dieser hoffte man – guten Gewissens – die wohlgeborenen Mini-Herrschaften zu lehren, dass sie im Leben nicht immer so handeln konnten, wie sie wünschten – und darauf mit königlicher Würde reagieren mussten. Enttäuschung, persönliche oder körperliche Befindlichkeiten durften niemals gezeigt werden; alle Unannehmlichkeiten mussten ohne Jammern und Klagen ertragen werden.)[33]

Franz Josephs Mutter war jedoch, trotz ihrer heute eigenartig anmutenden pädagogischen Praktiken, eine herzliche Frau, die ihre Kinder über alles liebte. Noch schwerer hatten es Kinder, wenn sich drakonische Erziehungsmethoden mit Gefühlskälte paarten – dann konnte sich die Kinderstube schnell in ein Horrorkabinett verwandeln. Dementsprechend kann zum Beispiel die Kindheit der Töchter des belgischen Königs Leopold II. – jenes Mannes also, der, wie bereits erwähnt, seinen Kindern keinerlei Zuneigung schenkte – nur mehr als fürchterlich bezeichnet werden. Die Beziehung zwischen Leopold und seiner Frau war lieblos und eisig; vor den Augen der Öffentlichkeit legte das Königspaar eben ein Mindestmaß an Höflichkeit an den Tag. Gegenüber ihren Kindern verhielten sich die gefühlskalten Eltern ebenfalls abweisend. Nichts im täglichen Leben der belgischen Königskinder deutete darauf hin, dass ihr Vater der reichste Monarch des Kontinents war. Jahrein, jahraus mussten die Mädchen die gleichen hemdartigen, von einem Gürtel zusammengehaltenen Kutten tragen. Im Winter froren sie in den schwer zu heizenden Zimmerfluchten der Paläste in ihren Kutten; wärmende Pelze durften sie nicht anlegen – schließlich sollten sie abgehärtet werden.

Täglich wurden die Kinder von ihrer Erzieherin zur Königin geführt, die sich über ihr Betragen berichten ließ. Jedes noch so kleine Vergehen wurde sofort streng geahndet. Die Mädchen wurden dann mit einer Rute gezüchtigt oder in dunkle Kammern gesperrt; natürlich lebten sie in ständiger Angst vor der nächsten Strafe. Es gab auch eine tägliche, einstündige Familienzusammenkunft, bei der die Kinder jedoch nur sprechen durften, wenn ein Elternteil sie angeredet hatte – was nicht oft passierte. Meistens blätterte der Vater in Zeitungen oder beschäftigte sich mit seiner Korrespondenz, während die Mutter las. Und die Familienstunde endete, ohne dass die Mädchen auch nur ein Wort mit ihren Eltern gesprochen hatten. Während der Mahlzeiten setzte sich die Kaltherzigkeit fort: An den üppig gedeckten Tafeln durften die Kinder niemals bei Kuchen, Gebäck oder Obst zugreifen; stattdessen mussten sie zusehen, wie die Erwachsenen davon nahmen. Die Mädchen wurden dermaßen kurz gehalten, dass das Dienstpersonal Mitleid mit ihnen bekam und ihnen heimlich Süßes und Obst zusteckte. Ein derartig unmenschliches Vorgehen konnte man allerdings schon damals nicht mehr damit schönreden, dass man die Kinder frühzeitig an Verzicht und Entsagung gewöhnen müsse – hier versteckte sich hinter der Maske strenger Erziehung eine gehörige Portion Grausamkeit gegenüber Schwächeren.[34]

Neben der körperlichen und seelischen Abhärtung wurde für die Kinder aller Dynastien ein weiteres Erziehungsziel angestrebt: Sie sollten schon früh auf ihre späteren sozialen Pflichten vorbereitet werden – sie wurden somit, wie man sagte, für die »Augen der Welt« erzogen. Monarchen und deren Ehefrauen durften keine Scheu davor haben, öffentlich zu sprechen – ob während eines Auftrittes vor Hunderten Zuschauern oder beim intimeren Hofdiner mit nur einigen Duzend Gästen.[35] Schüchternheit war keine royale Tugend, sondern wurde als großes Problem betrachtet. Denn da das Zeremoniell Gästen bei Hof verbot, von sich aus das Wort an den König zu richten, oblag es den Mitgliedern des Königshauses, die Gespräche am Laufen zu halten. Schwiegen König und Königin, herrschte peinliche Stille. Auch beim »Cercle« – so hießen die kurzen, persönlichen Ansprachen der Royals an die Gäste bei den Hoffestivitäten – eröffneten stets König und Königin die Gespräche. Die Herzogin von Edinburgh, eine Angehörige des englischen Königshauses und geborene Zarentochter, trichterte ihren Kindern ein, dass sie immer bereit sein müssten, zu sprechen; denn nichts wäre schlimmer und unhöflicher als Prinzen oder Prinzessinnen, die »ihren Mund nicht aufmachten«.[36]

Kein Pardon gab es auch bei den Tischmanieren. Diese wurden Kindern von klein auf geradezu eingeprägt; zusätzlich mussten die kleinen Prinzen und Prinzessinnen auch damit umgehen lernen, dass sie immer unter Beobachtung standen. Zu einem festlichen Diner erschien man nicht, um seinen Hunger zu stillen, sondern um seinen gesellschaftlichen Pflichten nachzukommen und gesehen zu werden. Kinder durften keine Speise zurückweisen oder das Essen beanstanden. Wenn ihnen von einem Gericht schlecht wurde, mussten sie die Übelkeit solange zurückhalten, bis sie wieder in ihren Appartements waren.

Überhaupt wurde auf körperliche Befindlichkeiten keine Rücksicht genommen. Erkältungen und Kopfweh waren kein Grund, einem Diner fernzubleiben. Auch Fieber war keine Ausrede. So erzählte man sowohl von Königin Victoria als auch von Kaiser Franz Joseph, dass es für sie nur eine einzige Entschuldigung gäbe, bei einem Diner nicht zu erscheinen: plötzlicher Tod.

Die Kinder sollten sich stets bewusst sein, dass sie als Mitglieder eines Herrscherhauses in der Öffentlichkeit perfekt auftreten und tadellose Manieren aufweisen mussten. Selbst im engsten Familienkreis wurde sogar bei kleinen Kindern jeder Fehler in puncto Manieren oder Etikette sofort geahndet. Prinzessin Victoria Louise, eine deutsche Kaisertochter, berichtete etwa über einen Besuch zum Nachmittagstee bei ihrer Großmutter Folgendes: Als kleines Mädchen kam sie einmal sehr durstig vom Spielen im Freien in den großmütterlichen Salon. Aber der von den Dienern gereichte Tee war noch zu heiß, um damit ihren Durst zu löschen, und so nahm das Kind den Teelöffel und rührte heftig um, damit der Tee schneller abkühlte. In diesem Augenblick betrat die Großmutter den Raum und rief entsetzt und in beißendem Ton: »Wir sind nicht im zoologischen Garten!« – was heißen sollte, ihre Enkelin habe sich benommen, als lebe sie unter wilden Tieren. Das Mädchen war erschüttert, dass ihr ungebührliches, heftiges Umrühren mit dem Teelöffel eine solche Zurechtweisung zur Folge hatte.[37]

Königliche und kaiserliche Eltern waren zwar schnell im Tadeln – doch von den Mühen des Alltags der Kindererziehung blieben sie verschont. Diese Aufgabe hatte man ja vollständig dem Erziehungspersonal überlassen. Für die halbe oder gar ganze Stunde des Tages, die dem Familienleben galt, wurden die Kinder möglichst perfekt präsentiert. Von ihrem Kammerpersonal erhielten sie hierfür das schönste Tageskleid und wurden ermahnt, ihr »Sonntagsbenehmen« zu zeigen – was sich allerdings nicht als so leicht erwies, denn die Kinder waren oft schon völlig übermüdet, wenn sie mit ihren Eltern zusammentrafen. Meist waren sie schon früh aufgestanden und hatten durchgehend Unterricht gehabt. Nun mussten sie gegen Ende des Tages auch noch perfekt funktionieren. Je kleiner die Kinder waren, desto schwieriger gestalteten sich die Besuche bei den Eltern; dann konnte Müdigkeit leicht in Schrei- und Heulattacken ausarten. War dies der Fall, wurden die Kleinen schleunigst von ihren Gouvernanten oder Kindermädchen weggetragen, um den Eltern peinliche Szenen zu ersparen.

Das Erziehungspersonal stand während der täglichen Eltern-Kind-Stunden natürlich unter Anspannung. Im Hintergrund lauerte die Angst, dass die Stimmung der Kinder kippen könnte. Und schreiende, »unartige« Kinder warfen wiederum ein schlechtes Licht auf die Verantwortlichen der Kinderstube, von denen es schnell heißen konnte, dass sie ihrem Erziehungsauftrag offenbar nicht gerecht würden. So sah das Kindermädchen des späteren britischen Königs Edward VII. den – ohnehin seltenen – gemeinsamen Ausfahrten des kleinen Prinzen mit seiner Mutter stets mit »Magenschmerzen« entgegen. Der Gedanke an eventuelles Geschrei oder quängeliges Verhalten ihres Schützlings, alles vor den strengen Augen der Queen, quälte die Kinderfrau bereits Tage vor dem großen Ereignis.[38] Ein entspanntes Miteinander war unter solchen Umständen kaum möglich.

Doch dieses Problem verblasste angesichts der größten Schwachstelle der royalen Kinderstube: der fehlenden Qualitätskontrolle – niemand überprüfte die Arbeit des Erziehungspersonals, ein Umstand, der sich aus dessen schwieriger Position bei Hof erklärte: Gouvernanten, Erzieher und Hauslehrer hatten in der komplexen Hofrangordnung keine genau definierte Stellung inne, was den Umgang mit ihnen kompliziert machte. Hofdamen und Hofmeister blickten auf das Erziehungspersonal, das zudem meist bürgerlich war, arrogant herab. Die Hauslehrer ihrerseits wollten wiederum nicht zum Hauspersonal, den Zofen, Hausdamen und Kammerdienern zählen – was nun das Hauspersonal als arrogant empfand und seinerseits die Erzieher links liegen ließ. Somit befand sich das Erziehungspersonal in einer – auch noch zeitlich begrenzten –Zwischenposition bei Hof. Sowohl die »oben« als auch die weiter »unten« Stehenden ließen diejenigen, die die königlichen und kaiserlichen Kinder betreuten, deutlich spüren, dass sie eigentlich nicht zum Hof gehörten. Den Ärger und die Frustration über diese schwierige Situation gab so mancher Lehrer, so manche Gouvernante oftmals an die Kinder weiter, mit fatalen Folgen.

Und noch ein weiteres Problem brachte diese »Satellitenstellung« der Erzieher mit sich: Das Lehrpersonal hatte kein Korrektiv und keinen direkten

Vorgesetzen, der bei sichtbaren Fehlentwicklungen, die den Kindern schadeten, eingegriffen hätte. Das Erziehungspersonal unterstand ausschließlich den Eltern, die ihren eigenen Nachwuchs nicht oft genug sahen, um besorgniserregende Veränderungen im Verhalten ihrer Kinder überhaupt wahrzunehmen. Außerdem zeigten sich sowohl Kinder als auch Erzieher vor den Eltern stets nur von ihrer besten Seite. Oft wurden die Eltern auch nur schriftlich über die Fortschritte ihrer Kinder auf dem Laufenden gehalten.

Es kam vor, dass schwarze Schafe unter den Erziehern den Zustand fehlender Kontrolle ausnutzten – mit katastrophalen Folgen für die Kinder. Nicht einmal wohlmeinende Beobachter konnten ihnen zu Hilfe kommen, wenn sie mit ansehen mussten, wie die Kinder schlecht oder gar mit seelischer Grausamkeit behandelt wurden; Beschwerden über höher stehendes Personal galten als ungebührlich und wären einer Kritik an der Hofhaltung gleichgekommen. So war der Nachwuchs dem Erziehungspersonal grundsätzlich ausgeliefert, und nichts drang nach oben zu den königlichen Eltern – ein Tatbestand, der die oft lange Leidensgeschichte vieler Kinder an Europas Höfen erklären mag.

Besonders schlimm traf es Kinder, deren Erzieher sie zum Spielball ihrer Intrigen machten. Immer wieder passierte es, dass sich ein Erzieher das Vertrauen der Eltern erschlich, um dann zwischen sie und ihr Kind einen Keil zu treiben. Manche Erzieher hatten ein geradezu sadistisches Vergnügen daran, die Kinder zu bestrafen oder, noch subtiler, den unwissenden Eltern die vermeintliche Unmoral ihrer Kinder so dramatisch zu schildern, dass diese selbst die Strafen befahlen. So erinnerte sich Königin Marie von Rumänien an die schrecklichen Jahre ihrer Kindheit, als ein dämonisches Erzieher-Ehepaar alles tat, um das Verhältnis der Kinder zu ihren Eltern zu vergiften. Die Gouvernante arbeitete mit perfiden Mitteln: »Sie verführte uns immer wieder in zweideutigen Konversationen dazu, nach den verborgenen Geheimnissen des Lebens zu fragen, und berichtete dann unserer Mutter, welch unanständige Mädchen wir waren, und wie ungesund unsere Gedanken waren, während es doch sie war, die uns aus unserer apathischen, aber paradiesischen Unschuld aufscheuchte, in der uns unsere Mutter halten wollte.«[39]

Da die Kinder so wenig Kontakt zu ihren eigenen Eltern hatten, war es für die Kanaillen unter den Hauslehrern und Gouvernanten natürlich ein Leichtes, die ihnen ausgelieferten royalen Sprösslinge bei deren Eltern anzuschwärzen. Und sie konnten – besonders hinterhältig – ihren fast exklusiven

Zugang zu den Kindern völlig missbrauchen. Dass selbst die in christlicher Ethik bewanderten Herren der Religion hier keine Ausnahme darstellten, kann man in den Memoiren der Kronprinzessin Louise von Sachsen nachlesen. Niemand hat das höfische Erziehungspersonal ähnlich deutlich kritisiert wie die Prinzessin, die über die Priester am elterlichen Hof in der Salzburger Residenz schreibt: »Es gibt auch solche Priester, die ihren Namen und ihre geistliche Stellung dazu gebrauchen, um Dinge zu sagen und zu tun, die völlig gegen die gute Sitte verstoßen, und nicht nur eine junge Prinzessin hat im Beichtstuhl auf Fragen antworten müssen, die niemals gefragt werden sollen. Und wenn sie andeutete, sie würde sich darüber beklagen, so würde ihr Beichtvater ihr drohen, den Eltern mitzuteilen, dass er leider ihre verderbte Natur erkannt hätte, für die nur ein Kloster der geeignete Platz wäre.«[40]

Ein besonders tragisches Schicksal, in Gestalt ihrer Erzieherin, hatten auch die beiden späteren britischen Könige zu erleiden – Edward VIII. (jener, der 1936 wegen seiner Liebe zur geschiedenen Bürgerlichen Wallis Simpson abdankte) und König George VI. (der Vater von Queen Elizabeth II.). Das Kindermädchen der beiden Brüder war psychisch höchst auffällig; nur merkten es weder ihre Eltern, noch wagte das restliche Hofpersonal einzugreifen. Die ältliche, mit der Kinderstube betraute Frau bevorzugte und vergötterte den älteren der kleinen Prinzen und wollte die Liebe des Jungen ganz für sich. Um sein Verhältnis zur Mutter zu schädigen, kniff und zwickte sie den Zweijährigen jedes Mal kurz vor der täglichen gemeinsamen Teestunde mit seinen Eltern. Der kleine Bub wurde daher stets laut schreiend und heulend zu den Eltern gebracht, die mit dem ständig plärrenden Kind nichts anfangen konnten und es so schnell wie möglich in die Kinderstube zurückschickten.

Geradezu missbräuchlich behandelte diese Kinderfrau den jüngeren Bruder, in dem sie, aus irgendeinem Grund, eine Bedrohung für den älteren sah. Der kleine Albert (der später als König den Namen George VI. annahm) wurde von ihr vernachlässigt, bekam nur unregelmäßig zu essen, und wenn er besonders »schlimm« war – das Kind war keine anderthalb Jahre alt –, wurde ihm während der Mahlzeit die Milchflasche weggenommen und erklärt, dass er für heute genug bekommen hätte. Wollte sie das Kind besonders bestrafen, gab sie ihm seine Milchfläschchen nur dann, wenn sie es im Kinderwagen spazieren fuhr, wobei sie absichtlich besonders holprige Wege benutzte. So musste der hungrige, kleine Bub, während er heftig geschüttelt wurde, mit hastigen, angestrengten Schlucken seine Milch trinken – was schließlich zu chronischen Magenproblemen führte, die ihn sein ganzes Leben begleiten sollten. Erst das beherzte Eingreifen des mutige Aushilfskindermädchens Charlotte Bill, die das Leid der beiden Königskinder nicht mehr ansehen konnte, beendete die katastrophale Situation. Als die Wahrheit endlich herauskam, wurde die sadistische Kinderfrau sofort entlassen und durch die warmherzige Miss Bill ersetzt. Diese versuchte zwar, den Schaden wiedergutzumachen, doch die Kinder litten physisch wie emotional an den Folgeschäden der vorherigen Vernachlässigung.

Nachforschungen ergaben, dass die entlassene Kinderfrau in drei Jahren keinen einzigen Tag freigenommen hatte, völlig erschöpft war, selbst keine Kinder haben konnte und zu allem Übel auch von ihrem Mann verlassen worden war. Die Frustration über ihre persönliche Situation hatte sie an den Kindern ausgelassen – deren Eltern von all dem nichts mitbekommen hatten.[41]

Zu den alltäglichen Schrecken der Kindheit an einem europäischen Königs- oder Kaiserhof gehörten auch körperliche Strafen, die hier, nicht anders als in weniger vornehmen Häusern der damaligen Zeit, gang und gäbe waren. Die Arten der Züchtigung reichten von leichten Klapsen bis zu harten Schlägen mit dem berüchtigten Rohrstock. Dass das Erziehungspersonal körperliche Strafen an seinen Schutzbefohlenen vollzog, war nicht nur erlaubt, sondern an manchen Höfen sogar ausdrücklich erwünscht. Viele der Methoden, die angewandt wurden, um aus kleinen Kindern »echte« Monarchen zu machen, erschrecken heute. Lehrer hatten zum Beispiel das Recht, die Kinder mit dem Lineal oder einer Rute zu züchtigen. Eine beliebte Strafe war außerdem das Knien auf Erbsen oder Brennscheiten (wenn die Lektionen nicht gut wiedergegeben wurden) oder das Einsperren in dunklen, engen Kammern (die Doppeltüren in den Schlössern dienten häufig als solche Strafkammern). Viele Kinder lebten in ständiger Angst vor Bestrafung und manche von ihnen berichteten später, als Erwachsene, dass ihre täglichen Gebete stets die dringende Bitte um mildere Strafen oder Verschonung enthielten.[42]

Mitunter durften Prinzen und Prinzessinnen auch vom Hauspersonal geschlagen werden. Als der spätere König Edward VIII. etwa seine kleine Schwester bei ihrem Nachmittagsschläfchen störte und herumalberte, veranlasste das Kindermädchen einen Diener, den Knaben, der nicht auf sie hörte, zur Räson zur bringen. Der Diener griff sich das Kind und schlug es heftig. Als die demütigende Züchtigung zu Ende war und der Diener fortging, schrie der geschlagene Knabe ihm nach, dass er sich den Vorfall merken und seinem Vater erzählen würde. Als Edwards Mutter davon erfuhr, schimpfte sie ihren Sohn nicht nur für sein Fehlverhalten aus, sondern warf ihm zudem vor, wie er so dumm sein konnte, anzunehmen, dass ein Diener nicht das Recht hätte, ihn zu bestrafen. Schließlich musste sich der kleine Prinz auch noch beim Diener entschuldigen.[43] Einem Kind in dieser Situation blieb also nur übrig, schnell zu lernen, dass es weder mit Verständnis noch mit Solidarität rechnen konnte und mit seinem Schmerz und seiner Demütigung allein blieb. Über Edwards Mutter, die ihren geschlagenen Sohn noch kränkte, indem sie verlangte, dass er sich bei seinem Peiniger entschuldigte, urteilte ihre Enkelin Margaret Rose, die Schwester von Königin Elizabeth II. später: »Sie war absolut furchteinflößend. Sie mochte Kinder nicht wirklich und hat sich auch in keiner Weise bemüht, daran etwas zu ändern.«[44]

Überhaupt waren Demütigungen, wie sie der kleine Edward erfuhr, ein geläufiges Mittel der Disziplinierung: Waren Kinder nach Ansicht ihrer Erzieher besonders unartig gewesen, sollten die Strafen auch möglichst erniedrigend ausfallen; die öffentliche Schande – und ihre Scham darüber – sollte die Kinder von weiterem Fehlverhalten abhalten. So fesselte man Prinzessin Beatrice, der jüngsten Tochter von Queen Victoria, einmal zur Strafe die Hände und befestigte das Seil, mit dem Kind daran, an einem Türknopf. Alle Vorbeikommenden sollten die »Schande« des kleinen Mädchens sehen. Als zufällig Premierminister Robert Salisbury, der gerade in einer offiziellen Mission zur Königin unterwegs war, das angebundene Kind sah, beugte er sich zu ihm hinunter und fragte schmunzelnd, um es in seiner misslichen Situation aufzuheitern: »Du musst wohl die Kronjuwelen gestohlen haben, um so hart bestraft zu werden?«[45]

Auch mit fremden Kindern ging man »bei Königs« nicht zimperlich um: Queen Victoria, heißt es, betrat eines Tages einen Salon in Schloss Windsor und bemerkte, dass sich hinter dem Vorhang etwas bewegte. Als sie die Gardine schnell wegzog, entdeckte sie dahinter einen kleinen Pagen, der in seinem Versteck heimlich Süßigkeiten verputzte. Die Königin schimpfte den Buben nicht nur gehörig aus, sondern verabreichte ihn auch eine schallende Ohrfeige.[46]

Gefühlskälte von Seiten der Eltern, grausame Erzieher, körperliche Gewalt: Derlei gehörte somit zum Alltag in den königlichen und kaiserlichen Kinderstuben. Und so wuchsen im 19. Jahrhundert, exemplarisch und fast zeitgleich, gleich drei Thronfolger in solchen »Kindheitshöllen« auf: der britische Thronerbe Prinz Albert Edward (der spätere König Edward VII.), der österreichische Kronprinz Rudolf und der preußische Kronprinz Wilhelm (später der letzte deutsche Kaiser Wilhelm II.). Jeder Einzelne von ihnen erlebte eine katastrophale Kindheit und damit seinen persönlichen Albtraum – doch in ihrem gemeinsamen Leid manifestiert sich die Grausamkeit der Kinderstuben bei Hof. Die drei kleinen Thronerben verkörperten zwar die Zukunft ihrer Dynastien – was sie für diese Zukunft in ihrer Kindheit allerdings erwarben, waren schwerwiegende psychische Schäden, unter denen sowohl sie selbst als auch ihre Umwelt später massiv leiden sollten.

Den Anfang machte der im Spätherbst 1841 in London geborene Prinz Albert Edward, jener »Bertie«, dessen Amme Mary Ann Brough war, die verurteilte sechsfache Mörderin. Als erster Sohn von Königin Victoria würde Bertie seiner Mutter einst auf den angesehensten Thron der Welt nachfolgen. Aus diesem Grund war seine Erziehung eine Staatsaffäre. Queen Victorias Ehemann, Prinzgemahl Albert, legte das Ausbildungsziel seines Erstgeborenen detailliert fest. Allen Beteiligten wurde ein Akt übergeben, welcher genauestens, Schritt für Schritt, das Projekt »Wie ich einen König erziehe« beschrieb. Selbst das erstaunte Kindermädchen erhielt ein knapp fünfzig Seiten starkes Memorandum, wie die Kinderstube zu führen sei.[47] Das Ziel war, Bertie zum perfekten Monarchen zu erziehen. Der Knabe sollte natürlich mehrsprachig aufwachsen, sein Lernpensum sollte größer sein als das aller anderen Kinder in vergleichbaren Positionen und außerdem sollte er sich zum moralischen Vorzeigekind entwickeln, sprich: Bertie musste um jeden Preis ein Wunderkind werden.

Der kleine englische Thronfolger war aber kein Wunderkind, im Gegenteil: Er war ein höchst durchschnittliches Kind, das entwicklungsmäßig in vielen Bereichen sogar von Gleichaltrigen überholt wurde. Doch darauf wurde nicht eingegangen, das »Objekt der Erziehung« – so wurde Bertie in der Korrespondenz zwischen Eltern und Lehrern bezeichnet – musste den hohen Erwartungen seiner Eltern gerecht werden.[48] Der kleine Thronerbe hatte zudem das Pech, völlig im Schatten einer hoch begabten, älteren Schwester zu stehen. Bereits mit drei Jahren sprach das Mädchen Englisch und Französisch, konnte lesen und lernte erste Brocken Latein. Bertie hingegen konnte sich im gleichen Alter noch nicht einmal ordentlich artikulieren – doch er hatte bereits den ganzen Tag Unterricht. Die Lernstunden waren eine Qual für den

Prinzen, er merkte sich wenig, war nicht in der Lage, den verarbeiteten Lernstoff wiederzugeben, und zeigte prinzipiell Desinteresse. Dazu kam sein ausgeprägtes Trotzverhalten. Der kleine Prinz verkroch sich während des Unterrichts unter dem Tisch; wenn er wegen seines schlechten Benehmens gescholten wurde, bekam er Wutanfälle, schrie und stampfte mit den Füßen und warf alle Gegenstände, derer er habhaft wurde, wild durch den Raum – so lange, bis er erschöpft war. Keine Frage, statt eines perfekten Kindes war Bertie ein schwieriges geworden.

Dass es sich bei Berties Anfällen um das typische Verhalten eines weniger geliebt fühlenden zweiten Kindes handelte, das nach Aufmerksamkeit lechzte, wollten die Eltern nicht sehen. Ebensowenig, dass die Wutanfälle zum Teil auf Überforderung und Überarbeitung zurückzuführen waren. Stattdessen wurde das Ausbildungsprogramm stur weitergeführt. Lernerfolge stellten sich nicht ein, und das aufsässige Verhalten blieb. Nun sahen die Eltern nur einen – den falschen – Ausweg aus dieser misslichen Situation: Der Sohn, befanden sie, müsse noch härter angefasst und ihm sein kindlicher Trotz mit aller Strenge ausgetrieben werden. Der Vater entschied, dass Bertie geschlagen werden sollte, da der Effekt einer solchen Züchtigung »exzellent« sei.[49] Außerdem wurde das Lernpensum weiter erhöht – mit dem Argument, das Kind sei offenbar mit dem Unterricht nicht genug ausgelastet, da es immer noch genug Energie habe, um ungehorsam und trotzig zu sein. Bertie erhielt als Konsequenz ein noch strikteres, selbst für kleine Thronfolger außergewöhnlich hartes Lernprogramm.

Als Sechsjähriger hatte Bertie von acht Uhr morgens bis sechs Uhr abends durchgehend Unterricht. Die Lernperioden wurden nur von Exerzierübungen und Reitstunden unterbrochen, beides für ein Kind seines Alters körperlich extrem anstrengend. So arbeitete der Knabe von frühmorgens bis spätabends, sechs Tage die Woche. An Sonntagen musste er zur Kirche gehen und sich »selbst beschäftigen« – so nannte man jene Stunden, in denen die Kinder ihre Aufgaben erledigen mussten, aber nicht spielen durften.[50] Blieben die Lernerfolge aus, schlussfolgerten die Eltern, dass das Kind zu viel Zeit für andere Gedanken habe, und der Kreislauf aus Strafen und noch mehr Lernen setzte sich aufs Neue in Gang. Und die Negativspirale drehte sich für Bertie immer schneller. Als er wieder einmal ausgescholten wurde, rief der kleine Prinz, leidenschaftlich empört: »Andere Kinder sind auch nicht immer brav! Warum sollte ich immer brav sein? Niemand ist immer brav!«[51]

Irgendwann bemerkte Königin Victoria, dass ihr Sohn völlig erschöpft aussah, nervös war und sich nicht konzentrieren konnte. Eine Entlastung des Kindes wurde jedoch nicht einmal angedacht, stattdessen meinte man, seine Leistungen durch physisches und mentales Training verbessern zu können. Nur ein einziger Lehrer, Berties Französischlehrer, wagte zu bemerken, dass ein derart strenges Lernprogramm das Kind völlig überfordere; der kleine Thronfolger brauche mehr Freizeit, mehr positive Rückmeldungen, vor allem aber das, was Kinder wirklich benötigen: Zeit zum Toben, Spielen und Sich-Erproben. »Lasst ihn auf Bäume klettern, laufen, springen!«,[52] forderte der Französischlehrer, dann würde das Kind sich prächtig entwickeln. Seine klarsichtigen Hinweise wurden einfach nur ignoriert.

Schließlich definierte man den kleinen Thronfolger nur mehr über seine Misserfolge. Er konnte tun, was er wollte – für seine Eltern blieb er der faule, enttäuschende Sohn. Wurde die Queen auf ihren Erstgeborenen angesprochen, brach sie stets in Wehklagen aus: »Oh! Bertie, Gott sei's geklagt! Das ist ein zu trauriges Thema, um darüber zu sprechen!«[53] Es gab nur eine Person in der Familie, die tiefer blickte und erkannte, woran der kleine Junge vor allem litt: die Halbschwester der Königin, Prinzessin Feodora zu Leiningen. Sie schrieb der Monarchin ungewöhnlich offen: »Zeig ihm Liebe, liebste Victoria, ich weiß, dass er glaubt, dass Du ihn nicht magst.«[54] Denn Bertie fühlte sich ungeliebt. Er litt an der mangelnden Anerkennung seiner Eltern, die seine Vorzüge einfach nicht zu schätzen wussten: seine Großzügigkeit; seine wache Aufmerksamkeit für Schwächere; seine Toleranz; seine Fähigkeit, auf Menschen zuzugehen und seine prinzipielle Unvoreingenommenheit – Eigenschaften, die den Thronfolger später, als König Edward VII., zu einem angesehenen Herrscher machen sollten.[55]

Die Erziehung des britischen Thronfolgers ging völlig am »Erziehungsobjekt« vorbei. Das in der Theorie gut durchdachte Lehr- und Erziehungssystem, das rein auf die intellektuelle Entwicklung ausgerichtet war, konnte schon deshalb nicht funktionieren, weil sich weder Eltern noch Erzieher jemals mit der Persönlichkeit und dem Temperament des Kronprinzen auseinandergesetzt hatten. Der lebhafte Junge lernte nicht mithilfe abstrakter Theorien, sondern aus Gesprächen mit Menschen. Er war aufnahmefähig, und er bildete sich ein eigenes Urteil – eine wichtige Fähigkeit für einen künftigen König. Diese Tatsache wurde aber übersehen; stattdessen überschüttete man Bertie im Unterricht weiterhin stur mit Fakten.

Das ehrgeizige Erziehungsprojekt endete daher in einem Fiasko, das alle Beteiligten an die Grenzen ihrer Belastbarkeit brachte. Das einzige Resultat war, dass Prinz Edward nach Abschluss seiner Ausbildung nie wieder ein Buch zur Hand nehmen sollte und sich von nichts und niemandem jemals wieder an einen Schreibtisch zwingen ließ. Das Verhältnis zu seinen Eltern blieb bis zu deren Tod entsprechend schwierig. Das Kindheitstrauma, aufgebaut in knapp zwanzig Jahren, in denen man dem Prinzen weder Freizeit noch Spiel erlaubt hatte, saß tief. Und die frühen, schlimmen Erfahrungen sollten sich bald rächen: Ab dem Tag seiner Volljährigkeit war der britische Thronfolger auf geradezu pathologische Weise auf der Suche nach permanenter Unterhaltung. Statt eines intellektuellen Vorzeige-Thronfolgers hatte die harte und unbarmherzige Erziehung hier einen Mann hervorgebracht, der – im eskapistischen Drang nach Leichtigkeit, Spiel und Vergessen (vor allem seiner bedrückenden Jugenderinnerungen) – als Erwachsener so agierte, dass er die ersten zwei Drittel seines Lebens lediglich als oberflächlicher, vergnügungssüchtiger Royal wahrgenommen wurde. Das traurige Resümee des späteren Königs Edward VII.: »Ich hatte niemals eine Kindheit.«[56]

**Das ehrgeizige Erziehungsprojekt von Königin Victoria und Prinzgemahl Albert endete in einem Fiasko. Kronprinz Albert Edward sollte nach Abschluss seiner Ausbildung nie wieder ein Buch zur Hand nehmen.**

Noch Schlimmeres musste Prinz Berties achtzehn Jahre jüngerer Neffe Wilhelm als Kind erdulden. Wilhelm, der Sohn von Berties ältester Schwester, die mit dem preußischen Thronanwärter verheiratet war, sollte später als »Enfant terrible« im Klub der Könige und Kaiser gelten. Der Zusammenhang zwischen einer traumatischen Kindheit und Defiziten im Sozialverhalten wird nirgends deutlicher als beim späteren letzten deutschen Kaiser Wilhelm II. Der ewig säbelrasselnde, jegliches Gefühl für andere Menschen vermissen lassende und fast schon verhaltensauffällig zu nennende Monarch hatte eine Kinderstube hinter sich, gegen die sich ein Gruselkabinett harmlos ausnimmt.

Wilhelms Drama begann bereits mit seiner Geburt, die schwierig und komplikationsreich war. Das Kind drohte zu ersticken und musste deshalb schnell mit der Zange aus dem Mutterbauch geholt werden. Dabei kam es zu einer schweren Verletzung. Die Hebamme war die Erste, die bereits kurz nach der Geburt bemerkte, dass mit dem linken Arm des Babys etwas nicht stimmte. Dieser hing schlaff herab und hatte eine andere Farbe als der Rest des winzigen Körpers. Die Ärzte nahmen die Beobachtung der Geburtshelferin anfangs nicht ernst; die Eltern waren ebenfalls noch nicht beunruhigt, sie glaubten, der Arm würde sich in den kommenden Tagen schon bessern. Doch er besserte sich nicht, im Gegenteil: In den Wochen nach der Geburt wurde allen Beteiligten klar, dass hier ein großes, medizinisches Problem vorlag. Heute weiß man, dass Wilhelm durch einen ärztlichen Kunstfehler eine sogenannte Armplexuslähmung zugefügt wurde: Bei der Geburt wurden durch einen zu festen Zug mit der Zange die Nerven des Säuglings im Achselbereich vollständig abgerissen. Als Folge davon blieb Wilhelms linker Arm lebenslang verkümmert und funktionslos, die Finger der Hand bekamen eine klauenhafte Haltung.[57]

Schon damals hätten ausgewiesene Experten anhand der Symptome die richtige Diagnose stellen und vielleicht wirksame Therapien anwenden können. Doch Wilhelms behandelnde Ärzte hatten keine Ahnung, was die genaue Ursache seines missgebildeten Armes war. Die Behandlungen, mit denen das Kind seit seinen ersten Lebensmonaten gequält wurde, sollten wohl vor allem davon ablenken, dass die Mediziner nicht wussten, wie sein Arm kuriert werden konnte.

Die »Therapien«, mit denen man den Säugling traktierte, kamen einer Kindesmisshandlung gleich.[58] Sie waren allesamt nutzlos, grausam und demütigend: Das sechs Monate alte Baby erhielt täglich eiskalte Salzwasserspülungen; diese sollte das Wachstum des Armes anregen. Außerdem wurden täglich der rechte Arm und das rechte Bein am Körper festgebunden, was den Säugling dazu animieren sollte, seinen verkümmerten linken Arm verstärkt zu nutzen und so zu stärken. Zweimal wöchentlich erhielt Wilhelm sogenannte

»animalische Bäder«: Hierbei wurde der missgebildete Arm für eine halbe Stunde in einen frisch geschlachteten Hasen gesteckt; die Wärme des eben erst getöteten Tieres sollte anregend auf die verkümmerten Muskeln des Kindes wirken.[59] Bei der Berliner Ärzteschaft lösten, als sie öffentlich bekannt wurden, diese Quacksalbereien nur mehr Kopfschütteln aus.

Als Wilhelm das Kleinkindalter erreichte, der Arm aber weiter gelähmt blieb, ging man mit den medizinischen Versuchen eine Stufe weiter. Nun wurde der Arm regelmäßig elektrisiert; allerdings musste wegen nervöser Reaktionen des Kindes auf diese Behandlung die Elektrisierung immer wieder vorübergehend eingestellt werden. Im Alter von vier Jahren entwickelte sich beim Thronfolger auch noch ein sogenannter Schiefhals – eine krankhafte Seitwärtsdrehung des Kopfes. Um dem entgegenzuwirken, wurde das Kind nun noch täglich in eine »Kopfstreckmaschine« gesteckt, wobei mit einer Eisenstange an der Wirbelsäule des Kindes eine gerade Kopfhaltung erzwungen werden sollte.[60] Und als ob der Torturen nicht genug wären, kam später noch eine Armstreckmaschine dazu.[61]

Keine dieser Methoden hatte irgendeinen positiven Effekt – allein, sie ängstigten den jungen Patienten zu Tode. Das Kind wurde von den Streckmaschinen und Strombehandlungen derart gequält, dass es tobte, schrie und vor Angst kaum zu bändigen war.[62] Dennoch erlaubten Wilhelms Eltern all diese Behandlungen, egal wie wenig Erfolg sie brachten. Sie scheuten weder Geld noch Mühe, um ihrem kleinen Sohn alle »Therapien« zukommen zu lassen, die ihnen angeboten wurden. Hinter diesem Aufwand verbarg sich aber ein großes Maß an Realitätsverweigerung. Heute würde man den kleinen deutschen Thronfolger Wilhelm als ein Kind mit Handicap bezeichnen; seine Eltern weigerten sich jedoch, die Behinderung als solche anzuerkennen. Stattdessen wurden ebenso hilf- wie ahnungslose Spezialisten engagiert, um den Geburtsfehler des Sohnes auszumerzen.

Als körperbehindertes Kind war Wilhelm seelisch besonders verletzlich. Er hätte als Ausgleich für die körperlichen Leiden eine besonders liebevolle Zuwendung gebraucht. Stattdessen beklagte seine Mutter Vicky ihr eigenes Leid und grämte sich wegen der Verkrüppelung ihres Kindes.

Vicky, die älteste Tochter von Queen Victoria, hatte eine schwierige Stellung am Berliner Hof. Die liberale Engländerin ließ die preußische Hofgesellschaft spüren, dass sie deren Konservativismus und Provinzialismus verachtete.[63] Nur durch einen gesunden Sohn und Erben – der zu einem großen Liberalen herangezogen werden sollte – konnte sie sich etablieren und die künftige preußische Politik mitgestalten. Doch nun hatte sie ein Kind mit Handicap, und schämte sich seiner. Aus ihren Korrespondenzen geht zwar eindeutig hervor, dass Vicky ihr Kind liebte, dennoch reduzierte sie es auf seine Behinderung: »Der Gedanke, dass der Älteste etwas von einem Krüppel an sich hat (obwohl dies, das weiß der Himmel viel besser, körperlich und nicht geistig ist), ist sehr schwer zu ertragen und ich leide sehr darunter.«[64] Ein anderes Mal schrieb sie: »Sein Arm verdirbt mir jede Freude und jeden Stolz, den ich an ihm haben sollte.«[65] Zum Zeitpunkt dieser Aussage war Wilhelm zwei Jahre alt.

Die Enttäuschung Vickys über ihren versehrten Sohn hinterließ tiefe Spuren in der Mutter-Kind-Beziehung. Was Wilhelm wirklich gebraucht hätte, waren keine nutzlosen Therapien, sondern Menschen, die ihn auch mit seinem deformierten Arm akzeptierten und versuchten, ihm sein Leben zu erleichtern. Jenen wenigen, die den kleinen Prinzen so annahmen, wie er war, hing er sein Leben lang mit kindlicher Liebe an – etwa seiner englischen Nanny, die seine einzige Bezugsperson gewesen war.

Wie dieses Kindermädchen waren es oft die einfachen Bediensteten, die Wilhelms Bedürfnisse besser verstanden als seine königliche Umgebung. Als er sich als kleiner Junge einmal bei seiner Großmutter auf Schloss Balmoral in Schottland aufhielt, gelangte er bei einer seiner Erkundungstouren in den sogenannten »Highlander Raum«. Hier waren die Gillies – die berühmten königlich-schottischen Diener, die vorwiegend als Jagdbegleiter eingesetzt wurden – eben dabei, ihre Waffen zu reinigen. Wilhelm wollte auch ein Gewehr halten, aber als man ihm eines gab, war es zu schwer, als dass er es mit seiner einzigen unversehrten Hand hätte heben können. Die Männer brachen bei den hilflosen Versuchen des Kindes in Gelächter aus, und Wilhelms Frustration über sein Unvermögen endete in einem Wutanfall. Da nahm einer der Gillies ein kleineres Gewehr, gab es dem Jungen in die Hand und erklärte ihm langsam, wie er es am besten benutzen konnte. Nun gelang es Wilhelm, das Gewehr zu heben – mehr noch: Von diesem Tag an wusste er, dass sein Arm nicht die unüberwindbare Barriere war, die alle, und besonders seine Eltern, darin erblickten. Und diese entscheidende Erkenntnis verdankte der spätere Kaiser einem einfachen Hofbediensteten, der besaß, woran es Eltern, Ärzten und der Hofgesellschaft mangelte: Verständnis und Mitgefühl für ein körperbehindertes Kind.[66]

Wilhelm schaffte es letzten Endes, mit großer Willenskraft und unter vielen Schmerzen, sein Handicap zu überwinden. Es war ihm schließlich möglich, gerade zu sitzen und zu stehen, und obwohl er nur eine Hand bewegen konnte, lernte er doch reiten und schießen – was für den Thronerben der berühmtesten Militärdynastie Europas besonders wichtig war. Allerdings konnte er niemals lernen, Messer und Gabel zu benutzen; bei Hoftafeln mussten ihm die Speisen stets vorgeschnitten werden.

Dass ihr Kind, mit seiner schlechten Startposition, überhaupt so weit kam, wurde von Wilhelms Mutter Vicky kaum gewürdigt. Stattdessen beklagte sie seine geistige Mittelmäßigkeit, seine geringe Konzentrationsfähigkeit und seine zwanghafte Rastlosigkeit.[67] Und meinte, dem müsse abgeholfen werden: Ein exzellenter Erzieher sollte nun aus dem Kind einen hochgebildeten, liberalen künftigen Herrscher machen. Nach langer Suche glaubten die Eltern, den erwünschten pädagogischen Retter in einem Gymnasiallehrer namens Georg Ernst Hinzpeter gefunden zu haben. Dass dieser bereits in seinem ersten Memorandum, einer Art Bewerbungsschreiben, davon sprach, dass er zur Erfüllung seiner Aufgabe die Seele des Kindes in seine Hände nehmen müsse, um sie nach seinem Ideal zu gestalten, schreckte die Eltern nicht ab; ebenso wenig das spartanische Erziehungsprogramm, das Hinzpeter vorschlug. Dabei schrieb der Lehrer mit einer Gefühlskälte über seinen baldigen Zögling, die den Eltern hätte zu denken geben sollen. Er betonte, dass sein Lehrplan einen völligen Verzicht auf Kindheit, Freundschaft und Liebe und eine fast unmenschliche Kraftanstrengung vorsehe – dafür winke am Ende ein exzellentes Ergebnis, nämlich ein vollkommener künftiger Monarch.

Niemand schien über die langfristigen psychologischen Konsequenzen solch einer Erziehung nachdenken zu wollen. Oder sich zu fragen, ob Hinzpeter überhaupt wusste, dass Wilhelm körperbehindert war.[68] Auch konnte ein Lehrer, der die uneingeschränkte Gewalt über die »Seele seines Zöglings« beanspruchte, wohl kaum der Richtige für ein übersensibles, behindertes Kind sein. Trotzdem wurde Prinz Wilhelm mit siebeneinhalb Jahren in die erbarmungslosen Hände dieses schrulligen, spartanischen Idealisten ohne Gemüt übergeben.[69]

Und so wurde die gesamte Schulzeit für Wilhelm eine Qual. Bis zu seiner Volljährigkeit wurde er gedrillt, kritisiert, herabgewürdigt und ihm jede Freude verboten. Acht Jahre nach Beginn der Hinzpeter'schen Zurichtung standen Lehrer und Eltern vor den Scherben ihrer Erziehung. Was die Bildung betraf, war der Thronerbe weit hinter den hohen Erwartungen zurückgeblieben. Was aber noch mehr schockierte, waren Wilhelms Charaktereigentümlichkeiten: Er war selbstgefällig, gefühlskalt und rücksichtslos geworden. Dass dieses Verhalten eine Reaktion auf jahrelange einseitige, sich ständig wiederholende, unbarmherzige Kritik war, erkannten weder Eltern noch Erzieher.[70] Hinzu kam noch eine gehörige Portion Eitelkeit, die der Vater beklagte: »Ich fürchte immer«, schrieb er, »der Prinz steckt tiefer in ihm, als wir es glauben, und ich möchte wohl wissen, ob die Kaisersache ihm nicht auch schon im Kopf spukt«.[71] Die Ablehnung seiner Eltern, die ständige Reduktion auf sein Handicap und die unaufhörliche Kritik an seinen Geistesgaben hatten Narben in der Seele des jungen Mannes hinterlassen. So hatte Wilhelm begonnen, mangelnde Anerkennung und fehlende Zuneigung durch starkes Imponiergehabe zu kompensieren. Aus einem liebenswerten Kind war ein unangenehmer Zeitgenosse geworden.[72]

**Die Eltern des späteren deutschen Kaisers Wilhelm II. versuchten durch ein spartanisches Erziehungsprogramm den perfekten Monarchen heranzuziehen.**

Das hohe Erziehungsziel war durch eine in der Praxis grausame und lieblose Pädagogik ein für alle Mal verspielt. Die Konsequenzen waren in jeder Hinsicht eine Katastrophe: Die Beziehung zwischen Eltern und Sohn, vor allem zwischen Mutter und Sohn, war völlig zerrüttet. Was wiederum hochpolitische Folgen hatte; denn der künftige deutsche Kaiser lehnte alles ab, was seine Mutter verkörperte, ihren Liberalismus ebenso wie ihre gesellschaftlichen Ansichten – die späte Rache eines gequälten Kindes.

**Der spätere Kaiser Wilhelm II. mit seiner Mutter, Kronprinzessin Viktoria. Eine missglückte Erziehung und eine schwierige Mutter-Kind-Beziehung zogen politische Konsequenzen nach sich.**

Gewissermaßen beruht diese königlich-preußische Familientragödie auf einem Paradox: Der preußische Thronerbe sollte zu einem humanistisch gebildeten, liberalen Monarchen mit Respekt vor der Verfassung geformt werden. Heraus kam aber – mithilfe vieler Ideale und einer verheerenden Erziehung – ein militaristischer, reaktionärer späterer Herrscher, der sich noch im frühen 20. Jahrhundert trotzig rühmte, die Verfassung nie gelesen zu haben, und der vom Parlament nur als »Saubude« sprach und der Meinung war, dass Abgeordnete des Volkes »durchgedroschen« werden sollten.[73] Ein Mitglied der preußischen Hofgesellschaft sagte bereits über den jungen Wilhelm: »Ich habe den Prinzen öfter gesehen und mir angefangen, ein Urteil zu bilden ... Wenn seine Eltern sich das Ziel gesetzt hatten, einen konstitutionellen König zu erziehen, der sich gehorsam vor der Souveränität einer Kammermajorität beugt, so haben sie Unglück gehabt. Es kommt anscheinend das gerade Gegenteil heraus.«[74]

Exakt zur gleichen Zeit ereignete sich etwa fünfhundert Kilometer südlich von Berlin ein weiteres kindliches Drama in höchsten Kreisen. In Wien, der Residenzhauptstadt des knapp sechshundertjährigen Habsburgerreiches wurde der einzige Sohn des österreichischen Kaisers von einem sadistischen Erzieher gequält. Die seelischen Folgen der Peinigung des Kindes waren so massiv, dass sie die Monarchie letztendlich um einen hoffnungsvollen Thronanwärter brachten.

Kronprinz Rudolf, ein hochbegabtes, intelligentes und warmherziges Kind, hatte schon aufgrund einer problematischen Familiensituation einen schlechten

Start. Seine Eltern waren Kaiser Franz Joseph, ein nüchterner Monarch der alten Schule, und die legendäre Schönheit Kaiserin Elisabeth, eine kluge, übersensible und mit den Zwängen des strengen Habsburgerhofes hadernde Frau.[75] Um die kaiserliche Ehe stand es schlecht; die Kaiserin verreiste häufig monatelang – offiziell, um ihre angeschlagene Gesundheit zu behandeln, inoffiziell, um ihrer Ehe und dem Wiener Hof zu entfliehen.[76] Zurück blieb ein kleiner Knabe, der seine Mutter schmerzlich vermisste und dessen Vater kaum Zeit für ihn hatte. Emotionale Bezugspersonen waren die Großmutter und seine Aja, wie die Kinderfrauen am habsburgischen Hof genannt wurden.[77]

Der kleine Rudolf war, wie erwähnt, ein hochtalentiertes Kind. Er sprach bereits in seinen ersten Lebensjahren mehrere Sprachen der Donaumonarchie fließend, hatte eine hohe Auffassungsgabe und einen enormen Wissensdurst. Jeder Lehrer hätte sich über solch ein Kind gefreut; der kaiserliche Vater tat dies jedoch nicht. Der Erbe des habsburgischen Thrones sollte nach dem Willen Franz Josephs kein Intellektueller werden, sondern vor allem ein strammer Soldat.[78] Um dieses Ziel zu erreichen, musste Rudolf bereits als Fünfjähriger täglich exerzieren und neben seinem Vater oft stundenlang Paraden abnehmen.

Der kleine Kronprinz Rudolf wurde von einem sadistischen Erzieher gequält.

Mit seinem sechsten Lebensjahr erhielt der Kronprinz, so wie es die Erziehung am Habsburgerhof traditionell vorsah, einen reinen »Herrenhaushalt«.[79] Von seiner geliebten Aja wurde Rudolf getrennt; sie durfte ihren Schützling von einem Tag auf den anderen nicht mehr sehen. Diese Trennung von seiner wichtigsten Bezugsperson war für den Kronprinzen an sich schon schwer zu überwinden. Doch zu dieser bereits schwierigen Situation kam noch eine kaiserliche Personalentscheidung, die sich für das empfindliche Kind katastrophal auswirken sollte. Die Oberaufsicht über die Erziehung des Sechsjährigen wurde einem Militär übertragen, der weder Erfahrungen mit Kindern hatte noch eine Ausbildung als Lehrer: Graf Leopold Gondrecourt – von

**Kaiserin Elisabeth beendete das Martyrium ihres kleinen Sohnes und setzte eine Entlassung seines Erziehers durch.**

zeitgenössischen Kritikern als tyrannisch, roh und rücksichtslos beschrieben. Dieser Aristokrat sollte nun aus dem, in den Augen seines Vaters verweichlichten Buben einen echten Soldaten machen.[80]

Die Methoden, die Graf Gondrecourt dazu anwandte, waren grausam. Das hochsensible Kind wurde mit Kaltwasserkuren traktiert, mitten in der Nacht durch Pistolenschüsse aus dem Schlaf gerissen und musste erbarmungslos bei jedem Wetter stundenlang exerzieren. Das vermeintliche Abhärtungsprogramm enthielt eine gehörige Portion Sadismus. Einmal, als der Erzieher mit dem Kronprinzen im Lainzer Tiergarten – einem kaiserlichen Jagdrevier – spazieren war, ließ er den Sechsjährigen im Park zurück, versperrte das Tor und rief dem Kind von außen zu: »Da kommt ein Wildschwein!« Das kleine Kind brüllte vor Angst und schlug in Panik gegen das Eisengatter. Aber das Tor blieb verschlossen, der Erzieher ließ Rudolf in seiner Todesangst allein.[81]

Mithilfe all dieser Grausamkeiten sollte aus dem Kronprinzen ein »echter« Soldat werden; aber Rudolf wurde auf diesem Weg nicht mutiger, sondern immer stiller, magerer und nervöser und schließlich so schwach, dass man an sein nahes Ende glaubte. Aber weder der Kaiser noch seine Umgebung wollten einen Zusammenhang zwischen den sadistischen Erziehungsmethoden und dem körperlichen Verfall des Kindes sehen.

Ein Adjutant erbarmte sich schließlich des kleinen Jungen; er informierte die stets abwesende Mutter über das Elend ihres Sohnes und rettete ihm damit das Leben. Denn die Kaiserin, die sich bisher nicht sonderlich für Rudolf interessiert hatte, tat jetzt etwas, wofür ihr der Sohn sein Leben lang dankbar sein sollte: Sie zwang den Kaiser, die Oberaufsicht über die Erziehung der Kinder abzugeben. Elisabeth forderte die komplette Leitung über die Erziehung Rudolfs bis zu seiner Volljährigkeit, ansonsten, so die unausgesprochene Drohung, würde sie den Hof verlassen. Franz Joseph, der einen Skandal fürchtete, musste seiner Frau nachgeben und Gondrecourt wurde entlassen. Die Oberaufsicht über die Erziehung erhielt nun jener Adjutant, der sich für das Kind eingesetzt hatte – ein warmherziger Mann mit pädagogischen Fähigkeiten, der den Kornprinzen wie ein eigenes Kind liebte.

Zum Zeitpunkt, als seine Mutter ihn von Gondrecourt erlöste, war Rudolf psychisch bereits schwer geschädigt. Er zeigte alle Anzeichen eines misshandelten Kindes, litt unter Angstattacken und blieb emotional instabil.

Der Kronprinz sollte bis an sein Lebensende an den Folgen der frühkindlichen Misshandlungen leiden. Er entwickelte sich zwar zu einem hochbegabten, äußerst intelligenten jungen Mann, wurde jedoch immer wieder von hochgradiger Nervosität und Angstanfällen, später auch von Depressionen geplagt, die er am Ende seines Lebens mit zu viel Alkohol und Narkotika dämpfen wollte. Kronprinz Rudolfs Selbstmord mit dreißig Jahren an der Seite einer Siebzehnjährigen, die er vor seinem Tod mit ihrer Zustimmung ebenfalls erschossen hatte, hatte das österreichische Kaiserhaus um einen in der Bevölkerung äußerst beliebten, liberalen und modernen künftigen Herrscher gebracht. Die Wurzeln von Rudolfs tragischem Ende findet man in seiner traurigen Kindheit.[82]

Die Erziehungskatastrophen, die in vielen königlichen und kaiserlichen Kinderstuben stattfanden, forderten ihre Opfer. Aus einer Vielzahl begabter Kinder wurden durch sture Ansichten, Lieblosigkeit, Ignoranz, emotionale Vernachlässigung sowie Gewalt auffällige, manchmal auch schwierige Zeitgenossen. Manche von ihnen wurden sogar innerlich gebrochen. So sagte König Ferdinand I. von Rumänien über seine Erziehung: »Ich wurde gehorsam geboren, zu kämpfen lag mir nicht … Ich fühle, dass eine innere Quelle in mir abgerissen wurde.«[83] Viele Mitglieder der europäischen Königshäuser kämpften ein Leben lang mit den Nachwirkungen kindlicher Traumata. Einige entwickelten, trotz ihrer schweren Kindheit, auch enorme Widerstandskräfte und erlangten später große Souveränität. Doch gibt es keinen, den die Erfahrungen der Kindheit nicht prägten.

Um die privaten wie politischen Handlungen und Ansichten von Europas Königen und Königinnen in der Geschichte zu verstehen, um ein stimmiges Gesamtbild zu erhalten, um diese vergangene königliche und kaiserliche Gilde in ihrer Epoche zu verstehen, muss man daher auch einen Blick in die royalen Kinderstuben werfen – dort war beileibe nicht alles Gold, was glänzte.

# 2 Von schwarzen Schafen und »unfähigen« Prinzen

## Thronfolger als Playboys

Die Theaterbesucher waren besonders aufgeregt, im Saal herrschte eine vor Spannung knisternde Atmosphäre. In wenigen Momenten würde im ausverkauften Theater an der Wien die Uraufführung von Franz Lehárs Operette »Die lustige Witwe« beginnen. Zwar erwartete das Publikum der musikbegeisterten Kaiserstadt jede Premiere eines musikalischen Werkes mit viel Vorfreude, doch an diesem 30. Dezember 1905 war die allgemeine Neugier besonders groß. Allerdings war man diesmal mehr auf das Libretto gespannt als auf die Musik; denn im Vorfeld der Uraufführung war bekannt geworden, dass die Handlung der Operette auch als beißende Kritik an einem europäischen Thronfolger gedacht sei, der hier stellvertretend für seine gesamte Zunft genüsslich vorgeführt würde.

Das Publikum wurde nicht enttäuscht: Im ersten Akt der Operette erschien – als eine der Hauptfiguren – ein Gesandtschaftssekretär auf der Bühne, Graf Danilo Danilowitsch, der in Paris, der Hauptstadt des Vergnügens, sein Land mit dem Namen »Pontevedro« vertrat. Gleich zu Beginn klagte er, dass seine diplomatische Tätigkeit ihn so sehr langweile, dass er sich des Nachts bei den aufreizenden Kurtisanen des Pariser Nachtlebens von seinen zermürbenden Pflichten erholen müsse. Im mittlerweile legendären Lied »Da geh ich ins Maxim« ließ Graf Danilo die Zuseher wissen, dass die Damen »Lolo«, »Joujou« und »Froufrou« ihm allnächtlich halfen, die Mühsal seines öden Tagwerks zu vergessen.

Die Zuseher wussten sofort, dass Graf Danilo niemand anderen als den vierunddreißigjährigen Kronprinzen Danilo von Montenegro darstellen sollte und dass der bankrotte Phantasiestaat »Pontevedro« für das kleine Land Montenegro stand. Eigentlich sollten die Protagonisten der Operette auch die Namen der realen Personen tragen, die ihnen als Vorbild dienten, doch das hatte die scharfe kaiserliche Pressezensur untersagt. So lieblich und romantisch die »Lustige Witwe« auf ihr heutiges Publikum auch wirkt – zur Zeit ihrer Uraufführung wurde Lehárs Werk mit seinen eingängigen Melodien vor allem als Kritik an der Hocharistokratie verstanden.

Der Operetten-Kronprinz: Das ausschweifende Leben von Prinz Danilo von Montenegro war Inspiration für Franz Lehárs Operette »Die lustige Witwe«.

Heute ist Danilo von Montenegro, der Kronprinz des 1918 untergegangenen, winzigen Balkan-Königreiches Montenegro weitgehend unbekannt, doch seinen Zeitgenossen war er ein Begriff. Für viele von ihnen verkörperte er den Prototyp des oberflächlichen, unbeschäftigten und jedem Vergnügen nachjagenden Thronfolgers. Der gutaussehende Danilo war ein klassischer Prinz der »Belle Époque« – der »schönen Epoche«, wie die glamouröse Zeit um 1900 europaweit genannt wird, in der wirtschaftliches Wachstum, künstlerische Höhepunkte und Frivolität in einem glanzvollen Rahmen zusammentrafen.

Kronprinz Danilo pflegte einen äußerst luxuriösen Lebensstil. Er verbrachte den Großteil seiner Zeit an der Côte d'Azur und war für seine schnell wechselnden Frauenbekanntschaften berüchtigt. Die permanente Aufmerksamkeit, die der Thronfolger bereits als junger Mann erhielt, hatte seine Neigung zur Trägheit verstärkt, und so war Prinz Danilo im Grunde der Meinung, dass es genüge, Thronfolger zu sein. Selbst sein Vater, König Nikola, nannte ihn einen »Faulpelz«, der es zu nichts bringen würde.[84] In den Augen seiner Zeitgenossen führte Kronprinz Danilo ohnehin nur das Leben eines hochgeborenen und hochsubventionierten Nichtstuers.

Prinz Danilo war beileibe kein Sonderfall; fast alle europäischen Thronfolger genossen einen vergleichbaren Ruf. Auch wenn sie freilich nicht alle, wie der montenegrinische Prinz, in die Operettengeschichte eingingen, so erreichten sie in den Jahrzehnten vor dem Ersten Weltkrieg einen Bekanntheitsgrad und eine gesellschaftliche Bedeutung, die man sich heute kaum mehr vorstellen kann. Die Thronfolger der Königs- und Kaiserhäuser Europas verkörperten die politische Macht »von morgen« – im Unterschied zu heute, wo die verbliebenen Monarchen keinerlei politische Vorrechte mehr besitzen. Zudem waren die Thronfolger auch prominente »Objekte der Begierde«, sie waren die gefragtesten Junggesellen ihrer Generation, quasi Popstar, Filmstar und Frauenschwarm in einem.[85]

Sie wurden also angehimmelt und umschmeichelt und zugleich, auch abseits der Operettenbühnen, scharf kritisiert – was vielleicht stets die Kehrseite von öffentlichem Glanz und Ruhm sein mag.

Heutzutage liest man zwar noch immer in der – nicht nur einschlägigen – Presse viel über das Leben, die Skandale und Amouren der Thronfolger der letzten existierenden Königshäuser, doch ist die aktuelle Berichterstattung zum Thema »Kronprinzen« marginal im Vergleich zu derjenigen der längst vergangenen Epoche des royalen Europa. Damals war die breite Öffentlichkeit stets bestens über den Klatsch und Tratsch rund um Europas Königshöfe informiert. Und dies umso detaillierter, je mehr – in den Jahrzehnten vor dem Ersten Weltkrieg – die verschwenderische Lebensweise vieler Royals zum Gegenstand heftiger Kritik wurde. Nachrichten über Skandale, die aufgrund der vorherrschenden Zensur nicht von den Zeitungen publiziert werden durften, fanden allemal über Pamphlete, Karikaturen oder, wie im Fall der »Lustigen Witwe«, in verschlüsselter Form ihren Weg in die Öffentlichkeit.

Die damaligen Thronfolger wurden in erster Linie als vergnügungssüchtige Müßiggänger wahrgenommen – was die meisten von ihnen auch waren. Viele schadeten nachhaltig dem Ruf ihrer Dynastie und dem monarchischen Prinzip als solchem. Warum gerade die Thronfolger die Schwachstelle des royalen Außenauftritts darstellten, liegt auf der Hand: Allein ihre Sonderstellung als Erstgeborene eines Monarchen führte dazu, dass sie bevorzugt behandelt wurden und sich ihrerseits als Folge oft ein arrogantes Auftreten angewöhnten. Außerdem gingen die Thronerben in den Augen der Öffentlichkeit keiner ernstzunehmenden Tätigkeit nach.

Das Leben der ältesten Prinzen eines Herrscherhauses unterschied sich grundsätzlich von dem ihrer Geschwister dadurch, dass sie eines Tages an die Spitze der Macht kommen würden. So richtete sich von Anfang an das Interesse ihrer Umgebung auf sie. Hinzu kam, dass sie nie in Konkurrenz zu Gleichaltrigen standen. Viele von ihnen konnten deshalb die eigenen Fähigkeiten nicht richtig einschätzen – was durch das ewige Übel der ihnen angetragenen Schmeicheleien noch erschwert wurde (das auch ihre Eltern stets fürchteten): Schmeichelei und falsches Lob bewirkten oft, dass ein Thronerbe sich selbst überbewertete. Und so manchem stieg seine Bedeutung zu Kopf, vor allem, wenn er – meist auf Grund einer fatalen Kindheit – einen Mangel an Selbstsicherheit und Souveränität überspielen musste. Auf der anderen Seite wurden permanente, mitunter übertriebene Erwartungen in die jungen Männer gesetzt, denen sie oft nicht gewachsen waren. In dem ständigen Hin und Her zwischen der Idealisierung ihrer Person und der Erfahrung der eigenen Unzulänglichkeit verlor nicht nur einer jegliches gesunde Maß.[86]

Hinzu kommt ein hausgemachtes Problem: Die Thronfolger an Europas Höfen hatten ab dem Tag ihrer Volljährigkeit praktisch nichts zu tun. Und dies, obwohl man sie perfekt auf ihre künftigen Aufgaben vorbereitet hatte: Ein Thronfolger lernte in der Regel mehrere Sprachen, wurde in Staatskunde, Diplomatie, der Geschichte seines Landes, teilweise auch in den Naturwissenschaften unterrichtet. Selbstverständlich war er nach dem traditionellen Wertesystem des Adels erzogen, hatte dessen Prinzipien – Ehrenhaftigkeit, Haltung (Affektbeherrschung und Körperkontrolle), Höflichkeit, Etikette – verinnerlicht und kannte das Hofzeremoniell genauestens.[87] Bis zu seiner Volljährigkeit wurde jeder einzelne Aspekt seiner Entwicklung kontrolliert; selbst der Eintritt in die Erotik wurde nicht dem Zufall überlassen. Das Hineinreifen der jungen Männer in die Welt der Sexualität wurde zwar als heikle Sache betrachtet, gleichzeitig stellten sich Europas Höfe der Angelegenheit aber durchaus pragmatisch: Fast in jedem Haushalt eines Thronfolgers gab es die sogenannte »Initiatrice«, die die Aufgabe hatte, den jungen Herrn in die Welt der Erotik einzuführen. Diese Frauen mussten vor allem eine gesunde Kondition haben, Rang und Stand waren hier zweitrangig.[88]

So sehr man sich bemühte, bei den minderjährigen Thronfolgern nichts dem Zufall zu überlassen, nicht einmal die ersten sexuellen Kontakte, so wenig Pläne hatte man mit den jungen Männern, sobald sie als erwachsen galten. Mit dem Tag ihrer Volljährigkeit endete die Ausbildung der Thronfolger, und damit auch jede ernsthafte Beschäftigung sowie ein geregelter Tagesablauf.

Was folgte, war eine Art königliche »Zwischenebene«, denn die Position eines Thronfolgers lag, salopp gesagt, zwischen »Abstellgleis« und künftiger Macht. Die Thronerben hatten in der Regel keine ernstzunehmenden Aufgaben, sie konnten offizielle Feiern durch ihre Anwesenheit beehren, Kaiser oder König bei Hochzeiten, Begräbnissen und Krönungen vertreten und die obligatorischen Wohltätigkeitsveranstaltungen besuchen. Doch von der Regierung hielten ihre Väter sie fern, und zwar fast ausnahmslos; kaum ein Monarch ließ seinen Sohn auch nur in bescheidenem Ausmaß seine Politik mitgestalten. Thronfolger mussten tatenlos zusehen, wie ohne sie regiert wurde, und während sie selbst älter wurden, klammerten sich ihre Väter meist noch fester an die Macht. Was fatal war: Denn in welche Richtung sich junge Thronfolger entwickelten, hing natürlich auch davon ab, ob man ihnen Verantwortung übertrug.

Zusätzlich machte es ihre Umgebung vielen Thronfolgern schwer, zu reifen Persönlichkeiten heranzuwachsen. Denn diese erfuhren durch ihre Umwelt eine Behandlung der gegensätzlichen Extreme: Von ihren Vätern wurden sie absichtlich klein gehalten und in gar nicht so wenigen Fällen auch nicht ernst genommen – was dazu führte, dass viele Thronfolger nur ein schwaches Selbstbewusstsein entwickelten. Auch anderweitig erhielten sie kaum Unterstützung in ihrem Kampf um mehr politische Mitsprache. Die Höflinge wollten es sich weder mit dem regierenden Monarchen verscherzen noch auf das Wohlwollen des künftigen Herrschers verzichten – ein Thronwechsel konnte schließlich schneller kommen, als man dachte. Viele versuchten nun, sich die Gunst der Throneben dadurch zu sichern, indem sie ihnen Vergnügungen und erotische Abenteuer organisierten – das war unpolitisch, damit musste man selbst nicht Position beziehen. Und bei jungen Männern, die eben erst der Kinderstube entwachsen waren, kam es auch immer gut an.

Hier zeigte sich also eine weitere Schwierigkeit für die Entwicklung der jungen Thronfolger zu souveränen Persönlichkeiten: Jeder, der sich ihnen näherte, wollte ihnen gefallen und Einfluss auf sie ausüben. Was den meisten Thronfolgern in der Zeit, in welcher sich ihre Persönlichkeit entwickelte, bitter fehlte, war eine Umgebung, die ein Korrektiv bot; niemand rief sie zur Raison. Einige wenige hatten das Glück, eine Vertrauensperson zu besitzen, die ihnen mitunter ehrlich die Meinung sagte und ihnen gegebenenfalls riet, ihr Fehlverhalten zu überdenken. Den meisten aber blieb es verwehrt, in Ruhe zu reifen und in ihrer Persönlichkeit zu wachsen.

Was machen junge Männer, die von jeder verantwortungsvollen Tätigkeit ferngehalten werden, denen aber gleichzeitig alle finanziellen Möglichkeiten zu einem luxuriösen Leben offenstehen? Sie entwickeln sich, in der Regel, zu Hedonisten. Auch ein Leben in der Warteschleife lässt sich durch Amüsements und Vergnügungen versüßen, und so legten die meisten Kronprinzen schließlich einen geradezu genusssüchtigen Lebensstil an den Tag.

Sozusagen Anführer dieser sinnesfreudigen Thronfolger-Clique war der britische Thronfolger Prinz Albert Edward, jener »Bertie«, dessen Erziehung dermaßen spartanisch gewesen war, dass der junge Mann sich später in die Vergnügen, die das Leben ihm bieten konnte, geradezu kopfüber stürzte. Wendepunkt in Berties Leben war eine Reise der britischen Königsfamilie im Jahr 1855 an den Pariser Hof. Die Hofgesellschaft des so genannten »Zweiten französischen Kaiserreichs« (die Regierungszeit Kaiser Napoleons III. von 1852 bis 1870) war die glänzendste, amüsanteste und frivolste Gesellschaft des gesamten 19. Jahrhunderts – kein Vergleich zum biederen Hof seiner Mutter, Königin Victoria. Im Buckingham Palace war der vierzehnjährige Thronfolger von strengen, sauertöpfigen Männern und reservierten, hochgeschlossenen

Frauen umgeben, hier herrschten Langeweile und Prüderie. Nicht umsonst gilt gerade das viktorianische Zeitalter als das prüdeste der englischen Geschichte. Ganz anders dagegen Paris: Hier gab es tief dekolletierte, glamouröse Frauen ohne Berührungsängste, die mit dem jungen Thronfolger scherzten und kicherten, ihn an ihre Brust drückten und ihn spüren ließen, dass Frauen mehr sein konnten als abweisende Gouvernanten und verzopfte Hofdamen.

Diese Reise nach Paris war für den englischen Thronfolger der Eintritt in eine Welt voller schöner Frauen, Glitter und Glamour. Er war derart beeindruckt von der Leichtlebigkeit und der knisternden Erotik der Pariser Gesellschaft, dass ihn die Erinnerung seines ersten Besuchs am Hof Napoleons III. bis an sein Lebensende prägen sollte. Nach Berties Rückkehr aus Paris zeigte sich schnell, dass er nicht plante, das biedere Leben seiner Eltern zu führen. Königin Victoria lernte bald, den Tag zu fürchten, an dem sie keinen Einfluss mehr auf ihren Erben haben würde. »Bertie bleibt nach wie vor eine Quelle der Angst«, schrieb sie ihrer ältesten Tochter im April 1859, und: »Mich schüttelt es beim Gedanken, dass in nur dreieinhalb Jahren von nun an – wenn er volljährig wird, wir nichts mehr haben als unsere moralische Kraft.« Besonders ängstigte die Queen der Gedanke, dass Bertie, falls ihr etwas zustoßen sollte, zu früh an die Macht käme: »Man erschaudert beim Gedanken daran: Es ist eine zu schlimme Vorstellung.«[89] Diese Angst der Königin war zwar unbegründet – Bertie sollte seiner langlebigen Mutter schließlich erst im Alter von knapp sechzig Jahren auf den Thron folgen –, nicht aber ihre Befürchtung, er könne zum Dandy werden.

Tatsächlich wurde der britische Thronfolger Albert Edward alias Bertie ein »Partyprinz« par excellence. Sein Leben war bald eine einzige Aneinanderreihung von Vergnügungen, bei denen man heute den Eindruck hat, dass sie nur mehr dazu dienten, seine Langeweile zu vertreiben. Der engere Freundeskreis des Thronfolgers bestand aus ebenso unbeschäftigten und reichen britischen Aristokraten – die Clique wurde geradezu sprichwörtlich: Man nannte sie »The Marlborough-House-Set« (nach Berties Londoner Residenz »Marlborough-House«). Es war eine Gruppe von reichen Erben und gesellschaftlichen Aufsteigern, die sich ihre Zeit ausschließlich mit Spielen, Pferderennen, Trinken und Rauchen vertrieben und von einer Party zur nächsten schwirrten.[90]

Bertie gab das Geld mit vollen Händen aus und häufte Spielschulden an. Der Unterschied zwischen dem vergnügungssüchtigen Thronfolger, für den

Geld keine Rolle spielte – schließlich hatte man reiche Freunde, die einem gefällig sein wollten –, und seiner sparsamen Mutter war unglaublich. Während ihr Sohn immense Beträge verspielte, ließ die Queen aus Spargründen alle gelesenen Zeitungen in kleine Quadrate schneiden und bei Hof als Toilettenpapier verwenden.[91] In der Öffentlichkeit und der bürgerlichen Presse wurde gerade das »Marlborough-House-Set« zum Synonym für die faule, gelangweilte und in den Augen vieler auch überholte Aristokratie sowie die neureichen, gesellschaftlichen Aufsteiger.[92] Auch die Königin, die ein tiefes Misstrauen gegen Berties Clique hegte, sagte ihm deutlich: »Wenn Du jemals König werden solltest, wirst Du alle diese Freunde höchst unpassend finden und Du wirst mit ihnen allen brechen müssen.«[93]

So zogen die Jahre dahin, und irgendwann waren sämtliche Vergnügungen ausgereizt. Um der Langeweile zu entfliehen, verschwand der mittlerweile nicht mehr junge Kronprinz immer wieder für einige Wochen an die mondäne französische Riviera, besuchte sein geliebtes Paris und absolvierte ausgiebige Kuren in Homburg (heute: Bad Homburg), dem exklusiven deutschen Kurort, der durch sein Casino auch ein bekanntes Spielerparadies war. Doch die innere Leere blieb. Nach Jahrzehnten der immer gleichen Aufenthalte, mit immer den gleichen Menschen in immer den gleichen Schlössern, schien ihm kaum etwas noch interessant zu sein.

Mit einer Ausnahme: Frauen. Sie konnten bis zuletzt etwas Leidenschaft in Berties langweiliges und übersättigtes Leben bringen – auch darin unterschied er sich nicht von anderen Thronfolgern. Bertie hatte unzählige Affären, er liebte buchstäblich alle Frauen und sein Eroberungsdrang machte vor keiner Altersstufe und keiner Gesellschaftsschicht halt. Er beglückte blutjunge Debütantinnen ebenso wie deren, sie begleitende Mütter und über soziale Schranken blickte er völlig hinweg – solange die Damen nur hübsch, gut geformt, charmant und vor allem willig waren.[94]

Bertie begeisterte sich sogar für die Damen aus der »Neuen Welt«, jene immens reichen bürgerlichen Amerikanerinnen, die damals vermehrt in verarmte Familien der britischen Aristokratie einheirateten und auf die oft herabgeblickt wurde.[95] Der Thronfolger war einer der wenigen, der kein Problem mit den amerikanischen Aufsteigerinnen hatte. Er schätzte die selbstbewussten Frauen mit ihrem derben Witz und ihrer bodenständigen Art ebenso wie die Tatsache, dass sie meist opulent und oft sehr freizügig gekleidet waren.[96] Mit nicht wenigen von ihnen hatte er eine Affäre – was in der Gesellschaft bekannt war und den Damen half, ihre soziale Position zu stärken; denn die Favoritinnen des künftigen Königs wagte niemand zu schneiden.

Aber auch feinste aristokratische Upperclass-Ladys wirkten auf den Thronfolger unwiderstehlich; und selbst die Prüdeste dieser Damen konnte er dazu bringen, dass sie sich fühlte, als gehörte sie, ohne es zu wollen, zu seinem persönlichen Harem. Warf der künftige König einen begehrlichen Blick auf solch eine Frau, musste sie darauf achten, ihn mit Takt und Eleganz abblitzen zu lassen und auf keinen Fall die Contenance zu verlieren.

Einmal, während eines gemeinsamen Diners mit der Familie, fragte Bertie eine Hofdame seiner Frau leise, ob er sie in ihrem Zimmer besuchen dürfe. Die Hofdame war entsetzt, blickte den Prinzen aber ruhig an und sagte ihm schließlich, dass sie ihn erwarten würde. Nach einer Weile verließ sie den Salon, eine halbe Stunde später zog sich auch der Thronfolger diskret zurück. Als er das Zimmer der Hofdame betrat, musste er erstaunt feststellen, dass diese ihr prächtigstes Kleid und ihren teuersten Schmuck angelegt hatte und aussah, als würde sie gleich zu einem Staatsempfang aufbrechen. Der Prinz wurde durch diesen Anblick ebenso überrascht wie verunsichert, und nach einem kurzen Moment der Stille fragte er, ob es notwendig sei, sich für eine rein private »Konversation« so zu kleiden. Daraufhin erklärte die Hofdame ebenso klug wie kühl: »Wenn Eure Königliche Hoheit mir die Ehre eines Besuches gibt, dann trage ich natürlich die Kleider, die passend sind für so eine Gelegenheit.« Nach dieser stilvollen Abfuhr und dem deutlichen Hinweis auf seine hohe Position murmelte der Thronfolger: »Gute Nacht!«, und verschwand schnell, während die

**»Ihm fehlt jeglicher Sinn für harte Arbeit und er ist absolut ungeeignet, um jemals König zu werden«, – ein hartes Urteil von Königin Victoria über ihren ältesten Sohn, Thronfolger »Bertie«.**

»Es kommt zu spät.« Erst nach vier Jahrzehnten als Thronfolger bestieg er als König Edward VII. den Thron.

Hofdame erleichtert war, die Situation gut gemeistert zu haben.[97]

Edward konnte letztlich keinem hübschen Gesicht widerstehen; wenn ihm eine Frau gefiel, interessierte ihn, wie gesagt, weder ihre Herkunft noch Stellung. Als er einmal bei einer Jagdparty im Speisesaal bei den Büffettischen eine hübsche Frau stehen sah, konnte er sich nicht zurückhalten und drückte ihr einen Kuss auf den Mund. Beim Lunch fragte er dann die Gastgeberin, wo denn jene Dame mit dem wundervollen Teint sei, die ganz in Weiß gekleidet zuletzt neben dem Buffet gestanden hätte. Die Gastgeberin fragte indigniert zurück: »Sir, meinen Sie Rose, die Köchin?« Nach diesem Vorfall war die Karriere der schönen Köchin jedenfalls gesichert.[98] Rose wurde später übrigens Berties Lieblingsköchin; die ihr eigene Kombination von Schönheit mit wirklich exzellenten Kochkünsten war zu verführerisch für Bertie, der neben seinem Hang zur holden Weiblichkeit auch eine bekannte Schwäche für gute Küche hatte. Rose wurde ab diesem Zeitpunkt von allen Societyladys heftig umworben; kam der Thronfolger zu Besuch, buhlte man besonders darum, sie als – hochbezahlte – Aushilfsköchin zu engagieren, denn dann war die gute Laune des hohen Gastes gesichert.

Eine enge Vertraute sagte später über Edwards Verhältnis zu Frauen: »Frauen waren die Aufregung und die Freude seines Lebens.«[99] Und als er schließlich im Jahre 1901 den Thron bestieg, sollte man ihm den Beinamen »Edward the Caresser« (Edward der Verführer) geben – eine bissige Anspielung auf seinen heiligen Ahnen »Edward the Confessor« (Edward der Bekenner) aus dem 11. Jahrhundert.[100] – Kein Wunder, wurde der britische Thronfolger doch in der Öffentlichkeit nur mehr als Playboy wahrgenommen. Auch seine Mutter fällte ein vernichtendes Urteil und sagte über ihn, er sei »absolut ungeeignet, jemals König zu werden«.[101] Im engsten Umfeld der

Queen hielt man Bertie für undiszipliniert und lästerte, dass ihm jeglicher Sinn für harte Arbeit völlig fehle.[102]

Das Grundproblem aber war und blieb: Was sollte der Erbe des britischen Weltreichs tun? Die Mutter verweigerte ihm nicht nur jegliches Mitspracherecht in der Politik, sondern auch den Einblick in die Staatsgeschäfte. Sie ließ ihn wissen, dass sie ihn viel zu indiskret fände, um ihm etwa die Einsicht in offizielle Regierungsakten zu gestatten.[103] Statt den Thronfolger also Schritt für Schritt in die Staatsagenden einzuweisen, damit er einst gut vorbereitet den Thron besteigen könne, ignorierten die Königin und ihr Regierungsteam Prinz Berties zahlreiche Bitten um mehr Einblick in ihre Tätigkeit. Irgendwann, als ihn die Minister wieder einmal – statt mit den von ihm gewünschten Unterlagen – mit gänzlich unwichtigen Dokumenten abspeisen wollten, sagte der Thronfolger wütend, es wäre besser, ihm nichts mehr zu schicken, als »diesen Dreck« den er jetzt erhielte.[104]

Die ständigen Abweisungen hinterließen ihre Spuren; als älterer Mann bemerkte Prinz Edward traurig, dass er »nicht von geringstem Nutzen für die Königin« sei; alles, was er sage oder vorschlage, würde sie verächtlich abtun.[105] Über sage und schreibe dreißig Jahre kämpfte der Thronfolger darum, die Depeschen des Außenministeriums einzusehen, doch erst im reifen Alter von einundfünfzig Jahren erhielt er den berühmten goldenen Schlüssel zu jener roten Ledertasche, worin die vertraulichen Auslandsdepeschen zwischen der Königin, dem Premierminister und dem Chef des Außenministeriums zirkulierten.[106]

Dass man ihn bewusst von allen ernsthaften Aufgaben fernhielt, die sein zukünftiges Amt mit sich bringen würde, ist wohl einer der Gründe, warum das Leben von Prinz Bertie derart von der Jagd nach Vergnügen bestimmt war. Hätte man ihm genügend Arbeit übertragen, hätte er sich vielleicht nicht derart besinnungslos in oberflächliche Amüsements und Affären gestürzt. So aber war es ein unglücklicher Teufelskreis: Je mehr der Prince of Wales zum verantwortungslosen Playboy wurde, umso weniger Arbeit vertraute ihm die Mutter an, umso weniger hatte er zu tun, umso mehr hielt er sich an seine Zerstreuungen.

Selbst im hohen Alter – immerhin sollte sie stattliche vierundsechzig Jahre regieren – weigerte sich die Queen, die Regierungsarbeit mit ihrem legitimen Erben zu teilen. Als Bertie mit knapp sechzig Jahren, nach vier Jahrzehnten in der Warteschleife, schließlich den Thron bestieg, sagte er so nüchtern wie traurig: »Es kommt zu spät.«[107] Bis zu seinem Tod blieben ihm nur mehr neun Jahre, in denen er endlich jene Tätigkeit ausüben konnte, für die er von seinem ersten Lebenstag an bestimmt war.

Für viele Monarchen war die Unreife ihrer Söhne und Thronfolger aber auch nur ein Vorwand, um ihnen den Zugang zu Regierungsgeschäften zu verweigern. Denn eines war fast allen Kronprinzen des ausklingenden alten Europa gemeinsam: Sie hatten in der Regel Väter oder Mütter, die sie mit allen Mitteln von der Macht fernhielten; kaum ein Kronprinz bekam ernstzunehmende Aufgaben übertragen, kaum einem wurde irgendeine Form der politischen Mitbestimmung gewährt. Dabei müsste es im Sinne einer gesicherten Herrschaft sein, einen Nachfolger möglichst früh »regierungsfit« zu machen und in die Agenden einzuweisen, schließlich könnte er, etwa durch einen plötzlichen Todesfall, unvorhergesehen schnell auf den Thron gelangen. Stattdessen war das Verhältnis zwischen regierenden Herrschern und ihren potentiellen Nachfolgern oft gespannt. Eifersüchtig hielten Monarchen ihre Thronfolger von der Macht fern und beobachteten manchmal sogar die öffentlichen Auftritte der nächsten Generation mit Misstrauen. Dieses Verhalten zwischen Vätern und Söhnen wiederholte sich an den europäischen Königs- und Kaiserhäusern in jeder Generation, und zwar ungeachtet der individuellen persönlichen Beziehung.

Der Fehler, einen Thronfolger nicht rechtzeitig mit politischen Aufgaben zu betrauen, war in Russland besonders folgenreich: Im Mai 1868 wurde Nikolaus Alexandrowitsch Romanow – der spätere letzte Zar Nikolaus II. – geboren. Auch »Nicky«, wie er in seiner Familie genannt wurde, durchlief das klassische Ausbildungsprogramm eines Thronerben: Nach Jahren schulischen Drills und spartanischer Disziplin besaß er ein profundes Allgemeinwissen, sprach mehrere Sprachen fließend, hatte reiten, schießen, fechten und tanzen gelernt und eine strenge militärische Ausbildung absolviert.[108] Dieses höfisch-militärische Erziehungsprogramm war allerdings gegen Ende des 19. Jahrhunderts nicht mehr zeitgemäß, und schon gar nicht geeignet als Vorbereitung auf die Führung des politisch gärenden, 180 Millionen Einwohner zählenden Zarenreichs mit seinen immensen sozialen Problemen und seiner wirtschaftlichen Rückständigkeit. Was Nikolaus in jener schwierigen Zeit, als er an die Macht kam – er bestieg den Thron dreiundzwanzig Jahre vor Ausbruch der russischen Revolution –, gebraucht hätte, wären profunde Kenntnisse der politischen, wirtschaftlichen und sozialen Verhältnisse in seinem Reich gewesen sowie ein kritikfähiger Geist und, vor allem, eine starke Persönlichkeit.

In Nickys Fall kam ein weiteres Problem hinzu: Russische Zaren mussten noch zwei Eigenschaften aufweisen, die in diesem Ausmaß im restlichen Europa weniger gefragt waren: Stärke und Souveränität. Die russische Monarchie manifestierte sich einzig in der Person des Zaren; er war gleichsam der symbolische Vater aller Russen und die Personifizierung des heiligen Russlands. Was an der Wende zum 20. Jahrhundert im westlichen Europa mit seinen konstitutionellen Monarchien bereits als selbstverständlich galt – nämlich, dass ein Herrscher sich zurückhielt und die Grundrechte seiner Untertanen, die Verfassung und das Parlament respektierte –, hatte in Russland noch überhaupt keine Bedeutung. Als Nicky Thronfolger war, existierten hier weder eine Verfassung noch ein Parlament. Ein Zar musste vor allem eins: respekteinflößende Stärke demonstrieren und als Autokrat herrschen; alles andere wurde ihm als Schwäche ausgelegt – zumindest vonseiten der Hofgesellschaft und der vermögenden, einflussreichen Aristokratie. Aber Nikolaus war kein Respekt einflößender junger Mann, sondern scheu, sanft und außergewöhnlich höflich. Nicht einmal seine glühendsten Anhänger konnten ihm auch nur einen Hauch von Durchsetzungsfähigkeit und souveränem Auftreten nachsagen.

Auch in seinem familiären Umfeld wurde nichts unternommen, um den Zarewitsch zu einem adäquaten Herrscher zu erziehen, ganz im Gegenteil: Nikolaus' Eltern unterdrückten jegliche autonomen Anlagen ihres Sohnes und behandelten ihn auch im Erwachsenenalter noch wie ein kleines Kind. Der Thronfolger stand völlig im Schatten seines imposanten Vaters. Schon optisch überstrahlte Zar Alexander III. den jungen Zarewitsch. Zar Alexander war ein Riese von gigantischer Gestalt mit einer enormen physischen Präsenz. Als etwa im Oktober 1888 der kaiserliche Zug entgleiste, konnte der Zar das zusammenbrechende Dach des Speisewagens so lange auf seinen mächtigen Schultern halten, bis seine Frau und seine Kinder ins Freie gekrochen waren. Dieser Bär von einem Mann war aber nicht nur körperlich stark, sondern auch psychisch; er drückte allem und jedem seinen Willen auf und entsprach perfekt dem Prototyp eines autokratischen Herrschers russischer Ausprägung.[109]

Seinen ältesten Sohn, den sanften Nikolaus, fand Alexander III. verweichlicht und sogar dumm. So war er der Ansicht, es habe keinen Nutzen, Nicky auch nur irgendetwas über die Regierungspraxis beizubringen. Als Graf Sergei

**»Jetzt sagen Sie mir nicht, dass Sie niemals bemerkt hatten, dass der Großfürst ein Dummkopf ist!« Zar Alexander III. lehnte es ab, seinen ältesten Sohn in die Regierungsgeschäfte einzuweihen.**

Witte, ein wichtiger Wirtschaftsberater des Zaren und sein späterer Finanzminister, dem Zaren vorsichtig in Erinnerung rief, dass es an der Zeit wäre, den Thronfolger in die Staatsgeschäfte einzuweisen, schien der Zar völlig überrascht und fragte den Grafen: »Sagen Sie mir, haben Sie jemals mit Seiner kaiserlichen Hoheit, dem Großfürsten Zarewitsch, gesprochen?« Der Finanzminister antwortete, er hätte bereits die Ehre gehabt. Woraufhin der Zar entgegnete: »Jetzt sagen Sie mir nicht, dass Sie niemals bemerkt haben, dass der Großfürst ein Dummkopf ist!«[110]

Dass der Dummkopf eines Tages als Herrscher für ein Riesenreich verantwortlich sein würde, das mit großen sozialen Problemen kämpfte, hinderte den Zaren nicht, seinen Sohn weiterhin von sämtlichen Staatsgeschäften fernzuhalten. Selbst als man ihm vorschlug, den Thronerben wenigstens zum Präsidenten des transsibirischen Eisenbahnprojektes zu ernennen – eine Stellung, die mehr repräsentativ war, als dass sie Fachwissen vorausgesetzt hätte –, protestierte der Zar und beschied, sein zwanzigjähriger Sohn sei viel zu unerfahren für dieses Ehrenamt, und damit basta![111] Auch die Schwester des Thronfolgers gab – Jahrzehnte nach dem Fall des Zarenreichs, im Exil – zu, dass ihr Bruder zwar Intelligenz besessen, aber niemals Ahnung von irgendwelchen Regierungsangelegenheiten gehabt hätte; man hätte ihn einfach nicht zum Staatsmann ausgebildet.[112]

Der Zarewitsch wurde aber nicht nur von seinem despotischen Vater, sondern auch von seiner eifersüchtigen Mutter, Zarin Maria Fjodorowna, davon abgehalten, seine Persönlichkeit zu entwickeln. Die Zarin klammerte an ihrem Sohn und suchte zu verhindern, dass Nicky seine Zuneigung und sein Vertrauen einem anderen Menschen schenkte als ihr. Überhaupt blieben bis zu ihrer Hochzeit alle Söhne des Zarenpaares unter der völligen Kontrolle ihrer Eltern. Stolz erklärte die Zarin später: »Meinen Söhnen wurde nicht erlaubt, allein zu leben, bis sie verheiratet waren. Als sie großjährig wurden, riet man mir ihnen eigene Residenzen und eine eigene Entourage zuzuteilen, aber ich erlaubte es ihnen nicht. Sie lebten weiterhin bei mir!«[113] Beobachter waren entsetzt darüber, dass der künftige Zar selbst in seinem dritten Lebensjahrzehnt derart kindlich gehalten wurde. Zarin Maria und Zar Alexander III. verweigerten dem Thronfolger sogar seine, ihm seit seiner Volljährigkeit zustehende jährliche Apanage, um weiterhin ganz über ihn bestimmen zu können.[114]

Unter diesen Umständen konnte Nikolaus natürlich niemals Überlegenheit, Entscheidungskraft und Urteilsvermögen entwickeln – also jene Eigenschaften, die er dringend gebraucht hätte, um das russische Reich in die Zukunft zu führen. Er blieb, wozu ihn seine Eltern gemacht hatten: ein sympathischer und höflicher, aber hoffnungslos naiver Mann, dessen Naivität für seine unmittelbare Umgebung angenehm war und seinem Reich zum Verhängnis werden solle.[115]

Im April 1890 galt die Erziehung des Zarewitsch offiziell als abgeschlossen. In sein Tagebuch schrieb er: »Heute beendete ich definitiv und für immer meine Ausbildung«. Was folgte, war das bekannte Unterhaltungsprogramm für seinesgleichen, das sich bei den europäischen Thronfolgern höchstens aufgrund der unterschiedlichen klimatischen Bedingungen ihrer Heimatländer unterschied. Und so waren die Tage und Abende des Zarewitsch nun mit Bällen, Partys, Theaterbesuchen und Schlittenfahrten ausgefüllt, wobei stets reichlich Alkohol floss. Wenige Tage nach Abschluss seiner Ausbildung schrieb Nikolaus als ersten von vielen gleichlautenden Einträgen in sein Journal: »Ich fühlte mich unwohl und miserabel«. Es waren die Nachwirkungen einer feucht-fröhlichen Nacht, der unzählige weitere folgen sollten.[116]

Zar Alexander hatte nichts dagegen, dass sein Sohn sich amüsierte, – und ließ ihn weiter observieren. Thronfolger standen generell unter ständiger Beobachtung und durften den Palast nicht ohne Personenschutz verlassen. Doch der Zarewitsch wurde besonders genau überwacht. Nachdem er einmal nach einer Theatervorstellung in St. Petersburg nicht sofort in sein Appartement zurückgekehrt war, erhielten die Sicherheitsbeamten des zaristischen Geheimdienstes den Befehl, ihn gegebenenfalls an jedem Ort, in jedem Raum aufzusuchen, falls er sich entfernt hätte, ohne seinen Vater vorher zu informieren.

**»Sie lebten weiterhin bei mir!« Zar Alexander III. und Zarin Maria verhinderten erfolgreich, dass sich ihre Kinder zu reifen Persönlichkeiten entwickeln konnten.**

Der junge Mann wurde so nicht nur einmal bei einem Schäferstündchen von Polizeibeamten gestört. Als er zu Beginn seiner verschärften Überwachung doch noch einige Male allein ausging, machten die Sicherheitsbeamten kurzen Prozess und holten ihn dort ab, wo er gerade war, als sie ihn entdeckten, und zwar unabhängig davon, was er dort gerade tat. Der Zarewitsch musste also vorerst davon ausgehen, dass auch bei seinen nächtlichen Tête-à-Têtes die Geheimdienstler schon vor der Tür auf ihn warteten, um ihn in den Palast zu begleiten. Nach einer dieser unbestellten Eskorten schrieb Nikolaus in sein Tagebuch: »Ganz beschämt ritt ich hinter den Polizeibeamten her!«[117] Der Zarewitsch litt darunter, ständig beschattet zu werden, und drohte, jedem Geheimdienstler ins Gesicht zu schlagen, der sich blicken ließ – nichtsdestotrotz wurde jeder seiner Schritte minutiös aufgezeichnet.[118]

Die Ochrana, die berüchtigte Geheimpolizei des Zarenreichs, war 1881 von Nikolaus' Vater gegründet worden. Sie beschattete den Zarewitsch Tag und Nacht und hatte erstens die Aufgabe, ihn zu schützen und seinem Vater Berichte und Bewegungsprofile vorzulegen. Zweitens aber sollten die Beamten der Ochrana dafür sorgen, dass Nickys Ausschweifungen dort blieben, wo sie nach Meinung des Zaren auch hingehörten: ausschließlich in den Berichten an ihn. Es war verboten, sich in der Öffentlichkeit über, sozusagen, weniger ehrenhafte Auftritte von Mitgliedern der Zarenfamilie zu unterhalten oder gar auszulassen. Wer sich nicht daran hielt, wurde stante pede wegen Majestätsbeleidigung angeklagt. Freilich, der Klatsch blühte trotzdem, und den Untertanen entging keiner der vielen Skandale.

Und folgende Geschichte vom Ende einer turbulenten Party des Zarewitsch machte nicht nur in Russland die Runde, sondern auch an allen Höfen Europas: Der Zarewitsch, seine Geliebte und einige hochgestellte Freunde feierten eines Abends ausgelassen in einem der besten Petersburger Restaurants. Die Stimmung war ausgelassen, der Champagner floss in Strömen und irgendwann wurden auch Gläser und Teller an die Wand geworfen, dass es nur so klirrte. Um zwei Uhr morgens schließlich bat der Wirt darum, endlich zusperren zu dürfen. Als Antwort erhielt er lediglich, er solle sich gefälligst um seinen eigenen Kram kümmern. Zufällig war gerade ein Straßenpolizist in der Nähe des Restaurants auf Patrouille und wurde auf den Lärm aufmerksam. Er marschierte also ins Restaurant und forderte die Anwesenden auf, ihre Feier sofort zu beenden und die Nachtruhe einzuhalten. Der Polizist erkannte weder den Zarewitsch noch die hochgestellten Höflinge in dessen Begleitung. So verweigerte er seine Zustimmung, als der Adjutant des Zarewitsch ihn fragte, ob die Freunde nicht noch ein klein wenig feiern dürften, und wurde daraufhin vom Gefolge des Zarewitsch attackiert. Der Beamte, der sich gegen die Gruppe allein nicht zur Wehr setzen konnte, verließ das Lokal und informierte den Präfekten der Stadtpolizei, der sogleich mit Verstärkung anrückte.

Der nichtsahnende Präfekt kämpfte sich bis in den hinteren Teil des Restaurants durch, wo er sich plötzlich einem wutschnaubenden Mann gegenüber sah, in dem er den Zarewitsch erkannte – stark betrunken, wie der Rest seiner Entourage. Da half kein noch so devotes Bitten: Dem illuminierten Zarewitsch war egal, ob er öffentliches Aufsehen erregte – er wollte vor allem weiterfeiern und sich von keinem Polizisten die Party verbieten lassen. Jeder Beschwichtigungsversuch steigerte nur seine Wut; schließlich nahm er eine Schüssel Kaviar und warf sie dem Präfekten an den Kopf. Nach diesem Angriff, den die Polizisten abzuwehren versuchten, kam es zwischen ihnen und den stark betrunkenen Höflingen zum Tumult. Augenzeugen berichteten später, dass der Zarewitsch gerade noch davon abgehalten wurde, sich auf den Präfekten zu stürzen; angeblich warf sich Nikolaus' Geliebte dazwischen und konnte so gerade noch das Schlimmste verhindern.

Letztendlich wurden die randalierenden Partybesucher nach Hause begleitet; summa summarum waren alle Beteiligten ohne gröbere Verletzungen davongekommen. Am nächsten Tag mussten der Polizeipräfekt wie der Zarewitsch dem Zaren Bericht erstatten. Die ausufernde Feier war natürlich Stadtgespräch, wenn auch hinter vorgehaltener Hand. Und schließlich fand der Klatsch über den Vorfall auch Eingang in die Korrespondenzen und erreichte so alle Höfe Europas.[119]

In den Tagebüchern, die Nikolaus während seiner Zeit als Thronfolger schrieb, sucht man vergeblich nach einem Nachweis über eine intellektuelle Weiterentwicklung oder eine Auseinandersetzung mit seiner künftigen Rolle als Zar, geschweige denn Gedanken über den Zustand Russlands. Noch als Zwanzigjähriger trug der Zarewitsch in seine Tagebücher einfältige Notizen über Spiele und Beobachtungen ein, die zu einem Zehnjährigen passen würden. Weniger als einen Monat vor seiner Thronbesteigung, mit sechsundzwanzig Jahren, schrieb er seitenlang von einer Kastanienschlacht mit seinem Verwandten, Prinz Georg von Griechenland, im königlichen Park. Ein paar Tage später notierte er eine weitere Begebenheit von nationaler Bedeutung:

Diesmal hatte eine Schlacht mit Pinienzapfen stattgefunden, die es wert war, detailliert beschrieben zu werden.[120]

Im Oktober 1894 starb Zar Alexander III. unerwartet schnell nach kurzer, schwerer Krankheit in seinem kaiserlichen Landgut auf der Krim. Zurück blieb sein Sohn Nikolaus als ängstlicher neuer Monarch, der den russischen Thron bestieg, ohne je mit dieser Aufgabe praktisch vertraut geworden zu sein, ohne je eine verantwortungsvolle politische Tätigkeit ausgeübt zu haben. In einem schwachen Moment gestand der neue Zar seinem Schwager, Großfürst Alexander, dass ihn »das Gewicht dieser schrecklichen Tatsache fast zerreiße«. Ein weinender Nikolaus II. schluchzte: »Sandro, was soll ich jetzt tun, was wird mit mir passieren, mit Alix (seiner Frau; Anm.), mit Mutter, mit allen in Russland? Ich bin nicht darauf vorbereitet worden, ein Zar zu sein. Ich wollte niemals einer werden. Ich verstehe nichts vom Herrschen. Ich habe nicht einmal eine Idee, wie man mit Ministern spricht.«[121] Noch fünfzehn Jahre nach seiner Thronbesteigung und acht Jahre vor Ausbruch der Russischen Revolution spottete Nikolaus' Onkel, der mächtige und einflussreiche Großfürst Wladimir Alexandrowitsch, über seinen Neffen, den Zaren: »Er ist nichts als ein unreifer Schuljunge!«[122]

Auch im niederländischen Königreich waren es familiäre Umstände, die aus einem Thronfolger schließlich einen Problemfall machten. Das Schicksal des niederländischen Thronfolgers Wilhelm war tragisch, sein Ruf für die Dynastie eine Katastrophe, und sein Ende sorgt bis heute für Spekulationen.

Wilhelm wurde 1840 in äußerst schwierige familiäre Verhältnisse hineingeboren. Die Ehe seiner Eltern bestand nur auf dem Papier, Vater und Mutter, König Wilhelm III. der Niederlande und seine Frau Sophie, waren einander in ehrlicher Abneigung zugetan; die Kinder litten unter dem kaum verhüllten gegenseitigen Hass ihrer Eltern. Schulisch hatte Kronprinz Wilhelm eigentlich einen vielversprechenden Start, er war begabt, tat sich leicht beim Lernen und besaß vor allem eine äußerst kluge Mutter, die die sorgfältig geplante Ausbildung ihres Sohnes liebevoll überwachte und ihn förderte, wo sie nur konnte. Königin Sophie war eine hochgebildete und politisch interessierte Frau und ihr Sohn, der nächste niederländische König, sollte einmal ein gebildeter, aufgeklärter und angesehener Monarch werden. Nach seiner Ausbildung bei Hof studierte Wilhelm Rechtswissenschaften an der renommierten Universität von Leiden und schloss das Studium recht passabel ab. Mit seiner Volljährigkeit wurde der gutaussehende junge Mann, der damals noch den Ruf eines Gentlemans genoss, zum offiziellen Thronfolger der Niederlande erklärt.[123]

So weit schien alles perfekt, doch es gab zwei Problemfelder in Wilhelms Leben, die alle Hoffnungen auf einen perfekten künftigen König zunichte machten: ein gewisser Hang zur Trägheit sowie eine äußerst problematische Beziehung zu seinem Vater.

Das von jeher gestörte Verhältnis zu seinem Vater beeinflusste Wilhelms Leben dramatisch. Der Thronfolger, der im permanenten Ehekrieg seiner Eltern völlig auf der Seite seiner Mutter stand, befand sich damit in ständiger Opposition zum König, der seinem Sohn allerdings nicht wirklich ein gutes Vorbild war. Während der Kindheit des Kronprinzen zeugte Wilhelm III. elf uneheliche Kinder; das ist aber nur die Zahl jener Kinder, bei denen die Vaterschaft des Königs als gesichert gilt, die Dunkelziffer dürfte um einiges höher liegen. Wegen seines nicht gerade königlichen – manche sagten auch offen: unmoralischen – Lebenswandels wurde Wilhelm III. von seinen Kritikern auch »König Gorilla« genannt. Einmal, im Jahr 1875, war der niederländische Monarch während eines Aufenthalts in der Schweiz sogar mit einer Verwaltungsstrafe wegen Exhibitionismus belegt worden.

Der Kronprinz versuchte seinen Vater zu meiden, wo es nur ging, und verzichtete deshalb auch auf jegliche Beteiligung an der Regierung. Denn in einem unterschied sich der Regent der Niederlande von all seinen königlichen und kaiserlichen Kollegen: Er hielt seinen Erben nicht bewusst von jeglicher Mitsprache ab, im Gegenteil, der König hätte seinem Sohn mit Vergnügen die Regierungsgeschäfte überlassen und sich in sein aufregendes Privatleben zurückgezogen. Wilhelm III. hatte sich für seine königlichen Aufgaben und Pflichten nie erwärmen können, und seit die liberale Verfassungsreform von 1848 die Rechte des Monarchen massiv eingeschränkt hatte, wollte er gern zu Gunsten seines ältesten Sohnes auf sein Amt verzichten.

Viele Niederländer, allen voran zahlreiche Mitglieder der Regierung, hatten sich erhofft, dass der intelligente und exzellent ausgebildete Kronprinz diese Chance nutzen und seinen konservativ-reaktionären Vater ersetzen würde. Doch Kronprinz Wilhelm enttäuschte sowohl seine Untertanen als auch den König. Warum der junge Mann diese einzigartige Chance nicht wahrnahm, die jeder seiner Thronfolger-Kollegen mit Freude an sich gerissen hätte, ist bis heute nicht restlos geklärt. Selbst wohlwollende Beobachter tadelten seine politische Trägheit, gerade weil sie der Ansicht waren, dass er für das Amt eines Königs begabt gewesen wäre. Ein Minister schrieb mit Bitterkeit über die negative Entscheidung des Kronprinzen, auf den so viele fortschrittliche Kräfte im Land ihre Hoffnungen gesetzt hatten: »Er selbst fühlt, glaube ich wohl, dass er in diesem Augenblick eine Null ist, aber anstatt die Zügel in die Hand zu nehmen, scheint er sie ganz fortzuwerfen ...«[124]

Wahrscheinlich hatte die väterliche Ablehnung einer Ehe Wilhelms mit seiner großen Liebe, der zwanzigjährigen Mathilde van Limburg Stirum, im niederländischen Thronfolger eine absolute und nachhaltige Verweigerungshaltung ausgelöst. Für König Wilhelm III. war Mathilde, als Angehörige des niederländischen Adels, keine passende Partie für seinen Sohn, den Thronerben, und eine unstandesgemäße Ehe kam für ihn nicht in Frage.

Aus heutiger Sicht hätte der König wohl besser daran getan, seine Standesdünkel aufzugeben und diese Ehe zuzulassen. Einige der europäischen Höfe hätten vielleicht über eine künftige Königin aus niederem Adel die Nase gerümpft, doch dafür hätte sich das niederländische Königshaus langfristig die schlimmste PR seiner Geschichte erspart.

Der Kronprinz übersiedelte mit seiner Liebsten, die er nicht heiraten durfte, nach Paris und entging so den Vorwürfen und dem Tadel seines Vaters. Doch die Beziehung zu Mathilde hielt dem Druck eines vollständigen Bruchs mit dem Königshaus nicht stand und scheiterte schließlich. Wilhelm blieb weiterhin in Paris, der Stadt des Vergnügens, und entwickelte sich zum Lebemann und Dandy. Opernbesuche, kostspielige Diners, ausgelassene Feste und unsittliche Damen gehörten bald zu seinem Leben. Und immer neue Nachrichten über seine zahlreichen Liebesaffären gelangten aus Paris an alle europäischen Höfe.

Erst 1877, nachdem seine Mutter verstorben war, kehrte der niederländische Thronfolger zu ihrem Begräbnis in die Niederlande zurück. Allerdings riss Wilhelm nun der Verlust seiner einzigen Bezugsperson in der Heimat völlig den Boden unter den Füßen fort. Noch haltloser als zuvor gab er sich nun völlig seinen Vergnügungen hin. Er wählte Paris zu seinem endgültigen Exil und kehrte nie mehr in die Heimat zurück.

In den zwei Jahren, die er nach dem Tod seiner Mutter noch zu leben hatte, versank Kronprinz Wilhelm regelrecht in einem Strudel aus Alkoholexzessen, Frauengeschichten, Orgien und Glücksspiel. Die Zeitungen berichteten regelmäßig über die aktuellen Gerüchte rund um das skandalöse Leben des niederländischen Kronprinzen und übertrieben nicht einmal – in den meisten europäischen Ländern konnten aufgrund der Zensur die schlimmsten

Geschichten über den Kronprinzen gar nicht publiziert werden. Den Rest erledigten allerdings die Schmähschriften (die das Volk mit Details versorgten) und die Korrespondenzen zwischen den europäischen Höfen (die die hohen Herrschaften informierten), in denen geschrieben stand, was öffentlich nicht gesagt werden durfte.

Die Pariser Boulevardpresse war allerdings weit weniger zurückhaltend in der Berichterstattung als diejenige anderer europäischer Metropolen; schließlich war Frankreich seit 1870 wieder Republik, hier durfte über Europas Royals geschrieben werden, wie man es sich in keinem anderen Land erlauben konnte. In der französischen Presse wurden Wilhelms Skandale und neuesten Eroberungen in der Pariser Halbwelt zur Freude der Zeitungsleser ausgiebig beschrieben und der niederländische Kronprinz als »Prince de Citron« (Prinz von Zitrone) verspottet – eine Verunglimpfung seines Titels Prinz von Oranien, der auf Französisch »Prince d'Orange« lautete.

Schließlich verspielte und vertrank Wilhelm sein gesamtes Vermögen, was dem Erben des stolzen niederländischen Königreiches mit seiner so reichen Geschichte sogar den Respekt der Pariser Edelprostituierten raubte. So beklagt sich die englischstämmige Pariser Edelkokotte Cora Pearl – als die Einzige, in deren Memoiren er einen Eindruck hinterließ – darüber, dass sie von Wilhelm weniger amouröse Befriedigung erhalten habe als von ihren anderen Stammkunden und dass der Kronprinz nur einen moderaten Beitrag für ihren Haushalt zahlte. Ein einziges Mal konnte er die Kurtisane beglücken: Als er ihr eine Perlenkette schenkte, die sie um ihre nackten Hüften spannen sollte. Das war wohl, bevor Wilhelm restlos pleite ging und sich die teuren Damen von ihm abwandten.[125]

Der begabte Wilhelm hatte ein trauriges Ende: Er starb im Jahr 1879 einsam und völlig überschuldet in Paris. Offiziell erlag der unverheiratete Mann mit neununddreißig Jahren einer plötzlich aufgetretenen Lungenentzündung oder einer »völligen Erschöpfung«, was immer darunter zu verstehen war – interessanterweise kursierten zwei offizielle Versionen um sein Ableben. Bis heute verstummen allerdings auch die Gerüchte nicht, dass Wilhelm bei einem Duell ums Leben gekommen wäre.

Heute ist der tragische niederländische Kronprinz eher bekannt als eine Randnotiz in der Biographie seiner bekanntesten Geliebten, der Schauspielerin und großen Kokotte Henriette Hauser. Henriette wurde unsterblich, als sie dem impressionistischen Maler Édouard Manet Modell für sein berühmtes

Bild »Nana« stand, das eine aufreizende, in Dessous gekleidete Frau in ihrem Boudoir zeigt. Henriette war aber auch die Vorlage einer weiteren berühmten »Nana«: Émile Zolas Hauptfigur – eine Luxuskurtisane – in seinem gleichnamigen weltberühmten Roman über das promiskuitive Treiben der vornehmsten Gesellschaft.

Während sich der niederländische Kronprinz weigerte, Mitverantwortung für sein Land zu übernehmen und lieber nach Paris floh, anstatt sich in sein künftiges Amt einweisen zu lassen, litt der österreichische Thronfolger unter genau dem entgegengesetzten Problem: Als hochmotivierter Thronerbe wurde er mit allen Mitteln davon abgehalten, auch nur einen Funken Einfluss auf die Regierung zu nehmen.

Der österreichische Kronprinz Rudolf war sicherlich ein Sonderfall unter seinesgleichen. Jener Mann, dessen Kindheit durch seinen sadistischen Erzieher völlig zerstört worden war, wurde besser als jeder andere Thronfolger in Europa auf sein neues Amt vorbereitet. Nachdem seine Mutter, Kaiserin Elisabeth, die Entfernung seines bisherigen Erziehungspersonals durchgesetzt hatte, ließ sie in der gesamten Monarchie nach den besten Lehrern suchen. Es ging ihr dabei nicht mehr um dem Hof gefälliges Lehrpersonal, ganz im Gegenteil: Sie legte darauf Wert, dass bürgerliche Intellektuelle den künftigen Kaiser unterrichteten.

Kronprinz Rudolfs neue Lehrer wurden erst nach genauer Prüfung an den Hof berufen und kamen ausschließlich aus bürgerlichen, manche sogar aus ärmlichen Verhältnissen. Sie waren Lehrer an österreichischen Volksschulen, an Gymnasien und Universitäten und jeder Einzelne war eine Koryphäe auf seinem Gebiet. Rudolfs Wirtschaftslehrer war etwa Carl Menger, der Begründer der Österreichischen Schule der Volkswirtschaft, der bis heute zu den berühmtesten Ökonomen seines Fachs zählt. Die Erziehung des österreichischen Kronprinzen war am kaiserlichen Hof in Wien ein Experiment sondergleichen; der spätere Kaiser wurde inmitten der elitärsten und adelsstolzesten Hofgesellschaft des gesamten Kontinents von Lehrern erzogen, die ihm neben allem Wissen auch nahebrachten, dass persönliche Leistung höher zu respektieren sei als althergebrachte Privilegien.

Diese aufgeklärten Lehrer, die in ihren Anschauungen am Wiener Hof einen Fremdkörper darstellten und demgemäß angefeindet wurden, konnten dem Thronfolger auch eine Ahnung von den Problemen breiterer Bevölkerungsschichten in der österreichischen Monarchie vermitteln. Rudolf verdankte seinen Lehrern ein grundlegendes Verständnis für wirtschaftliche und soziale Zusammenhänge im Allgemeinen und die Wechselwirkung von Politik und Wirtschaft im Besonderen – wie es an Europas Höfen zu dieser Zeit kaum ausgebildet war. Auf Grund dieses modernen Unterrichts war er der einzige Thronerbe in Europa, der dafür eintrat, dass der politische Einfluss von Adel und Kirche zurückgedrängt werden müsse. Er dachte ernsthaft über eine Bodenreform zugunsten der ärmeren Bevölkerung nach. Im Leistungswillen und dem Engagement des Bürgertums sah er die Pfeiler einer künftigen Gesellschaft; und er setzte sich mit großem Eifer dafür ein, die verkrusteten sozialen und gesellschaftlichen Strukturen der Monarchie aufzubrechen.[126]

Zudem hatten Rudolfs Lehrer, die ihn ehrlich ins Herz geschlossen hatten und ihrerseits von ihm hoch verehrt wurden, ihn den tiefen Respekt vor der »einfachen« Bevölkerung gelehrt.

Die Mitglieder der Aristokratie waren bald höchst erstaunt, von ihrem künftigen Herrscher geradezu revolutionäre Worte zu hören. Ein völlig perplexer Fürst Khevenhüller schrieb nach einem Gespräch mit dem Thronfolger, kurz nachdem dieser seine Ausbildung beendet hatte: »Er schwatzte viel incongruentes Zeug von Freiheit und Gleichheit, schimpfte über den Adel, er sei ein überwundener Standpunkt und wünschte sich als schönste Stellung Präsident einer Republik zu sein! Ich dachte mir, entweder hast Du einen Rausch oder Du bist ein Narr!«[127]

Der exzellent ausgebildete und auch in der Bevölkerung äußerst beliebte Thronfolger wurde jedoch nach Abschluss seiner Studien von seinem kaiserlichen Vater in keiner Weise in die Regierungsgeschäfte miteinbezogen. Rudolf hätte die Voraussetzungen, den Intellekt und das Engagement gehabt, um zum modernsten Monarchen seiner Zeit heranzureifen. Stattdessen hielt Kaiser Franz Joseph seinen begabten Sohn, dessen liberale Ansichten ihm auf die Nerven gingen, von der Tagespolitik fern.

Der unbequeme Sohn sollte sich lieber ein bisschen die Hörner abstoßen. Zu Rudolfs Obersthofmeister und damit Vorsteher seines persönlichen Haushalts wurde vom Kaiser ausgerechnete der größte Casanova des Wiener Hofes ernannt. Karl Albert »Charly« von Bombelles war ein waschechter Höfling, der dem jungen Mann die Vorzüge eines Lebens als Kronprinz nahebringen sollte. Wahrscheinlich wollte der Wiener Hof den intellektuellen Thronfolger mit den radikalen Ansichten auch bewusst »umpolen«: Er sollte mithilfe eines verlockenden Gegenprogramms aus Amüsements und Zerstreuungen die »schädlichen« Einflüsse seiner bürgerlich-liberalen Unterrichtsjahre hinter sich lassen; Hauptsache, er versuchte nicht, seinen unangenehmen Liberalismus in die Politik zu bringen.

Man trieb den jungen Mann geradezu in einen Wirbel an Vergnügungen und erotischen Abenteuern, so dass wohlmeinende Beobachter sich um ihn sorgten. Eine Hofdame seiner Mutter schrieb, nachdem er einige Jahre in seiner neuen Umgebung verbracht hatte, über den Kronprinzen, dass er kein Maß kenne und so viele Affären habe, dass einem angst und bange werde.«[128] Anstatt also den Thronfolger früh in die Regierungsgeschäfte einzuführen, sorgte man auch am Wiener Hof lieber dafür, dass Rudolf zum klassischen Playboy-Prinzen wurde.

Dennoch ging die Rechnung des Hofs nicht ganz auf: Der Kronprinz interessierte sich weiterhin für die Politik und so führte er bald ein Doppelleben, das seine Gesundheit völlig zerrüttete. Tagsüber kam er seinen repräsentativen Pflichten nach und abends stürzte er sich ins Nachtleben, doch danach saß er noch, durch Champagner und Narkotika aufgeputscht, bis in die Morgenstunden an seinem Schreibtisch und arbeitete an politischen Programmen und anonymen Zeitungsartikeln, in denen er die österreichische Politik scharf kritisierte. Weder der kaiserliche Vater noch der Hof wussten von dieser journalistischen Tätigkeit.[129] Kronprinz Rudolf wurde von seinem Vater und dessen Ministern derart kaltgestellt, dass er seine Kritik nur über anonyme Zeitungsartikel ehrlich artikulieren konnte. Der beliebte und hoch begabte Thronfolger, der außerhalb des Hofes und der aristokratischen Zirkel breiteren Bevölkerungsschichten als Hoffnungsträger galt, wurde infolge seiner erzwungenen politischen Ohnmacht und der Ignoranz seines kaiserlichen Vaters letztendlich sogar depressiv.

Rudolf, Wilhelm, der Zarewitsch, und Bertie: Bei aller gemeinsamen Problematik verliefen die individuellen Schicksale und das Leben der Thronfolger recht verschieden. Doch eines verband sie alle miteinander: ihre amourösen Affären. Thronfolger gehörten zu den größten Schürzenjägern ihrer Zeit. In jeder Kronprinzen-Biographie nimmt das Thema »Frauen und Erotik« einen großen Platz ein; alle Thronfolger hatten unzählige Liebschaften und Affären. Und alle wurden in den Zeitungen stets als Schwerenöter dargestellt, zumindest in jenen Ländern, in denen eine relativ große Pressefreiheit bestand; und auch bei Hof und in der Aristokratie waren die Eroberungen und nächtlichen Ausflüge der Thronfolger ein beliebtes Klatschthema.

Allerdings muss man das Urteil »Schürzenjäger«, genauer betrachtet, relativieren. Denn die hübschesten und verführerischsten Frauen wurden einem Thronfolger nicht nur angetragen, sondern warfen sich ihm quasi an den Hals. Und kaum einer wahrte angesichts dieser glückverheißenden Wolke aus ihn bestürmender, hingebungsvoller Weiblichkeit genug Ruhe und Disziplin, um nicht zuzugreifen. Die künftigen Monarchen mussten sich niemals anstrengen; stand ihnen der Sinn nach einem Abenteuer, drängten sich die Frauen ihnen geradezu auf.[130] Thronfolger waren die Märchenprinzen ihrer Zeit, so unansehnlich konnten sie gar nicht sein, dass sich keine Verehrerinnen um sie scharten. Jene, die außerdem auch noch gut aussahen, oder zumindest durchschnittlich, waren die Jungmädchenschwärme ihrer Generation. Eine der großen Burgtheater-Legenden, die Schauspielerin Rosa Albach-Retty (sie ist übrigens die Großmutter des Filmstars Romy Schneider), erzählte in ihren Erinnerungen, dass in ihrer Jugend in der kaiserlichen Residenzstadt Wien alle Mädchen von »ihrem« Thronfolger schwärmten: »Wir Mädchen von der Steckel'schen höheren Töchterschule verehrten den Kronprinzen Rudolf, sein Bild trugen wir wie einen Schatz in unserem Ranzen.«[131]

Zahlreiche Liebesgeschichten und Affären zu haben galt für Thronfolger als normal, dagegen hatten die kaiserlichen oder königlichen Eltern nichts einzuwenden. Selbst mit den »lebenden Folgen« des ausschweifenden kronprinzlichen Liebeslebens, unehelichen Kindern, ging man an Europas Höfen entspannt um. Da unehelich geborene Kinder keinerlei Ansprüche auf ein Erbe oder gar den Thron hatten, war ihre Existenz nicht besorgniserregend. War die Mutter über längere Zeit die Geliebte des Thronfolgers und waren Gefühle involviert, so wurde sie in der Regel gut abgefunden. Oft suchte man ihr noch einen Ehemann, meist einen verarmten Adeligen, der für seine »Dienste« finanziell gut entschädigt wurde, oder sie erhielt eine saftige Einmalzahlung sowie lebenslange Apanage und eine größere Summe für die spätere Ausbildung des Kindes. Uneheliche Nachkommen, die einem One-Night-Stand entsprangen, wurden hingegen nicht einmal zur Kenntnis genommen, Zahlungen gab es in diesem Fall ebenfalls keine, da konnte ja jede kommen.

Gerüchte über uneheliche Kinder von Thronfolgern gab es immer und überall. Englands Playboy-Prinz Bertie sagte man nach, dass er mithelfe, die

Dörfer rund um Sandringham, seinen privaten Landsitz, und Balmoral, den Sommersitz der königlichen Familie, zu »bevölkern«; böse Zungen behaupteten gar, dass man seit Berties dortigen Aufenthalten proportional mehr königliches Blut in der Umgebung der Schlösser finden könne als in ihnen. Einige Biographen Berties gehen allerdings davon aus, dass die hohe Zahl der ihm zugeschriebenen Kinder deshalb nicht stimmen könne, weil der Kronprinz von den Pariser Kurtisanen, die er so gerne besuchte, einiges über Empfängnisverhütung gelernt und dieses Wissen auch erfolgreich in der Praxis angewandt habe.[132]

Schwierig wurde es für den Königshof erst dann, wenn sich der Thronfolger sehr ungeschickt benahm und die Vaterschaft von unehelichen Kindern einer breiten Öffentlichkeit bekannt wurde. Oder wenn sich die Mütter nicht ruhig verhielten, sondern lautstark die Anerkennung ihrer Kinder forderten.

Besonderes Pech hatte der britische König George V., der Sohn von Playboy-Prinz Bertie. Während seiner Zeit als jugendlicher Marineoffizier soll er – so die Gerüchte – die Tochter eines britischen Marineoffiziers in Malta geschwängert haben, und zwar gleich zweimal. Außerdem hieß es, der britische Thronfolger wäre mit der Offizierstochter sogar heimlich verheiratet. Schließlich wurde das Getuschel so laut – und zwar von Malta bis London –, dass die Angelegenheit in der Regierung besprochen wurde. Dass derlei überhaupt zu einem Thema des Ministerrates wurde, hatte seine Ursache nicht zuletzt darin, dass damals die das britische Königshaus kompromittierenden Gerüchte nicht verstummen wollten, ja überhand zu nehmen drohten. Einige männliche Royals wurden aufgrund ihres unmoralischen Lebenswandels bereits so diskreditierend kritisiert, dass man nun alles tat, um jede einschlägige Berichterstattung schon im Keim zu ersticken.

Der Premierminister, der diese Gerüchte und die Beschäftigung mit ihnen nur lächerlich fand, war gegen ein offizielles Dementi des Hofes. Ohnehin konnten sich Regierung und Königshaus hier auf das Stillschweigen der Presse verlassen. Der mächtigste britische Zeitungsherausgeber seiner Zeit, W. T. Stead, dem die Geschichte über George V. und die Offizierstochter exklusiv angeboten wurde, verzichtete auf eine Veröffentlichung. Noch wahrte man gewisse Grenzen, vor allem, wenn es um derlei pikante Gerüchte aus dem Privatleben ging.

Die alte Queen Victoria, die bereits von den Skandalen ihres Sohnes Bertie vielfach geplagt worden war und sich nun auch noch mit dem Liebesleben ihres Enkels beschäftigen sollte, empfand es zwar als Fehler, auf dieses Gerücht nicht zu reagieren, aber sie richtete sich nach dem Rat ihres Premierministers. Ihrer engsten Umgebung vertraute die Monarchien jedoch an: »Niemand kümmert sich heute darum. Aber in fünfzig Jahren, wenn mancher der jungen Prinzen Thronerbe sein oder in der Nähe des Throns stehen wird, wird es ein Geschrei geben, dass er illegitim sei oder sein Vater Bigamie betrieben hätte … Jetzt, ein einfaches Dementi würde alle Wolken wegschieben.«[133]

Die Worte der Königin sollten sich als prophetisch erweisen. Denn im Jahre 1911, mehr als fünfzehn Jahre später, war die Geschichte, dass der nunmehrige König George V. als Thronfolger eine Offizierstochter in Malta geheiratet hätte und Vater ihrer zwei Kinder sei, dann doch in den Gazetten zu lesen. Ob sie den Tatsachen entsprach, wurde nie geklärt; einen Imageschaden bedeutete sie auf alle Fälle.

Eine andere ungeklärte Vaterschaft endete weitaus peinlicher für den britischen Königshof. Wirkliches Pech hatte etwa der frühverstorbene ältere Bruder von König George V., Prinz Albert Victor, mit einer früheren Eroberung. Auf seiner großen Indienreise hatte der Prinz eine Beziehung mit Margery Haddon, der Frau eines Eisenbahningenieurs, begonnen. Mehr als zweiundzwanzig Jahre nach Prinz Alberts Tod wollte die Dame aus dieser Liaison Kapital schlagen, reichlich spät und für den Hof auf recht lästige Art und Weise. Mrs. Haddon, mittlerweile Alkoholikerin, mehrfach geschieden und psychisch etwas auffällig, postierte sich eines Tages im Jahr 1914 vor dem Haupteingang des Buckingham Palace in London und schrie aus Leibeskräften in die Welt hinaus, dass der längst verblichene Prinz Albert der Vater ihres Sohnes sei. Die Dame schrie so lange, bis sie von der Polizei abgeführt wurde. Mrs. Haddons Anschuldigungen wurde allerdings nachgegangen. Der britische Geheimdienst durchforstete sämtliche Akten des Nationalarchivs, die mit Prinz Alberts Indienreise im Jahr 1889 zu tun hatten, ohne einen Beweis für seine Vaterschaft zu finden. Die Anwälte des Königshauses gaben auch zu, dass der verstorbene Prinz »eine Art Beziehung« mit Mrs. Haddon hatte. Allerdings schlossen sie kategorisch aus, dass der verstorbene Thronfolger der Vater von Mrs. Haddons Sohn gewesen sei.

Hiermit war dieser Fall für das Königshaus aber noch nicht abgeschlossen. Denn der angebliche Sohn des Prinzen und Mrs. Haddons, Clarence, brachte 1920 ein Buch mit dem Titel »Mein Onkel George V.« heraus, in dem er auf Anerkennung seiner königlicher Abstammung pochte. Das Buch konnte der

Königshof gerade noch ignorieren, so unerfreulich die Veröffentlichung auch war, nicht aber einen späteren Erpressungsversuch. Denn Clarence Haddon verlangte im Jahr 1933 Schweigegeld – würde der Hof nicht zahlen, würden weitere peinliche Enthüllungen folgen. Für seinen Erpressungsversuch musste sich Clarence Haddon bald vor Gericht verantworten; beim Prozess wurde dann anhand unzähliger Dokumente eindeutig festgestellt, dass der Erpresser definitiv zwei Jahre vor Prinz Alberts Indienreise geboren worden war. Eine Vaterschaft des Bruders des regierenden Königs war also ausgeschlossen. Der Richter war noch gnädig mit Mr. Haddon, denn er attestierte ihm, wirklich in der Illusion zu leben, ein Mitglied der königlichen Familie zu sein, und setzte lediglich eine dreijährige Strafe auf Bewährung aus – unter der Bedingung, dass der Verurteilte aufhörte, öffentlich zu behaupten, er wäre der Sohn des verstorbenen Prinzen Albert. Clarence Haddon konnte oder wollte diese Auflage nicht erfüllen und wanderte für ein Jahr ins Gefängnis.

Dass sich allerdings der Geheimdienst mit den Anschuldigungen einer auffälligen Alkoholikerin beschäftigt und sich noch die Zeit genommen hatte, ein Vierteljahrhundert alte Akten anzusehen, erscheint heute merkwürdig. Der höchst eigenartige Fall zeigt aber, wie sehr die Auswirkungen von Ausschweifungen und Affären einer Dynastie noch Jahre und Jahrzehnte später schaden können. Denn obwohl die Existenz eines unehelichen Kindes an sich keine Monarchie gefährden konnte – ein Imageschaden waren derart peinliche Geschichten zweifellos.

Zusammenfassend lässt sich sagen: Das Leben eines Thronfolgers war hauptsächlich vom Warten auf den einen Tag geprägt, an dem er den Thron besteigen würde. Manche Kronprinzen versuchten, während dieser Zeit bereits, die Politik ihres Landes mitzugestalten, und mussten letztendlich doch einsehen, dass dies nicht gewünscht war. Andere wiederum nutzten lediglich ihre Privilegien und führten gleich das Leben eines gelangweilten Dandys. Aber alle machten eine Erfahrung: In der Regel war ihre Mithilfe bei Regierungsgeschäften – und damit eine praktische Vorbereitung auf ihr künftiges Amt – für sie nicht vorgesehen, in keinem der Herrscherhäuser Europas, mit Ausnahme der Niederlande.

Eine der wichtigsten Aufgaben, die ihre hohe Stellung mit sich brachte, konnten die künftigen Herrscher Europas allerdings schon vor ihrem Thronantritt erfüllen: eine standesgemäße Ehe eingehen und durch zahlreiche Nachkommen den Fortbestand der Dynastie sicherstellen.

# 3 »Man wird begutachtet wie ein Pferd«

## Das dynastische Heiratskarussell

Im Frühjahr 1880 traf der einundzwanzigjährige österreichische Kronprinz in Brüssel ein. Rudolf war der Erbe eines mitteleuropäischen Großreichs mit mehr als 50 Millionen Einwohnern, außerdem gehörte er einer der vornehmsten Dynastien des Kontinents an. Kurz, der Kronprinz war eine der besten Partien Europas. Nach Brüssel zog ihn ein 15-jähriges Mädchen: Stephanie, die Tochter des belgischen Königs Leopold II. Der Kronprinz würde um Stephanies Hand anhalten und natürlich würde er sie auch bekommen.[134]

Die Suche nach einer geeigneten Braut hatte sich für den österreichischen Thronerben schwierig gestaltet. Die Ausschlusskriterien waren so streng, dass nur wenige Kandidatinnen übrig blieben. Die Braut eines Habsburgers, noch dazu des nächsten Kaisers, musste von königlichem Geblüt und katholisch sein. Viel Auswahl gab es da nicht: Großbritannien, Russland und das deutsche Kaiserhaus schieden aus konfessionellen Gründen von vornherein aus, bei den katholischen Ländern sah es ebenfalls nicht gut aus: Frankreich war mittlerweile Republik, Italien kam aus politischen Gründen nicht in Frage, und in Spanien fand sich gerade keine altersmäßig passende Prinzessin. Damit blieb nur noch Belgien – nicht gerade das große Los für die Habsburger. Neben der jahrhundertealten Geschichte des habsburgischen Reiches verblasste das kleine Land, das erst seit 1830 eine unabhängige Monarchie war. Aber der österreichische Hof musste nehmen, was er kriegen konnte.

Kurz vor der Ankunft des österreichischen Kronprinzen wurde Prinzessin Stephanie von ihren Eltern darüber in Kenntnis gesetzt, dass sie nach Österreich verheiratet werde. Nach den Gefühlen des Mädchens wurde nicht einmal gefragt. Stephanie war blond und blass; sie entsprach in nichts dem Geschmack ihres künftigen Ehemannes, der mehr zu brünetten Schönheiten tendierte. Doch das störte den Kronprinzen nicht. Er zeigte sich von seiner charmantesten Seite und hielt um die Hand der belgischen Königstochter an.

Für seine persönlichen Bedürfnisse hatte Rudolf ohnehin vorgesorgt: Auf der Reise nach Brüssel begleitete ihn seine aktuelle Geliebte, eine attraktive brünette Schauspielerin. Jeder wusste davon – nur nicht die ahnungslose Braut. Passend zu diesem Auftakt geriet die Ehe zwischen Stephanie von Belgien und Rudolf von Österreich für beide Seiten zur Katastrophe. Eifersuchtsanfälle, Streit und Demütigungen sollten das Paar bis zum tragischen Ende begleiten. Aber sowohl Stephanie als auch Rudolf hatten ihre dynastische Pflicht erfüllt.[135]

Liebe war in Königshäusern niemals ein Kriterium für eine Ehe gewesen. Liebe war ein Luxus, den man sich rein privat leistete – zumindest als Mann. Die Ehen von Königen und Kaisern dienten ausschließlich der Staatsraison. Zwar stand bei dynastischen Heiratsverbindungen nicht mehr wie früher der Erwerb neuer Territorien im Vordergrund, dennoch glaubten Europas Königshäuser auch im ausgehenden 19. Jahrhundert noch fest an deren politischen Wert. Ehen zwischen Mitgliedern zweier Königshäuser waren für Staaten immer noch ein wichtiges Instrument der Außenpolitik: Die Fusion zweier Königshäuser konnte etwa die Bedeutung neuer politischer Allianzen unterstreichen.[136] Immerhin hatte manche Änderung des bisherigen Heiratsverhaltens von Dynastien in der Geschichte durchaus weitreichende Folgen gehabt: Im russischen Kaiserhaus hatten zum Beispiel die Ehen mit europäischen Dynastien zu einer Annäherung an Mittel- und Westeuropa geführt.[137] So konnten dynastische Allianzen auch in der Außenpolitik neue Fakten schaffen – in der Regel konzentrierte man sich aber darauf, bereits bestehende Bündnisse zu vertiefen: Für viele Herrscherhäuser war es Strategie, schon einmal eingegangene verwandtschaftliche Beziehungen auszubauen und zu verdichten.

Heiratsallianzen wurden nicht von Braut und Bräutigam geschlossen, sondern von den Eltern der jungen Leute. Erst nachdem alle eventuellen Schwierigkeiten aus dem Weg geräumt waren, durften sich die künftigen Brautleute kennenlernen. So problematisch arrangierte Ehen für die Protagonisten auch waren – für den Erhalt und vor allem die Stellung einer Dynastie galten sie als unverzichtbar. Im besten Fall konnte ein regierendes Haus durch geschickte Heiratspolitik seine Stellung innerhalb der Hierarchie der europäischen Königshöfe verbessern und sein Ansehen heben: Für eine junge Monarchie war es etwa entscheidend, in ein »altes« Haus einzuheiraten. Manche Dynastien wurden durch eine glänzende Partie sogar vor dem sozialen Abstieg gerettet: Geradezu legendär sind in diesem Zusammenhang die Worte der

**Das offizielle Verlobungsfoto von Kronprinz Rudolf mit der belgischen Königstochter Stephanie. Zur Verlobung reiste Rudolf mit seiner Geliebten an.**

**Durch zwei Schwestern, die englische Kronprinzessin Alexandra und die russische Zarin Maria Fjodorowna, vertieften sich die Beziehungen zwischen England und Russland.**

Erleichterung des polnischen Ex-Königs Stanislaus Leszczynski, als dieser erfuhr, dass der französische Hof seine Tochter zur Ehefrau König Ludwigs XV. von Frankreich bestimmt hatte. Stanislaus rief Frau und Tochter völlig aufgelöst zu: »Auf die Knie und danket Gott!«[138]

Die »Heiratskreise« der regierenden Häuser öffneten sich auch im 19. Jahrhundert nicht; man blieb weiterhin nur unter sich.[139] Um das illustre Selbstbild einer auserwählten Gruppe zu bewahren, durften Royals ausschließlich untereinander heiraten. Selbst Ehen mit Angehörigen des landeseigenen höchsten Adels wurden als unpassend empfunden. Einerseits sollte ein Königshaus immer über dem Adel stehen, andererseits wollte man auch verhindern, dass einheimische Adelsfamilien aus ehelichen Verbindungen mit dem Herrscherhaus Ansprüche auf den Thron ableiteten. Die Auswahl an potentiellen Partnern für ein Mitglied eines europäischen Königs- oder Kaiserhauses war dementsprechend klein: Als Heiratskandidaten kamen nur Prinzen und Prinzessinnen anderer regierender Häuser in Frage – und oft gab es darunter gar nicht so viele, die altersmäßig passten. Hinzu kamen die Konfessionsunterschiede: Großbritannien, die nordischen Dynastien und das preußische Königshaus akzeptierten nur Protestanten; die Häuser Habsburg, Bayern, Sachsen, Belgien oder Italien legten Wert auf eine Verbindung mit Partnern katholischen Glaubens.

Wie mager das Angebot auf dem royalen Heiratsmarkt im konkreten Fall mitunter war, zeigte sich bei Queen Victorias Sohn Albert Edward, dem Erben der britischen Krone. Das britische Empire umfasste vor dem Ausbruch des Ersten Weltkriegs zwei Fünftel der Erdoberfläche – als absolut ebenbürtige Heiratskandidatinnen kamen aber gerade sieben Frauen in Betracht. Nur sieben Prinzessinnen hatte die Queen in Bezug auf Abstammung, Religion, Alter, Erziehung und Vermögen als würdig genug empfunden, einst britische Königin zu werden. Allerdings hatte man in Berties Fall noch ganz andere Probleme: Weitaus schwieriger war es, den Thronerben überhaupt in eine Ehe zu locken. Dass der Kronprinz heiraten musste, stand für die Königin und ihren Mann, Prinzgemahl Albert, fest: Das Ansehen des Königshauses ließ nichts anderes zu. Und der Thronfolger interessierte sich bekanntermaßen schon viel zu viel für die Damenwelt; bevor er auf Abwege geriet, musste er verheiratet werden. Außerdem war eine Heirat auch gut fürs Image – hatte doch die geradezu kleinbürgerliche Inszenierung der königlichen Familie seit Victorias Thronantritt viel zur Popularität der Monarchie beigetragen. So betrachtete man es gleichsam als heilige Pflicht, für den Thronfolger eine Frau zu finden. Seine Eltern verfolgten das »Heiratsprojekt Bertie« mit staatsmännischem Ernst, sogar ein eigener Akt mit dem Titel »Berties Heiratsaussichten« wurde angelegt.[140]

Dem Kronprinzen die Ehe schmackhaft zu machen war allerdings eine Herausforderung. Eine reizlose Prinzessin brauchte man nicht einmal in Erwägung ziehen, nur eine außergewöhnlich schöne Frau hätte den Hauch einer Chance, den leidenschaftlichen Bertie zu bändigen. Für solch eine Braut war die britische Königin sogar bereit, die strengen Heiratsvorgaben etwas zu lockern: Nicht mehr die idealste, sondern die schönste Prinzessin Europas musste gefunden werden. Und so machte sich die Queen, gemeinsam mit ihrer ältesten Tochter, auf die Suche nach einer Braut für Bertie.

Die Korrespondenz zwischen Mutter und Tochter belegt auf amüsante Weise, wonach bei allen potentiellen Kandidatinnen gesucht wurde: Prinzessin Elisabeth Wied, die spätere Königin von Rumänien, fanden Mutter und Tochter zwar »vornehm aussehend«, aber gar nicht nach Berties

Geschmack. Marie der Niederlande, Hilda von Dessau und Prinzessin Alexandrine von Preußen waren alle »weder hübsch, noch clever«.[141] Über eine weitere, diesmal sehr kluge Kandidatin jammerte Berties Schwester: »Was nutzt Klugheit ohne Attraktivität, die ihn anzieht?«[142] Zimperlich war man jedenfalls bei der Begutachtung der Bräute nicht. Im hohen Alter wurde die Queen sogar noch deutlicher. Als sie dreißig Jahre später für ihren Enkel, den übernächsten König, auf Brautschau war, klagte sie über die drei Kandidatinnen, die dynastisch am besten geeignet waren: »Alle drei sind hässlich, nicht gesund und idiotisch – und als ob das schon nicht genug wäre, sind sie auch noch arm wie Kirchenmäuse und geistig beschränkt.«[143]

Was Bertie anging, wurde Queen Victoria schließlich fündig: Prinzessin Alexandra von Dänemark sollte seine Frau werden. »Alix«, wie sie genannt wurde, war bildhübsch und liebreizend, also genau die Richtige für den Thronfolger. Der dänische Hof war zwar im Vergleich zum britischen nicht nur bescheiden, sondern geradezu ärmlich zu nennen und Alix' Erziehung nach königlichem Standard dürftig, doch für die attraktive Dänin nahm die Queen alles in Kauf. Die »dänische Perle« sollte so bald wie möglich gefangen werden, drängte der Vater, die Mutter seufzte nur: »Möge er die Perle auch wert sein«.[144]

Während sich nun Mutter, Vater und große Schwester bemühten, die dänische Prinzessin zu gewinnen, und nach außen hin taten, als könne Bertie es kaum erwarten, verheiratet zu werden, löste der Sohn einen Skandal aus, den ihm die Mutter nie verzeihen sollte: Zur selben Zeit, als die Familie für ihn auf Brautschau war, vergnügte sich der Thronfolger mit einer leichten Dame namens Nelly Clifden. Nelly gehörte zu jenen Mädchen, die in der Umgebung von Kasernen zu finden waren und in der Regel nicht nur einen, sondern gleich mehrere Offiziere erfreuten. Das leichte Mädchen wurde Berties erste Geliebte. Mit ihr und ihren Freunden unter den Gardeoffizieren machte Bertie seine ersten geheimen Ausflüge in Londoner Nachtlokale und genoss ein Leben, das er bisher nicht kennengelernt hatte; auf eine Heirat hatte er keine Lust.[145]

Hohe Militärkreise informierten die Königin über den unsittlichen Umgang des Thronfolgers. Diese Nachricht war für seine Eltern – die die viktorianische Prüderie geradezu verkörperten – niederschmetternd. Ihr Sohn hatte bei einer Dirne, die sich Schauspielerin nannte, seine Unschuld verloren, und die peinliche Affäre drang zudem nach außen und verbreitete sich wie ein

**Die britische Kronprinzessin Alexandra hatte das Talent, über die zahlreichen Affären ihres Mannes hinwegzusehen.**

Lauffeuer an Europas Höfen. Es wurde aber noch schlimmer für die königlichen Eltern: Bei der Untersuchung der peinlichen Angelegenheit kam heraus, dass an Berties Geburtstag eine Prostituierte auf Schloss Windsor eingeschmuggelt worden war. Der schockierte Vater hielt dem Sohn vor, dass der Umgang mit solchen Damen nicht nur unmoralisch sei und dem Ansehen der

Dynastie schade, sondern dass sich der Thronfolger damit auch leicht erpressbar mache. Die Vorhaltungen des Prinzgemahls kamen einer Prophezeiung gleich: Noch Jahre nach dem Skandal sollte sich das britische Königshaus das Schweigen des Ehemanns der Prostituierten teuer erkaufen.[146] Doch trotz dieses Eklats – der dem dänischen Königshaus sicher nicht verborgen geblieben war – kam es im Jahr 1863 zur Hochzeit zwischen dem Erben der britischen Krone und der hübschen dänischen Prinzessin. Die Ehe wurde trotz allem recht glücklich, der Ehemann hatte zwar eine Affäre nach der anderen, die reizende Alix dafür aber das Talent, über derlei galant hinwegzusehen.

Für das dänische Königshaus markierte die Hochzeit zwischen Alexandra und Prinz Edward den Eintritt in die erste Liga des royalen Heiratsmarkts. Denn nun, da es die künftige britische Königin stellte, begannen sich Europas Höfe stärker für die kleine skandinavische Dynastie zu interessieren. Konnte die dänische Königsfamilie vor Alix' Heirat bestenfalls hoffen, die Töchter in ein fürstliches oder großherzogliches Haus zu vermählen, erschienen nun die angesehensten royalen Bewerber Europas am Kopenhagener Hof. Bereits ein Jahr nach Alexandras Hochzeit begehrte der russische Zar für seinen Sohn, Zarewitsch Nikolaus, die Hand von Alix' jüngerer Schwester, Prinzessin Dagmar. Die eine Tochter als künftige Königin, die andere als künftige Zarin – mit dieser Kombination übertraf das kleine dänische Königshaus in Sachen erfolgreicher Heiratspolitik damals alle anderen Dynastien.[147]

Doch noch während der Verlobungszeit, als Dagmar gerade in St. Petersburg weilte, erkrankte der Zarewitsch plötzlich an Meningitis und starb kurz darauf.[148] Zurück blieben eine fassungslose Braut und eine unangenehme Situation. Was sollte man am russischen Hof nun mit Dagmar tun? Sie war bereits in die Familie eingeführt, monatelang hatte man alles für eine Vermählung vorbereitet, der Heiratskontrakt stand kurz vor der Unterzeichnung. Und für Zar Alexander II. wäre es zu schön gewesen, wenn die künftige Zarin eine Schwägerin des britischen Königs gewesen wäre.

Hinter den Kulissen versuchten auch Dagmars Eltern zu retten, was zu retten war, denn ein solches Heiratsprojekt würde sich kein zweites Mal ergeben. Schließlich kam man auf die Idee eines »Brauttausches«: Dagmar wurde einfach an Nikolaus jüngeren Bruder, den neuen Zarewitsch Alexander, weitergereicht. Die offizielle Darstellung lautete, dass der sterbende, in seinen letzten Zügen liegende Zarewitsch Nikolaus die Hand seiner Braut in die

Hand seines Bruders Alexander gelegt hätte und es somit der Wille des nun Verstorbenen wäre, dass seine Braut den Bruder heirate – was niemand an Europas Höfen glaubte. Selbst innerhalb der russischen Zarenfamilie empfanden viele die Brautweitergabe als geschmacklos, doch Kritik war zwecklos. Die Heiratsverträge wurden unterzeichnet, die dänische Prinzessin konvertierte zum orthodoxen Glauben, nahm den Namen Maria Fjodorowna an und heiratete den nächsten russischen Thronfolger. Ob dieser nun Nikolaus oder Alexander hieß, spielte zumindest im dynastischen Heiratskarussell keine Rolle.[149]

**Durch die prestigeträchtigen Ehen der beiden dänischen Prinzessinnen stieg das bescheidene dänische Königshaus in die erste Liga von Europas Herrscherhäusern auf: Vorne Prinzessin Alexandra, die den englischen Thronfolger heiratete. Hinten Prinzessin Dagmar, die künftige Zarin von Russland.**

Am Beispiel der beiden dänischen Prinzessinnen Alexandra und Dagmar zeigt sich deutlich, dass dynastische Ehen durchaus außenpolitische Wenden herbeiführen konnten: Die beiden Schwestern hatten ein inniges Verhältnis zueinander und ihre Ehemänner, die künftigen Herrscher von Großbritannien und Russland, verstanden sich ebenso gut. Aus den intensiven familiären Beziehungen entwickelte sich schließlich sogar eine politische Allianz der beiden Länder.

Das Phänomen der Brautweitergabe sollte sich dreißig Jahre später wiederholen – diesmal in der britischen Königsfamilie, beim Erstgeborenen von Edward und Alexandra. Prinz Albert Viktor (»Eddy«) wurde mit Prinzessin Victoria Mary von Teck verlobt. Ausgesucht hatte die Braut Eddys Großmutter, die Queen. Der Enkel hatte sich zuvor in ein Mitglied der ehemaligen französischen Königsfamilie verliebt, ausgerechnet eine Katholikin, wo doch der »Act of Settlement« von 1701 festlegte, dass Mitglieder der britischen Königsfamilie bei einer Heirat mit Katholiken ihr Recht auf die Thronfolge verlieren. Von einer ehelichen Verbindung Eddys mit einer Katholikin durfte somit nicht die Rede sein; bereits die aufkommenden Gerüchte darüber hatten für Verstimmung in der Regierung gesorgt.

**Aus der bescheidenen Prinzessin Dagmar von Dänemark wurde die glamouröse Zarin Maria Fjodorowna.**

Bevor Eddy also zielsicher wieder eine politisch völlig unpassende Kandidatin wählte, ging die Königin gleich selbst auf Brautsuche. Sie entschied sich für die deutschstämmige Prinzessin Victoria Mary von Teck, eine entfernte Verwandte des Königshauses. Die Wahl war interessant, denn eigentlich entsprach Mary nicht den strengen dynastischen Heiratsvorgaben: Sie war zwar königlicher Abstammung, doch ihr Stammbaum wies durch eine Missheirat ihres Großvaters – dieser hatte sich erlaubt, eine einfache Comtesse zu ehelichen – einen Makel auf. Die Queen hielt diesen Makel jedoch für überwindbar und zeigte sich damit am Ende ihres Lebens fortschrittlicher als die meisten anderen Monarchen. Ihr gefiel, dass Mary ein bodenständiges und vernünftiges Mädchen war, und sie befand, die kluge Mary würde eine exzellente Königin abgeben und dem netten, aber überaus labilen Eddy eine Stütze sein. Dass Mary bei der Verlobung das fast schon »biblische« Alter von vierundzwanzig Jahren hatte, war eine Folge ihrer schwierigen Stellung auf dem Heiratspar-

**Die spätere Königin Mary und der spätere König George V. an ihrem Hochzeitstag. Zuerst war Prinzessin Mary mit dem älteren Bruder verlobt.**

kett. Besagter Makel im Stammbaum hatte sich bisher als unüberwindliches Hemmnis für eine gute Partie erwiesen: Mary besaß laut Stammbaum einerseits zu viel königliches Blut, um einen Adeligen oder einfachen englischen Gentleman zu ehelichen, war aber anderseits nicht königlich genug, um in eine regierende Dynastie einzuheiraten.[150]

Im Dezember 1891 wurde die Verlobung zwischen dem übernächsten König von England und Mary gefeiert. Nur einen Monat später verstarb Albert Victor völlig unerwartet im Alter von achtundzwanzig Jahren an Grippe. Trotz der Trauer um Eddy vergaß man nicht auf die hinterbliebene Braut. Die königliche Familie, allen voran die Queen, fand, dass man Mary weder kompromittieren noch nach dieser Tragödie zurück auf den grausamen Heiratsmarkt schicken konnte, und reichte sie einfach an Eddys jüngeren Bruder – und nächsten Thronfolger – George weiter. Allerdings ließ man, um einen gewissen Anstand zu wahren, zunächst zwei Jahre verstreichen. Dann wurde die Verlobung des nunmehrigen Thronfolgers mit Mary von Teck bekannt gegeben.[151]

Aus der arrangierten Ehe von Mary und George entwickelte sich mit der Zeit eine echte Liebesbeziehung, die beiden Ehepartner harmonierten außerordentlich gut und vor allem zum Wohle ihrer Dynastie. König George und Königin Mary, die 1910 den Thron bestiegen, sollten mit ihrem Pflichtbewusstsein, ihrer vorbildlichen Image-Arbeit und ihrer Beliebtheit den Standard für alle künftigen Nachfolger festlegen. Und Königin Mary, die Großmutter von Queen Elizabeth II., die anfangs von vielen als unpassende Partie für einen künftigen König betrachtet worden war, stellte sich als eine der fähigsten Königinnen des 20. Jahrhunderts heraus, die in kritischen Zeiten eine Stütze der Monarchie war und während des Ersten Weltkriegs zeigte, worauf es wirklich ankam: ein Vorbild für ihre Dynastie und die ganze Nation zu sein.

Dass sich Prinzessinnen völlig widerstandslos von einem Ehekandidaten zum nächsten weiterreichen ließen, lag an der strengen Erziehung und häuslichen Prägung der jungen Damen. Sie lernten von klein auf, dass Widerspruch zwecklos war und dass sie eines Tages Spielfiguren im dynastischen Heiratsschach sein würden. Ob Prinzessinnen überhaupt heiraten wollten oder ob ihnen der von den Eltern Auserwählte gefiel, danach wurde nie gefragt: Als sich der österreichische Kaiser Franz Joseph 1853 bei einem sommerlichen Familientreffen in seine Cousine Elisabeth, eine bayrische Prinzessin, verliebte und um ihre Hand bat, erhielt er sie natürlich. Und als man die Mutter der Braut Jahrzehnte später fragte, ob die Braut damals wirklich einverstanden gewesen wäre, antwortete sie nur: »Einem Kaiser gibt man keinen Korb!«[152]

Erstaunlich wenig interessierte die königlichen Eltern auch, ob jene Männer, die als mögliche Ehegatten ins Auge gefasst wurden, von ihrem Charakter und Temperament her überhaupt zu ihren Töchtern passten. Die wenigsten Eltern versuchten auszuloten, ob der Tochter an der Seite eines potentiellen Kandidaten ein einigermaßen würdevolles Leben garantiert sein würde. Das große persönliche Glück erwartete ohnehin niemand; was zählte, war, eine möglichst gute Partei zu arrangieren. Und die besten Partien waren immer noch regierende Monarchen oder Thronfolger.

Liebe war also niemals eine auch nur beachtenswerte Kategorie in der royalen Heiratspolitik. Prinzessinnen regierender Häuser galten als dynastisches Kapital, das man möglichst gewinnbringend am Markt platzieren

**Der britische König George V. und seine Frau, Königin Mary.**

musste.[153] Zu den Aufgaben einer Prinzessin gehörte, zum Wohle ihrer Dynastie eine gute Partie zu machen, ihrem Ehemann gehorsam zu sein, der Dynastie männliche Erben zu schenken und ihren Pflichten als Monarchin nachzukommen. Ihre gesamte Erziehung war deshalb auf Gehorsam, Geduld und Repräsentation ausgerichtet.[154]

Das Aussehen einer Prinzessin war – bis auf wenige Ausnahmen wie beim britischen Thronerben – keine wesentliche Voraussetzung für eine gute Partie. Bereits die berühmte Lieselotte von der Pfalz, die Schwägerin des französischen Königs Ludwig XIV., hatte in ihrer bekannt bodenständigen Art formuliert: »Der Prinzessinnen Heirat … selten aus Liebe geschehen, sondern nur durch Räson, und dazu tut Schönheit nichts; Tugend und Verstand sind (sic!) gut genug dazu. Das währt länger als die Schönheit, welche vergänglich ist und bald verschleißt …«[155]

Falls nach den Grundvoraussetzungen – Abstammung und richtige Konfession – noch genug Kandidatinnen übrig blieben, unter denen man wählen konnte, bevorzugten alle Dynastien Frauen, die den hohen Vorgaben gewachsen sein würden. Übersensible Frauen waren fehl an vorderster Front, genauso überspannte Prinzessinnen, die leicht die Contenance verloren. Idealerweise war eine Prinzessin hart im Nehmen und gewohnt, mit eisernem Lächeln ihre royalen Pflichten zu erfüllen. Als Paradebeispiel dafür darf Königin Maria Karoline von Neapel-Sizilien gelten, deren Ehemann von bemerkenswerter Hässlichkeit war und auch in seinem Verhalten gegenüber seiner Frau alles andere als verständnisvoll. Kurz nach der Hochzeit schrieb die junge Frau in ihre alte Heimat Österreich: »Der König ist sehr hässlich von Angesicht, aber man gewöhnt sich daran!«[156] Auch ihre dynastischen Pflichten kannte Maria Karoline genau: Sie schenkte dem Land nicht weniger als achtzehn Kinder.

Am deutlichsten aber brachte Königin Olga von Württemberg die Stellung der Frau im royalen Heiratsmarkt auf den Punkt. In Erinnerung an ihre Brautschau fand die Königin nur bittere Worte: »Prinzessinnen im heiratsfähigen Alter sind eigentlich bedauernswerte Geschöpfe. Der gothaische Almanach (das Adelslexikon, Anm.) verrät das Alter, man kommt dich anschauen wie ein Pferd, das zum Verkauf steht.«[157]

Dass Prinzessinnen allzu viel über ihre Situation oder gar über persönliche Neigungen nachdachten, war an Europas Königshäusern nicht erwünscht. Die jungen Frauen sollten sich keinen romantischen Vorstellungen hingeben und erst recht nicht von der großen Liebe träumen, sondern widerspruchslos den von den Eltern ausgewählten Ehekandidaten akzeptieren – und zwar je früher, desto besser. Hinter so viel kühler Taktik stand die Sorge der königlichen Eltern, dass ihre Töchter ledig blieben. So erklärte Prinzessin Maria von Edinburgh, eine geborene Zarentochter, ihren Töchtern, dass Prinzessinnen unbedingt vor dem 20. Lebensjahr verheiratet sein sollten. Später hätten sie bereits zu viele eigene Gedanken und Ideen, was die Dinge nur verkompliziere. Außerdem hätten unverheiratete Prinzessinnen eine entsetzliche Position bei Hof, schon deshalb wäre eine Heirat unverzichtbar, je früher man also mit der Suche nach einem Ehemann beginne, desto besser.[158] Diese Sorge war nicht völlig unberechtigt: Ab einem gewissen Alter – spätestens ab fünfundzwanzig – galt eine Prinzessin nämlich als unvermittelbar, und besonders eine unverheiratete Königs- oder Kaisertochter hatte eine entsetzliche Stellung:

Sie behielt zwar ihren königlichen Rang, stand aber als ledige Frau bei Hof für ihr Versagen als Frau und Prinzessin. Die ganze Erziehung einer Prinzessin hatte ja kein anderes Ziel, als dass sie eine ausgezeichnete Partie machte.

Königin Olga von Württemberg, ebenfalls eine geborene Zarentochter, erinnerte sich noch Jahre später an die Stimmung in der Familie, als sie mit knapp neunzehn Jahren noch immer unverheiratet war: »Wie unruhig die Umgebung wurde.«[159] Als Olga schließlich im Alter von vierundzwanzig Jahren den württembergischen Kronprinzen Karl heiratete, wurde das zwar nicht als große Partie für eine Zarentochter gefeiert, aber wenigstens war sie nun unter der Haube. Immerhin befand sie sich bereits in einem Alter, ab dem es für eine Prinzessin in der Regel überhaupt nur mehr darum ging, nicht als alte Jungfer übrigzubleiben. Prinzessin Charlotte Auguste von Großbritannien, eine Tochter des Königs Georg III., hatte diesen Tatbestand deutlich ausgesprochen: Ihr zukünftiger Mann sei sicher nicht der schönste, er habe sie jedoch von der Bedrohung lebenslanger Jungfernschaft befreit.[160]

Waren in einem Jahrzehnt zu wenige Heiratskandidaten oder -kandidatinnen vorhanden, gab es nur eins: Man musste seine Ansprüche nach unten revidieren. In diesem Fall bestimmte, auch für Royals, das Angebot des Heiratsmarktes, womit man vorliebnehmen musste und wer als gute Partie galt. In solch kargen Jahren wurden auch Kandidaten in Betracht gezogen, die man unter anderen Umständen vielleicht nicht angenommen hätte.

Natürlich gab es auch widerspenstige Heiratskandidatinnen; doch die wenigsten Prinzessinnen konnten sich einer arrangierten Ehe wirklich entziehen. Eine dieser Frauen war Prinzessin Therese von Bayern, die Tochter des Prinzregenten Luitpold, der für seine beiden regierungsunfähigen Neffen Ludwig II. und Otto I. (beide wurden für verrückt erklärt) die Regierungsgeschäfte führte. Therese war eine sehr selbstbewusste und hochtalentierte junge Frau, die sich für Naturwissenschaften interessierte und auf hohem Niveau eigene Forschungen betrieb. Die Familie betrachtete ihr Interesse als Zeitvertreib, bis sie zu ihrer eigentlichen Pflicht – zu heiraten – gerufen würde. Doch Therese wollte einfach nicht heiraten. In ihrem Tagebuch finden sich eindeutige Einträge dazu, wie eine junge Frau zu einem Ja-Wort gedrängt werden sollte. Hatten sich Braut- und Bräutigameltern einmal entschlossen, ein Paar zustande zu bringen, zogen sie alle Register. Mit der Schwiegermutter in spe musste Therese das Frühstück einnehmen, sie besuchte Therese andauernd, und überhaupt mussten unzählige gemeinsame Termine absolviert werden. Die Prinzessin sollte so lange bearbeitet werden, bis es ihr unmöglich wäre, nein zu sagen. Selbst mit Schmeicheleien versuchte man, die widerspenstige Therese zum Heiraten zu bewegen – vergeblich.

Als man die Prinzessin mit dem jüngsten Bruder des österreichischen Kaisers Franz Joseph verloben wollte, schrieb sie in ihr Tagebuch: »Dieser Mensch ist mir ein Dorn im Auge, er ist mir grässlich, schon öfter neckte man mich mit ihm, man sagte, er würde mich heiraten, für so einen danke ich. Er soll boshaft, herzlos sein, nicht sehr begabt, dabei nur dem Vergnügen nachgehend, macht dumme Streiche in Fülle, und den soll ich heiraten? Das fällt mir nicht ein!«[161] Ihr Eindruck von diesem potentiellen Ehemann verschlechterte sich mit jedem weiteren Treffen: »Er ist immer geschniegelt, gestriegelt, pomadisiert, parfümiert, ein Geck durch und durch. Vermögen hat er auch keines.«[162]

Aus der bayrisch-österreichischen Heiratsallianz wurde somit nichts und auch alle weiteren Werber lehnte Prinzessin Therese strikt ab. Als die Familie mit sanftem Druck nicht ans Ziel kam, verschärfte sich der Ton: »Die Stellung meinen Brüdern gegenüber war nicht leicht. Einer von ihnen, als er merkte, ich wollte mich nicht binden, gab mir zu verstehen, dass es der Familie wegen doch notwendig sei. Wir befanden uns in kleinen Verhältnissen, und wenn ich zu Hause blieb, wäre dies eine Last für alle. Dieser Standpunkt quälte mich namenlos über Monate und Jahre. Ich sollte mich für die Familie opfern.«[163]

Therese sollte schließlich unverheiratet bleiben. Sie konnte erfolgreich alle Heiratspläne torpedieren und der Familie die Zustimmung abringen, ihren Traum vom Leben als Forscherin umzusetzen. Die Prinzessin wurde eine anerkannte Botanikerin und Zoologin – die bayrische Akademie der Wissenschaften ernannte sie sogar zu ihrem Ehrenmitglied –, wenige Jahre bevor es Frauen in Bayern überhaupt erlaubt wurde, zu studieren. Prinzessin Therese konnte als eine der wenigen am Ende ihres Lebens von sich behaupten: »Ich habe meine Freiheit nicht an einen Mann verkauft, den ich nicht lieben konnte.«[164] Doch sie stellt einen Sonderfall dar. Eine solche Selbstverwirklichung in einem frei nach der eigenen Neigung gewählten Beruf, wie Therese sie lebte, war nur durch eisernen Willen und großen Mut möglich, aber auch durch eine Familie, die letztendlich das persönliche Glück der jungen Frau den dynastischen Pflichten voranstellte.

Männer schienen weniger Probleme zu haben, eine arrangierte Ehe einzugehen – aber für sie gab es auch einen Ausweg: Sie konnten ihre emotionalen Bedürfnisse im Verborgenen ausleben. Zu keiner Zeit wurde von einem Mann erwartet, treu zu sein. Vor der Ehe durfte und sollte ein Mann Erfahrungen sammeln, Erotik oder gar Liebe durften seinen Pflichten gegenüber der Dynastie allerdings nicht im Weg stehen. Was von ihnen in dynastischer Hinsicht erwartet wurde, wussten alle europäischen Prinzen nur zu genau. So die preußische Kronprinzessin über die ersten Erfahrungen ihres Sohnes: »Er versteht es sehr gut zu trennen, das Schwärmen für hübsche angenehme Damen und das Gefühl für eine, die er heiraten kann.«[165]

Männer hatten zum Zeitpunkt ihrer Eheschließungen in der Regel bereits erotische Erfahrungen gemacht, die Prinzen gingen also nicht unwissend in die Hochzeitsnacht. Bei Prinzessinnen war es anders. Über die politische Notwendigkeit ihrer Verheiratung mussten die jungen Frauen nicht aufgeklärt werden, das hatte man ihnen von klein auf eingebrannt. Was es allerdings erforderte, der angeheirateten Dynastie einen Erben zu schenken – darüber hatte man den Großteil der Bräute nicht informiert. Das 19. Jahrhundert war, trotz aller Gelegenheiten zu frivolen Amüsements, ein prüdes Jahrhundert. Alles, was das Thema Sex betraf, wurde im Gespräch peinlichst vermieden. Im 18. Jahrhundert war man mit Intimität und Fortpflanzung noch wesentlich lockerer umgegangen. Nun aber war die Prüderie so ausgeprägt, dass die Hochzeitsnacht für viele Frauen zum nie verarbeiteten Trauma wurde. Sobald sie verheiratet wären, so der Tenor an Europas Höfen, wäre noch Zeit genug, Prinzessinnen in die Geheimnisse der Sexualität einzuführen. Im besten Fall wurden die jungen Damen vorm ersten Betreten des ehelichen Schlafzimmers von Müttern, Erzieherinnen oder Obersthofmeisterinnen kurz zur Seite genommen und peinliche Andeutungen darüber gemacht, was sie im Ehebett erwartete. In der Regel taten sich den frisch getrauten Prinzessinnen dadurch mehr Fragen auf, als beantwortet wurden.[166]

Die überlieferten Berichte von Prinzessinnen über ihre Hochzeitsnächte sprechen Bände. Kronprinzessin Stephanie schrieb noch Jahrzehnte später offen über ihre ersten Erfahrung mit der Sexualität: »Welche Qual, welche Abscheu! Ich hatte nichts gewusst, man hatte mich als ahnungsloses Kind zum Altar geführt. Meine Illusionen, meine jugendlichen Träumereien waren vernichtet. Ich glaubte, an meiner Enttäuschung sterben zu müssen.«[167] Stephanies Schwester Louise, ebenfalls an den Wiener Hof verheiratet, brachten die Annährungen ihres Ehemannes in der ersten Nacht dermaßen außer Fassung, dass sie aus dem Schlafzimmer flüchtete und sich in der Orangerie versteckte. Eine Palastwache alarmierte ihre Mutter, die Louise vor Ort über die Ehe aufklärte und sie ins Schlafzimmer zurückbrachte.[168]

So verschämt man mit der Sexualität an Europas Königs- und Kaiserhöfen auch umging, Feingefühl gegenüber den Frauen, die gerade ihre ersten Erfahrungen gemacht hatten, kannte man nicht. Die österreichische Kaiserin Elisabeth empörte sich noch ein Vierteljahrhundert nach ihrer Hochzeitsnacht über die Neugierde des gesamten Hofes. Als die Ehe in der dritten Nacht vollzogen wurde – Zofen und Kammerdiener waren stets verlässliche Informanten –, wusste es der ganze Hof bereits am nächsten Morgen. Natürlich musste das Paar auch an diesem besonderen Morgen wie immer bei der Schwiegermutter »Sisis« das Frühstück einnehmen. Noch Jahrzehnte später kam die Kaiserin auf diesen demütigenden Moment zu sprechen: »Mir war das grässlich. Ihm zuliebe ging ich hin!«[169]

Hatte eine Prinzessin allerdings ein gesundes Verhältnis zur körperlichen Liebe, schwankte ihre Umgebung zwischen Empörung und Verlegenheit. Offen ausgelebte Erotik wurde bei Prinzessinnen als unpassend und anstößig empfunden. Als Großfürstin Xenia, eine Schwester des letzten russischen Zaren Nikolaus II., mit einem Cousin ihres Vaters, Großfürst Alexander (»Sandro«), verlobt wurde, ging niemand in der Familie davon aus, dass sich zwischen der unscheinbaren Xenia und ihrem Verlobten eine Sinnlichkeit entwickeln würde, die die Familie in peinliche Verlegenheit stürzte. Großfürst Sandro, ein Mitglied der kaiserlichen Marine, der seine Unschuld in einem Bordell in Hongkong bei einer amerikanischen Prostituierten verloren hatte, und die Zarentochter konnten schon vor ihrer Heirat die Hände kaum voneinander lassen.[170]

Der Zar schrieb nach einem Nachmittag mit dem verlobten Pärchen an seinen Bruder Georgi: »Sie sind ziemlich unmöglich geworden ... Sie verbringen den ganzen Tag damit, sich zu küssen, zu umarmen und herumzuliegen auf den Möbeln in einer höchst unangemessenen Art.«[171] Einige Monate später berichtet Georgi dem Zaren seinerseits von einem Besuch beim frischvermählten Paar: »Ich war in der Tat überrascht über die gymnastischen Übungen, das Nuckeln und Schnauben und ähnliche Aktivitäten, mit der sich die beiden Leute den ganzen Tag verwöhnen. Sie haben fast den Ottoman zusammengebrochen und benahmen sich in einer äußerst unangemessenen

Art: Zum Beispiel liegen sie aufeinander, sogar in meiner Anwesenheit, in einer Art und Weise, die man Mama und Papa spielen nennen könnte.«[172] Trotz so viel Erotik bekam die Ehe nach einigen Jahren Risse. Großfürst Sandro begann eine Affäre mit einer Dame aus Biarritz, die zum Stadtgespräch von St. Petersburg wurde, und Xenia arrangierte sich auf ihre Art und Weise. Sie nahm sich selbst einen Liebhaber, ausgerechnet den Ehemann der Geliebten ihres eigenen Mannes – eine kuriose Situation, die zu indiskreten Gerüchten in der Hauptstadt führte.[173]

Nicht ganz so wichtig wie die Jungfräulichkeit, aber dennoch ein wesentliches Thema bei Heiratsallianzen war die Mitgift. Der Brautschatz war bis ins 20. Jahrhundert hinein entscheidend für die Heiratschancen der Töchter, wenn er auch keine allein ausschlaggebende Rolle spielte. Besonders für kleinere Höfe zahlte sich eine Heirat mit einer reichen Prinzessin finanziell auf jeden Fall aus. Besonders vermögend waren die Zarentöchter. Die Mitgift einer Großfürstin entsprach mitunter dem Jahresinlandsprodukt eines kleinen deutschen Fürstentums. Heiratete eine Großfürstin und übersiedelte diese »goldene« russische Braut in ihr neues Heimatland, war ein eigener Stab an Mitarbeitern nötig, um die logistischen und organisatorischen Herausforderungen zu meistern, die der Transport des riesigen Brautschatzes mit sich brachte.[174]

Umgekehrt konnten sich kleine Königreiche oder Fürstentümer durch eine hohe Mitgift ihrer Töchter ins Gespräch bringen. Und einige wenige kleine Häuser erwirkten durch eine kluge Heiratspolitik und den richtigen Einsatz von Geldmitteln sogar Allianzen mit vorher unerreichbaren Partnern.

Wie die Kombination von hoher Mitgift und exzellenter Heiratspolitik es selbst dem Mitglied einer jungen Dynastie eines Ministaates ermöglichte, in ein europäisches Königshaus einzuheiraten, zeigte Fürst (ab 1910 auch König) Nikola von Montenegro. Sein Land war ein winziges Königreich, eingezwängt zwischen dunklen Bergketten, einer wilden Küste, dem osmanischen Reich und der südlichsten Provinz des Habsburgerreiches. Mit einer Mischung aus taktischem Geschick, Glück sowie großer Schläue machte König Nikola sein Land zu Beginn des 20. Jahrhunderts zu einem ernstzunehmenden Gesprächspartner der Großmächte – vor allem da er in der Balkanpolitik eine Schlüsselrolle spielte. Für die anderen Monarchen Europas verströmte König Nikola, der stets in der farbigen Tracht seines Landes, samt Säbel, auftrat, den Glamour eines mittelalterlich-romantischen Herrschers mit orientalischem Einschlag.[175] Der König nahm täglich zur Mittagszeit unter einer großen

**König Nikola von Montenegro (Mitte) im Kreis seiner Kinder. Der Monarch des winzigen Balkanstaates war für seine exzellente Heiratspolitik berühmt. Seine Töchter heirateten in Europas Dynastien ein.**

Eiche am Hauptplatz der Stadt Platz, hielt dort seine Kabinettstreffen ab, nahm die Petitionen seiner Untertanen entgegen, trank mit ihnen Kaffee, rauchte Pfeife und spielte Karten.[176]

Der montenegrinische König war zwar Herr über ein Land, das im Vergleich zu den anderen Staaten geradezu ärmlich war; er hatte aber neun Töchter, die er – und das war seine größte dynastische Leistung – als Monarch äußerst gewinnbringend am europäischen Heiratsmarkt unterbrachte. Einem ausländischen Besucher, der einmal Montenegro bedauerte, weil es keine Exportgüter habe, erwiderte der alte Nikola mit einem Lächeln: »Ah, aber Sie vergessen meine Töchter!« Für die guten Heiratschancen der »schwarzen Perlen«, wie die hübschen Prinzessinnen wegen ihres dunklen Teints genannt wurden, war König Nikola kein Preis zu hoch. Seine ältesten Töchter schickte er zur Ausbildung ins hochexklusive Smolny-Institut nach St. Petersburg.

nigin Elena von Italien, die »schwarze Perle« s Montenegro. Elenas Heirat war der größte nastische Coup des montenegrinischen nigshauses.

König Vittorio Emanuele III. von Italien. Das montenegrinische Heiratsprojekt sollte Italien eine Führungsrolle im Mittelmeer sichern.

Dort erhielten die Mädchen eine weitläufige Erziehung und kamen zum ersten Mal mit der russischen Aristokratie in Kontakt, wodurch sie als potentielle Heiratskandidatinnen interessant wurden.

Der Einstieg der montenegrinischen Dynastie in den royalen Heiratsmarkt begann mit den beiden Prinzessinnen Miliza und Anastasia. Die beiden Töchter König Nikolas' heirateten russische Großfürsten und gehörten damit zur russischen Zarenfamilie – was wiederum die Heiratschancen ihrer Schwestern entscheidend verbesserte. So heiratete Prinzessin Zorka den künftigen serbischen König Peter I. und Prinzessin Anna ehelichte Franz Josef von Battenberg, was sie in die Nähe des englischen Königshauses rückte, mit dem das Haus Battenberg verwandt war.

Ihr wachsender Ruhm und ihre stets exzellente Mitgift machten die montenegrinischen Prinzessinnen nun auch für die anderen Dynastien interessant. Nikolas' jüngste, noch unverheiratete Kinder konnten schon zwischen mehreren Herrscherfamilien auswählen – und Prinzessin Elena, die den italienischen Kronprinzen zum Gatten nahm, wurde später sogar Königin von Italien. Für diese montenegrinisch-italienische Heiratsallianz gab es aber auch einen handfesten politischen Grund: Italiens historisches Ziel, eine Führungsrolle im Mittelmeer einzunehmen, führte Ende des 19. Jahrhunderts dazu, dass man die Länder Montenegro und Albanien als neue Partner in Betracht zog. Man hoffte, durch die Heiratsverbindung würde König Nikola ein nützlicher Alliierter Italiens auf der östlichen Seite der Adria werden.

Eheprojekte zwischen nicht regierenden Dynastien und einem regierenden Königshaus existierten kaum – dafür waren die Standesdünkel einfach zu groß. Allerdings gab es einen bemerkenswerten Sonderfall, bei dem eine Prinzessin aus bescheidenem Haus durch Heirat zur Königin aufstieg und einer sterbenden Dynastie wieder neues Leben einhauchte: Die zwanzigjährige Fürstentochter Emma zu Waldeck und Pyrmont, ein Fürstentum in der Mitte des heutigen Deutschland, wurde die zweite Frau des damals bereits 60-jährigen niederländischen Königs Wilhelm III. Es werden wohl die Jugend und Gesundheit von Prinzessin Emma gewesen sein, die sie zur akzeptablen Heiratskandidatin gemacht haben, denn das Ende des Hauses Oranien stand bereits drohend im Raum.[177] Der König war alt und kinderlos und sein Sohn, der Kronprinz, hatte sich in der Pariser Halbwelt dermaßen verausgabt, dass er nicht mehr dazu fähig war, eine dynastische Ehe einzugehen und einen Erben zu zeugen.[178] Sein Bruder wiederum war selbst ein kränklicher junger Mann und der Rest der königlichen Familie bereits im Greisenalter. So nahm der alte König Emma zur Frau, um im fortgeschrittenen Alter nochmals seiner dynastischen Pflicht nachzukommen – und wurde Vater eines Mädchens. Da das niederländische Königshaus auch die weibliche Thronfolge kannte, war sein Fortbestand durch die Geburt der kleinen Wilhelmina gesichert. Die spätere Königin Wilhelmina war dann die erste einer ganzen Reihe höchst imposanter Monarchinnen der Niederlande – für mehr als hundert Jahre sollten hier Frauen auf dem Thron sitzen –, die dem Haus mit dem angeschlagenen Image wieder Würde und Respekt verschafften.

Das niederländische Beispiel verdeutlicht, was der Hauptzweck der dynastischen Ehe war: die Zeugung von Nachkommenschaft, um die Thronfolge und das Bestehen einer Dynastie zu sichern. Kinderlosigkeit war das

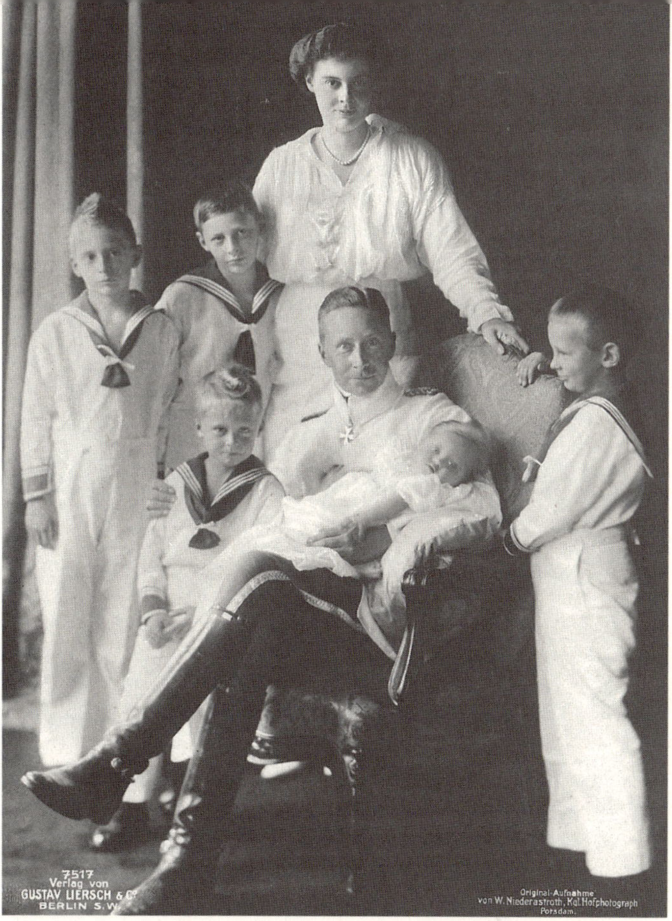


**Ziel einer dynastischen Ehe war eine reiche Nachkommenschaft. Das letzte deutsche Kronprinzenpaar, Friedrich Wilhelm und Cecilie, hatte seine dynastische Pflicht mit vier Söhnen exzellent erfüllt.**

Schlimmste, das einem Paar passieren konnte. Blieb einem königlichen Paar der Kindersegen aus, verlor es bei Hof seine moralische Stellung: Dann wurde die Position der Frau aufgrund ihrer Kinderlosigkeit in Frage gestellt, und der Mann musste mitansehen, wie den Nächsten in der Thronfolge – meist Bruder oder Cousin – hofiert wurde und sich ein weiteres Machtzentrum in seiner unmittelbaren Nähe entwickelte. Ein Königs- oder Kronprinzenpaar ohne

Nachkommen hatte ein Ablaufdatum bei Hof, sein Einfluss war zeitlich begrenzt, nach ihm würde eine andere Linie der Dynastie den Thron übernehmen. Nichts festigte darum die Stellung eines Paares so sehr wie die Geburt eines oder im besten Fall mehrerer männlicher Erben. Und dementsprechend nervös wurde man, wenn sich nach gewisser Zeit keine Anzeichen einer Schwangerschaft einstellten. So berichtete König Johann I. von Sachsen, dass während seiner ersten Ehejahre mit Prinzessin Amalie Auguste die Kinderlosigkeit wie ein Schatten auf der Ehe gelegen habe und zunehmend beängstigend geworden sei. Erst nach fünf Jahren – als fast niemand mehr mit leiblichen Nachkommen rechnete – bekam Amalie Auguste das erste Kind, dem noch acht weitere folgen sollten.[179]

Das Beispiel von König Karl und Königin Elisabeth von Rumänien zeigt, dass ausbleibender Nachwuchs mitunter eine solche Belastung war, dass dubiose Berater und Quacksalber Einfluss auf ein Königshaus nehmen konnten. Rumänien war im 19. Jahrhundert eine sehr junge Dynastie, gerade deshalb war eine gesicherte Nachfolge politisch umso wichtiger. Nach dem Tod der einzigen Tochter im Alter von vier Jahren blieb beim Königspaar weiterer Kindersegen aus. In dieser schwierigen Situation ließ die Königin nichts unversucht, um doch noch einmal schwanger zu werden, und hörte zum Entsetzen ihrer Hofärzte schließlich auf Wunderheiler, die der Monarchin fragwürdige Methoden zur Steigerung ihrer Fruchtbarkeit empfahlen. Die Vorschläge der obskuren Experten waren zwar mehr lächerlich als gefährlich – man empfahl der Königin etwa, eine trächtige Häsin samt ungeborenem Jungen in einem zu essen –, doch dass sie überhaupt erwogen wurden, lässt erahnen, in welch psychischer Ausnahmesituation sich alle Beteiligten befanden.

Zur Katastrophe führte die Kinderlosigkeit beim serbischen König Aleksandar I. und seiner skandalumwitterten Frau Draga. Die politische Situation im serbischen Königreich war bereits seit langer Zeit äußerst angespannt. König Aleksandar hatte bereits mit zwölf Jahren den Thron bestiegen. Seine Eltern, König Milan und Königin Natalija, hatten sich ein spektakuläres und peinliches Scheidungs-und Sorgerechtsdrama geliefert, das Staat und Gesellschaft politisch tief spaltete (pro-russische Kreise unterstützen die Königin, pro-österreichische Kreise den König) und die Dynastie so diskreditierte, dass König Milan nur mehr eine Abdankung übrig blieb.[180]

Aus dem Kindkönig war aufgrund der Umstände ein verletzlicher, unreifer und schwacher junger Mann geworden. Dieser nach Liebe und Verständnis

**Draga Mašin, eine Witwe aus einfachsten Verhältnissen, wurde die Geliebte des zehn Jahre jüngeren serbischen Königs Aleksandar I.**

hungernde Monarch, der immer nur Spielball seiner Eltern und der Politik gewesen war, verliebte sich in eine zehn Jahre ältere Frau, die ihm scheinbar alles gab, was er brauchte – Sicherheit, Vertrauen und eine große Portion Erotik: Draga Mašin, eine Witwe aus einfachsten Verhältnissen. Sie wurde dem unsicheren König Geliebte, Mutterersatz und Seelenverwandte in einer Person. Aleksandar geriet in eine komplette physische und psychische Abhängigkeit zu Draga, die selbst psychisch instabil und höchst neurotisch war. Außerdem gab es Gerüchte, dass die schöne Draga vor ihrer Beziehung mit dem König ihren Körper gegen Geld verkauft hätte. Als König Aleksandar im Jahr 1900 verlautbarte, er gedenke, Draga zur Königin zu machen, war die Staatskrise perfekt.[181]

Die gesamte Regierung opponierte gegen diese Heirat: Zuerst versuchte sie, Draga außer Landes zu weisen – ohne Erfolg. Dann behaupteten einige Minister gegenüber dem König, dass auch sie gegen Geld mit seiner Draga geschlafen hätten, ebenso wie viele hohe Armeegeneräle. Als der König trotzdem an seiner Heirat festhielt, trat die Regierung geschlossen zurück. Die Beamtenschaft stand hinter der ehemaligen Regierung; König Aleksandar hatte Schwierigkeiten, überhaupt acht Beamte zu finden, die als Heiratskabinett seine Ehe ausrichteten. Aleksandar und Draga heirateten schließlich – die Reputation und die Stellung des Königspaares im Land war allerdings verheerend.

Wenige Monate nach der Hochzeit wurde in den Zeitungen verkündet, dass das Königspaar ein Kind erwarte; ein französischer Gynäkologe, der an den Hof gerufen wurde, habe die Schwangerschaft offiziell bestätigt. Der Zar und die Zarin von Russland schickten, als künftige Paten, auf die freudige

Nachricht hin offiziell ein erstes Geschenk. Kurze Zeit später war in der Zeitung zu lesen, dass die Königin doch nicht schwanger sei. Diese Meldung führte zu einigem Befremden und zu Spannungen zwischen dem russischen und dem serbischen Hof. Da dieser Rückzieher auch für den Zaren eine unangenehme Situation war, sandte er zwei seiner Leibärzte, um die Königin zu untersuchen. Diese bestätigten, dass Königin Draga definitiv nicht schwanger gewesen sei. Doch wie hatte der französische Professor mit seiner Schwangerschaftsdiagnose so falsch liegen können? Nun kamen böse Gerüchte auf, die dem Paar den letzten Rückhalt in der Bevölkerung raubten: Königin Draga hätte geplant, dem König ein fremdes Kind als Thronerben unterzujubeln, weil sie selbst unfruchtbar wäre. In zeitlicher Absprache mit ihrer Schwester Christina hätte sie eine Schwangerschaft vorgetäuscht, um das Neugeborene ihrer Schwester dann als eigenes Kind auszugeben. Die Gerüchte um ein eingeschmuggeltes Kuckuckskind im südöstlichen Europa ließen auch bei den anderen Königshäusern die Alarmglocken schrillen: Die Reputation des monarchischen Prinzips als solches stand auf dem Spiel; derlei Skandale, noch dazu rund um das heikle Thema »Nachfolge und Legitimation«, waren Wasser auf die Mühlen der republikanischen Bewegungen in Europa. Das britische Königshaus ließ über geheime Kanäle sogar den Inhalt des gynäkologischen Berichts des französischen Arztes ermitteln, um Klarheit über die eigenartigen Vorgänge am serbischen Hof zu erlangen. Und auch hier waren die Nachrichten des britischen Botschafters nach London eindeutig und ließen keine Zweifel offen: Der französische Arzt hatte keine Schwangerschaft diagnostiziert, sondern, im Gegenteil, der Königin wegen Tumoren beide Eierstöcke entfernt – nach dem Eingriff war sie unfruchtbar. Die Verkündigung einer Schwangerschaft beruhte folglich nicht auf Tatsachen, und die Gerüchte um ein geplantes Kuckuckskind konnten durchaus stimmen.[182]

Die falsche Schwangerschaft und das Gemunkel um ein untergeschobenes Kind ruinierten Königin Dragas Ruf endgültig. Die politischen und militärischen Eliten des Landes sahen den schwachen König nur mehr als Marionette seiner skandalumwitterten Frau und kündigten ihm – nachdem er bereits vor Jahren die neue liberale Verfassung außer Kraft gesetzt hatte, sowie aufgrund seiner pro-österreichischen Haltung in der Politik – zunehmend die Loyalität und Unterstützung auf. Das Land befand sich also in einer tiefen Krise, die der König nicht mehr kontrollieren konnte, und nun machte Königin Draga auch noch den Fehler, sich in völliger Selbstüberschätzung in Armeeinterna einzumischen: Sie erwirkte, dass Offizieren, die unter Verdacht standen, in Opposition zu ihr zu stehen, der berufliche Aufstieg verwehrt wurde. Und sie brüskierte die Militärs, indem sie ein Eliteregiment umbenennen ließ – nach ihrem in der Armee verhassten Bruder, den sie zum Thronerben aufbauen wollte. Dass der Sold der Soldaten bereits seit Monaten ausständig war, verschärfte die angespannte Situation natürlich noch. Und dann nahm eines der schauerlichsten Königsdramen seinen Lauf: Am 11. Juli 1903 um zwei Uhr nachts drangen achtundzwanzig Offiziere in das Schlafzimmer von Aleksandar und Draga, erschossen beide, schändeten ihre Leichen mit Säbeln und Bajonetten so lange, bis sie unkenntlich waren, und warfen sie dann vom Balkon.[183]

**König Aleksandar und Königin Draga. Gerüchte um ein untergeschobenes Kind ruinierten den Ruf des umstrittenen serbischen Königspaares endgültig.**

Auch wenn es sich beim serbischen Königspaar um ein besonders trauriges Schicksal handelt, Kinderlosigkeit war für königliche Paare an sich schon eine Belastung. Traf das Schicksal der Unfruchtbarkeit nun noch auf eine schwierige Ehe, war das Unglück perfekt. In diesem Fall blieb nicht nur der eigentliche Zweck einer dynastischen Allianz – die Geburt eines Erben – unerfüllt; das Paar hatte auch keine Möglichkeit, den dynastischen Auftrag in einer anderen, vielleicht erwünschteren, Konstellation zu erfüllen und eventuell in einem zweiten Anlauf persönliches Glück zu finden. Die Protagonisten der royalen Heiratspolitik waren und blieben aneinander gekettet. Wenn man von Anfang an nicht als Ehepaar leben konnte und der Nachwuchs zudem ausblieb, gehörte man zu den bedauernswertesten Opfern des königlichen Heiratskarussells.

Eines dieser bedauernswerten, im Unglück aneinander gebundenen Paare waren Zarentochter Olga und König Karl von Württemberg. Von Anfang an konnte bei den beiden von Liebe nicht die Rede sein, aber dass die Ehe kinderlos bleiben und sich zum reinen, unbeteiligten Nebeneinander entwickeln würde, war – zumindest für die Braut – ebenfalls nicht zu erwarten. Ob der ausbleibende Kindersegen an einer früheren venerischen Erkrankung des Königs lag, die ihn zeugungsunfähig werden ließ, oder doch eher an seiner Neigung zu Männerfreundschaften, bleibt ungeklärt. Fakt ist, dass man am württembergischen Hof bald davon ausging, dass das Paar kinderlos blieb, denn der Neffe des Königs wurde schon sehr früh zu seinem Nachfolger bestimmt.[184]

In Hofkreisen rätselte – und klatschte – man viel über das Wesen der Freundschaften des Königs zu einigen Männern. Ein Schriftsteller, der Karl von Württemberg als Sekretär und Reisebegleiter zur Verfügung stand, wurde nach schlimmen Gerüchten vom Hof entfernt, angeblich auf Druck der Königin. Auch mit seinem Adjutanten Baron Wilhelm von Spitzenberg verband den König eine Art von Freundschaft, zu der seine Schwägerin, Hildegard von Spitzenberg, die bekannte Kritikerin ihrer Zeit, in ihrem Tagebuch anmerkte: »Er liegt buchstäblich den ganzen Tag in des Königs Armen, dem er unentbehrlich ist … Das ist der Fluch der Günstlingsrolle, dass auch die Guten sich nach und nach die Flügel verbrennen im Gifthauch der Hofgunst.«[185]

Mit den Jahren traten die homophilen Neigungen König Karls deutlicher hervor; zum öffentlichen Skandal führte aber erst seine Freundschaft mit dem Amerikaner Charles Woodcock. Der gutaussehende Woodcock war zuerst Prediger, dann Therapeut mit eigenwilligen Heilmethoden, und landete schließlich als Vorleser am württembergischen Hof. Für den König wurde Woodcock schnell zum unentbehrlichen Begleiter, für die Monarchie geriet er jedoch zum PR-Desaster. Der ehemalige Prediger nutzte seinen Einfluss auf den König in politischer und finanzieller Hinsicht aus. Vom darüber verärgerten Ministerpräsidenten wurde der Günstling ironisch der mächtigste Mann Württembergs genannt, der sich einen luxuriösen Lebensstil leiste und vom König mit Millionen unterstützt werde.

Als König Karl seinen Freund dann noch zum Baron ernennen ließ und damit den gesamten schwäbischen Adel brüskierte, wurde Woodcocks

**Eine für beide Seiten tragische Ehe: Der spätere König Karl von Württemberg und die Zarentochter Olga. Während sich der König zuerst mit einem Prediger und dann mit einem Bühnentechniker vergnügte, zog sich die Königin melancholisch zurück.**

Vorzugsstellung untragbar. In- und ausländische Zeitungen berichteten mittlerweile über den Einfluss des amerikanischen Wunderheilers auf den württembergischen König. Dass dieser die Treue und Loyalität seiner Bürger dermaßen auf die Probe stellte, empörte selbst seine Anhänger: »Aus diesem Kapital an Loyalität konnte man mit wenig Mühe und Geschick ganz andere Zinsen schlagen, als es hier geschieht.«[186] Als schließlich nicht nur der Kronprinz und der Ministerpräsident, sondern auch der deutsche Reichskanzler Fürst Otto von Bismarck vom König die Entfernung Charles Woodcocks vom Hof verlangten, ließ Karl den ehemaligen Prediger ziehen. Und fand schnell liebgewonnenen Ersatz: einen Bühnentechniker, den der König auch in seinem Testament mit großzügigen Geldzuwendungen und einer Villa am Bodensee bedachte.[187] Allein, die Umgebung des Königs war schon zufrieden, dass der neue Favorit wenigstens nicht versuchte, politischen Einfluss auf den Monarchen zu nehmen, sondern sich dezent im Hintergrund hielt.

Was Königin Olga betraf, so hatte sie sich von Beginn der Ehe an diskret vom König zurückgezogen und einen eigenen Lebensstil gepflegt. Der Umgang der Ehepartner miteinander blieb lebenslang höflich – doch im Alter waren beide niedergeschlagen und von Depressionen gezeichnet. Der König bekannte gegenüber Vertrauten, dass er das Geschenk einer solchen Frau nicht genügend zu würdigen vermochte.[188] Beide Ehepartner waren gleichermaßen Opfer einer dynastischen Heiratspolitik, die auf persönliche Neigungen keine Rücksichten nahm und selbst bei grandiosem Scheitern einer Heiratsallianz dem betreffenden Paar keinerlei Ausweg bot.

Scheidungen waren lange Zeit in europäischen Königshäusern ein Tabu. Verlief die Ehe schlecht, arrangierte man sich einfach. Konnte ein Paar zumindest nach außen den Anschein einer funktionierenden Ehe wahren, war dem Ansehen einer Dynastie schon geholfen. In solchen Fällen hatte man einen gemeinsamen Wohnsitz, trat öffentlich noch gemeinsam auf und ging ansonsten eigene Wege. Das bedingte aber, dass die Ehepartner wenigstens auf einer »menschlichen« Ebene noch irgendwie miteinander auskamen, auch wenn die Ehe nicht funktionierte.

Im niederländischen Königshaus führte 1855 ein Ehedrama zu einer informellen Trennung von Tisch und Bett – sozusagen die Zwischenstufe zwischen öffentlicher Scheinehe und Scheidung.

Die Ehe zwischen König Wilhelm III. der Niederlande und Königin Sophie wurde selbst von wohlmeinenden Beobachtern nur mehr als Unglück wahrgenommen.Das Paar war, was Persönlichkeit, Talente und Vorlieben anging, grundverschieden; das Einzige, was beide verband, war die Fähigkeit, den anderen zutiefst zu verletzen. Königin Sophie, eine geborene Prinzessin von Württemberg, war eine Intellektuelle; sie war belesen, beschäftigte sich mit politischen Fragen und zog Gelehrte und Künstler an den Hof. Dass sie ihm geistig überlegen war, ließ die Königin ihren Mann deutlich spüren.

Der König war das genaue Gegenteil: Von intelligenten Frauen hielt er nichts, er bevorzugte das gemütliche Leben eines Landedelmannes und hatte keinerlei geistige Ansprüche. Außerdem war er ein schwieriger Charakter, über den seine Ehefrau sagte: »Er ist ein unberechenbares Gemisch aus Absurdität, Unmenschlichkeit und Torheit – mit Intervallen von Wohlwollen und Gerechtigkeit.«[189]

Aber Sophie war ebenso schwierig: Sie war impulsiv, stur und verlor schnell die Nerven. Selbst ihr treu ergebene Personen mussten zugeben, dass ihr leidenschaftliches Temperament nicht nur Gutes bewirkte.[190] Bereits bei der Verlobung flossen die Tränen, zumindest bei der Braut. Als Sophie einer Tante auf die Frage, warum sie weine, antwortete, dass sie keine Spur Glück verspüre, antwortete diese ungerührt: »Haben wir denn ein Recht auf Glück? So eine Idee, glücklich zu werden! Sie ist eine Prinzessin und diese Sorte Mensch hat kein Recht auf Glück!«[191]

Irgendwann begann der König, seine Frau zu betrügen, dann gab es peinliche Gerüchte über Schauspielerinnen und Pariser Halbweltdamen. Später zeigte sich Wilhelm auch noch öffentlich mit den halbseidenen Damen – eine tiefe Demütigung für seine stolze Frau. Sophie machte ihm Szenen, erkannte aber schnell, wie wenig sich dadurch für sie änderte. Später, mit zeitlichem und innerem Abstand, sagte sie über ihre Nebenbuhlerinnen: »Wir Frauen sind auf zwei rivalisierende Felder verteilt; die Ehegattinnen und Mütter sitzen auf dem einen, die Freundinnen unserer Männer und Söhne gehören zum anderen. Wir nennen diese Frauen schlecht, aber ist das die ganze Wahrheit?«[192] Das königliche Paar schaffte es bald kaum mehr, öffentlich aufzutreten, ohne alle anderen an seinen Eheproblemen teilhaben zu lassen.

Irgendwann war auch der Familie klar, dass selbst ein auf ein Minimum reduziertes Eheleben beiden Partnern nicht mehr zumutbar war. Königin Sophies Vater wurde aktiv und handelte mit dem Schwiegersohn einen Trennungspakt aus: Eine offizielle Scheidung, die das Ansehen des Königshauses geschädigt und die königliche Autorität unterminiert hätte, kam nicht in Frage. Man vereinbarte stattdessen eine Trennung von Tisch und Bett. Ende 1855 wurde die geheime Akte unterzeichnet; hierin war geregelt, dass König und Königin bei offiziellen Anlässen zwar gemeinsam auftraten, ansonsten aber getrennte Wohnungen im Schloss von Den Haag hatten. Die Sommermonate durfte die Königin alleine in einem anderen Schloss verbringen, das der König nicht betreten durfte, solange sie dort weilte. Für die Erziehung des Kronprinzen erhielt der König die alleinige Verantwortung, bei den anderen beiden Söhnen hatte die Mutter das Sagen.

Als Königin Sophie zweiundzwanzig Jahre nach der Trennung starb, schrieb Queen Victoria: »Armes Ding, sie hatte ein schrecklich trauriges Leben und es ist anrührend zu denken, dass so viel Talent und Klugheit und so viel Herzenswärme an einen so unwürdigen Ehemann weggeworfen wurde.«[193]

In Spanien war eine Trennung von Tisch und Bett selbst bei desaströsen Ehen kaum möglich; schon gar nicht in der zweiten Hälfte des 19. Jahrhunderts, als die Monarchie nach den »Karlistenkriegen« – dem Kampf um die spanische Thronfolge, der das Land an den Rand eines Bürgerkrieges brachte – endlich wieder etwas zur Ruhe gekommen war. Die Ehe zwischen König Alfonso XII. und der habsburgischen Erzherzogin Maria Christina stand von Anfang an unter keinem guten Stern.[194] Schon das erste Treffen konnte für die potentielle Braut kaum trostloser verlaufen: Alfonso trauerte um seine große Liebe; seine erste Ehefrau war im Jahr zuvor gestorben und nur auf Druck seiner Berater – die auf eine Wiederverheiratung ihres Königs drängten, da er bis dato ohne Nachkommen geblieben und erst kürzlich einem Attentat entgangen war – erklärte er sich bereit, die ausgewählte Heiratskandidatin zu begutachten. Die Habsburgerin beeindruckte den König in keiner Weise. Maria Christina war, im Gegensatz zu Alfonsos erster Frau, keine Schönheit. Und pikanterweise fand Alfonso, der Liebhaber schöner Frauen, Maria Christinas Mutter, die berühmt schöne Erzherzogin Elisabeth, wesentlich attraktiver. Nach dem ersten Treffen schrieb er an seine Schwestern: »Die Mutter gefällt mir sehr; aber es ist die Tochter, die ich heiraten muss.«[195]

Da aber Maria Christina dem König zumindest nicht unsympathisch war, stimmte er einer Heirat zu. Was die Verlobte nicht wusste: Sie würde nicht nur die heftige Erinnerung an eine Verstorbene, sondern auch höchst lebendige Nebenbuhlerinnen ertragen müssen – das allerdings erfuhr sie erst nach der Hochzeit, die 1879 in Madrid stattfand.

Dass es sich um eine reine Vernunftehe handelte, war nicht nur dem Brautpaar, sondern allen Hochzeitsgästen bewusst: Von den vielen Affären Alfonsos wusste ganz Spanien; nun sollte auch die frisch angetraute Ehefrau davon erfahren. Neben zahlreichen flüchtigen und kurzen Liebschaften hatte König Alfonso aber auch eine Favoritin: die Opernsängerin Elena Sanz, mit der der König in einer eheähnlichen Beziehung lebte.[196] Maria Christina blieb nur die Hoffnung, durch die baldige Geburt eines männlichen Erben zumindest ihre Stellung am spanischen Königshof abzusichern. Doch nicht einmal das funktionierte. Da sich Alfonso, im Bewusstsein seiner dynastischen Pflichten, regelmäßig im ehelichen Schlafzimmer blicken ließ, stellte sich zwar bald Nachwuchs ein – allerdings ausschließlich Mädchen. Dass die Favoritin des Königs zur selben Zeit zwei Knaben zur Welt brachte, verschlimmerte die Situation von Maria Christina zusätzlich. Sie konnte mit Hilfe der königlichen Berater zwar erreichen, dass Elena Sanz schließlich nach Paris übersiedeln musste, doch der nächste Affront ließ nicht lange auf sich warten. Denn Alfonso hatte bereits eine nächste große Liebe gefunden. Es handelte sich um eine Sängerin namens Adela Borghi. Als ob er die Königin für seine Trennung von Elena Sanz strafen wollte, nahm Alfonso nun überhaupt keine Rücksicht mehr auf sie. Mit seiner neuen Favoritin zeigte er sich in aller Öffentlichkeit und gab Maria Christina nun völlig der Lächerlichkeit preis.

Diese hatte sich von Anfang an bemüht, wenigstens nach außen hin den Schein einer Ehe zu wahren, und Alfonsos Affären still duldend hingenommen. Doch nun, da sie – von ihrem eigenen Mann – als Königin lächerlich gemacht wurde, hatte ihre Geduld ein Ende. Sie setzte den spanischen Premierminister davon in Kenntnis, dass sie Spanien verlassen und nach Österreich zurückkehren werde, wenn ihre Nebenbuhlerin nicht unverzüglich des Landes verwiesen würde.

**Die österreichische Erzherzogin Maria Christina heiratete König Alfonso XII. von Spanien. Über seine zahlreichen Affären sah sie hinweg, sie selbst war so tugendhaft, dass man sie als »Doña Virtudes« verspottete.**

Die Vorstellung, dass die spanische Königin ihren Mann, den regierenden König eines erzkatholischen Hauses öffentlich verlassen könnte, um nach Österreich zurückzukehren, war zu fürchterlich für den Premierminister. Außerdem fürchtete er die Presse, die sich trotz aller Zensur europaweit auf die königliche Ehekrise stürzen würde. Also handelte Premierminister Canovas; mit Adela Borghi machte er kurzen Prozess: Bei Nacht und Nebel wurde die Sängerin von zwei Beamten in den Zug verfrachtet und nach Frankreich gebracht. Der König tobte zwar, als er davon erfuhr – doch die Königin hatte sich endgültig behauptet.

Alfonso behandelte seine Frau zwar weiterhin mit Missachtung, und seine abgeschobene Geliebte ließ er nach einiger Zeit auch wieder nach Madrid kommen – doch diesmal sagte die Königin nichts dagegen. Denn der König war bereits schwer krank, er litt an Tuberkulose, seine Tage waren gezählt. Seine letzten Wochen verbrachte der König mit seiner Geliebten. Im November 1885 starb er. Zurück blieben neben zahlreichen Geliebten und mehreren unehelichen Kindern eine Witwe und ihre beiden Töchter.

Der Tod Alfonsos sorgte für Unruhe in der spanischen Bevölkerung, denn Alfonso war ohne legitimen männlichen Erben gestorben; seine unehelichen Söhne waren von der Thronfolge ausgeschlossen. Die spanische Verfassung hatte die weibliche Thronfolge zwar bereits einige Jahrzehnte zuvor eingeführt, doch hatte deren Anwendung bei Maria Christinas Schwiegermutter Isabella, die im zarten Alter von zwei Jahren Königin wurde, zu massiven innenpolitischen Krisen geführt. Was jedoch niemand wusste: Maria Christina war zum Zeitpunkt von Alfonsos Tod im dritten Monat schwanger. Erst nach Antritt ihrer Regentschaft gab sie ihre Schwangerschaft bekannt – und sechs Monate nach Alfonsos Tod brachte sie einen Knaben zur Welt. Dieser neugeborene Thronerbe war vom Tage seiner Geburt an Alfonso XIII. von Spanien. Der spanische Ministerpräsident präsentierte der Regierung das Baby auf einem Silbertablett mit den Worten: »Meine Herren, wir haben einen König. Es lebe der König!« Nach dieser offiziellen Vorstellung flüsterte der Premierminister leise: »Wir haben die kleinstmögliche Portion König.«[197]

**»Wir haben die kleinstmögliche Portion König.« Alfonso XIII. war seit dem Tag seiner Geburt König von Spanien.**

Als Regentin verhielt sich Maria Christina derart tugendhaft, dass man sie als »Dona Virtudes« verspottete. Der kleine König Alfonso XIII. war der Mittelpunkt ihres Lebens. Sie überwachte seine Erziehung, bereitete ihn auf seine spätere Rolle vor und wählte die Menschen in seinem persönlichen

Umfeld mit großer Sorgfalt aus. Und obwohl der Hof dieser Regentin als langweiligster Hof Europas galt, an dem nur mehr salbungsvolle Würdenträger und alte Damen zu finden wären, entwickelte sich ihr Sohn zu genau so einem Lebemann wie ihr verstorbener Ehemann.

Die traurige spanische Königin: Victoria Eugénie wurde von einem Tag auf den anderen von ihrem Mann, König Alfonso XIII., verlassen. Eine Scheidung kam im spanischen Königshaus dennoch nicht in Frage.

Als Alfonso XIII. ins heiratsfähige Alter kam, absolvierte er, wie bei seinesgleichen üblich, die Prozedur der Brautschau. Verschiedene Höfe wurden besucht, potentielle Kandidatinnen in Augenschein genommen, und die Wahl fiel schließlich auf Prinzessin Victoria Eugénie (»Ena«) von Battenberg, eine Enkelin von Queen Victoria. Anfänglich war das junge Paar tatsächlich ineinander verliebt – die Ehe begann aber mit einer Katastrophe: Am 31. Mai 1906 fand die Hochzeit von König Alfonso XIII. und seiner Braut Ena statt. Nach der Trauung bestieg das Paar eine von acht Pferden gezogene Kutsche, die durch die überfüllten Straßen – mehr als 300 000 Leute säumten den Hochzeitszug – zum königlichen Palast fuhr. Knapp zweihundert Meter vom Palast entfernt stoppte die Kutsche. In diesem Moment flog ein riesiges Blumenbukett, das von einem Balkon in der Nähe hinuntergeworfen worden war, auf die rechte Seite der Kutsche. Plötzlich kam es zu einer lauten Explosion: Zwischen den Blumen war eine Bombe versteckt gewesen. Bei dem Attentat starben 37 Personen, über 100 wurden schwer verletzt. Wie durch ein Wunder entkam das frischverheiratete Königspaar diesem Anschlag.[198]

Die neue spanische Königin brauchte lange, um das Trauma ihrer blutigen Hochzeit zu überwinden. Emotionalen Halt fand Ena nach diesem Start auch nicht. Kurz nach der Geburt ihres zweiten Sohnes endete ihre Ehe buchstäblich von einem Tag auf den anderen. Die Königin konnte noch so rührende Briefe schreiben, die anfängliche Verliebtheit ihres Ehemanns war unwiederbringlich vorbei. Ab nun musste sich Ena mit seiner permanenten Untreue auseinandersetzen.[199]

Alfonso XIII. war ein Bonvivant, der ein ausschweifendes Leben führte; sein unersättlicher Appetit auf Frauen wurde Normalität. Und die höchsten Palastmitarbeiter halfen dabei, den König mit Frauen zu versorgen – für die einsame Königin eine der größten Demütigungen.[200] Die Anzahl der unehelichen Nachkommen Alfonsos XIII. war riesig; niemand kannte die genaue Zahl. Selbst seine Mutter, Königin Maria Christina, antwortete einmal auf eine diesbezügliche Frage ihrer Schwester: »Wenn Du alle Enkel herauspicken müsstest, die mir zugeschrieben würden, dann würdest Du nicht lange genug leben, um das tun zu können.«[201]

Zu Beginn des 20. Jahrhunderts ließ die Bereitschaft nach, künstlich arrangierte Ehen um jeden Preis aufrechtzuerhalten. Was wenige Jahrzehnte zuvor noch undenkbar war, wurde leichter: Es gab nun endlich für unglückliche Paare eine Option, aus einer arrangierten Ehe auszubrechen – die einst verteufelte Scheidung. Eine der ersten Scheidungen in Europas Königshäusern war jedoch gleichzeitig einer der größten Gesellschaftsskandale seiner Zeit: Eine der vielen hübschen Enkelinnen von Queen Victoria, die englische Prinzessin Victoria Melita, hatte sich Hals über Kopf in ihren Cousin ersten Grades, Großfürst Kyrill, verliebt; und auch für Kyrill, den Sohn des reichsten Großfürsten der Romanows, war Victoria Melita die große Liebe. Solch eine Ehe wäre für beide Seiten eine gute Partie gewesen, doch die strengen russischen Hausgesetze verboten eine Hochzeit zwischen Cousin und Cousine.

Bevor die Enkelin nach dieser Enttäuschung wieder ihr Herz an einen unpassenden Heiratskandidaten verlor, beschloss Großmutter Königin, den künftigen Ehemann selbst auszusuchen. Ihre Wahl fiel auf Großherzog Ernst Ludwig IV. von Hessen, ebenfalls ein Cousin ersten Grades, aber in diesem Fall stand die nahe Verwandtschaft einer Ehe nicht im Weg. Die Ehe wurde also geschlossen – und verlief bald spektakulär unglücklich. Der Großherzog fand seine Frau zu dominant, sie fand ihn uninteressant, hinzu kamen außer-

**Die Scheidung der britischen Prinzessin Victoria Melita verursachte einen Gesellschaftsskandal. Sie heiratete in zweiter Ehe Großfürst Kyrill, sie war die erste Wiederverheiratete im russischen Kaiserhaus.**

eheliche Affären des Ehemannes.[202] Sechs Jahre hielt das Paar durch, doch nach der Totgeburt eines Erben beschloss man, endgültig getrennte Wege zu gehen. Mit der Scheidung wartete man, bis die Großmutter für immer die Augen schloss. Der Respekt vor der alten Königin war zu groß, um ihr noch kurz vor ihrem Tod die Schmach einer Scheidung in der Familie zuzumuten.

Als dann Ende 1901 die Scheidung bekannt gegeben wurde, stieß die Nachricht auf Empörung in Europas Königs- und Kaiserhäusern und sorgte für

Klatsch und Tratsch in den Gazetten. Der deutsche Kaiser Wilhelm II. schrieb an den Großherzog: »Ein regierender deutscher Fürst scheidet sich von seiner Gattin, und das, ohne dass sie eine besondere Schuld trifft, ohne ein schweres Vergehen ihrerseits, welches den Schritt erzwungen hätte. Bloß weil man sich miteinander nicht verständigen kann oder es ernstlich versucht oder will. Dazu hätten gewisse Opfer gehört. Vielleicht recht schwere; doch zur rechten Zeit, früher versucht und gebracht, hätten sie dieses schwere Unheil abwenden können, denn ein Unheil ist es. Ein böses Beispiel in dieser leichtsinnigen Zeit, wo die Scheidung fast schon zu den Zutaten der modernen Ehe in den mittleren und besseren Ständen gehört. Ein Schlag für das Ansehen und die Stellung unserer deutschen Fürstenhäuser.«[203]

Die anschließende Wiederverheiratung von Victoria Melita, geschiedene Großherzogin von Hessen, wurde ein genauso großer Skandal wie vorher die Scheidung. Victoria Melita und Großfürst Kyrill hatten einander nie vergessen – nach ihrer Scheidung wurden sie ein Liebespaar. Schließlich heirateten sie heimlich und ohne Erlaubnis des Zaren in einer Villa bei München. Noch bevor Kyrill nach St. Petersburg zurückreiste, um Zar Nikolaus vor vollendete Tatsachen zu stellen, erfuhr der Zar jedoch von der Heirat. Er empfing Kyrill nicht und ließ ihm mitteilen, dass er Russland innerhalb von achtundvierzig Stunden verlassen müsse, seine militärischen Ehren aberkannt würden, ebenso seine Apanage und der Titel eines Großfürsten. Erst zwei Jahre nach der Hochzeit und nach der Geburt des ersten gemeinsamen Kindes nahm der Zar seine Entscheidung zurück und anerkannte diese Ehe nachträglich. Victoria Melita war die erste Geschiedene und Wiederverheiratete in einem europäischen Herrscherhaus.[204]

Bei seiner eigenen Schwester, deren Ehetragödie er hautnah miterlebt hatte, war der Zar später jedoch verständnisvoller und gab sogar seine Zustimmung zu einer Scheidung: Olga wurde von ihrer Mutter in eine Ehe mit ihrem entfernten Cousin Prinz Peter von Oldenburg gedrängt. Während einer Party machte Peter von Oldenburg – in Absprache mit ihrer Mutter – Olga zu ihrem Erstaunen vor allen Gästen einen Antrag, der sie so überraschte, dass sie nur ein peinliches »Danke« murmelte, während die anderen Gäste in Gratulationen ausbrachen – damit war Olga vor eine vollendete Tatsache gestellt, sie war nun offiziell verlobt. Den Rest der Nacht verbrachte sie angeblich weinend.[205]

Die Zarenschwester sei die Einzige, mokierte sich die St. Petersburger Society, die nicht wusste, dass Peter homosexuell war. Nikolaus II., der sowohl von Peters Neigung zum männlichen Geschlecht wusste als auch seine Schwester kannte, schrieb seiner Mutter: »Obwohl heute nicht der 1. April ist, kann ich einfach nicht glauben, dass Olga wirklich verlobt mit Petya ist. Sie waren wohl beide betrunken gestern und erinnern sich heute nicht mehr daran, was sie zueinander gesagt haben … es erscheint mir immer noch sehr seltsam.«[206]

Die Ehe war eigentlich keine. Ihre Hochzeitsnacht verbrachte Olga allein, sie weinte sich in den Schlaf, während ihr Ehemann die Nacht in seinem Lieblingsclub verbrachte. Später sagte sie ganz offen: »Während der fünfzehn Jahre, die diese Ehe gedauerte hatte, waren Prinz Oldenburg und ich niemals Mann und Frau.«[207]

Das erste Ehejahr litt Olga noch im Stillen: Sie erlitt einen Nervenzusammenbruch und verlor durch die psychische Belastung außerdem ihr gesamtes Haar. Später verliebte sie sich in einen gutaussehenden Offizier der Kürassiergarden – und ging schnurstracks zu ihrem Ehemann und verlangte die Scheidung. Eine Scheidung verweigerte Peter ihr zwar, aber er ernannte den Offizier zu seinem Adjutanten und sicherte so dem Geliebten seiner Ehefrau einen regulären Platz im Oldenburg-Haushalt. Diese Ménage à trois sollte über Jahre anhalten, aber schlussendlich verließ Olga den ihr von der Mutter aufgedrängten Mann; die Ehe wurde während des Ersten Weltkriegs geschieden. Nur drei Monate vor der Russischen Revolution heiratete Olga schließlich ihren Offizier. Der Zar hatte keine Einwände, er hatte eingesehen, dass seiner Schwester nach Jahren des Unglücks ein bisschen persönliches Glück zustand.[208]

Als letzte klassische Heiratsallianz zwischen zwei Dynastien gilt die Heirat zwischen Prinz Wilhelm, einem jüngeren Sohn von König Gustav V. von Schweden, und der russischen Großfürstin Maria Pawlowna im Jahr 1908. Es war die letzte arrangierte Hochzeit, ihr politischer Zweck sollte eine Bekräftigung des neuen Bündnisses zwischen Russland und Schweden sein.[209] Die Ehe wurde ohne Wissen Maria Pawlownas von ihrer Stiefmutter eingefädelt; die junge Frau erfuhr zufällig durch ein liegengelassenes Telegramm von ihrem Schicksal. Obwohl sie später sagte, sie habe gewusst, dass ihre Erziehung nur darauf hinausliefe, den ausgewählten Ehepartner zu akzeptieren, versuchte sie noch wenige Monate vor der Hochzeit, die Verlobung zu lösen. Doch der Braut wurde kühl erklärt, dass eine Verbindung, deren Zustandekommen von so wichtiger politischer Bedeutung sei, nicht einfach gelöst werden könnte.[210] Die Hochzeit fand somit statt; Maria Pawlowna versuchte, das Beste aus ihrer Situation zu machen: Sie lernte Schwedisch, stürzte sich in karitative Tätig-

**Die letzte arrangierte Heirat unter Europas Herrscherhäusern sollte eine Bekräftigung des neuen Bündnisses zwischen Russland und Schweden sein. Die Ehe zwischen der russischen Großfürstin Maria Pawlowna und Prinz Wilhelm von Schweden scheiterte jedoch spektakulär.**

keiten und sah in ihrer Ehe zumindest die Chance auf eine eigene Familie. Doch der Ehemann, homosexuell und an schweren Depressionen leidend, blieb ihr fremd; die Ehe verlief unglücklich. Maria Pawlowna floh 1913 vom schwedischen Hof, kehrte nach St. Petersburg zurück und verlangte vom Zaren, aufgrund der Umstände, eine Annullierung ihrer Ehe, die ein Jahr später durchgesetzt wurde.

Zum letzten Mal wurde im Jahr 1913 eine große Allianz vorbereitet: Die älteste Tochter des Zaren, Olga, sollte mit Kronprinz Carol von Rumänien liiert werden. Die beiden jungen Leute sollten sich während eines gemeinsamen Ferienaufenthaltes der Familien auf der Krim in entspannter Atmosphäre kennenlernen. Doch weder die Zarentochter noch der künftige rumänische König zeigten sich am anderen interessiert. Carol fühlte sich von der Zarentochter nicht angezogen und äußerte sich kritisch über ihr Aussehen, Olga wiederum lehnte den Heiratskandidaten komplett ab. Die Familien versuchten nicht mehr, die jungen Leute voneinander zu überzeugen. Die Zarin selbst wünschte ihren Kindern reine Liebesehen, ohne Rücksicht auf die Politik.[211]

Ein neues Zeitalter hatte begonnen: Man wusste mittlerweile, dass es keinen Sinn mehr hatte, junge Menschen gegen ihren Willen miteinander zu verheiraten. Dass Liebe oder zumindest Zuneigung die Grundlage einer Ehe sein sollte, hielt man inzwischen auch in Europas Königshäusern für unerlässlich. Ab nun wurde den Prinzen und Prinzessinnen im dynastischen Heiratskarussell ein Mitspracherecht eingeräumt. Von einer völlig freien Partnerwahl, die auch bürgerliche Kreise miteingeschlossen hätte, konnte zwar noch keine Rede sein, aber zumindest war an die Stelle der reinen Vernunft- und Zweckehe eine standesgemäße Neigungsehe getreten.

Für die vier Töchter des letzten russischen Zaren, Marie, Tatiana, Anastasia und Olga, waren keine Pflichtehen mehr vorgesehen. Sie sollten selbst entscheiden, wen sie heiraten wollten.

# 4 Liebe oder Skandal?

## Unstandesgemäße Ehen und heimliche Lebenspartner

Die letzten Jahrzehnte vor dem Ersten Weltkrieg brachten für Europas Königshäuser eine romantische Wende: Immer mehr Heiratskandidaten begehrten gegen die strikte dynastische Heiratspolitik auf. Viele von ihnen brachen mit der Tradition der reinen Vernunftehe und wollten stattdessen die Liebe zur Grundlage ihrer Ehe machen. Für die Königshäuser wurde das zum Problem; wobei die Schwierigkeiten nicht direkt in der Liebe lagen – selbstverständlich durften sich auch Prinzen und Prinzessinnen verlieben –, sondern darin, dass die Wunschpartner den hohen dynastischen Heiratsansprüchen oft nicht genügten.

Ein Mitglied eines Königs- oder Kaiserhauses konnte nur ein Mitglied eines anderen Königs- oder Kaiserhauses heiraten – so lautete die eiserne Regel für eine dynastisch korrekte Ehe. Es gab allerdings ein Zauberwort, das verliebte Prinzen gern anwandten, um eine Liebesheirat durchzusetzen: die sogenannte »morganatische« Ehe. Als morganatisch bezeichnete man Eheschließungen, bei denen ein Partner einen niedrigeren gesellschaftlichen Rang hatte als der andere.

In der Praxis bedeutete dies, dass ein König oder Kaiser eine Frau heiraten konnte, die nicht den strengen Heiratsvorgaben seiner Dynastie entsprach. Dafür kam diese Ehefrau jedoch nicht in den Genuss der gleichen Rechte wie eine dynastisch ebenbürtige Gattin. Eine morganatische Ehefrau erhielt nicht den Rang ihres Mannes; sie konnte daher nicht Königin oder Kaiserin werden, war nicht erbberechtigt – konnte also nicht am Familienvermögen partizipieren – und, besonders wichtig: Kinder aus morganatischen Verbindungen hatten keinen Anspruch auf die Thronfolge. Diese war ein Privileg von Kindern aus standesgemäßen Ehen.

Sinn einer morganatischen Ehe war es, ein Verhältnis zu legitimieren, ohne dass der unstandesgemäße Partner dadurch irgendwelche Rechte für sich oder seine Kinder ableiten konnte. Es war, wenn man so will, eine »Ehe light«, die den Vorteil hatte, dass man seiner (oder seinem) Geliebten kein Leben im Verborgenen zumuten musste.

Morganatische Ehen wurden meist als Zweitehen eingegangen, wenn etwa die standesgemäße Ehefrau verstorben war und genügend legitime Nachkommen für die Thronfolge bereitstanden. Dann erlaubten sich einige Monarchen bei der zweiten Ehe, auf ihr Herz zu hören.

Gern gesehen waren morganatische Ehen allerdings nicht. Außerhalb des goldenen Käfigs zu heiraten war immer mit Problemen verbunden und unebenbürtige Partner störten das subtile hierarchische Gefüge in der Welt der Royals. Außerdem mochten Königshäuser prinzipiell keine gesellschaftlichen Aufsteiger. Selbst Heiraten mit Angehörigen des alten Adels wurden ungern gesehen, denn der Sinn der königlichen Heiratspolitik war ja stets, die Herrscherhäuser dauerhaft über den ansässigen Adel zu erheben.

Morganatische Ehen besaßen noch einen weiteren Nachteil für Europas Dynastien: Sie waren nicht gerade imagefördernd. Wenn Könige vom Volk verlangten, die Regeln ihrer Dynastie anzuerkennen, dann mussten sie sich selbst als Erste daran halten. Ging aber ein Herrscher eine morganatische Ehe ein, setzte er sich damit, streng genommen, über seine eigenen Hausgesetze und die hohen Ansprüche seiner Dynastie hinweg.

Außerdem trugen morganatische Ehen stets den Keim von Familienkonflikten in sich. Unstandesgemäße Ehefrauen hatten zwar die niedrigste Stellung bei Hof inne, aber aufgrund ihrer emotionalen Nähe zum Herrscher viel Einfluss. Sprich: Das Zeremoniell wies ihnen eine geringere Stellung zu, als sie in Wirklichkeit hatten – eine Situation, die für königliche Familien stets einer Gratwanderung gleichkam; die morganatische Ehefrau eines Herrschers konnte man schlecht als seinesgleichen behandeln, aber auch nicht komplett ignorieren.

Dass gerade morganatische Ehen, trotz allem persönlichen Glück der Beteiligten, weitestreichende Komplikationen nach sich zogen und zum Teil die Stabilität einer Herrschaft unterwandern konnten, zeigt deutlich, dass dynastische Logik nicht ohne weiteres durch gefühlsbetonte Entscheidungen ersetzt werden konnte. Denn so romantisch die erkämpften Liebesheiraten aus heutiger Sicht auch wirken – Europas Königshäuser stellten sie vor eine schwierige Situation. Das feine Netz an miteinander verschwägerten Monarchen, das die Vormachtstellung der Dynastien sicherte, wurde durch diese morganatischen Ehen reichlich durchlöchert.

**Zar Alexander II. von Russland: Mit siebenundvierzig Jahren verliebte er sich in eine Neunzehnjährige. Die Affäre mündete schließlich in eine morganatische Ehe und spaltete den kaiserlichen Hof.**

Im 19. und frühen 20.Jahrhundert gab es in Europa eine Reihe von spektakulären morganatischen Ehen. Manche waren politisch brisant, manche nur für die Familienangehörigen peinlich, einige schadeten dem Ruf von Dynastien und andere hatten fast schon Unterhaltungswert und bereiteten den Untertanen vergnügliche Stunden durch ihre unfreiwillige Komik. Gemeinsam aber war allen, dass sie Europas Königs- und Kaiserhäuser unweigerlich ins Gerede brachten, eine scharfzüngige Berichterstattung geradezu provozierten und oft Anlass zu Spott und beißender Kritik lieferten.

Für einen handfesten Skandal und europaweite Empörung sorgte die morganatische Ehe von Zar Alexander II. mit der russischen Adeligen Katharina Dolgorukaja. Allerdings hatte die Empörung schon lange vor der Eheschließung begonnen, denn der Zar lebte bereits jahrelang mit Katharina und den gemeinsamen Kindern ein inniges Familienleben im Winterpalast von St. Petersburg, während im Stockwerk über ihnen seine Ehefrau, Zarin Marie, langsam an Tuberkulose dahinsiechte.[212]

Die Ehe zwischen Alexander und Zarin Marie hatte ursprünglich für beide Seiten befriedigend begonnen, doch nach der Geburt von acht Kindern war die Zarin so geschwächt, dass sie krank wurde. Eine schwerwiegende Konsequenz davon war, dass zwischen den Ehegatten schließlich keine körperliche Beziehung mehr bestand. Der Zar, der stets Affären gehabt hatte, widmete sich nun noch intensiver seinen außerehelichen Vergnügungen. Und die kranke Zarin tat, was eine hohe Dame in diesem Fall eben tat: Sie ignorierte die Seitensprünge ihres Mannes. Der Zar mochte ruhig fremdgehen – die Stellung seiner Ehefrau wurde dadurch nicht gefährdet, denn offiziell gab es ja nur eine Frau an der Seite des Zaren.

Katja, die heimliche Zarin – Prinzessin Katharina Dolgorukaja war die Geliebte von Zar Alexander II.

Die Position der Zarin wurde jedoch erschüttert, als Zar Alexander im Jahr 1866 der bildhübschen, neunzehnjährigen Katharina Dolgorukaja begegnete und sein Herz verlor. Der Zar, selbst mittlerweile reife siebenundvierzig, kannte zwar die Kinder des Fürsten Dolgorukij von klein auf, aber »Katja« hatte er seit Jahren nicht mehr gesehen. Als er sie nun wieder traf, war sie zu einer Schönheit mit unvergleichlichem Charme herangewachsen, und der Zar sollte ihr von nun an für immer verfallen.

Die Affäre der beiden hatte weitreichende Konsequenzen für die gesamte Zarenfamilie. Denn der schwer verliebte Zar dachte nicht daran, Katja das Schicksal einer Geliebten im Verborgenen zuzumuten. Er wollte seine Geliebte immer um sich haben; sie begleitet ihn auf Reisen, verbrachte mit ihm die Sommer auf dem kaiserlichen Landsitz auf der Krim, und zwar ganz ohne Rücksicht darauf, ob die Zarin ebenfalls anwesend war. Dass Alexander seine Geliebte auch noch zur Ehrendame der Zarin ernannte und ihr damit eine gesicherte Position am St. Petersburger Hof gab, wurde von seiner Umgebung übel aufgenommen. Als Katja dann noch das erste ihrer insgesamt fünf Kinder mit dem Zaren im Winterpalast zur Welt brachte, erkannte nicht nur die Zarin endgültig, dass hier völlig neue familiäre Verhältnisse geschaffen wurden.[213]

Seit Beginn ihrer Beziehung wurde viel darüber spekuliert, was Katja aus der Summe der vielen Eroberungen von Alexander II. hervorhob. Es war wohl eine Mischung aus tiefer gegenseitiger Liebe und einer ungewöhnlich engen erotischen Bindung, die die beiden dauerhaft füreinander entflammen ließ. So tauchten anlässlich einer Versteigerung im Jahr 2007 einige Briefe des Liebespaares auf, die Einblicke in sein Intimleben geben. Alexander schreibt darin, er sehne täglich ihre »Bingerles«, ihren »Schatz« herbei, der »uns die Kraft und den Mut gibt, alle Entbehrungen unserer gegenwärtigen Existenz zu ertragen, in der Hoffnung auf eine bessere Zukunft«. »Bingerles« war das Synonym für die Liebesakte des Paares, deren explizite Beschreibungen in keinem Brief fehlten. Bei jeder Gelegenheit suchte der Zar Katja in ihrem »Nest« auf, und selbst Schwangerschaften wurden als Quelle erhöhter Freuden empfunden – O-Ton Katja: »Mein kleiner Bauch wird Deine Tollheit verdoppeln.«[214]

Am St. Petersburger Hof herrschten bald eigenartige Verhältnisse: Der verheiratete Zar, dessen Gemächer mit dem Appartement seiner Geliebten verbunden waren, lebte mit ihr und den gemeinsamen Kindern ein geradezu kleinbürgerliches Familienleben. Und nur ein Stockwerk über ihnen wohnte, wie erwähnt, Alexanders todkranke Ehefrau. Obwohl sich der Zar bemühte, seine leidende Gattin ritterlich zu umsorgen, konnte nichts darüber hinwegtäuschen, dass jegliches Gefühl ihr gegenüber inzwischen nur mehr einem großen Schuldkomplex entsprang.

Alexanders eheliche Kinder, wie die gesamte Hofgesellschaft, empörten sich darüber, dass er die schwerkranke Zarin dermaßen aufs Abstellgleis geschoben hatte. Die Zarin war stets beliebt gewesen, man schätzte und verehrte sie und dachte nicht daran, Katja als »heimliche Kaiserin« anzuerkennen. Die Stimmung am Hof war eisig und angespannt: Kinder und Verwandte des Zaren lehnten die Konkubine ab; die Hofgesellschaft fürchtete um ihren Einfluss, wenn ein neues Machtzentrum innerhalb der kaiserlichen Familie entstand, und die letzten treuen Unterstützer des Zaren fürchteten um seinen Ruf. Denn die kaiserlichen Familienverhältnisse waren mittlerweile in der Öffentlichkeit bekannt geworden und hatten auch hier für Empörung gesorgt. Als Skandal betrachtete man aber weder das Verhältnis oder die unehelichen Kinder, sondern dass der Zar Katja zunehmend als Frau an seiner Seite etablierte und – in den Augen der Öffentlichkeit – ein doppeltes Familienleben führte: als Vater von fünf Kleinkindern mit seiner Katja und als Vater von acht fast erwachsenen Großfürsten und Großfürstinnen aus seiner offiziellen Ehe, und das alles unter einem Dach. Vierzehn Jahre währte dieser

Zustand; schließlich starb Zarin Marie im Jahr 1880 nach jahrelangem Siechtum. Ihr Tod löste auf natürliche Weise eine problematische Familiensituation.

Der Zar hätte nun in den nächsten Jahren, mit viel Takt und Verständnis, Katjas Stellung langsam und nachhaltig verbessern können. Stattdessen aber empörte er seine »erste Familie« und die St. Petersburger Gesellschaft gleichermaßen, als er die offiziellen Trauerfeierlichkeiten für seine verstorbene Frau extrem kurz gestalten ließ. Bereits das empfanden die meisten als entwürdigend und eiskalt: »Welch grenzenlose Unverschämtheit«, urteilte etwa der Bruder der Zarin.[215] Dass der Zar aber nicht einmal das obligate Trauerjahr abwartete und Katja bereits sechs Wochen nach dem Tod der Zarin heiratete, sorgte über St. Petersburg hinaus an den europäischen Höfen für Empörung. Die Hochzeit mit Katja hielt der Zar zwar klein, nur drei Zeugen waren anwesend, dafür wurden die neue Frau und die Kinder finanziell glänzend abgesichert.

Die Kinder der verstorbenen Zarin – die nun auch Angst vor der männlichen Nachkommenschaft aus Alexanders zweiter Ehe haben mussten – sowie die gesamte Verwandtschaft empfanden die überstürzte Heirat mit Katja als schwere Beleidigung gegenüber dem Andenken der Toten. Im Gegenzug begann der Zar, offensiv den Respekt der Dynastie vor seiner neuen Gattin einzufordern. Eine Großfürstin schrieb über diese schwierige Situation innerhalb der Familie: »Diese Ehe des Kaisers, sechs Wochen nach dem Tod unserer lieben Kaiserin geschlossen, ist schon an und für sich schwer zu tragen; dass aber diese Frau, welche 14 Jahre lang eine so wenig achtbare Stellung einnahm, uns noch vor dem Verlauf des Trauerjahres, umgeben von ihren drei Kindern, als Familienmitglied vorgestellt und in die Intimität hineingezogen wurde, ist wohl schmerzlicher, als ich es mit Worten ausdrücken kann! ... Er hat uns, seinen Untertanen, als Kaiser befohlen, freundlich mit seiner Frau zu sein, widrigenfalls er uns dazu zwingen würde. Du kannst Dir wohl einen Begriff von dem inneren Zwiespalt machen und dem ewigen Kampf zwischen Gefühl, Pflicht und äußerem Zwang.«[216]

Die Romanows befürchteten, dass die neue Frau des Zaren ihn »vollkommen wie unter einem Bann hält, ihn taub und blind zu machen scheint«. Katja tat wenig, um die zerrissene Familie wieder zusammenzuführen, im Gegenteil: »Die neue Gemahlin ist fast immer schlechter Laune, behandelt ihren hohen Gatten schlecht und ohne jede Rücksicht, was er sich alles lächelnd gefallen lässt ... über alle Menschen hat sie ein unfreundliches Urteil, und da ihr alles geglaubt wird, tut sie einen unberechenbaren Schaden ... Es kommen Sachen vor, die meine Feder sich weigert Dir zu schreiben ...«[217]

Dass der Zar Katja derart schnell zu einer gesicherten Stellung als Ehefrau verhalf, lag auch daran, dass er permanent in Lebensgefahr schwebte. Unzählige geplante Attentate auf ihn waren schon – in letzter Sekunde – verhindert worden. Alexander II. hatte wirtschaftliche Reformen in Gang gesetzt, die in fast allen Bevölkerungsschichten Unzufriedenheit hervorriefen. Und die Unzufriedenheit stieg rasant an und brachte sozialistische und kommunistische Strömungen hervor. Seiner Schwester hatte der Zar kurz nach der Hochzeit geschrieben: »Ich hätte sicher nicht vor Ablauf des Trauerjahres geheiratet, wenn die Zeit, in der wir leben, nicht eine Krisenepoche wäre, in welcher ich jeden Tag der Gefahr ausgesetzt bin, dass ein neues Attentat meinem Leben ein plötzliches Ende macht. Es geht mir also darum, so bald als möglich nicht nur das Schicksal jener Person zu sichern, die seit 14 Jahren nur für mich lebte sondern auch jenes der drei Kinder, die ich von ihr habe.«[218]

Die manische Hektik, mit der der Zar seine Heirat mit Katharina betrieb, sollte sich im Nachhinein als weitsichtig erweisen. Denn keine neun Monate nach der Hochzeit fuhr Alexander in einem von sechs Kosaken begleiteten Schlitten zu einer Parade, als ein Mann am Straßenrad ein in eine Zeitung gewickeltes Paket in Fahrtrichtung des Schlittens warf. Im selben Moment hörte man eine Explosion, wenige Sekunden später erschallten herzzerreißende Schreie von Verwundeten. Der Zar selbst blieb unversehrt, der Hofschlitten war kaum beschädigt, aber zwei der Kosaken und ein vierzehnjähriger Passant waren schwer verletzt worden.

»Freuen Sie sich nicht zu früh!«, rief der Attentäter Alexander noch zu, als er überwältigt wurde. Wenige Sekunden darauf, als der Zar aus dem Schlitten sprang, um zu den Verwundeten zu gehen, warf ihm ein weiterer Attentäter, der sich ihm in diesem Chaos unauffällig genähert hatte, eine weitere Bombe direkt vor seine Füße. Diese Explosion riss dem Zaren beide Beine bis zum Knie weg, zerfetzte seine rechte Hand und riss in seine gesamte rechte Körperhälfte tief klaffende Wunden. Seine Begleiter wollten den Zaren ins nächstgelegene Haus bringen, doch er verlangte, unverzüglich zu Katja gebracht zu werden. So wurde der Monarch – oder alles, was von ihm übrig war – auf den Schlitten gehoben und in Blitzeseile ins Winterpalais gebracht. Die Kosaken trugen den sterbenden Alexander, der bis zu diesem Zeitpunkt

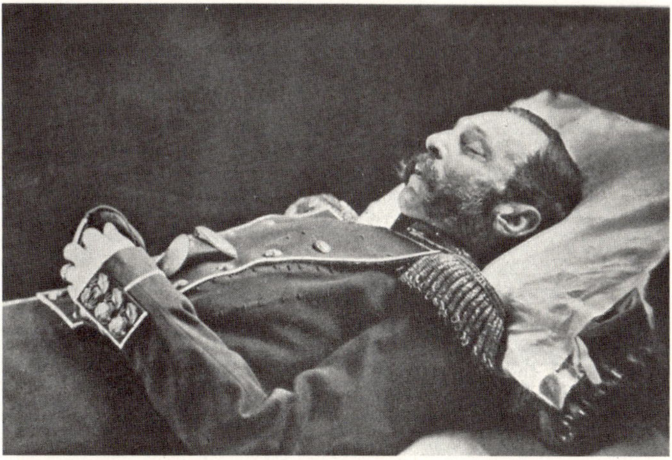

**Zar Alexander II. am Totenbett. Der Zar starb an den Folgen eines Bomben-Attentats, kurz nachdem er seine Katja geheiratet hatte.**

keinerlei Erstversorgung erhalten hatte, in sein Schlafzimmer; währenddessen floss das Blut in Strömen. Der Versuch der Hofärzte, den Zaren durch eine vollständige Amputation beider Beine doch noch am Leben zu erhalten, schlug fehl; kurz danach starb Zar Alexander II. im Beisein seiner Katja.[219]

Die morganatische Ehefrau war nach nur neun Monaten Ehe bereits Witwe. Als Zeichen der Trauer schnitt sie ihr langes Haar ab und legte es dem Zaren in den Sarg. Jetzt, da ihr mächtiger Geliebter tot war, war auch Katjas Macht versiegt; sie wusste, was nun zu tun war, und verließ mit ihren Kindern sofort den Winterpalast. Finanziell gut abgesichert wanderte Katharina nach Nizza aus, wo sie ab nun unbeachtet und fast vergessen lebte. Als sie 1922 im Alter von fünfundsiebzig Jahren starb, erinnerte sich kaum noch jemand an die unstandesgemäße Ehefrau des Zaren, dessen Liebesleben vor einem halben Jahrhundert zu den größten Skandalen seiner Zeit gehörte.

Nicht tragisch, sondern eher amüsant gestaltete sich die nächste morganatische Ehe in einem europäischen Herrscherhaus: Der italienische König Vittorio Emanuele II. heiratete nach dem Tod seiner ersten Frau die Tochter eines Regimentstrommlers, also eine Frau äußerst bescheidener Herkunft. Sie hieß Rosa Vercellana und war ein dralles, einfaches Mädchen, mit dem der König bereits ein Verhältnis hatte, als seine erste Frau noch lebte.

König Vittorio Emanuele, damals noch Kronprinz von Sardinien-Piemont, war nie ein Kostverächter gewesen. Verheiratet war er mit der österreichischen Erzherzogin Adelheid, die gewissermaßen ein Leben als Heilige führte. Kaum ein Paar passte weniger zusammen als diese beiden Opfer der dynastischen Heiratspolitik. Vittorio Emanuele lebt völlig im Hier und Jetzt, war bodenständig bis derb und tat nichts lieber als zu essen, zu jagen und sich sinnlichen Vergnügen hinzugeben. Adelheid hingegen war einem mystischen Katholizismus verfallen, der darin gipfelte, dass sie sich regelmäßig in der Kapelle einschließen ließ und dann in lautem Wehklagen ihre angeblichen Sünden büßte. Nichtsdestotrotz erfüllten beide ihre dynastische Pflicht und wurden Eltern von acht Kindern.

Vittorio Emanuele hatte Adelheid von Anfang an betrogen, und zwar so ausgiebig, dass zur Organisation der vielen amourösen Angelegenheiten des jungen Königssohns eigens ein Offizier und Freund von Vittorio Emanuele, Cavaliere Francesco Casale, abgestellt wurde. Wo und wann immer es ging, zwischen Militärmanövern, herrschaftlichen Jagden und höfischen Pflichten, schob der Thronfolger seine Schäferstündchen ein. Cavaliere Casale verhalf Vittorio Emanuele zu immer neuen Liebesabenteuern und »verwaltete« zudem alles, was sich aus den vielen Liebschaften ergab: Er kümmerte sich um die schwangeren Geliebten, vermittelte deren Kinder an Familien, in denen sie aufwachsen konnten – natürlich stets unter dem Siegel strengster Verschwiegenheit.

Der Kronprinz führte also bereits ein abwechslungsreiches Liebesleben, als er im Jahr 1847 Rosa »Rosina« Vercellana kennenlernte. Wie und wo er dem hübschen Mädchen erstmals begegnete, ist heute nicht mehr eruierbar. Die romantisierte Version des ersten Treffens zwischen dem Kronprinzen und der einfachen Soldatentochter lautete, dass Rosina im Rahmen einer Audienz bei dem Thronfolger für ihren Bruder, der Opfer eines bösen Streiches geworden war, vorsprechen wollte. Die Wahrheit dürfte weit profaner gewesen sein, griff doch der junge Vittorio Emanuele bekanntermaßen auf die Dienste ihm nahestehender »Vermittler« zurück, um die Bekanntschaften immer neuer junger Damen zu machen.[220]

Jedenfalls wurde die dem Treffen folgende Annäherung zwischen Vittorio Emanuele und dem jungen Mädchen mit großer Vorsicht geplant und musste besonders geheim gehalten werden: Carlo Alberto, der regierende König, war mit dem Vater des Mädchens durchaus bekannt; hätte er von Vittorio Emanueles Annäherungsversuchen erfahren, hätte er seinen Erstgeborenen sicherlich bestraft, denn Rosina war zum Zeitpunkt des ersten Kontaktes noch keine vierzehn Jahre alt. Das piemontesische Strafgesetz sah für sexuelle Kontakte mit Minderjährigen unter sechzehn Jahren klar und deutlich eine Freiheitsstrafe von zehn Jahren vor: »Auch, wenn der Schuldige einer Verführung zum Opfer gefallen ist.«[221]

Dennoch wurden der vierundzwanzigjährige Vittorio Emanuele und die minderjährige Rosina ein Paar. Rosina war ein großes, üppiges Mädchen, nicht sonderlich klug, aber sehr schlau und von einer Derbheit, die der Thronfolger liebte. Sie konnte weder lesen noch schreiben, sprach breitesten piemontesischen Dialekt und pöbelte ebenso gerne lautstark herum, wie sie lachte – kurzum: Vittorio Emanuele war hingerissen von diesem einfachen Mädchen.

Warum Vittorio Emanuele – der zu allen Zeiten, auch nachdem er mit Rosina eine Beziehung eingegangen war, über einen reichen Fundus weiblicher Bekanntschaften verfügte – dermaßen entschlossen daranging, ausgerechnet das einfache Mädchen zu seiner dauerhaften Geliebten zu machen, lässt sich nicht restlos erklären. Am Anfang dürften hauptsächlich hormonelle Impulse eine Rolle gespielt haben, später fanden sich in den beiden Persönlichkeiten offensichtlich zwei verwandte Seelen, die einander ergänzten und nicht nur eine Vorliebe für die deftige piemontesische Küche teilten – beider Leibgericht war Hühnchen mit Zwiebeln und Trüffeln –, sondern auch einen gewissen bodenständigen Zugang zum Leben im Allgemeinen.

Ein Jahr nach dem ersten Treffen gebar die inzwischen 15-jährige Rosina das erste Kind von Vittorio Emanuele, zwei weitere sollten folgen. Vittorio Emanuele II. hatte seine Rosina standesgemäß untergebracht, und damit sich die junge Geliebte an ein Leben mit einem Königssohn gewöhnte, wurde ihr eine erfahrene Hofdame zur Seite gestellt. Nach seiner Thronbesteigung im Jahr 1849 lebte der neue König mit seiner Favoritin bereits wie mit einer Ehefrau; er hatte sich längst an das tägliche, vertraute Beisammensein gewöhnt und fühlte sich mittlerweile nur bei Rosina wohl. In ihrem Haus konnte er – der eine große Abneigung gegen jeglichen Zwang und jede Etikette hegte – sich völlig ungeniert und nachlässig verhalten.[222]

Zwei Ereignisse sollten das Leben von Rosina und König Vittorio Emanuele II. von Sardinien-Piemont dauerhaft verändern. Erstens der Tod von Königin Adelheid, die nach der Geburt des achten Kindes im Kindbett verstarb, und zweitens die Einigung Italiens zum Nationalstaat, die im Jahr 1861 aus dem piemontesischen König Vittorio Emanuele schließlich König Vittorio Emanuele, Herrscher über ganz Italien, machen sollte.

Als künftiger König von Italien stand Vittorio Emanuele – anders denn als König von Sardinien-Piemont – im Blickpunkt der breiten Öffentlichkeit. Man erwartete von ihm eine weitere standesgemäße Ehe. Für das künftige italienische Königreich war eine dynastische Verbindung mit einer europäischen Großmacht unverzichtbar. Der König sträubte sich aber gegen eine erneute Vernunftehe, und als dann noch Gerüchte laut wurden, dass er stattdessen plane, seine langjährige Hauptgeliebte zu heiraten, sprach der mächtige Ministerpräsident Graf Camillo Cavour, der eigentliche Mastermind hinter der politischen Einigung Italiens, eine Machtwort.

Cavour war selbst keineswegs gegen weibliche Schönheit immun, aber im Gegensatz zum König zog er die Gesellschaft feiner und gebildeter Damen vor. Die royalen Liebeslaunen waren für den begabtesten Politiker seiner Zeit immer schon von einer beklagenswerten Vulgarität gewesen. Dass Vittorio Emanuele aber nun – gerade als die Einigung Italiens kurz vor der Anerkennung der europäischen Großmächte stand – daran dachte, eine einfache Soldatentochter zu heiraten, die nicht einmal ordentlich Italienisch sprach und kaum schreiben konnte, war zu viel für den Politiker, der sein ganzes Leben in den Dienst des neuen Italien gestellt hatte. Zwischen den Männern kam es wegen Rosina zu einer heftigen Szene, angeblich konnte gerade noch verhindert werden, dass die beiden handgreiflich wurden. Einige Tage später soll Vittorio Emanuele II. darüber zu einem Vertrauten gesagt haben: »Nur meine Stellung hat mich verhindert, Cavour in Rechenschaft zu ziehen; es war eine jener Affären, die man mit dem Messer regelt; aber ich musste an mein Land denken.«[223]

Der König weigerte sich zwar, aus politischen Gründen eine weitere dynastische Ehe einzugehen, aber immerhin fügte er sich dem Gebot der Politik insofern, als er vorerst auf eine Ehe mit Rosina verzichtete. Er heiratete sie erst 1869, als er schwer krank war – in einer Blitzaktion und ausschließlich kirchlich, so dass aus dieser Ehe für die gemeinsamen Kinder keinerlei Thronansprüche entstanden. Und erst 1877, kurz vor seinem Tod, nahm Vittorio Emanuele Rosina auch in einer standesamtlichen Zeremonie zur – morganatischen – Ehefrau. Rosina starb sieben Jahre nach Vittorio Emanuele. Zur

**»La bella Rosina« und der italienische König. Die unstandesgemäße Heirat zwischen König Vittorio Emanuele II. und der Soldatentochter Rosa Vercellana sorgte für Streit in der Regierung.**



ersten italienischen Königin ist die Soldatentochter aus der piemontesischen Provinz nie geworden.

Eine der bekanntesten unstandesgemäßen Ehen war jene des österreichischen Thronfolgers Erzherzog Franz Ferdinand und seiner Frau Sophie von Hohenberg, deren gemeinsame Ermordung am 28. Juni 1914 in Sarajevo den Ersten Weltkrieg auslöste. Am Beginn ihres gemeinsamen Lebens standen die schönste Liebesgeschichte und das schwierigste Heiratsvorhaben der Habsburgerdynastie.

Erzherzog Franz Ferdinand wurde erst nach einem tragischen Todesfall in seiner Familie zum Thronfolger des mitteleuropäischen Habsburgerreiches.

Nach dem Selbstmord seines Cousins Kronprinz Rudolf im Jahr 1889 rückte er an die erste Stelle der Thronfolge nach, denn Rudolf, der einzige Sohn des Kaisers, hatte keinen männlichen Nachkommen hinterlassen. Solange Franz Ferdinand noch nicht Thronfolger war, hatte er sein Junggesellenleben auskosten können; jetzt aber drängte der Hof langsam auf eine Vermählung. Was prinzipiell nicht unvereinbar mit Franz Ferdinands Wünschen war. Der nunmehrige Thronfolger hatte auch eine familiäre Ader; einer Freundin schrieb er: »Ich sehne mich ja selbst schon nach Ruhe, nach einem gemütlichen Heim, nach einer Familie.«[224]

Natürlich war die Ehe des Thronfolgers einer europäischen Großmacht keine Privatangelegenheit. Der Wiener Hof beeilte sich, ihm die in Frage kommenden Prinzessinnen schmackhaft zu machen, doch Franz Ferdinand wusste genau, was – oder wen – er *nicht* wollte. Einem Vertrauten schrieb er über die potentiellen Heiratskandidatinnen: »Lauter 17- oder 18-jährige Pipperln, eine schiacher (hässlicher, Anm.) als die andere. Und die Erziehung meiner Frau zu besorgen, dazu bin ich zu alt, dazu habe ich weder Zeit noch Lust.« Er wünschte sich stattdessen ein »nicht zu junges Wesen, mit bereits vollkommen gefestigtem Charakter und Anschauungen«.[225]

Der Thronfolger fand schließlich eine Frau nach seinem Wunsch, doch der Weg zur Hochzeit war steinig und der Preis, den er zahlen musste, hoch. Die Frau, die alles besaß, was er suchte – nämlich Reife, Charakterstärke und eine ebenso tiefe Sehnsucht nach einer heilen Familie –, lernte er bei einem Ball in Prag kennen. Ihr Name war Gräfin Sophie Chotek von Chotkowa und Wognin.

Sophie stammte zwar aus uraltem böhmischem Adel, war aber, wie man sagte, nicht von königlichem Geblüt – und damit nach den strengen Hausgesetzen der Habsburger keine geeignete Partie für Franz Ferdinand. Auf die Idee, dass sich der begehrteste Mann der Donaumonarchie gerade in Sophie verlieben könnte, kam wohl auch niemand, denn sie entsprach in nichts dem Schönheitsideal ihrer Zeit. Sophie war eine magere, spröde Brünette, die zugeknöpft und reserviert auftrat und somit das völlige Gegenteil der vergnügungssüchtigen Wiener Komtessen darstellte. Außerdem stand sie mit ihren knapp dreißig Jahren fast schon im Ruf einer alten Jungfer. Doch Franz Ferdinand erkannte in Sophie jene Frau, die ihn sein Leben lang glücklich machen würde – und er sollte Recht behalten.[226]

Der Thronfolger wusste selbstverständlich, dass er mit dem Wunsch, Sophie zu heiraten, gegen die habsburgischen Vorgaben verstieß. Einem

Vertrauten sagte er: »Wenn unsereiner jemanden gern hat, findet sich immer im Stammbaum irgendeine Kleinigkeit, die die Ehe verbietet, und so kommt es, dass bei uns immer Mann und Frau 20-mal miteinander verwandt sind. Das Resultat ist, dass von den Kindern die Hälfte Trotteln und Epileptiker sind.«[227]

Franz Ferdinand wusste auch, dass er sein Heiratsprojekt dem Kaiser nur vorsichtig näherbringen konnte; aus diesem Grund versuchte er, seine Liebe zu Sophie einstweilen geheim zu halten. Damit sich das Paar regelmäßig sehen konnte, ohne dass jemand Verdacht schöpfte, nahm Sophie eine Stelle als Hofdame bei Franz Ferdinands Verwandten, Erzherzog Friedrich und seiner Frau Erzherzogin Isabella, an. Seitdem sie dort arbeitete, besuchte der Thronfolger die Familie, so oft er konnte, und verbrachte ganze Nachmittage bei seinen Gastgebern. Immer dabei, wenn auch dezent im Hintergrund, Hofdame Sophie.

Erzherzogin Isabella – als ehrgeizige Mutter von acht Töchtern, die zu verheiraten waren – freute sich über die vielen Besuche. Sie vermutete hinter den Visiten ein Interesse des Erzherzogs an einer ihrer Töchter und träumte bereits davon, dass sie eines Tages die Mutter einer Kaiserin wäre. Bis Franz Ferdinand nach einem gemeinsamen Tennisspiel in der Umkleidekabine seine Taschenuhr vergaß. Als ein Diener abends die Uhr der Erzherzogin aushändigte, konnte sie sich nicht verkneifen, den Deckel zu öffnen und einen Blick hineinzuwerfen. Welche ihrer Töchter hatte wohl das Herz des künftigen Kaisers erobert und würde ihr als Miniaturbild unter dem Uhrdeckel entgegenlächeln? Einen Augenblick später stellte Isabella überrascht fest, dass nicht eine ihrer Töchter sie anblickte, sondern ihre Hofdame Sophie Chotek. Die Erzherzogin war außer sich vor Wut, sie fühlte sich hintergangen und warf Sophie augenblicklich aus ihrem Palais. Und natürlich verbreitete sich die Nachricht von der Liaison zwischen Thronfolger und Hofdame, sowie von deren Maskerade, dank der Hilfe der wütenden Erzherzogin in Windeseile und den grellen Farben eines gesellschaftlichen Skandals.[228]

Franz Ferdinand konnte nur mehr die Flucht nach vorne antreten. Der Thronfolger wurde nach dem Publikwerden dieses Skandals unverzüglich in die Hofburg zitiert und vom Kaiser zur Rede gestellt. Zum Entsetzen des Monarchen verkündete er, dass er gedenke, Gräfin Sophie Chotek zur Frau zu nehmen.

Kaiser Franz Joseph war prinzipiell gegen unstandesgemäße Ehen. Jenen Erzherzögen, die meinten, dass Liebe und privates Glück für eine Ehe wichtiger seien als die Pflichten eines Mitgliedes des Kaiserhauses, verweigerte er seine Zustimmung und ließ sie alle Konsequenzen tragen. In der Regel bedeutete dies: Austritt aus dem Kaiserhaus, Verlust aller militärischen Ränge sowie des Titels »Kaiserliche Hoheit« und, besonders bitter, keine Apanage und keine jährliche Zahlung aus dem riesigen habsburgischen Vermögensfonds, die den harten Alltag der Erzherzöge etwas abfederte.

Im Fall des österreichischen Thronfolgers aber war eine unstandesgemäße Heirat nicht nur eine Familiensache, sondern vor allem eine hochpolitische Angelegenheit. In Österreich, diesem komplizierten Staatengebilde, mit seinen ständig schwelenden Nationalitätenkonflikten ließ sich die morganatische Ehe eines regierenden Monarchen nicht einfach als Privatangelegenheit ohne politische Konsequenzen betrachten. In der ungarischen Reichshälfte der Habsburgermonarchie zum Beispiel kannte die Rechtsordnung keine Unebenbürtigkeit der Gemahlin eines Herrschers. Das heißt, Sophie, die in Österreich niemals den Titel einer Kaiserin tragen durfte, hätte eines Tages aber sehr wohl zur Königin von Ungarn gekrönt werden können. Kaiser Franz Joseph und seine Berater fürchteten, dass genau dieser Sachverhalt irgendwann missbraucht werden könne, um die Monarchie zu destabilisieren oder eine Spaltung des Vielvölkerstaates herbeizuführen.[229]

Auch das Ausland sah Franz Ferdinands Heiratsprojekt mit Sorge. Der Botschafter des Deutschen Kaiserreichs, des immerhin wichtigsten Bündnispartners Österreichs, verwies darauf, dass die staatsrechtlichen Folgen einer morganatischen Ehe des Thronfolgers so kompliziert seien, dass nach dem Tod des alten Kaisers »Vorgänge zu erwarten wären, die das Bündnis tiefer berühren würden, als die Allgemeinheit das erwarten konnte«.[230] Auch in London war man der Meinung, die höchst eigenwilligen Ehepläne des Thronfolgers würden dem Kaiser, dem Prestige und den Interessen der Monarchie massiv schaden.[231]

Der Thronfolger hatte gegenüber Franz Joseph allerdings ein Druckmittel in der Hand. Er wusste, dass es im Prinzip keine Alternative für ihn selbst gab. Am einfachsten wäre es, so gesehen, für Kaiser Franz Joseph gewesen, Franz Ferdinand die Heirat mit Sophie zu erlauben, ihn von der Thronfolge auszuschließen und dafür den nächsten Neffen in der dynastischen Hierarchie zum Thronfolger zu erklären. Genau das war aber kaum möglich, denn Franz

Ferdinands Brüder waren aufgrund ihrer fehlenden Ausbildung, ihrer bescheidenen geistigen Fähigkeiten und ihres skandalösen Lebenswandels keine Option für den Thron. So erschien selbst dem kaiserlichen Onkel eine morganatische Ehe Franz Ferdinands, der zumindest einen passablen Kaiser abgeben würde, nach Monaten des Streits als das kleinste Übel.

**»Ich bin unsagbar glücklich!« Die unebenbürtige Ehe des österreichischen Thronfolgers Franz Ferdinand und seiner Frau Sophie gehörte zu den glücklichsten ihrer Zeit.**

Franz Ferdinand hatte dem Kaiser also letztendlich seine Liebesheirat abgetrotzt, er durfte Sophie heiraten. Allerdings musste das Paar die vollen Konsequenzen dieser unstandesgemäßen Heirat tragen. Franz Ferdinand musste noch vor der Heirat für die Kinder aus der Ehe mit Sophie auf alle Thronrechte verzichten und sich verpflichten, diesen Verzicht niemals zu widerrufen. Die Thronfolge würde nach seinem Tod auf die Kinder seines ältesten Bruders übertragen werden. Zudem würde seine künftige Frau Sophie niemals Kaiserin werden können; sie erhielt lediglich den Titel einer Fürstin von Hohenberg.[232]

Innerhalb der kaiserlichen Familie hatte Sophie den letzten Rang inne, was bedeutete, dass sie bei offiziellen Anlässen nicht an der Seite ihres Mannes auftreten oder bei Galadiners an seiner Seite sitzen durfte. Ihr Platz war hinter der jüngsten und rangniedrigsten Erzherzogin. Franz Ferdinands Frau durfte auch nicht in der Hofburg, dem Hauptsitz der kaiserlichen Familie, wohnen und nicht in den Hoflogen des Burgtheaters und der Hofoper Platz nehmen. Von den wöchentlichen Familiendiners blieb sie ebenfalls ausgeschlossen, weil sie aufgrund der morganatischen Heirat formal eben kein Mitglied der der kaiserlichen Familie war. Demütigungen waren also vorprogrammiert.[233]

Im Juli 1900 konnte der österreichische Thronfolger Sophie endlich heiraten. Der Trauung blieben außer der Stiefmutter sämtliche Verwandte fern. Diese Ehe, die so viel Schwierigkeiten bereitet und dazu die hohen Ansprüche des Herrscherhauses ad absurdum geführt hatte, wurde aber eine der glücklichsten ihrer Zeit – wenn nicht überhaupt die glücklichste Ehe in der Geschichte der Habsburger. Seiner Stiefmutter schrieb Franz Ferdinand wenige Tage nach der Hochzeit: »Soph' ist ein Schatz!« Er sei »unsagbar glücklich« und fühle sich wie »neu geboren«.[234] Bis zu seinem letzten Lebenstag in Sarajevo war der künftige Kaiser von Österreich der glücklichste Ehemann seiner Dynastie.

Bis auf wenige Ausnahmen hatte jeder in der Familie Franz Ferdinand von dieser Ehe abgeraten und es waren zahlreiche Versuche unternommen worden, das Paar auseinanderzubringen. Alle, die das versucht hatten, fielen nun beim künftigen Kaiser in Ungnade – darunter auch seine beiden Brüder. Diese Reaktionen zeigen deutlich, wie sehr eine morganatische Ehe eine Dynastie spalten konnte.

Wurden die strikten Heiratsregeln unterlaufen, schadete dies allerdings nicht nur dem inneren Gefüge einer Herrscherfamilie – es kamen damit auch Fragen auf, die am royalen Nimbus kratzten: Welchen Wert haben Familiengesetze, wenn sie offenbar nicht eingehalten werden mussten? Wie kann man von anderen einfordern, die Sonderstellung des Kaiserhauses anzuerkennen, wenn dessen Mitglieder sich nicht an die dazugehörigen Pflichten hielten? Und durften jetzt, da für den künftigen Kaiser eine Liebesehe wichtiger war als die Staatsraison, auch alle anderen Mitglieder des Kaiserhauses Liebesehen eingehen?

Zumindest auf die letzte Frage gibt es eine klare Antwort: Die morganatische Eheschließung des Thronfolgers kam einem Dammbruch in der Heiratspolitik der Habsburger gleich. Mitten in den Streitigkeiten um Franz Ferdinands Hochzeit mit Sophie gab der alte Kaiser seiner Schwiegertochter Stephanie, der Witwe seines verstorbenen Sohnes Rudolf, die Erlaubnis, sich in zweiter Ehe mit einem ungarischen Grafen zu vermählen. Franz Joseph hatte nachgegeben, damit »Tratsch und Gerede« endlich ein Ende hätten; schließlich wusste bereits ganz Wien von der Liebesbeziehung der Witwe.[235] Auch seiner ältesten Enkelin Elisabeth, dem einzigen Kind des verstorbenen Kronprinzen, gestattete der Kaiser kurz nach Franz Ferdinands Hochzeit, den

Mann ihrer Wahl, einen österreichischen Adeligen, zu heiraten. Und dies, obwohl er für Elisabeth ursprünglich den ältesten Sohn des deutschen Kaisers als Ehemann vorgesehen hatte.[236]

Allzu weit konnte man bei seinen Ehewünschen aber auch in dieser neuen Ära nicht gehen. Als sich der jüngste Bruder des Thronfolgers, Erzherzog Ferdinand Karl, heimlich mit einer Bürgerlichen verheiratete und den Kaiser anschließend vor vollendete Tatsachen stellte, gab es kein Pardon. Erzherzog Ferdinand Karl musste aus dem Kaiserhaus austreten, verlor seine Titel und seinen Militärrang – eine Bürgerliche in der Familie und dazu eine Heirat ohne vorherige Zustimmung, das war auch in den neuen Zeiten einfach zu viel für den alten Kaiser.

Ob eine morganatische Ehe in königlichen Kreisen akzeptiert wurde, hing allerdings von der Stellung des Mannes ab. Diese Erfahrung musste der regierende Großherzog Ludwig IV. von Hessen machen.[237] Denn was für einen Zaren oder einen König galt, galt längst nicht für den Großherzog eines deutschen Herzogtums, noch dazu, wenn seine Ex-Schwiegermutter die mächtigste Monarchin der Welt war. Und so wurde im malerischen Herzogtum Hessen der ungeschickteste Versuch eines europäischen Royals unternommen, eine morganatische Ehe zu schließen.

Der dortige Landesherr, Großherzog Ludwig, Witwer seit vier Jahren und Vater von fünf Kindern, gedachte sich im Jahr 1884 wiederzuverheiraten. Er hatte allerdings nicht mit der Familie seiner verstorbenen Frau gerechnet. Denn seine Frau Alice war keine Geringere als die zweitälteste Tochter der imposanten Queen Victoria, der mächtigsten Monarchin der Welt.[238] Nach dem frühen Tod ihrer Tochter lagen der Königin ihre hessischen Enkel besonders am Herzen. Mit ihrem Schwiegersohn stand die Queen auf ausgezeichnetem Fuß und so schien ihr undenkbar, dass gerade der ruhige, umgängliche, fast schon harmoniesüchtige Ludwig, der am liebsten allen Schwierigkeiten aus dem Weg ging, einen Familienskandal auslösen sollte.[239]

Eine Begegnung im Darmstädter Hoftheater war der Auslöser des Skandals, der das Leben von Großherzog Ludwig völlig auf den Kopf stellte. Denn im Theater traf der 45-jährige Großherzog auf die »schöne Unbekannte«, wie er sie nannte. Es handelte sich um Alexandrine von Kolemine, eine Dame Anfang dreißig, äußerst hübsch, charmant und liebenswert. Sie war die Ehefrau eines Legationsrats, der nach Darmstadt versetzt worden war.[240] Der Großherzog

**Großherzog Ludwig IV. von Hessen (im Bild mit seiner Tochter Alexandra, der späteren russischen Zarin) wollte sich eine morganatische Ehe genehmigen. Er unterschätzte aber die Reaktion seiner Familie – und sah seine eben erst angetraute Frau nie wieder.**

verliebte sich Hals über Kopf in die polnischstämmige Komtesse; der ersten Begegnung im Theater folgten einige heimliche Treffen und man tauschte innige Briefe aus. Der Großherzog überschlug sich in seiner Korrespondenz in heißen Liebesschwüren, nannte Alexandrine »meine sehr kostbare Schöne« und seine »treue kleine Frau«[241], schickte ihr tausend Küsse und versicherte sie seiner ewigen Liebe.[242]

Wie viel Ludwig wirklich über seine Angebetete wusste, ist unklar; er war wohl zu verliebt, um genaue Informationen über das Vorleben seiner verehrten Alexandrine einzuholen. Die schöne Legationsratsgattin erzählte dem Großherzog zwar, dass sie von ihrem Mann getrennt lebe – wie es allerdings so weit gekommen war, verschwieg sie galant. Denn Alexandrine war keineswegs häuslich und treu; schon kurz nach ihrer Hochzeit hatte sie ein Verhältnis mit einem französischen Diplomaten begonnen und ein weiteres mit dem russischen Gesandten in der Schweiz, Prinz Michael Gortschakoff. Irgendwann im Laufe dieses Dreiecksverhältnisses wurde Graf Gortschakoff eifersüchtig. Um seinen französischen Nebenbuhler loszuwerden, schrieb er Alexandrines Ehemann, dem biederen Legationsrat, einen anonymen Brief mit dem Hinweis auf die Affäre Alexandrines mit dem Franzosen. Von der Untreue seiner Frau in Kenntnis gesetzt, spionierte Legationsrat Kolemine ihr nach, ertappte sie in flagranti beim Liebesspiel und schoss in seiner Rage mit einer Pistole auf den französischen Diplomaten, wobei er dessen Herz nur knapp verfehlte.[243]

Der Skandal war perfekt: Der brave Legationsrat war blamiert und forderte die Scheidung. Das versetzte nun das russische Auswärtige Amt in helle Aufregung – denn die Zeitungen waren schon auf das Ehedrama aufmerksam geworden, und bei einem öffentlichen Scheidungsprozess würde zweifellos auch der russische Prinz aus höchsten Kreisen erwähnt werden. So legte man dem gehörnten Ehemann nahe, seinen Stolz hinunterzuschlucken und die Scheidung zu vergessen; ein deutlicher Hinweis auf mögliche positive Konsequenzen für seine Karriere half dem Legationsrat bei seiner Entscheidung. Die schöne Alexandrine lebte ab nun von ihrem Mann von Tisch und Bett getrennt; um aber wenigstens den Anschein einer intakten Ehe zu wahren, nahm sie der Legationsrat auf seine nächsten Posten mit, zuerst nach Stockholm und später eben nach Darmstadt – wo sie den nächsten Skandal auslösen sollte.

Von all diesen peinlichen Details aus dem Vorleben seiner Angebeteten ahnte der hessische Großherzog nichts. Der bis über beide Ohren verliebte Mittvierziger war ein anständiger Mann; er meinte es ernst. Eine Affäre wollte er seiner bezaubernden Alexandrine nicht zumuten. Im Juni 1883 versicherte er ihr seine ehrlichen Absichten sogar schriftlich: »Ich gebe meiner lieben Alex mein Ehrenwort, sie zu heiraten, wenn sie ihre Freiheit durch die Scheidung wiedererlangt haben wird …«[244] In Frage kam für Ludwig natürlich nur eine morganatische Heirat; seine künftige Ehefrau würde weder den Titel einer Großherzogin führen noch hätten etwaige Kinder ein Anrecht auf die hessische Thronfolge.

Für Alexandrine war die Aussicht auf eine Ehe mit einem regierenden Fürsten phänomenal. Ihre Scheidung wurde diskret erledigt; auch ein passendes Hochzeitsdatum hatte Großherzog Ludwig schon gefunden: Im kommenden Frühjahr heiratete seine Tochter Victoria, und da sie eine Enkelin der Queen war, würde die Hochzeit zum Stelldichein der europäischen Royals werden. Man erwartete Queen Victoria persönlich, zudem den englischen Thronfolger, das deutsche Kronprinzenpaar sowie unzählige weitere Fürsten und Prinzen samt Anhang. Nach den Feierlichkeiten des Tages sollte, so Ludwigs Vorhaben, in einem Nebenraum des Palasts seine eigene Trauung stattfinden, nur in Anwesenheit des Staatsministers und der Trauzeugen. Die Trauung des Landesvaters sollte also im Zuge des gigantischen Hochzeitsfests seiner Tochter unauffällig vonstatten gehen. Nach einigen Tagen wollte Ludwig dann die anwesende Verwandtschaft von seiner Wiederverheiratung in Kenntnis setzen und sie damit vor vollendete Tatsachen stellen.

Was immer der Großherzog an Reaktionen erwartet haben mochte – es kam alles ganz anders. Nach der pompösen Hochzeit seiner Tochter ließ er zwar nachts um elf Uhr seine Alexandrine heimlich ins herzogliche Palais kommen, wo die Trauung auch vorgenommen wurde. Doch ein Diener sah nicht nur Alexandrine in ihrem Brautschmuck, sondern auch den herbeieilenden Staatsminister und informierte den preußischen Gesandten. Der Gesandte schickte die Nachricht nach Berlin zum Kaiser, dieser telegraphierte seinem Kronprinzen nach Darmstadt, und der klärte dann am Morgen nach der Hochzeit die gesamte Familie und alle Gäste über die heimliche Hochzeit des Brautvaters auf.

Der Skandal war ungeheuerlich, und der Großherzog mit der Situation völlig überfordert. Die Hochzeitsgäste gerieten in Aufregung. Ludwig hatte sie in eine peinliche Situation gebracht – für die Öffentlichkeit musste es so aussehen, als hätten die versammelten königlichen Verwandten auch seine Ehe mit einer Geschiedenen gutgeheißen. Die deutsche Kaiserin befahl dem deutschen Kronprinzenpaar per Telegramm, unverzüglich diesen verderbten Hof zu verlassen.[245] Und der Privatsekretär der englischen Königin schickte einen Brief an den Premierminister, dem er das Dilemma beschrieb, in dem sich die Queen jetzt befand: »Wenn sie abreist, löst sie einen Skandal aus; wenn sie hier bleibt, sieht es so aus, als ob sie ihre Zustimmung zur Heirat gebe.«[246]

Großherzog Ludwig wurde nun unter die Fittiche seiner Verwandtschaft genommen, die ihn vorerst keinen Schritt mehr alleine tun ließ. Als Erstes wurde er von seiner Frau getrennt. Alexandrine, die nach der Trauung im Darmstädter Palais in ihre Wohnung zurückgekehrt war, wartet umsonst auf ihren Mann, mit dem sie hier verabredet war. Anstelle des Großherzogs kamen seine älteste Tochter Victoria und der britische Kronprinz Edward, die von Alexandrine forderten, die mitgebrachte Scheidungsurkunde zu unterschreiben.

Zur Strafe dafür, dass er die Familie in eine derart peinliche Situation gebracht hatte, musste der Großherzog seine Schwiegermutter nach England begleiten. Der ungeratene Schwiegersohn und Vater ihrer Enkel sollte durch die erzwungene Luftveränderung daran gehindert werden, Alexandrine heimlich zu treffen. Und so wurde der regierende Großherzog und erwachsene Mann kurzerhand wie ein ausgebüchster Internatszögling unter Hausarrest gestellt.

In England ließ Queen Victoria das Vorleben von Ludwigs Frau, die sie für eine ordinäre »Goldgräberin« hielt, durchleuchten. Nun kam nicht nur die Geschichte vom missglückten Mordversuch ihres ersten Mannes an Alexandrines französischem Liebhaber heraus, sondern auch, dass sie in ganz Europa eine Spur an Liebhabern hinterlassen hatte.[247] Auf Druck der englischen Königin ließ Ludwig die Ehe annullieren. Seine Kurzzeitfrau Alexandrine erhielt als Schmerzensgeld Titel und Rang einer Gräfin Romrod sowie eine lebenslange Rente.

Zur peinlichen Situation innerhalb der Familie gesellte sich die beschämende öffentliche Berichterstattung. Die Nachricht von der heimlichen Hochzeit des Großherzogs und deren Auflösung auf allerhöchsten Druck hatte sich bald wie ein Lauffeuer verbreitet und war, über kurz oder lang, in allen deutschen Gazetten und Tageszeitungen zu lesen.[248]

Die Hoffnung, dass sich die Aufregung rund um den Großherzog, der wegen einer hübschen Person völlig seinen Stand vergessen hatte, bald legen würde, erfüllte sich nicht. Denn plötzlich erschien in den europäischen Hauptstädten ein Buch, das über eine Romanze an einem deutschen Hof berichtete und dabei erstaunlich viel aus dem Nähkästchen plauderte. Autorin des – sofort vergriffenen – Werks war wohl Alexandrine, obwohl sie sich nie öffentlich dazu bekannte. Selbst die »New York Times« widmete dem Buch einen Artikel, in dem sie, anders als die deutschen Zeitungen, deutlich darauf hinwies, dass es von Ereignissen rund um den hessischen Großherzog handele.[249]

Großherzog Ludwig IV. und Alexandrine sollten einander nie wiedersehen. Alexandrine brachte sich später noch einmal ins Gespräch, diesmal als Geliebte eines russischen Großfürsten. Nach der peinlichen Affäre fasste Ludwigs Schwager, der englische Thronfolger, zusammen: »Wenn wir alle einer Meinung sind, sind wir eine sehr starke Familie.«[250] Diesen Zusammenhalt zum Wohle des monarchischen Prinzips hatten sowohl der verliebte Großherzog als auch die clevere Alexandrine unterschätzt.

Im Gegensatz zum Fall des hessischen Großherzogs, der zuletzt zur Stärkung der familiären Bande beitragen konnte, gab es im damaligen Europa nicht wenige morganatische Ehen, die gehörig am Image des betroffenen Herrscherhauses kratzten. Die skandalöseste von ihnen war zweifellos jene des belgischen Königs Leopold II. mit Caroline Delacroix. Caroline wurde, je nach

Lesart, als Bardame oder Tänzerin bezeichnet – wobei es sich aber um nachträgliche Verschönerungen ihres eigentlichen Metiers handeln dürfte. In Wirklichkeit war Caroline eine einfache Pariser Straßenprostituierte, die von ihrem Zuhälter durch die einschlägigen Straßen geschleift wurde, in der Hoffnung auf finanzkräftige Kunden.

Die ausnehmend hübsche Caroline galt jedoch als Attraktion unter den Straßenmädchen, und eines Tages wurde ein hoher Paris-Besucher auf die Vorzüge des Mädchens aufmerksam gemacht. Es handelte sich dabei um den belgischen König Leopold II., dessen Vorliebe für leichte Damen legendär war.[251] Und so brachten Vertraute des Königs Caroline zu ihm ins Hotel. Hier wurde sie kurz von Leopold begutachtet und anschließend als seine »Reisebegleiterin« gebucht.

**König Leopold II., König der Belgier, heiratete in zweiter Ehe eine ehemalige Straßenprostituierte. Beim ersten Treffen war sie sechzehn, er fünfundsechzig.**

Zum Zeitpunkt dieser ersten Begegnung mit Leopold war Caroline gerade sechzehn, er dagegen reife fünfundsechzig Jahre alt. Das junge Straßenmädchen war als dreizehntes Kind in bitterarme Verhältnisse hineingeboren worden.[252] Leopold aber war der reichste Mann Europas; die rohstoffreiche Kolonie Kongo war sein Privatbesitz gewesen, und er hatte aus diesem afrikanischen Land ein unvorstellbares Vermögen herausgepresst. Mit ihm begann für Caroline Delacroix ein Leben in Luxus. Sie begleitete den König auf Reisen, war an seiner Seite bei Kuraufenthalten in Europas teuersten Kurbädern und manchmal sogar bei offiziellen Terminen. Dass der belgische König Caroline jedoch im Jahr 1901 ausgerechnet zum Begräbnis von Queen Victoria mitnahm, führte in London zu einem veritablen Skandal.[253]

Publik wurde Leopolds Beziehung mit der Straßendirne erst ein Jahr nach dem Tod seiner Frau, Königin Marie Henriette. Nun machte der König nicht

Die zweite Ehefrau des belgischen Königs Leopold II. war die ehemalige Prostituierte Caroline Delacroix.

einmal mehr den Versuch, seine Beziehung zu Caroline diskret zu behandeln. Er überschüttete seine Geliebte mit Geld, Schmuck und Kleidern und kaufte ihr Schlösser und Villen in Belgien und Frankreich. An der Côte d'Azur erwarb er die »Villa Leopolda« für sie – die größte und bis heute teuerste Villa an der französischen Riviera (sie kam im Jahr 2010 in die Schlagzeilen, weil ein Käufer knapp 400 Millionen Euro für sie hinblätterte).

Die ehemalige Prostituierte Caroline war es aber definitiv nicht, die den Ruf des belgischen Königs zerstörte – das tat er schon selbst, in skrupelloser Gier. Schon vor Bekanntwerden der Beziehung zu Caroline war aufgedeckt worden, dass Leopolds Ausbeutung seiner »Privatkolonie« Kongo, zum Zweck seiner persönlichen Vermögensvermehrung, Millionen Kongolesen das Leben gekostet hatte.[254] Die spätere Lebensgemeinschaft mit einer Straßendirne bestätigte für seine Zeitgenossen lediglich, dass Leopold II. nicht nur politisch, sondern auch, was sein Privatleben betraf, der skandalöseste Monarch seines Jahrhunderts war. Pikant formuliert: Eigentlich ruinierte der belgische König Carolines Ruf. Denn als Straßenprostituierte beschimpft zu werden, war noch weit ehrenhafter, als den Beinamen »Königin des Kongos« zu tragen. Da Carolines Einkünfte sich aus Stiftungen des Kongo-Vermögens lukrierten, sahen ihre Zeitgenossen in ihr eine der größten Nutznießerinnen von Leopolds skrupelloser Ausbeutung; an seiner Seite wurde die ehrliche Straßenprostituierte zur Profiteurin des Blutgeldes.

Im Jahr 1906 brachte Caroline den ersten gemeinsamen Sohn zur Welt, aus diesem Anlass ernannte der König seine langjährige Geliebte zur Baronesse Vaughan. Leopold II. heiratete Caroline allerdings erst 1909, fünf Tage vor seinem Tod und nur in einer kirchlichen Zeremonie – weshalb die Ehe in rechtlicher Hinsicht keinerlei Konsequenzen hatte.[255]

Von Gesetzes wegen konnte Caroline nichts erben, doch Leopold hatte vorgesorgt und der Mutter seiner beiden Söhne ein riesiges Vermögen sowie Kunstgegenständen und Immobilien überschrieben. Die ehelichen Nachkommen des belgischen Königs sollten nach seinem Tod noch jahrelang um Teile des Vermögens prozessieren. Caroline kehrte Belgien bald den Rücken und etablierte sich in Frankreich; sie kehrte also zu ihren Wurzeln zurück. Sie heiratete in zweiter Ehe ihren ehemaligen Zuhälter, der sie dabei unterstützt hatte, ihr riesiges Vermögen von Belgien nach Frankreich zu transferieren, und ihr nun dabei half, es auszugeben. Bis zu ihrem Tod im Jahre 1948 lebte Caroline in großem Luxus und durfte sich rühmen, dass es im ganzen 19. Jahrhundert keine finanziell erfolgreichere Lebenspartnerin eines Königs gab als sie.

Auch im russischen Kaiserhaus wurde – im frühen 20. Jahrhundert – eine ganze Reihe morganatischer Ehen geschlossen. Dass Großfürsten öffentlich mit ihren Liebschaften zusammenlebten oder langjährige Geliebte hatten, war nichts Neues. Nun jedoch wollten gar nicht so wenige Mitglieder der Romanows nicht nur lieben, sondern auch heiraten, wen sie wollten.

Die ersten dieser morganatischen Ehen waren für den Zarenhof zwar peinlich, aber politisch harmlos. Eine davon war jene des Großfürsten Paul Alexandrovich, eines Onkels von Zar Nikolaus II. Er begann nach dem Tod seiner Frau eine Affäre mit der geschiedenen Olga Pistolkors. Anfangs wurde die Beziehung noch diskret gelebt. Das änderte sich allerdings im Jahr 1897, als Olga Pauls unehelichen Sohn Vladimir zur Welt brachte. Der Großfürst überschüttete seine Geliebte vor Freude mit Juwelen, darunter ein Diamanten-Ensemble seiner Mutter, der verstorbenen Zarin Marie. Olga machte den schweren Fehler, ebendiese Diamanten bei einem Ball im Winterpalast zu tragen, in den Großfürst Paul sie eingeschleust hatte. Prompt erkannte die Mutter des regierenden Zaren die Familienjuwelen an Olgas Hals und informierte die Zarin darüber, die die Konkubine sofort vom Palast wegeskortieren ließ.

Am nächsten Tag wusste ganz St. Petersburg von dieser gesellschaftlichen Hinrichtung. Olga floh nach Italien, wohin ihr der getreue Geliebte folgte, um sie in ihrer Schmach zu trösten. Nach einer Weile drangen Hochzeitsgerüchte nach St. Petersburg. Der Großfürst in Italien wurde noch gewarnt, dass man ihm nicht erlauben werde, eine geschiedene Bürgerliche zu heiraten. Doch Olga redete ihrem Geliebten ein, dass er keineswegs vom Zaren bestraft werden würde; ohnehin würde Paul, wenn er sie zur Ehefrau nähme, nur einen Zustand legalisieren, von dem schon jedermann wisse. Großfürst Paul hatte gar nicht die Intention, sie zu heiraten; aber er war hoffnungslos naiv. Und so kapitulierte er vor Olgas Überredungstalent und heiratetet sie in Italien.

Nach dem Bekanntwerden der Hochzeit schrieb der Zar seiner Mutter: »Wie schmerzhaft und peinlich das alles ist und wie beschämt man sich vor der Welt fühlt wegen seiner eigenen Familie. Welche Garantie haben wir jetzt, dass Kyrill nicht morgen das Gleiche machen wird, oder Boris oder Serge am Tag danach? Und am Ende, so fürchte ich, wird eine russische Kolonie von Mitgliedern der kaiserlichen Familie in Paris etabliert sein, mit ihren halblegitimen und illegitimen Frauen!«[256]

Die Sorge des Zaren war geradezu prophetisch: In den folgenden Jahren sollten gleich mehrere Großfürsten mit ihren Geliebten, morganatischen Ehefrauen und unehelichen Kindern in Paris leben. Unter ihnen der Großfürst Paul und seine Frau Olga. Denn der Zar ließ nun den Großfürsten, seinen Onkel, die Konsequenzen der unstandesgemäßen Ehe tragen; er aberkannte ihm sämtliche militärischen Ränge und ließ Pauls Apanage einfrieren. Woraufhin der Großfürst samt Gattin in die französische Hauptstadt floh. Darben mussten die beiden in ihrem Exil aber nicht, denn unter Pauls zahlreichem Gepäck befanden sich zwei Koffer, die mit insgesamt drei Millionen Goldrubel gefüllt waren. Erst nach Jahren durften sie zurückkehren, bei Hof empfangen wurden sie auch weiterhin nicht.

Jene morganatische Ehe, die zum größten Skandal für das russische Kaiserhaus wurde, ging aber ausgerechnet der jüngste Bruder des letzten russischen Zaren Nikolaus II., ein. Großfürst Michail Alexandrowitsch war ein sanfter, doch naiver junger Mann, der – als einer der wenigen Romanows – in der Öffentlichkeit einen guten Ruf hatte. Er war weder in einen der vielen Korruptionsskandale verwickelt noch durch peinliche Auftritte aufgefallen.

Allerdings hatte Großfürst Michail einen für seine Familie sehr unangenehmen Hang zu überstürzten Heiratsabsichten. Zuerst wollte er seine Cousine, die britische Prinzessin Beatrice, heiraten – was ihm sein kaiserlicher Bruder verärgert untersagte. Hätte der Großfürst nur eine Sekunde nachgedacht, hätte er sich den Rüffel des Zaren ersparen können. Denn nach den Bestimmungen der russisch-orthodoxen Kirche waren Heiraten zwischen Cousin und Cousine ersten Grades nicht gestattet, folglich musste der Zar die Hochzeitspläne seines kleinen Bruders zunichte machen (im restlichen Europa waren Ehen zwischen Cousin und Cousine ersten Grades jedoch erlaubt und auch häufig der Fall).

Die nächste Bitte um Heiratserlaubnis, mit der Großfürst Michail beim Zaren vorstellig wurde, war genauso unmöglich. Er hatte inzwischen mit dem bürgerlichen Kammerfräulein seiner Schwester, Alexandra »Dina« Kossikowskaja, eine Romanze begonnen und wollte sie nun zur Frau nehmen. Der Zar ließ seinen Bruder wieder abblitzen, drohte ihm dieses Mal aber mit Verbannung; offenbar musste man Michail vor sich selbst schützen. Die Familie war jedoch alarmiert. Als sich herausstellte, dass Michail und Dina heimlich auf dem Lande heiraten und bei Fehlschlagen dieses Plans flüchten wollten, ließ der Zar Michail in St. Petersburg unter Hausarrest stellen und das Kammerfräulein ins Ausland verbannen. Michail litt zwar unter der erzwungenen Trennung von seiner Geliebten, kam in den Augen seiner Familie aber langsam wieder zur Raison.

Diese sollte sich jedoch täuschen. Im Jahr 1909 lernte Großfürst Michail Natalja »Natascha« Sergejewna Wulfert kennen, die Tochter eines bekannten Moskauer Rechtsanwalts. Hatte sich die kaiserliche Familie noch schockiert gezeigt über ein bürgerliches Kammerfräulein, so konnte sie angesichts Nataljas Lebenslaufs nur mehr ihr Unglück beklagen. Natalja war nicht nur die Ehefrau eines Kapitäns im Kürassier-Regiment von Großfürst Michail, schlimmer noch: Sie hatte schon eine Scheidung hinter sich.

Natalja war eine außergewöhnlich schöne Frau und für ihre Neigung zu Flirts und Amouren berüchtigt.[257] Allerdings war sie auch äußerst ambitiös – und entschlossen, die einmalige Chance, den Bruder des Zaren an sich zu binden, nicht vorüberziehen zu lassen. Als loyaler Soldat und Monarchist wusste Nataljas Ehemann, was zu tun war. Er verhielt sich ruhig, während seine Frau ihre Affäre mit Großfürst Michail intensivierte und ihm schließlich einen Sohn gebar. Nach der Geburt willigte der Kürassier-Kapitän in die Scheidung ein, durchaus zu seinem finanziellen Vorteil: Er erhielt 200 000 Goldrubel aus dem imperialen Schatz als Anerkennung dafür, dass er offiziell auf Nataljas Sohn verzichtete und so dem Großfürsten erlaubte, das Kind als sein eigenes auszugeben.

Die Gerüchte über die wilde Ehe des jüngsten Bruders des Zaren mit einer zweimal geschiedenen Frau und einem kaiserlichen Bastard verbreiteten sich im ganzen Land. Um ihnen eine Ende zu setzen und den Ruf der Dynastie nicht noch weiter zu gefährden, schickte der Zar den kleinen Bruder samt Anhang in die russische Einöde, wo Michail ein Regiment erhielt. Zwei Jahre verhielt das Paar sich ruhig, dann versetzte es dem Zarenhaus den finalen Schlag.

Als Michail und Natalja im Jahr 1912 auf Urlaub in Bayern weilten, überquerten sie eines Tages die Grenze zu Österreich, fuhren nach Wien und ließen sich dort in einer serbisch-orthodoxen Kirche ohne Zustimmung des Zaren trauen.[258] Mit diesem Vorgehen hatte Großfürst Michail die Zarenfamilie völlig brüskiert und den Zaren vor vollendete Tatsachen gestellt. In seiner Heimat hätte die russisch-orthodoxe Kirche Großfürst Michail wahrscheinlich niemals gegen den Willen des Zaren getraut. Und so täuschte der Großfürst einen Urlaub vor, um in Wien heimlich zu heiraten und dem Zaren eine zweifach geschiedene Frau als neue Schwägerin zu präsentieren. Da ihnen der kirchliche Segen erteilt worden war, konnte Michails und Nataljas Eheschließung nicht mehr annulliert werden – weder durch den Zaren noch die russisch-orthodoxe Kirche selbst.[259]

Zar Nikolaus war fassungslos und die Mutter Michails tobte vor Wut. Sie schrieb an den Zaren, ihren ältesten Sohn: »Ich habe eben den Brief von Mischa erhalten, in dem er mir seine Heirat ankündigt! Es ist unglaublich – ich kann kaum verstehen, was ich gerade schreibe – es ist so entsetzlich in jeder Art und Weise, dass es mich fast umbringt! Ich bitte Dich nur um eins: dass es ein absolutes Geheimnis bleibt, um jeden weiteren Skandal zu vermeiden! Es gab bereits geheime Heiraten in der Vergangenheit, bei denen man so tat, als ob man nichts davon wüsste. Ich glaube, das ist der einzige Ausweg – denn sonst wäre ich nicht in der Lage mein Gesicht in der Öffentlichkeit zu zeigen vor lauter Scham und Schande über das Ganze!«[260] Zar Nikolaus erkannte diese Ehe nicht an, strich dem Bruder seine offizielle Position als Regent für den Zarewitsch Alexei, nahm Michail alle militärischen Ehren und verweigerte dem Paar die Rückkehr in die Heimat.

Erst mit dem Ausbruch des Ersten Weltkriegs erhielten Großfürst Michail und seine Frau Natalja eine Chance zur Rückkehr. So sehr der Zar die Heirat seines kleinen Bruders ablehnte, in dieser Situation musste er schweren Herzens seinen Ärger hinunterschlucken. Denn Michail war immer noch die

Nummer zwei in der russischen Thronfolge. Sollte dem Zaren während des Krieges etwas zustoßen, würde Großfürst Michail zum Regenten des minderjährigen Zarewitsches aufsteigen. Also holte Nikolaus II. das unmögliche Paar zurück und anerkannte die Ehe – allerdings nur als morganatisch. Weiters ernannte er Natalja zur Gräfin Brassowa und ihren Sohn mit Michail zum legitimen Nachkommen des Großfürsten. Die Gefühle des Zaren gegenüber seiner neuen Schwägerin änderten sich jedoch nicht; für ihn war Natalja nach wie vor ein »betrügerisches, böses Scheusal«, und weder er noch die Zarin empfingen die zweimal geschiedene Bürgerliche jemals bei Hof.[261]

Verbittert über diese Reaktion ihrer nun auch offiziell angeheirateten Familie wandelte sich Natalja immer mehr zur Intrigantin. Um die kaiserliche Familie zu brüskieren, freundete sie sich mit Politikern an, die gegen Nikolaus II. konspirierten. Die clevere und skrupellose Frau arbeitete im Hintergrund gegen die Romanows, während sie gleichzeitig alle Vorteile aus der Position ihres Mannes zog. Bei Hof wurde sie der anti-zaristischen Propaganda beschuldigt – eine Tatsache, die ihr unendliches Vergnügen bereitete. Natalja war berüchtigt für ihre anti-zaristischen Äußerungen, die aus dem Mund jedes anderen unweigerlich zwanzig Jahre Sibirien bedeutet hätten – und sie außerhalb adeliger Kreise sehr beliebt machten.[262] Einmal, während eines Mittagessens mit Verwandten ihres Mannes, schleuderte sie diesen entgegen: »Es seid Ihr Romanows, die Russland in eine solche Situation gebracht haben!«[263]

Die morganatische Ehe Michails brachte die Zarenfamilie in eine vertrackte Lage: Nie hatte die kaiserliche Familie Geschiedene bei Hof empfangen – und jetzt gehörte sogar eine zweimal Geschiedene zu ihrem engsten Kreis. Die Situation stellte sich in der Öffentlichkeit nicht eben vorteilhaft dar: Die Romanows, hieß es, hatten hohe Ansprüche vor allem gegenüber anderen; selbst waren sie offensichtlich nicht einmal dazu fähig, nach den eigenen Hausgesetzen zu leben.

Das wirkliche Problem der kaiserlichen Familie war jedoch Nataljas gefährliche Nähe zum Thron. Allzu schlecht standen die Chancen nicht, dass sie eines Tages an der Seite ihres Mannes zur Zarin aufsteigen könnte. Denn Zar Nikolaus II. hatte nur einen minderjährigen Sohn, der schwer krank war und wahrscheinlich nur knapp das Erwachsenenalter erreichen würde. Die Öffentlichkeit wusste nichts davon, aber Natalja konnte eins und eins zusammenzählen und sich ausrechnen, dass sie irgendwann Zarin würde, war doch ihr

Mann die Nummer zwei der Thronfolge. Für den Romanow-Clan war diese Vorstellung – eine zweimal geschiedene Zarin bürgerlicher Herkunft und zweifelhaften Lebenswandels! – natürlich der reinste Albtraum.

Doch die hochtrabenden Pläne der stolzen Gräfin Natalja Brassowa fielen der Russischen Revolution zum Opfer. Zwar dankte Zar Nikolaus II. nach Ausbruch der Revolution noch zugunsten seines Bruders Michail ab, aber spätestens nach der Machtübernahme der Bolschewiken war klar, dass es nie wieder einen Romanow an der Spitze Russlands geben würde. Großfürst Michail wurde nach Sibirien deportiert, wo er im Jahr 1918, noch vor dem Rest der kaiserlichen Familie, exekutiert wurde. Natalja konnte nach Westeuropa flüchten, wo sie erst 1952 völlig verarmt starb.

Und wie verhielt es sich mit den Frauen in Europas Königs- oder Kaiserhäusern? Konnten sie sich ebenfalls, wie die royalen Herren, den Luxus einer unstandesgemäßen Liebesehe gönnen? Keineswegs – aus dem einfachen Grund: Eine morganatische Ehe war für Frauen praktisch nicht möglich. Denn von alters her galt, dass bei einer Heirat die Ehefrau automatisch den Rang ihres Gatten erhielt – eine Frau aus einem Herrscherhaus würde also durch die Ehe mit einem unstandesgemäßen Partner ihren eigenen, hohen Rang verlieren. Sprich: Heiratete ein Prinz eine Bürgerliche, stieg diese durch die Heirat zur Prinzessin auf; nahm hingegen eine Prinzessin einen Bürgerlichen zum Ehemann, wurde sie zur Bürgerlichen.

Erzherzog Albrecht, der weise Mann des österreichischen Hofes, erklärte seinem Neffen, dem österreichischen Kronprinzen, dieses Faktum recht deutlich: »Frauen können den Stammbaum verderben, aber nie verbessern. Eine nicht ebenbürtige Frau kann die Nachkommen einer solchen Ehe vieler Vorteile und Rechte berauben; jene, selbst mit einer Kaisertochter eingegangen, erhöht nicht den Rang der Kinder, welche ihnen nur der Vater erteilt.«[264] Aus diesem Grund hüteten sich die Frauen in der Regel vor morganatischen Ehen – besonders, wenn sie als Herrscherinnen selbst den höchsten Rang besaßen.

Regierende Monarchinnen hatten es an sich schon nicht leicht bei der Partnerwahl; die Vereinbarkeit von Thron und Familienleben war für sie noch schwieriger als für männliche Monarchen. Auch fiel es den meisten Männern schwer, an der Seite einer regierenden Königin oder Kaiserin zu bestehen: Ein Leben als Prinzgemahl erforderte viel Selbstbewusstsein. Einer der berühmtesten Prinzgemahle der Geschichte war Albert von Sachsen-Coburg, der Ehemann von Königin Victoria von Großbritannien. Während seine Frau ihr Empire regierte, kümmerte er sich um die Erziehung der Kinder beziehungsweise hatte er die Oberaufsicht über das dafür bestimmte Personal und das Funktionieren des königlichen Haushalts. Prinzgemahl Albert managte außerdem alle Privatangelegenheiten der Königin und war ihr wichtigster Berater.

So sehr die Queen Alberts Bedeutung auch bei jeder Gelegenheit öffentlich herausstrich – er litt dennoch darunter, dass sein Frau politisch gesehen »die Hosen anhatte«. Es wäre wohl für jeden Mann seiner Zeit schwierig gewesen, anzuhören, was Victoria ihm sagte, als er nach der Trauung eine Hochzeitsreise vorschlug: »Du vergisst mein Liebster, dass ich der Souverän bin und die Regierungsgeschäfte können nicht aufhören oder warten.«[265] Der Prinzgemahl nahm in der Biografie Queen Victorias wohl eine bedeutende Rolle ein; sein Dasein an der Seite der Königin, die Großbritannien am längsten regierte, beschreibt er dennoch leicht resigniert: »Die Schwierigkeit, meinen Platz mit voller Würde auszufüllen, liegt darin, dass ich nur der Mann, aber nicht der Herr im Hause bin.«[266]

Als Queen Victoria im Alter von zweiundvierzig Jahren völlig überraschend zur Witwe wurde, stand für alle Welt fest, dass die mächtigste Monarchin der Welt nie wieder würde heiraten können. Schon anlässlich ihrer Hochzeit mit Prinzgemahl Albert hatte es kritische Stimmen gegeben, weil ihr Erwählter »nur« ein deutscher Prinz war. Zum Glück für Victoria war Albert aber bereit gewesen, als Prinzgemahl neben einer mächtigen Frau in deren Schatten zu leben, zumindest öffentlich.

Doch wen konnte sie nun noch heiraten? Wirklich standesgemäß und auch von gleichem Rang wäre nur ein anderer regierender Monarch gewesen. Einen solchen durfte sie aber aus politischen Gründen nicht zum Ehemann nehmen – das wäre einem Zusammenschluss der beiden dazugehörigen Reiche gleichgekommen, und diese Praxis hatte man bereits vor langer Zeit aufgegeben. Außerdem hätte sich neben der Königin Großbritanniens – deren Reich an seinem Höhepunkt zwei Fünftel der Erdoberfläche umfasste – jeder andere König wahrscheinlich selbst wie ein Prinzgemahl gefühlt. Nicht regierende Prinzen aus königlichen Häusern hingegen standen rangmäßig weit unter der Queen. So gab es für die einflussreichste Frau der Welt schlichtweg keinen einzigen standesgemäßen Partner auf dem Heiratsparkett.

Zum Alleinsein war Queen Victoria aber auch nicht geschaffen; für ihre emotionale Ausgeglichenheit brauchte sie stets einen »Mann im Haus« – weniger für erotische Stunden, als dafür, Stress und Unannehmlichkeiten von ihr fernzuhalten, ständige Forderungen ihrer engsten Umgebung zurückzuweisen, den Zugang zu ihr ein bisschen zu regeln und ihr das Gefühl zu geben, dass sie trotz ihrer hohen Position sozial nicht völlig isoliert war. Diese Aufgabe konnte nur ein Mann erfüllen, der es schaffte, die Queen nur als Frau, nicht aber als Königin wahrzunehmen. Zudem musste er diskret und loyal sein und sollte idealerweise keine Kontakte außerhalb des Hofs haben, so dass niemand aus einer Bekanntschaft mit ihm einen Vorteil ziehen konnte.

So einen Mann fand die Queen. Er war allerdings nicht von königlichem Geblüt, auch kein Adeliger und nicht einmal bürgerlicher Herkunft. Er war ein Diener namens John Brown – ein »gillie«, wie die Diener in Balmoral, dem schottischen Landsitz der Queen, genannt wurden. Und hier, auf ihrem geliebten Landsitz, lernte die Queen den großen, kräftig gebauten Mann mit den blauen Augen und dem scharfen Kinn auch kennen.

Brown entstammte einer armen, kinderreichen schottischen Familie aus der Umgebung Balmorals. Er begann seine Karriere als Gillie bereits zehn Jahre vor dem Tod von Victorias Mann, der ihn selbst sehr geschätzt hatte. John Brown stieg schnell zum unverzichtbaren »Special Servant« der Queen auf, mit dem offiziellen Titel »The Queen's Highland Servant« (Hochland-Diener der Königin). Schließlich nahm er nur mehr von der Queen persönlich Befehle entgegen; niemand anderer, nicht einmal die Verwandten Victorias durften John Brown Anweisungen erteilen. In den dunklen Jahren nach dem Tod ihres Mannes war John Brown einer der wenigen, der die Queen aufheitern konnte, und nach einigen Jahren schloss er die Lücke, die Prinzgemahl Albert hinterlassen hatte.

Was die Queen an John Brown schätzte, war die Tatsache, dass er sie nie wie seine Königin behandelte. Während ihre gesamte Umgebung quasi stets auf Zehenspitzen nervös um die Monarchin herumtrippelte, behandelte John Brown sie wie eine gewöhnliche Frau. Er pfiff auf jegliche Etikette, nannte die Queen »Woman« (Weib), trat bei ihr ein, ohne anzuklopfen und sprach so offen wie niemand mit ihr. Wenn ihm etwa ein Kleid nicht gefiel, das sie trug, fragte er die Königin, ob sie nichts anderes anzuziehen hätte. Diese Furchtlosigkeit kombiniert mit Browns absoluter Loyalität machte ihren Hochlanddiener zur wichtigsten Person in Victorias Privatleben. John Brown begleitete sie immer und überall, selbst auf Auslandsreisen; er schirmte sie ab, befreite sie von zu langen Sitzungen und Besuchen und gab ihr das Gefühl, dass ein »Mann im Haus« war.

Die Queen selbst betrachtete John Brown nicht als Diener. Sie schätzte seine Souveränität, seine Ehrlichkeit und seine Hingabe. Damit besaß er ihrer Meinung Qualitäten, die sie oft bei den höchsten Prinzen vermisste.[267] Bei den Kindern der Queen und dem restlichen Hofpersonal war Brown allerdings verhasst, denn er verhielt sich allen gegenüber rüde und schroff, und er scheute sich nicht, selbst mit den höchsten Angestellten bei Hof und mit den Kindern der Queen zu streiten.[268] Allerdings mussten selbst seine Gegner zugeben, dass John Brown niemals einen Vorteil aus seiner privilegierten Stellung zog. Er bereicherte sich nicht, erschmeichelte sich keine Geschenke, versuchte niemals, die Königin zu beeinflussen, und trieb trotz aller Differenzen niemals einen Keil zwischen sie und ihre Umgebung.

Nur eines war für die Queen wirklich unangenehm an John Brown: Sein exzessiver Alkoholkonsum. Brown war, vor allem in seinen letzten Lebensjahren, fast täglich sternhagelvoll; er torkelte durch die Palastgänge, lag meist betrunken in irgendeiner Ecke oder auf einem Sofa und konnte sich manchmal kaum noch auf den Beinen halten, wenn er die Zimmer der Königin betrat. Victoria versuchte über Browns Alkoholexzesse hinwegzusehen. Wurde ihr wieder einmal von einem besonders peinlichen, alkoholbedingten »Ausrutscher« Browns berichtet, bat die Königin stets nur darum, nichts weiterzuerzählen.

Diese Fähigkeit der Queen, die Folgen von John Browns Alkoholkonsum zu ignorieren, war legendär und mündete schließlich in die folgende, bei Hof immer wieder gern erzählte Episode: Einmal kippte Brown mitten im Gespräch mit der Queen kerzengerade um und blieb im Delirium auf dem Boden liegen. Victoria, ganz Königin, hob nur kurz die Augenbrauen und beklagte laut das eben vorgefallene Erdbeben, das den guten Mr. Brown so heftig auf den Boden geworfen hätte. Damit hatte sie klar zur Kenntnis gebracht, dass sie nicht wünsche, dass über Mr. Browns Missgeschick gesprochen würde. Und ihre treue Umgebung beeilte sich zu bestätigen, dass man selbst natürlich ebenfalls deutlich das Beben der Erde gespürt hätte.[269]

Die Existenz von John Brown und seine besondere Stellung im Leben der Queen blieben der Öffentlichkeit nicht verborgen. In der Boulevardpresse spekulierte man über die Art der Beziehung zwischen der Königin und ihrem

Queen Victoria und Mr. John Brown. Der persönliche Diener war der Lebensgefährte der Königin.

Diener. Man verpasste Queen Victoria den Spitznamen »Mrs. Brown«, machte John Brown zum Ziel grausamer Scherze und bezeichnete ihn als den »Hengst der Königin«.[270] Bald verdichteten sich die Gerüchte, die behaupteten, John Brown wäre ein wirklicher Lebensgefährte der Queen; doch selbst das tat der sentimentalen Anhänglichkeit ihrer Untertanen keinen Abbruch. Man gönnte der geprüften Frau die Freude einer späten Liebe. Wie weit allerdings die Beziehung der Königin zu ihrem Diener genau ging, ob sie je miteinander intim wurden – darüber wird bis heute spekuliert.

Als John Brown 1883 im Alter von sechsundfünfzig Jahren starb, war die Königin untröstlich und ließ ihrer Trauer freien Lauf. Sie sprach offen davon, ihren besten Freund verloren zu haben, und hielt das Andenken an ihn bis an ihr Lebensende hoch. In jenem Zimmer in Schloss Windsor, in dem Brown gestorben war, musste täglich eine frische Blume auf sein Kopfkissen gelegt werden; eine Anweisung, die sie bereits bei ihrem verstorbenen Mann gegeben hatte. Und als die Queen selbst achtzehn Jahre später starb, hinterließ sie ihrem Privatarzt eine geheime Anordnung darüber, was ihr neben den Erinnerungsstücken an ihren Ehemann Prinz Albert noch in den Sarg gelegt werden musste: eine Locke von John Brown und der Ehering seiner Mutter, den ihr der Diener einmal geschenkt und den die Königin an ihrer rechten Hand getragen hatte.[271]

Bis heute gibt es auch immer wieder Spekulationen darüber, ob Queen Victoria und John Brown heimlich verheiratet waren. Definitive Beweise, wie etwa eine Heiratsurkunde, sind aber nie aufgetaucht. Es ist auch sehr unwahrscheinlich, dass die Königin selbst jemals wirklich den Wunsch gehabt hätte, John Brown zu heiraten. Als pflichtbewusste Monarchin wusste sie von allen Schwierigkeiten, die solch eine Ehe mit sich bringen würde; und zwar nicht nur für ihre Dynastie, sondern auch für den einfachen Diener. Außerdem, das bestätigen alle Quellen, war die Queen glücklich mit dem Status quo: Sie hatte einen Mann, der nur für sie da war, der ihr das Gefühl gab, dass er sie umsorgte und auf sie aufpasste. Ziemlich sicher war John Brown wohl nicht ihr Ehemann, aber er war bis zu seinem Tode ihr Lebensmensch. Mehr erlaubte die Stellung einer Königin nicht.

# 5 Leidenschaft gegen Geld

## Kurtisanen, Halbweltdamen und Callgirls

Im 19. Jahrhundert stieg in Paris ein neuer Frauentyp in den Olymp der königlichen Gespielinnen auf: die Kurtisane. Sie war schön, elegant, äußerst verführerisch und die selbstbewussteste Frau ihrer Zeit. Die klassische Mätresse, über Jahrhunderte ein wesentlicher Bestandteil der europäischen Hofkultur, hatte ausgedient. An ihre Stelle trat nun die Kurtisane.

Mätressen waren die offiziellen Geliebten eines Monarchen und hatten eine mächtige Position bei Hof. So war am französischen Hof in Versailles die amtierende »Maitresse en titre« eine fixe Größe: Sie war sowohl die Geliebte des Königs als auch seine engste Vertraute und Beraterin.[272] Vor der Mätresse eines Monarchen beugten selbst die höchsten Würdenträger das Knie; schließlich führte der Weg zu Macht und Einfluss über jene Frau, die die Favoritin des Herrschers war: Sie konnte ihrem Geliebten im passenden Moment den richtigen Namen ins Ohr flüstern. Auf sie war angewiesen, wer vom König einen Titel, ein Hofamt oder eine andere Honorierung begehrte.[273] Mätressen spielten aber auch eine nicht zu unterschätzende Rolle, was die Regierungsgeschäfte anging. Nicht selten gestalteten sie aktiv die Politik mit, wie etwa die legendäre Madame de Pompadour, die Mätresse Ludwigs XV. von Frankreich. Die klassische Mätresse entstammte der Hofgesellschaft und gehörte meistens einer Familie des Hochadels an.[274] Mochten die Herrscher auch ihre kleinen Schäferstündchen bei Kammerzofen, Wäscherinnen oder Straßendirnen absolvieren – als offizielle Mätresse kam nur eine vorzeigbare Dame von höchstem Rang in Frage.

Doch mit dem Ende des Herrschaftssystems, in dem sie so eine mächtige Position innehatte, war auch der Untergang der Mätresse besiegelt. Nach Ausbruch der Französischen Revolution 1789 und der darauf folgenden, in ganz Europa einsetzenden allmählichen Demokratisierung gab es an den Königshöfen keinen Platz mehr für Frauen, die nicht nur Geliebte, sondern auch politische Entscheidungsträger waren. Mit wem ein König sein Bett teilte, galt zwar nach wie vor als seine Privatsache – im Unterschied zum Einfluss königlicher Gespielinnen auf Regierungsbesetzungen. Die öffentliche Meinung war hier deutlich: Minister hatten einerseits nicht bei royalen Betthäschen zu antichambrieren, und die Geliebten der Könige sollten anderseits wissen, dass sie nicht legitimiert waren, in Staatsgeschäfte einzugreifen. Auch die Könige und Kaiser hüteten sich angesichts des leicht aufflammenden Volkszorns im 19. Jahrhundert, ihrerseits die klassische Mätressenwirtschaft wieder aufleben zu lassen. Das Mätressenwesen hatte inzwischen ein zu schlechtes Image, es stand für das verhasste Ancien Régime, die »alte« Regierungsform des Absolutismus, die mit der Französischen Revolution endgültig zu Grabe getragen worden war. Und es war kein Zufall gewesen, dass die französischen Revolutionäre auf dem Höhepunkt der Gewalt, im Jahr 1793, auch die – mittlerweile längst in den Ruhestand versetzte – letzte große Mätresse, Marie Jeanne Dubarry, vor ihr Tribunal zerrten und der Konterrevolution anklagten. Die Dubarry hatte einst dem Großvater des inzwischen guillotinierten Ludwig XVI. die freien Stunden versüßt und war wegen ihres Einflusses seinerzeit beim Volk verhasst gewesen. Nach ihrer Enthauptung wurde der Kopf der mittlerweile Fünfzigjährigen auf eine Lanze gesteckt und unter dem frenetischen Gejohle der Massen durch die Straßen von Paris getragen.

Kurtisanen waren dagegen politisch völlig ungefährlich. Sie wollten weder Macht noch Einfluss, sondern Geld und Juwelen – das allerdings in bisher unbekannten Ausmaßen. Eine Kurtisane war keine Geliebte eines Monarchen im eigentlichen Wortsinn. Der Deal zwischen ihr und dem König lautete schlicht: Sex gegen Geld. Eine Kurtisane verteilte ihre Gunst außerdem immer auf mehrere Gönner, während eine Geliebte gewöhnlich in einer exklusiven Beziehung zu ihrem Galan stand. Trotzdem waren Kurtisanen aber mehr als gewöhnliche Prostituierte: Eine gewöhnliche Dirne konnte sich ihre Kunden in der Regel nicht aussuchen, eine Kurtisane tat hingegen genau dieses. Denn anders als eine einfache Prostituierte definierte sich die Kurtisane ausschließlich über die hohe soziale Stellung ihrer Gönner: je höher der Rang ihrer Liebhaber, desto größer ihr eigener Marktwert.[275] Und je berühmter und begehrter eine Kurtisane war, desto begehrenswerter wurde sie wiederum für ihre Verehrer. Man ließ sich mit ihr blicken, um zu zeigen, dass man sich diese Trophäen-Frau finanziell leisten konnte und somit zu jener ersten Liga gehörte, der die schönsten und berühmtesten Kurtisanen zur Verfügung standen. Aus diesem Wechselspiel, das sich immer höher schraubte, lassen sich die außergewöhnliche Stellung und der hohe Marktwert der legendären Kokotten im 19. Jahrhundert erklären.

Begünstigt wurde der Aufstieg der Kurtisanen durch das Wirtschaftswunder dieser Epoche. Neue Märkte, neue Technologien, die Möglichkeit in großem Stil mit Anleihen und Aktien an der Börse zur Riesenvermögen zu kommen – all das begünstigte das Entstehen einer starken Wirtschaftselite im alten Europa. Man häufte Vermögen an und war bereit, es mit vollen Händen wieder auszugeben. Bescheidenheit war hier keine Zier, der neue Reichtum wollte schließlich gezeigt werden. Hinter der Großzügigkeit der Männer des Neuen Geldes gegenüber den Kurtisanen verbarg sich nicht zuletzt der Wunsch, den eigenen Reichtum durch die Gesellschaft der teuersten Frauen effektvoll zu präsentieren.

Die Kurtisanen waren aber weit mehr als käufliche Damen; als gesellschaftliches Phänomen personifizierten sie eine schummrige Zwischenwelt, die es so vorher noch nicht gegeben hatte: die »Demi-Monde«, auf Deutsch »Halbwelt«.[276] Diese berühmte Bezeichnung für eine mondäne, aber zwielichtig schillernde Gesellschaft geht übrigens auf den Schriftsteller Alexandre Dumas den Jüngeren zurück, von dessen 1848 erschienenem Roman »Die Kameliendame« noch die Rede sein wird. Zur »Demi-Monde« gehörten jedenfalls, neben den berühmtesten Kurtisanen ihrer Zeit, neureiche gesellschaftliche Aufsteiger, Abenteurer, Künstler, aber auch Mitglieder der feinen Gesellschaft.

Alle großen und bekannten Kurtisanen führten einen Salon. Im Gegensatz zu den klassischen Salons adeliger oder großbürgerlicher Damen waren die Salons der Kurtisanen jedoch keine Orte des hochgeistigen Austauschs und der Kultur.[277] Ihre Gäste erfuhren keine geistreichen Gedankenflüge, dafür aber prickelnde Erotik. Eingeladen wurde, wer Geld hatte oder wer zumindest amüsant war. Hier spielte man um hohe Summen, trank den berüchtigten Absinth, dessen Genuss Halluzinationen hervorrief, sang derbe Lieder und feierte enthemmt – allerdings in so glanzvoller wie luxuriöser Umgebung. Die Mischung aus schönen, freizügigen und frechen Frauen, feinen Herren, opulenten Partys und sexueller Freiheit wirkte auf viele Monarchen, die nur die Langeweile und Verschrobenheit der Königshöfe kannten, geradezu unwiderstehlich. Hier im Dämmerlicht war alles erlaubt, hier teilten sich Royals und bürgerliche Millionäre die Betten der Kurtisanen, die beiden Gruppen gleichermaßen das Geld aus der Tasche zogen. Sobald der Rausch jedoch vorbei war, verschwand die Brüderlichkeit automatisch mit dem Kater und den Kopfschmerzen.

»Fein« waren die wenigsten Kurtisanen, die meisten von ihnen kamen sogar aus einfachsten Verhältnissen, manche direkt von der Straße – das unterschied sie deutlich von den früheren Mätressen. Eine Frau, die arm aber hübsch war und von einem Leben in Luxus träumte, musste in jener Zeit manchmal nur nach Paris gehen. Hier, in der Stadt der Vergnügungen, begannen die Karrieren fast aller berühmten Kurtisanen des 19. Jahrhunderts. Der Name der Hauptstadt Frankreichs stand für die schönsten und frivolsten Frauen ihrer Zeit, und Europas Royals kamen in Scharen, um sich unter die Schönen und Neureichen zu mischen. So klagte Königin Viktoria darüber, dass Paris ihre beiden ältesten Söhne völlig verdorben hätte: »Was für ein Unheil der Hof und noch mehr das sehr attraktive Paris der englischen Society angetan hat. Welchen Schaden es über Deine zwei ältesten Brüder gebracht hat«, schrieb sie der Tochter.[278] Und weiter: »Deine zwei älteren Brüder werden unglücklicher Weise geradezu weggetragen von diesem furchtbaren Paris, so schön es auch sein mag ...«

Die prominentesten Kurtisanen waren exzentrische Persönlichkeiten, die ihre Zeitgenossen fesselten und öffentliches Interesse erweckten. Selbst seriöse Zeitungen, wie Le Figaro, beschäftigten sich mit ihren Eroberungen, ihren dramatischen Selbstmordversuchen (die meistens dazu dienten, noch mehr Aufmerksamkeit zu erregen) und überhaupt mit allem, was mit diesen Liebesdienerinnen zu tun hatte. Denn die Öffentlichkeit gierte nach stets neuen Geschichten, und dies umso mehr, als die Kurtisanen auch die Schönheitsidole ihrer Zeit waren. Sie setzten Maßstäbe bezüglich Aussehen und Glamour, sogar die Mode richtete sich nach ihnen. Ihre Fotos wurden als Postkarten weit verbreitet; einige fanden sich sogar im Nachlass der österreichischen Kaiserin Elisabeth[279] – was kein Wunder ist, da die berühmten Kurtisanen, über die alle Welt sprach, selbst auf die Damen der besten Gesellschaft eine große Faszination ausübten. Die feinen Damen waren ganz aufgeregt, wenn sich ihnen die Gelegenheit bot, einen Blick auf die »verdorbenen Frauenzimmer« zu werfen, etwa wenn diese beim Pferderennen in den teuersten, elegantesten Kleidern mit ihren edlen Kutschen vorfuhren. Man beobachtete sie, versuchte das Geheimnis ihres Erfolgs auf Männer zu ergründen und hoffte, sich Schönheitstricks abzuschauen. Meistens vergeblich, denn die Kurtisanen waren auch deshalb so glamourös, weil sie einen entscheidenden

Wettbewerbsvorteil besaßen: Sie durften sämtliche verfügbaren kosmetischen Hilfen, Tricks und Kniffe nutzen – was einer ehrenhaften Dame verwehrt blieb. Für Frauen der damaligen besseren Gesellschaft war die Verwendung von Make-up tabu; schon ein Hauch Puder galt als ordinär, und wer sich zudem schminkte, galt als gefallene Frau, als Mitglied der Demi-Monde Die Kurtisanen kannten derlei Zurückhaltung nicht, sie taten alles, um ihre Schönheit und Erotik zu unterstreichen. Sie investierten ein Vermögen in die besten Kosmetikprodukte, legten Puder aus hauchfeinem Silber- oder Perlenstaub auf und vergaßen nicht, selbst die intimsten Stellen ihres Körpers zu betonen. Das Ergebnis waren – in den Augen eines Großteils ihrer männlichen Zeitgenossen – strahlende Schönheiten, neben denen auch die hübschesten Ehefrauen wie blasse Hausmütterchen aussahen.

**Eine der vielen Damen der Pariser Varieté-Theater, die Europas Prinzen in die Hauptstadt der Vergnügungen lockten.**

Aber noch in anderer Hinsicht waren die Kurtisanen ungewöhnlich: Im 19. Jahrhundert stellten sie einen Freiraum weiblicher Kultur dar. Sie waren die einzigen Frauen, die so viel Geld besaßen, dass sie finanziell unabhängig waren. Zudem genossen sie persönliche Freiheiten, von denen Frauen der Upperclass nur träumen konnten: Sie waren keinerlei gesellschaftlichen Normen unterworfen, ja, ihr Ruf verpflichtete sie geradezu, sämtliche Konventionen zu brechen. Denn begehrenswert machte diese Frauen neben ihrer Schönheit auch ihr rebellischer Touch: Kurtisanen waren laut und schrill, sie traten selbstbewusst auf und lebten ihre Erotik aus – was auf Menschen, deren

Umgang mit dem anderen Geschlecht von klein auf durch steife Verhaltensregeln und Prüderie geprägt war, unerhört anziehend wirken musste. Schöne Frauen, die eigenmächtig entschieden, wem sie sich hingeben wollten, die Selbstbewusstsein ausstrahlten und fordernd auftraten: Das gab es weder an Europas Höfen noch in der Aristokratie.

Die erste berühmte Kurtisane des 19. Jahrhunderts ging sogar in die Weltliteratur ein: Marie Duplessis, das Vorbild von Alexandre Dumas' (des Jüngeren) Roman »Die Kameliendame«. Mit seiner Geschichte um die berühmte Kurtisane, die mit nur dreiundzwanzig Jahren an Tuberkulose starb, begründete der französische Schriftsteller die eigentliche Populärkultur der Kurtisanen. Wobei es sich bei Dumas' Romanfigur – der hochgebildeten, warmherzigen und tragischen Marguerite Gautier – um eine mit sehr viel dichterischer Freiheit idealisierte Darstellung der historischen Marie Duplessis handelt, deren kurzes Leben weit eher der typischen Biografie einer Kurtisane entspricht.[280]

Marie, die Tochter bettelarmer Tagelöhner, kam im Alter von fünfzehn Jahren nach Paris und arbeitete zuerst als Dienstmagd und Wäscherin, bis sie in die Prostitution abrutschte. Zum Aufstieg als Edelkurtisane verhalf ihr der erste reiche Kunde, ein Kaufmann, der ihr eine eigene Wohnung finanzierte und sie nach der neuesten Mode ausstattete – woraufhin sich immer mehr Kunden aus der High Society bei ihr einstellten. Aus dem bitterarmen Mädchen wurde innerhalb kürzester Zeit ein gesellschaftliches Phänomen – das erste seiner Art. Man bewunderte Maries außergewöhnliche Schönheit, ihre Bildung – Marie hatte erkannt, dass sie außer ihrem strahlenden Aussehen auch etwas Bildung aufweisen musste, und sich ein profundes Allgemeinwissen erworben – und ihr stilvolles Auftreten. Die Vorstellung, dass sich hinter der attraktiven Frau, die mehr Glamour ausstrahlte als die führenden Gesellschaftsdamen, eine gewöhnliche Prostituierte verbarg, die in einer Nacht mehr verdiente als ein Bürger in einem Jahr, war zu prickelnd, um Marie Duplessis' Existenz aus Gründen der Schicklichkeit zu ignorieren. Man klatschte und tratschte über sie und beobachtete genau, an wessen Arm sie öffentlich auftrat. Zu Maries Kunden gehörten die großen Wirtschaftskapitäne, viele Adelige und die bedeutendsten Künstler ihrer Zeit, darunter auch Alexandre Dumas selbst, der ihr mit seinem Roman ein unsterbliches Denkmal setzen sollte. Als Marie Duplessis 1847 starb, wurde ihr Nachlass öffentlich versteigert; ganz Paris stürmte zur Auktion in ihr Palais, um einen Blick in das Boudoir der berühmten Kurtisane werfen zu können.

Die »Kameliendame« hatte den Grundstein für die Popularität der Kurtisanen gelegt – die noch wuchs, nachdem Guiseppe Verdi Dumas' Geschichte zur Oper »La traviata« (1853) vertont hatte. So stiegen in der zweiten Hälfte des 19. Jahrhunderts einige Kurtisanen geradezu in die Königsliga ihrer Profession auf und erreichten einen Ruhm, der jenem der späteren Filmstars in nichts nachstand. Die glanzvollste und berühmteste dieser exquisiten käuflichen Damen war die legendäre Caroline Otéro, genannt »la belle Otéro«; nie wurden für eine Kurtisane höhere Preise bezahlt als für sie. Zu den Kunden der dunkelhaarigen Spanierin zählten fast alle gekrönten Häupter, unzählige Thronfolger sowie die großen Finanzmoguln dieser Zeit.

»La belle Otéro« – die Spanierin Caroline Otéro war die teuerste Kurtisane der Geschichte. Die uneheliche Tochter einer Bettlerin zählte fast alle Könige und Thronfolger zu ihren Kunden.

Caroline Otéros Biografie gehört zu den bizarrsten Erfolgsgeschichten dieser Zeit: Sie wurde 1868 als Augustina – Caroline nannte sie sich erst später – Otéro Iglesias geboren, als uneheliche Tochter eines Schirmflickers und einer Bettlerin im Nordwesten Spaniens. Die Familie lebte mit insgesamt sechs Kindern in einer winzigen Hütte, zusammengepfercht mit dem Vieh. Carolines Familie, arm und ohne ehrenhaften Beruf des Vaters, existierte am sozial geächteten Rand der Dorfgemeinschaft. Man hielt sich mit Betteln und Gelegenheitsarbeiten am Leben, und auch Caroline wurde von klein auf betteln geschickt. Im Teenageralter beschloss sie, der erdrückenden Armut zu entfliehen, und begann, wie damals viele mittellose, hübsche Frauen, in den einschlägigen Etablissements der größeren Städte zu arbeiten. Schließlich verschlug es sie in eine Spelunke in der französischen Hafenstadt Marseille, wo sie sich nicht nur prostituierte, sondern auch als Tänzerin auftrat. Hier erkannte ein Besucher, der Geschäftsführer eines kleinen Theaters, ihre einzigartige Ausstrahlung – von Talent konnte man nicht sprechen – und verhalf ihr zu einer sensationellen Karriere: Er machte aus der tanzenden Prostituierten eine der bekanntesten Künstlerinnen ihrer Zeit.

Zunächst übersiedelte er mit seinem Schützling nach Paris und verordnete der schönen Spanierin professionellen Tanzunterricht. Ein paar Schritte über die Bühne zu machen und dabei den nackten Allerwertesten zu zeigen mochte in Hafenspelunken funktionieren, nicht aber in Paris, der Hauptstadt der Eleganz. Und hier, in der Hochburg der Theater und Varietés, wurde die neue Caroline erschaffen: die »belle Otéro« – eine Tänzerin, deren Exotik und Temperament die Pariser Männerwelt verrückt machte.

Der Unterricht änderte nichts daran, dass Caroline Otéro keine begnadete Tänzerin war – sie erhielt vernichtende Kritiken; was sie allerdings besaß, war ein untrüglicher Instinkt dafür, was die Theaterbesucher sehen wollten: exotische Erotik.[281] Sie störte nicht, dass sich Carolines Darbietungen auf laszive Verrenkungen beschränkten, auf feurige »Olé!«-Rufe und eine folkloristische Darstellung der »klassisch-feurigen Spanierin«, oder zumindest jenes Geschöpfes, das Carolines Verehrern als Phantasie einer spanischen Gespielin in den Köpfen herumtanzen mochte. Denn seit der Uraufführung von George Bizets Oper »Carmen« in Paris (1875) hatte die romantisch-folkloristische Kunst-Figur der heißblütigen und leidenschaftlichen Spanierin die Theaterbühnen der Stadt erobert – und ihr Erfolg gipfelte schließlich in den gefeierten Auftritten Caroline Otéros.

Der Coup ihres Entdeckers war also aufgegangen – und Caroline erhielt ein Engagement in New York. Hier vollzog sich nun endgültig ihr Wandel zu einer Kurtisane »der großen Welt«. In New York kam sie mit einer Spezies Mann zusammen, die sie aus Europa nicht kannte: den »Clubmen« – Neureiche, die ihr Milliardenvermögen hauptsächlich dazu zu nutzen schienen, ihre soziale Stellung durch aggressive Geldverschwendung zu demonstrieren, wozu ihnen auch teure Frauen dienten: Sängerinnen, Schauspielerinnen oder sonstige Schönheiten, die die Herren – möglichst in aller Öffentlichkeit – mit luxuriösen Geschenken überschütteten, um eine Großzügigkeit darzustellen, die man sich erst einmal leisten können musste. Geliebte waren Statussymbole und spiegelten die wirtschaftliche Potenz dieser

Auf den Theater- und Varietébühnen brillierte »die schöne Otéro« als feurige Spanierin.

Selfmademilliardäre wider. Caroline Otéro erkannte die Regeln dieses Spiels instinktiv und sollte sie später auf Europas königliche Häupter übertragen. Ihre größte Eroberung in den USA, gleichsam ein lebendes Eintrittsbillet in die Welt der Luxus-Kurtisanen, war der Milliardär William K. Vanderbilt. Bereits nach den ersten Wochen ihrer Bekanntschaft schenkte Vanderbilt Caroline eine Yacht. Von nun an galt »die Otéro« als Frau, die sich nur wenige leisten konnten. Von ihren amerikanischen Gönnern wurde sie mit Juwelen und Gold überhäuft und hier, in den USA, lernte sie, immer mehr zu fordern. Wer sich damit schmücken wollte, die exotische Tänzerin aus Europa seine Geliebte zu nennen, der musste seine Geldbörse weit öffnen. Caroline beschrieb ihren Erfolg später so: »Ganz einfach: Wird ein Herr mit mir zusammen gesehen, stärkt das seinen Ruf; denn dann gilt er als extrem reich.«[282]

Nach ihren Auftritten in New York tourte Caroline Otéro durch die Hauptstädte Europas und fand in jeder Stadt neue, reiche Gönner. Zusätzlich zu den Theaterauftritten gab sie noch sehr lukrative, private Tanzvorstellungen, die meist in ihrem Bett endeten. Bei einer dieser privaten Vorführungen, im Jahr 1892 während eines Gastspiels in St. Petersburg, hatte die legendäre »Silbertablett-Performance« der belle Otéro ihre Premiere:

Ein Oberst der kaiserlichen Garde hatte eine kleine, exklusive Gesellschaft ins Separée eines Luxusrestaurants geladen. Nach dem Dessert kündigte der Gastgeber einen zweiten, ganz besonderen Nachtisch an: Zum Klang einer tatarischen Melodie trugen acht Männer ein zwei Meter langes Silbertablett in den Raum und stellten es auf einem Tisch in der Mitte ab. Auf dem Tablett lag eine schlafende Schönheit, welche nichts als ein paar transparente Schleier am Leib trug. Sanfte Musik setzte ein, das Geschöpf öffnete die Augen und räkelte sich, wie aus einem tiefen Schlaf erwacht. Ihr einziger Schmuck bestand aus mehreren kostbaren Ringen an Fingern und Zehen. Die verhüllte Schöne bewegte sich ganz langsam, um erahnen zu lassen, was sich unter den hauchdünnen Gazéschleiern verbarg. Plötzlich sprang sie vom Tisch und tanzte wild zwischen den großen Öllampen, deren flackernder Schein beinahe enthüllte, dass sich unter ihrem hauchdünnen Kleid nichts als ihr herrlicher Körper verbarg. Keine Frage, die Silbertablett-Performance wurde zum Markenzeichen der Otéro – wer sie damit buchen wollte, musste ein Vermögen bezahlen.

Caroline Otéros erster gekrönter Liebhaber war Fürst Albert I. von Monaco. Er hatte die Kurtisane bei einem ihrer Auftritte in Paris gesehen und war sofort von ihr hingerissen gewesen. Über Albert von Monaco lernte sie ihren zweiten königlichen Liebhaber kennen: Alberts Vetter, den belgischen König Leopold II. Caroline schätzte die Männer nicht nach ihrer Attraktivität ein, nicht einmal nach ihrem Rang, sondern allein nach dem Wert ihrer Geschenke. Über König Leopold II. sagte sie: »Der König war nicht sehr großzügig, aber ich brachte es ihm sehr schnell bei. Glücklicherweise erwies er sich auf diesem Gebiet als ein sehr gelehriger Schüler.«[283] Leopold schenkte der Otéro nicht nur Schmuck und Geld, sondern auch eine Villa im belgischen Ostende.

Nach den ersten gekrönten Häuptern unter ihren Kunden ging es Schlag auf Schlag: Kannte man einen Royal, kannte man alle. Aus dem russischen Kaiserhaus stammten angeblich sechs Liebhaber Carolines, einer war Zar Nikolaus II. Der nächste war der englische Thronfolger, den Caroline über Vermittlung gemeinsamer Bekannter im Separée eines Londoner Restaurants traf. Finanziell war der Thronfolger ein Misserfolg für sie: »Von allen gekrönten Häuptern, die ich kannte, war er derjenige, der mit Abstand am wenigsten großzügig war, kein Vergleich mit Nicky (dem Zaren) und nicht einmal mit Willi (dem deutschen Kaiser).«[284] Dafür entschädigte

**Könige und amerikanische Milliardäre finanzierten Caroline Otéro ein Luxusleben. Kunden, die ihr weniger als 10 000 Franc für eine Nacht boten, lehnte Caroline ab – sie nehme keine Almosen.**

Großbritanniens nächster König die teure Otéro auf andere Weise: »Bertie war ein guter Liebhaber und er erzählte gerne scharfe Witze. Wir haben viel miteinander gelacht.«

Über den deutschen Kaiser Wilhelm II. sagte Caroline: »Er war sehr liebenswürdig und begegnete mir stets mit vollendeter Höflichkeit. Seine Liebenswürdigkeit schien aber nur oberflächlich zu sein und unter dieser Maske wirkte er unnachgiebig und autoritär.«[285] Für Kaiser Wilhelm hingegen war Caroline ein exotisches Wesen, ihm gefielen ihre kapriziösen Wutausbrüche und er hatte großen Spaß, wenn sie auf Spanisch fluchte und mit Kristallgläsern um sich warf; dieses Verhalten kannte er von den preußischen Frauen nicht.

Ob Caroline Otéro jedoch wirklich den jugendlichen spanischen König Alfonso XIII. in die Liebe einführte, wie man sich zuflüsterte, darf bezweifelt werden. Gerüchte wie dieses zeigen aber, dass man sie mit fast jedem gekrönten Haupt in Verbindung brachte. Man tuschelte auch über eine Affäre mit König Peter I. von Jugoslawien und weitere mit orientalischen Potentaten.

Caroline Otéro war ein Superstar, die Presse berichtete über ihre extravaganten Auftritte, über ihr Privatleben, ihre neuesten Kleider und natürlich über ihre aktuellen Begleiter. Journalisten nannten sie »Verlockung der Selbstmörder«, da sich einige Männer das Leben genommen hatten, weil sie sich die legendäre Otéro nicht leisten konnten. So hatte sie einen Kunden, der ihr

10 000 Franc für eine Nacht bot, mit dem Hinweis abgelehnt, sie nehme keine Almosen.[286]

Durch das Leben als Kurtisane war die Bettlertochter zur extrem reichen Frau geworden. Sie erhielt Millionen von ihren Kunden, hatte eine der größten Schmucksammlungen ihrer Zeit – sie besaß ein Collier der französischen Königin Marie Antoinette und eine Perlenkette von Frankreichs Ex-Kaiserin Eugénie, außerdem ein Palais in Paris, eine Villa an der Cote d'Azur und eine Yacht. Doch während ihre Verehrer mit den teuersten Geschenken um ihre Gunst buhlten und um Aufnahme in ihr Bett geradezu bettelten, brachte die Otéro ihren königlichen Liebhabern und ihren milliardenschweren Gönnern niemals auch nur den Hauch eines Gefühls entgegen. Weder hatte sie sich jemals in einen ihrer Freier verliebt noch erwies sie den hohen Herrn jenen Respekt, den diese von ihrer Umgebung gewohnt waren. Nein, die Otéro demütigte ihre Freier, blieb unnahbar und immer in der Position der Stärkeren. Sie war zwar charmant und temperamentvoll, aber gleichzeitig eiskalt – genau diese Mischung dürfte auf viele unwiderstehlich gewirkt haben. In den Ruin wurde »la belle Otéro« schließlich durch ihre krankhafte Spielsucht getrieben. Sie verlor ihr Riesenvermögen an den Spieltischen von Monte Carlo und starb verarmt und fast hundertjährig 1965 in Nizza.

Caroline Otéro war nicht die einzige Königskurtisane, wenn auch die bekannteste ihrer Zeit. Sie hatte starke Konkurrentinnen in Paris, die sich ebenfalls bestens darauf verstanden, Europas gekrönten Häuptern unvergessliche Stunden in ihren Luxusbetten zu bereiten. Die damalige Presse labte sich am Wettstreit der »drei Grazien« – wie man Caroline Otéro und ihre beiden schärfsten Konkurrentinnen Liane De Pougy und Émilienne d'Alencon nannte. Die drei Grazien teilten sich den britischen Thronfolger, König Leopold von Belgien und diverse andere Royals.

Liane De Pougy begann ihre Karriere als Luxusprostituierte erst nach einer seriösen Phase als Ehefrau – sie heiratete bereits mit sechzehn Jahren – und Mutter. Als ihr Ehemann sie einmal in flagranti mit einem anderen im Bett erwischte, schoss er auf seine Frau und traf ihren Hintern – später sollte die markante Narbe am Allerwertesten Lianes besonderes Markenzeichen in der Szene werden und die Männer reihenweise um den Verstand bringen.

Nach ihrem frühen Scheitern in der Rolle der treuen Gattin ging Liane zunächst zum Theater, besaß aber – wie die meisten Kurtisanen, die sich gern als Künstlerinnen sahen – keinen Funken Talent für die Bühne. So riet ihr die große Schauspielerin Sarah Bernhardt: »Zeig den Leuten Dein schönes Hinterteil, aber lass die Finger von der Schauspielerei! Dein Mund ist weniger aussagekräftig als Dein Hintern.«[287]

Lianes erster fürstlicher Liebhaber war Prinz Edward, der britische Thronfolger, den bereits Caroline Otéro beglückt hatte. Liane lud den Prinzen zu ihrem Debüt als Schauspielerin ein, und Edward, der keinem schönen Gesicht widerstehen konnte, kam tatsächlich ins Pariser Theater. Nach wenigen Worten hatte er Liane bereits zum Abendessen eingeladen, und als sie später mit ihm gemeinsam das Maximes verließ, besaß sie schon einen festen Platz unter den begehrtesten Kurtisanen von Paris.

Liane hatte die gleichen Verehrer wie Caroline Otéro, was zu regelmäßigen Reibereien und öffentlichen Auftritten zwischen den beiden Kurtisanen führte und von der Pariser Presse genussvoll ausgeschlachtet und als Duell der Schönheiten inszeniert wurde. Liane war allerdings etwas besserer Herkunft als Caroline Otéro; die Tricks der käuflichen Damen musste sie erst lernen. Eine ihrer professionelleren Freundinnen hatte ihr diesbezüglich einmal den

**Die berühmte Kurtisane Liane De Pougy heiratete zuerst einen Fürsten und ging danach ins Kloster.**

Rat gegeben: »Eine gute Nutte sollte so tun, als genieße sie es, während sie die Fliegen an der Decke zählt.«[288]

Lianes Ausstieg aus dem Gewerbe war ungewöhnlich: Sie heiratete den rumänischen Fürsten George Ghika – bei der Hochzeit war sie erfahrene vierzig, er frische fünfundzwanzig. Nachdem auch diese Ehe gescheitert war, trat sie dem Dominikanerorden bei und beschloss ihr Leben zurückgezogen als Schwester Anne-Marie.

**»Es ist ganz einfach: Wenn Du mit einem normalen Mann schläfst, bist Du nichts als eine Nutte. Tust Du es aber mit einem König, bist Du eine Favoritin – das ist ein deutlicher Unterschied und klingt doch gleich viel besser, was?« Weise Worte der großen Kurtisane Émilienne d'Alençon.**

Die dritte der Kurtisanen-Grazien war die eher bodenständige Émilienne d'Alençon. Sie drückte mit der tiefen Weisheit eines Straßenmädchens aus, was den beruflichen Erfolg einer Kurtisane ausmachte, die es bis ganz nach oben geschafft hatte: »Es ist ganz einfach: Wenn Du mit einem normalen Mann schläfst, bist Du nichts als eine Nutte. Tust Du es aber mit einem König, bist du eine Favoritin – das ist ein deutlicher Unterschied und klingt doch gleich viel besser, was?«[289]

Émilienne, von Kunden und Freunden »Mimi« genannt, konnte es sich leisten, selbst einen König wie einen gewöhnlichen Freier zu behandeln. Einmal, während einer seiner häufigen Paris-Visiten, beschloss Leopold II., seine Freundin Émilienne zu besuchen. Mimi war aber um 10 Uhr morgens, als er an ihre Tür klopfte, noch im Traumland. Eine Zofe öffnete dem König und sagte: »Tut mir leid, Majestät, Mademoiselle schläft und sie hat den ausdrücklichsten Befehl erteilt, dass sie niemand vor 11 Uhr wecken darf.« Der König, sonst als herrischer Despot bekannt, entgegnete gutmütig: »Nun gut, lass sie schlafen, ich werde zur Messe gehen und komme später wieder, um sie zum Essen einzuladen.«[290] Das Außergewöhnliche an dieser Geschichte ist die Tatsache, dass sich der einflussreiche König von Belgien einfach die Tür weisen ließ. Sie zeigt einmal mehr, dass die berühmten Kurtisanen gegenüber den mächtigsten Männern Europas mit einem selbstbewussten Verhalten auftraten, das diese bei niemand anderem toleriert hätten.

Für den meisten Klatsch sorgte aber die Beziehung des belgischen Königs zu einer Frau, die man nicht ausschließlich als Kurtisane bezeichnen kann: Cléo de Mérode, berühmt als Varieté-Tänzerin und erstes Fotomodell der Geschichte. Die österreichisch-stämmige Tänzerin war das Modevorbild ihrer Zeit. Die Pariser Frauen verdankten ihr die Coiffure à La Merode – langes offenes Haar, das an der Stirn mit einem Band zusammengehalten wurde. Cléo war bildhübsch; in Umfragen diverser Magazine wurde sie regelmäßig zur schönsten Frau gewählt. Die ausgebildete Balletttänzerin trat in Varietés auf und tourte durch ganz Europa. Ihre Fotos wurden weltweit als Postkarten verkauft und machten Cléo steinreich, denn sie war am Vertrieb der Karten beteiligt – als clevere Geschäftsfrau hatte sie sich die Anteile am Verkauf ihrer Bilder absichern lassen.

**Die Tänzerin Cléo de Mérode war das Modevorbild ihrer Zeit. Die Pariser Frauen verdankten ihr die »Coiffure à La Merode«, glattes Haar, das mit einem dünnen Stirnband zusammengehalten wurde.**

Cléos bekanntester Liebhaber war ein alter Bekannter ihrer Kolleginnen: ebenjener Leopold II. von Belgien. Die Beziehung zwischen dem bekannten Modell und dem Monarchen wurde in der französischen Presse ausgeschlachtet, der König wurde in satirischen Gazetten

**Cléo de Mérode, Varieté-Tänzerin und das erste Fotomodell der Geschichte. Ihre Affäre mit dem belgischen König Leopold II. bestritt sie.**

sogar als »Cleopold« von Belgien bezeichnet. Die schöne Cleo bestritt jedoch die Beziehung zu Leopold II. vehement, es war ihr peinlich, als Künstlerin mit den berüchtigten Kurtisanen in einen Topf geworfen zu werden. Cléo ging so weit, öffentlich zu behaupten, dass eine derart schöne Frau wie sie niemals mit einem alten hässlichen Mann wie dem belgischen König zusammen sein könne. Aber sie konnte sich solche Worte erlauben, war sie doch quasi ein Superstar, der auch ohne royale Gunst ein Vermögen verdiente. Zudem besaß die hübsche Cléo zwar alle Qualitäten einer guten Kokotte und ließ sich vom König und anderen finanzstarken Verehrern beschenken, doch stammte sie im Unterschied zu den wirklichen Kokotten aus einer Adelsfamilie oder hatte zumindest einige adelige Vorfahren. Und sie war stolz auf ihre Herkunft, die sie ihrer Meinung nach von den Kurtisanen abhob. Aus Empörung, dass man sie mit diesen Abenteurerinnen in Verbindung brachte, strengte sie noch im Jahr 1950, im Alter von immerhin 85 Jahren, einen Prozess gegen die Schriftstellerin und Feministin Simone De Beauvoir an, weil diese sie in einem ihrer Bücher als »Demi-Mondäne« bezeichnet hatte.

Der allzu intime Kontakt mancher Royals zu Kurtisanen konnte an den Königshöfen durchaus zu Schwierigkeiten führen, vor allem, wenn die nötige Diskretion nicht gewahrt wurde. So sorgte die bekannte italienische Kurtisane Giulia Benini, genannt »La Barucci«, noch nach ihrem Tod für helle Aufregung in der englischen Königsfamilie. – Giulia, die in einem luxuriösen Haus an der Champs-Élysées in purstem Luxus lebte, war derb, vulgär, frech und hatte keinen Funken Respekt vor königlichen Häuptern. Als sie bei einer Veranstaltung in Paris dem englischen Thronfolger vorgestellt werden sollte, kam sie fünfundvierzig Minuten zu spät, obwohl ihr eingeschärft worden war, ja pünktlich zu sein. Der Herzog von Gramont stellte sie dem Prinzen vor mit den Worten: »Königliche Hoheit, darf ich Ihnen die unpünktlichste Frau von Frankreich präsentieren.« Daraufhin riss die Barucci ihre Röcke in die Höhe und enthüllte die weißen Rotunden ihres bekannten Charms. Als sie der Herzog danach wegen ihres unerhörten Benehmens rügte, gab sie ihm nur zur Antwort: »Ich zeigte ihm das Beste, das ich habe, und das war auch noch kostenlos«.[291]

Die clevere Giulia hütete ein »Giftkästchen«, denn sie verzeichnete jeden einzelnen Besuch ihrer Kunden mit Datum und Bezahlung in ihren Büchern. In diesen Unterlagen fand sich fast jeder bekannte Mann der Gesellschaft genannt, ebenso viele Royals. Außerdem hütete sie einige persönliche Briefe ihrer berühmten Freier als Absicherung für schlechte Zeiten. Das führte dazu, dass die Kurtisane noch nach ihrem frühen Tuberkulose-Tod den britischen Hof in Schrecken versetzte: Giulias Bruder, ein erfolgloser italienischer Tenor, wollte nämlich mit den Briefen seiner verstorbenen Schwester deren ehemalige königliche Kunden erpressen. Allein zwanzig Briefe des britischen Thronfolgers hatte Giulia hinterlassen, alle sehr delikater Natur. Außerdem hatte sie mit dem Bruder des Thronfolgers, Prinz Alfred, und mit seinem Schwager, dem Kronprinzen von Dänemark, ein Verhältnis gehabt – alles säuberlich dokumentiert.[292] Nun drohte Giulias Bruder dem Thronfolger schriftlich mit der Veröffentlichung der Briefe, wenn er nicht unverzüglich 1500 britische Pfund überweise. Der britische Hof fackelte nicht lange und schickte einen königlichen Spezialagenten nach Paris, der sich des Mannes annehmen sollte. Für den Profi war die Angelegenheit in weniger als zehn Minuten beendet. Mit einer Mischung aus Tricks und Einschüchterung – Giulias Bruder war zu naiv und unerfahren, um dem standzuhalten – verschaffte sich der Agent Zutritt zum Haus der verstorbenen Kurtisane, durchsuchte ihre Hinterlassenschaften und fand endlich das Bündel Briefe. Der eingeschüchterte Tenor gab dem Agenten schließlich auch den Schlüssel zu einem schwarzen Kasten, der weitere Briefe des britischen Thronerbe und auch Fotografien enthielt.[293] Die Mission war somit erfolgreich, die Briefe wurden zerstört. Der Agent konnte es sich aber nicht verkneifen, in seinem Abschlussbericht auf die Unvorsichtigkeit und Naivität des Thronfolgers hinzuweisen.[294] Prinz Berties Faible für die leichten Damen von Paris blieb jedoch seine große Schwäche. Noch als reifer Mann besuchte er regelmäßig die einschlägigen Orte in Paris. Als er 1889 das neueröffnete Etablissement Moulin Rouge betrat, wurde er von

»Die schöne Spionin«: Die Kurtisane Virginia, Contessa di Castiglione, wurde vom italienischen Geheimdienst auf Kaiser Napoleon III. angesetzt.

einer Can-Can-Tänzerin namens Luise Weber vor allen Leuten so schwungvoll wie unköniglich begrüßt: »Hello, Wales! Zahlst Du mir einen Champagner?«[295]

Heikel wurde es für Könige und Kaiser, wenn Kurtisanen für ausländische Geheimdienste arbeiteten. So wurde dem französischen Kaiser Napoleon III. einst eine Schöne ins Bett gelegt, die ihn gezielt aushorchen und instrumentalisieren sollte. Während der heißen Phase der politischen Einigung Italiens in der Mitte des 19. Jahrhunderts – die nicht ohne Unterstützung des französischen Kaisers durchzusetzen war – bediente sich der Mastermind des entstehenden italienischen Nationalstaates, Ministerpräsident Graf Camillo Cavour, einer List, um über alle politischen Bewegungen des Kaisers informiert zu sein. Er wusste von dessen Neigung zur holden Weiblichkeit und schickte Napoleon III. ein hübsches Geschöpf von einundzwanzig Jahren – die florentinische Adelige Virginia Oldoini, Contessa di Castiglione, die den Auftrag hatte, mit dem Kaiser zu kokettieren und der Sache Italiens nützlich zu sein.[296] Damit die Contessa auch wirklich wusste, wie sie diese Worte zu verstehen habe, fügte der Ministerpräsident hinzu: »Setzen Sie Ihren Auftrag durch, liebe Cousine, mit allen Mitteln, die Ihnen geeignet erscheinen; aber setzen Sie ihn durch!«[297]

Die schöne Virginia sollte sich in den kaiserlichen Zirkel einschleichen und den Kaiser dazu bringen, sich der italienischen Politik anzuschließen und diese zu unterstützen. Sie war eine Spionin der alten Schule: Sie wurde mit einem speziellen Code betraut, der es ihr erlaubte, mit Cavour direkt zu kommunizieren, außerdem stand sie in permanenter Verbindung mit seinem Chefagenten in Paris. Und die italienischen Agentennetzwerke in Paris funktionierten gut: Eine italienische Gräfin am französischen Hof verschaffte Virginia eine Einladung dorthin. Bei einem Faschingsball begegneten sich der Kaiser und die Contessa zum ersten Mal. Der britische Botschafter in Frankreich berichtete über diesen Abend, dass der gesamte Hof in Panik geriet, als der Kaiser während des Maskenballs plötzlich nicht mehr zu finden war – er hatte sich mit der schönen Italienerin diskret entfernt.[298] Und vier Monate später, während eines Gartenfestes, waren die Gäste schockiert, dass der Kaiser mit der Contessa auf eine kleine Insel verschwand – gleich für mehrere Stunden.[299] Kurzum: Ministerpräsident Cavours Plan ging auf, Virginia wurde die Kurtisane des Kaisers und bespitzelte den Monarchen. Virginia selbst glaubte, dass ihr Beitrag essenziell für die Sache der Einigung Italiens war, und sie blieb bis an ihr Lebensende davon überzeugt, dass ihre historische Bedeutung unterschätzt wurde.

Der französische Kaiser Napoleon III. Die Ehefrau, Kaiserin Eugénie, wusste von der Liebesaffäre mit einer italienischen Agentin.

Das Ende der Affäre nahte jedenfalls, als dem französischen Kaiser langsam dämmerte, dass er sich mit Virginia nicht bloß eine schöne Frau ins Bett geholt hatte. Nachdem eines Nachts ein italienischer Fanatiker auf ihn einen Anschlag verübt hatte, als dieser Virginias Haus verließ, schöpfte Napoleon III. einen konkreten Verdacht in Bezug auf das Doppelleben seiner Kurtisane und ließ sie, obwohl sie nachweislich nichts mit dem Anschlag zu tun gehabt hatte, vom Hof verbannen.

Virginia galt fortan in ihren Gesellschaftskreisen weiterhin als Femme fatale, sammelte weitere Liebhaber und kultivierte einen einflussreichen Freundeskreis aus Politikern und Finanziers. Verliebt in ihr eigenes Aussehen, ließ sie ihre Schönheit in tausenden Fotos festhalten und schuf auf diesem Weg ihre eigene Legende. Die vielen Bilder, die sie von sich aufnehmen ließ, bilden heute einen Grundstock des Fotoarchivs des Metropolitan Museums in New York. Für damalige Verhältnisse waren diese Ablichtungen ordinär – heute gehören sie zu den Meisterwerken der frühen Kunstfotografie.

Im Jahr 1878 zog sich die gealterte Virginia in ein luxuriöses Appartement an der Place Vendôme zurück, ihre Zeitgenossen sollten den zeitbedingten Verlust ihrer Schönheit nicht miterleben. Drei schwere Türen trennten ihr Appartement von der Außenwelt, die Wände wurden schwarz gestrichen, alle Spiegel verbannt. Die Contessa wollte sich selbst und der Nachwelt ihre Schönheit als letzte Erinnerung erhalten. Bis zu ihrem Tod mit zweiundsechzig Jahren verließ sie nur mehr nachts ihre Wohnung, und auch dann nur völlig verschleiert.

Neben den Boudoirs der großen Kurtisanen gab es in Paris einen weiteren Ort, wo sich Mitglieder der europäischen Königshäuser die Klinke in die Hand gaben – das berüchtigte Luxus-Bordell »Le Chabanais«. Das im Jahr 1878 eröffnete Edelbordell war das nobelste und teuerste Etablissement ganz Europas – und das profitabelste Bordell seiner Zeit. Gegründet wurde dieser Sexpalast von einer irischstämmigen Madame namens Alexandrine Joannet (»Madame Kelly«), die exzellente Verbindungen zum Pariser Jockey-Club hatte – dem elitären Treffpunkt von Adel und Reichtum, deren Protagonisten sich hier in gepflegter Clubatmosphäre über Tagespolitik, Pferde und Rennen austauschten. Madame hatte mit ihrem verlässlichen Netzwerk also bereits vor Eröffnung des Etablissements die potentiellen Kunden für ein Haus dieser Art an der Hand. Wer jedoch die reichen, anonymen Investoren waren, mit denen sie den Gewinn teilte, war das bestgehütete Geheimnis der Szene.

Für Europas Royals und Wirtschaftskapitäne gehörte es zum guten Ton, bei einem Parisaufenthalt zumindest auf einen Sprung ins »Le Chabanais«

zu schauen. Aus jeweils dreißig permanent anwesenden Damen, alle im kurzen Korsett, barbusig und mit offenem Haar, konnte der Mann von Welt eine auswählen, die ihn in eines der prächtigen Zimmer führte. Die künstlerisch hochwertige Ausstattung des Bordells hatte weit über eine Million Francs, damals ein Vermögen, gekostet; das Ergebnis war jedoch wahrhaft königlich: Um die Phantasie der – in Sachen Luxus ohnehin ziemlich verwöhnten – Besucher zu beflügeln, hatte man jeden Raum in einem eigenen Stil eingerichtet. Es gab ein Zimmer im maurischen Stil und eines im Stil des alten Pompeji. Wer wollte, konnte aber auch in der Kopie des Schlafzimmers von König Ludwig XV. auf den Spuren des legendären Erotomanen wandeln. Das japanische Zimmer gewann bei der Pariser Welt-Interieurmesse sogar einen Preis in der Kategorie »bestes Design«. Das Hindu-Zimmer wurde sinnigerweise zum Stammzimmer des britischen Thronfolgers Bertie, dessen Empire auch Indien umfasste.

Bertie besuchte während seiner Paris-Aufenthalte nicht nur seine Lieblingskurtisanen, sondern war auch Stammgast im Le Chabanais. Er hatte hier sogar eine eigene Kupferbadewanne, die mit Champagner angefüllt wurde, sobald er das Bordell betrat – der Prinz of Wales pflegte sich zum Auftakt mit zwei Damen im prickelnden Badewasser zu entspannen. Die Badewanne gibt es heute noch – im 20. Jahrhundert befand sich das denkwürdige Objekt übrigens eine Zeitlang im Besitz des surrealistischen Malers Salvador Dali. Und im Depot eines Pariser Museums existiert noch ein anderes Relikt von Berties entspannten Stunden im Le Chabanais: Sein berühmter Liebesstuhl – eine höchst eigenartige Konstruktion nach dem persönlichen Entwurf des Thronfolgers, die einem gynäkologischen Stuhl mit unzähligen Griffen und Bändern ähnelt und wahrscheinlich dazu diente, mehreren Personen gleichzeitig Befriedigung zu verschaffen.[300]

Über sämtliche Aktivitäten des Thronfolgers wurden von der Pariser Polizei Akten angelegt. Ausländische Agenten versorgten dann die Höfe Europas mit entsprechenden pikanten Details – es war also unter Seinesgleichen kein Geheimnis, dass der Erbe des prestigereichsten Thrones der Welt ein regelmäßiger Besucher des Le Chabanais war.[301]

Bespitzelt wurden die Royals aber nicht nur in Paris, sondern auch in Wien. In der Residenzhauptstadt der altehrwürdigen Donaumonarchie im Herzen Mitteleuropas gab es zwar Bordelle, aber keine europaweit bekannten Luxusetablissements wie das Le Chabanais. Auch Kurtisanen nach Pariser Modell, die selbstbewusst am gesellschaftlichen Leben teilnahmen und als Medienstars inszeniert wurden, suchte man in Wien vergeblich. Nein, in der Kaiserstadt liebte man es dezenter, nicht ganz so offensichtlich. Hier versorgte man die hohen Herren wesentlich diskreter mit käuflichen Damen: Ein nobler Callgirl-Ring verband die hocharistokratische Hofgesellschaft und das Kaiserhaus mit der dämmrigen Halbwelt. Drahtzieherin war eine umtriebige Dame namens Johanna Wolf aus Budapest. Offiziell betrieb Madame eine Weißnäherei, inoffiziell vermittelte sie gegen Geld junge Mädchen zu Schäferstündchen in der besten Gesellschaft.[302]

Madames Mädchen galten alle als außergewöhnlich hübsch – Frau Wolfs Aufnahmekriterien waren streng, schließlich hatte sie einen Ruf zu verlieren – und sehr elegant. Die ausgewählten Mädchen wurden von Madame teuer eingekleidet. Sie waren Kundinnen in den exquisitesten Läden für Damenmode und wurden in Frau Wolfs Geschäft als Näherin angemeldet – während ihre Chefin sie in Wirklichkeit als Edelprostituierte vermittelte. Die Wolf'schen Mädchen waren jedoch ein völlig anderer Typ als die berühmten Pariser Edelkurtisanen. Sie waren keine kapriziösen Diven, sondern entsprachen dem Klischee vom süßen Wiener Vorstadtmädel: hübsch, herzig und ohne Allüren.

Kupplerin Wolf versorgte mit ihren Mädchen die Wiener Hofgesellschaft und den Geldadel. Zu ihren Kunden zählten der österreichische Kronprinz, mehrere Erzherzöge, viele Aristokraten, Diplomaten und bedeutende Unternehmer. Die Kontaktaufnahme verlief sehr diskret: Man teilte Madame seine Wünsche hinsichtlich des Aussehens der Damen mit, und Madame arrangierte dann ein Treffen in einem der unzähligen Separées in den Luxushotels der Wiener Innenstadt. In den kleinen Separées, die von außen nicht einsichtig waren, speisten und tranken Kunde und Mädchen – nur ein einziger Kellner übernahm das Service – und nach dem Essen verschwanden beide in einem der Hotelzimmer. In der Regel verließen Kunde und Mädchen das Hotel nicht gemeinsam; das wäre zu auffällig gewesen, da die hohen Herren in der Öffentlichkeit meist sofort erkannt wurden – in der Hofburg, dem Sitz der kaiserlichen Familien, oder in einem Privatpalais waren derlei pikante Treffen selbstverständlich nicht möglich. Oft ließ man allerdings Madames Mädchen bei Reisen nachkommen.

**Der deutsche Kaiser Wilhelm II. mit seiner Frau, Kaiserin Auguste. Für die Öffentlichkeit pflegte Wilhelm das Image des biederen Familienvaters, im Verborgenen traf er Callgirls und Kurtisanen.**

Auch der deutsche Kronprinz – der spätere Kaiser Wilhelm II. – war eine fixe Größe in der Kartei des Wiener Callgirl-Rings. Offiziell kam er regelmäßig zu Gebirgsjagden nach Österreich, inoffiziell traf er einige Damen der Johanna Wolf. In seinem näheren Umfeld spottete man, dass der Kronprinz dem »geschlechtlichen Triebe sehr unterworfen« sei[303] – der Kontakt zu Frau Wolf und ihren Wiener Mädeln war jedenfalls intensiv. Mitunter übersiedelten einige der Mädchen gleich für einen Winter nach Berlin, um dort dem Kronprinzen ständig verfügbar zu sein, zusätzlich wurden ihm auch immer wieder neue Gespielinnen angeboten: »Die Dame ist wirklich sehr schön und hat auch sehr schöne Hände, ganz nach dem Geschmack von Hoheit.«[304]

Abgerechnet wurde ausschließlich mit Frau Wolf direkt. Sie streifte den Großteil des Geldes ein und beglich auch alle nötigen Aufwendungen für die Mädchen – wie Kleider, Kosmetika, Friseure oder Arztrechnungen –, zahlte diesen aber nur einen kleinen Anteil aus. Was all die hohen Herrschaften aber nicht wussten: Madame Wolf verdiente sich zusätzlich zu ihrem bereits beträchtlichen, Einkommen aus der Mädchen-Vermittlung noch ein Zubrot mit Spitzeldiensten für die Wiener Polizei. Auf die gut vernetzte Kupplerin war ein eigener Polizeiagent angesetzt, dem Johanna Wolf alles mitteilte, was sie von den Mädchen über ihre Kunden erfuhr. Diese sogenannten »Konfidentenberichte« wanderten unverzüglich auf den Tisch des Polizeipräsidenten und des kaiserlichen Ministerpräsidenten, welche somit das erotische Bewegungsprofil aller hohen Herren in Wien sowie der entsprechenden Wien-Besucher genauestens kannten.

Außerdem arbeitete die Kupplerin noch für einige ihrer Kunden als Spitzel. Der österreichische Kronprinz Rudolf etwa wurde von ihr regelmäßig über die Umtriebe seines verhassten deutschen Kollegen, Kronprinz Wilhelm, auf dem Laufenden gehalten und ließ diese Informationen ebenso regelmäßig den französischen Zeitungen zuspielen. Hatte Wilhelm in seiner säbelrasselnden, aufbrausenden Art vor den leichten Mädchen wieder einmal über den Kaiser von Österreich und die Österreicher im Allgemeinen geschimpft, wusste es Rudolf sofort. Ebenso, wenn die Tiraden Wilhelms eigener Familie galten: »Nachdem er noch seinen Großvater und noch weit mehr sich selbst gelobt und in der zynischsten Weise über seine Eltern und seine Frau geschimpft hatte, schloss er diese erbauliche Konversation mit den zwei unsauberen Frauenzimmern«.[305] Ein anderes Mal erfuhr Rudolf brühwarm, dass gleich zwei Damen Wilhelm beglückt hätten, »wobei so ein Lärm gemacht wurde, dass sich alle Hausbewohner darüber aufregten«.[306] Der österreichische Kronprinz war selbst jedoch kaum weniger naiv als sein verhasster preußischer Kollege: Dass er auch bespitzelt werden könnte, schien ihm nicht einzufallen.

Madame Wolf entsprach jedenfalls völlig dem Klischee der Mehrfachagentin. Weder der österreichische noch der deutsche Kronprinz waren ihr und ihren Mädchen auch nur annähernd gewachsen: Rudolf wurde, ohne es zu ahnen, ebenfalls ausspioniert – und Wilhelm unterschätzte das Wolf'sche Netzwerk, als er sich weigerte, ein von ihm geschwängertes Mädchen finanziell abzufinden. Nach ewigem Hin und Her nahm sich die Spitze der Wiener Polizei der Sache an und machte auf den deutschen Botschafter in Wien gehörigen Druck, den Prinzen endlich zum Zahlen zu bewegen – was dann auch gelang.[307]

Eine Sonderstellung unter den Callgirls der Frau Wolf nahm eine junge Prostituierte namens Maria Caspar ein.[308] Zwischen Maria, genannt »Mizzi«, und Kronprinz Rudolf entwickelte sich eine außergewöhnliche Liebesgeschichte, die dazu führte, dass die dunkelhaarige Schönheit aus der Provinz schließlich Kronprinz Rudolf exklusiv zur Verfügung stand. In den letzten beiden Jahren vor seinem Selbstmord war Mizzi Rudolfs feste Lebenspartnerin. Mit ihr zeigte er sich sogar öffentlich, zwar nicht in der Ersten Gesellschaft, aber bei vielen seiner Inkognito-Besuche in Wiener Lokalen. Die junge Frau begleitete ihn auf Inspektionstouren und in ihrem Haus in guter Wiener Lage – dessen Kauf er finanziert hatte – traf Rudolf sich mit engen Vertrauten.

**Mizzi Caspar, die große Liebe des österreichischen Kronprinzen, war Mitglied eines Callgirl-Rings.**

Mizzi war vielleicht die perfekte Verkörperung einer beliebten Romanfigur: der edlen Hure mit Herz. Sie war eine ungebildete Frau aus einfachen Verhältnissen, aber sie hatte, sozusagen, ein besonders großes, goldenes Herz. Der schwer depressive österreichische Kronprinz fand in seinen letzten beiden Lebensjahren bei der warmherzigen Mizzi seinen einzigen emotionalen Rückhalt. Bei ihr fühlte er sich sicher, bei ihr verbrachte er Stunden kleinbürgerlichen Glücks. Allerdings besaß Mizzi eine gefährliche Schwachstelle: Sie war hoffnungslos naiv. Die junge Frau berichtete ihrer Zuhälterin, die sie für eine gute Freundin hielt, alles, worüber sie mit dem Kronprinzen sprach – nicht wissend, dass Madame Wolf alle Informationen an den Polizeipräsidenten weiterverkaufte. Just dort also, wo sich der fast schon paranoide Thronfolger am sichersten fühlte, wurde er letztlich ausspioniert.

So naiv Mizzi Caspar gewesen sein mag, sie bewies mehr Mut als die Mitglieder der feinen Hofgesellschaft: Es war offensichtlich, dass Kronprinz

Rudolf auf eine Katastrophe zusteuerte, alle wussten von seinen Depressionen, seinem übermäßigen Alkoholkonsum, seiner schlechten körperlichen Verfassung und seinen Todesandeutungen – nur der Kaiser nicht. Als Rudolf Mizzi eines Tages vorschlug, gemeinsam mit ihm in den Tod zu gehen, war sie alarmiert und reagierte sofort. Sie schlug sich bis zum Polizeipräsidenten durch, um auf diesem Weg den Kaiser über die Gefahr, in der sein Sohn schwebte, zu informieren – und wurde rüde abgewiesen.[309] Der Ministerpräsident wurde zwar über den seltsamen Besuch informiert, dachte aber nicht im Geringsten daran, dem Kaiser die Besorgnis einer Prostituierten mitzuteilen. Und das Verhängnis nahm seinen Lauf: Ende Jänner 1889 wurde der österreichische Kronprinz in seinem Jagdschloss bei Mayerling in Niederösterreich erschossen aufgefunden, neben ihm lag die siebzehnjährige Mary Vetsera. Der bis über beide Ohren in ihn verliebte Teenager hatte Rudolf schließlich in den Tod begleitet.[310]

Mizzi konnte den Kronprinzen nicht mehr retten, aber sie hatte sich ehrenhafter verhalten als die hohen Damen und Herren der Hofgesellschaft. Nach Rudolfs Tod wurde in seinem Schreibtisch ein Testament gefunden, mit der Bitte, Mizzi eine große Geldsumme zukommen zu lassen. Dass der kaiserliche Vater der Prostituierten das Geld auch wirklich übermitteln ließ, zeigt nicht nur, dass man den letzten Willen des Kronprinzen respektierte, sondern auch, dass Franz Joseph Mizzi jene Anerkennung zollte, die sie für ihren Einsatz für Rudolf verdiente. Nach Rudolfs Tod zog sich Mizzi Caspar zurück; sie verstarb achtzehn Jahre später an Syphilis.

Am östlichen Ende Europas, in St. Petersburg, erfreuten sich die männlichen Mitglieder der Zarenfamilie besonders am Ballett. Denn neben allen künstlerischen Aufgaben fungierte das kaiserlich Russische Ballett auch als inoffizielles Partnervermittlungsinstitut der russischen Großfürsten, der männlichen Mitglieder des Hauses Romanow. Affären mit Tänzerinnen waren für die Großfürsten nichts Außergewöhnliches, die meisten von ihnen hatten eine Geliebte beim Ballett. Und der russische Hof förderte und unterstützte die Liebschaften zwischen Großfürsten und Ballerinas, denn einer der Vorzüge der Tänzerinnen war, nach Ansicht des Hofes, ihre Gesundheit. Die Tänzerinnen wurden streng überwacht, außerdem wäre jeglicher körperliche Abbau bei ihrem täglichen, harten Training sofort aufgefallen. Bei ihnen, glaubte man, könnten sich die männlichen Mitglieder der Familie Romanow keine der gefürchteten und damals weit verbreiteten Geschlechtskrankheiten holen.[311] Ein Mitglied der St. Petersburger Hofgesellschaft beschrieb diesen Usus mit deutlichen Worten: »Die kaiserliche Familie und die Aristokraten betrachteten das Ballett als Kinderschule, in der sorgfältig ausgewählte Frauen herangezogen wurden – man ging ins Ballett, um sich eine Geliebte auszusuchen.«[312]

Bei der jährlichen Abschlussvorstellung der Ballettschule ging es zu wie auf einer Partnerbörse. Bevor die frisch graduierten Tänzerinnen – allesamt siebzehnjährige Mädchen – offiziell in das Kaiserliche Ballett aufgenommen wurden, mussten sie vorab ihr Können der kaiserlichen Familie vorführen. Nach der Vorstellung fand traditionellerweise ein Diner statt, an dem sowohl das Ballettensemble als auch die gesamte Familie des Zaren teilnahmen. Die beste Tänzerin durfte an der Tafel zwischen dem Zaren und der Zarin sitzen, ansonsten gab es keine Sitzordnung. Die übrigen Familienmitglieder – vor allem die Großfürsten – wanderten bei Tisch von einer Tänzerin zur nächsten, um mit möglichst vielen Mädchen Bekanntschaft schließen zu können. Der Zar rief seinen Söhnen und Neffen traditionell ein lautes und vergnügtes »Aufpassen! Nicht zu viel flirten!« zu.[313]

Das Kaiserliche Ballett war im ausklingenden Zarenreich ein Mythos und zog unzählige Männer an, nicht nur die Großfürsten. Man sah Frauen in kurzen Röcken, die ihre Beine zur Gänze zeigten. Doch es war nicht nur diese für damalige Verhältnisse besondere Freizügigkeit, die die Herren der Petersburger Crème de la Crème faszinierte. Das Ballett strahlte auch enormen Glamour aus, ließ sich daher nicht mit den Vorstadttheatern vergleichen, wo man ebenfalls knapp gekleidete Frauen bestaunen konnte. Die Kostüme waren verschwenderisch teuer: Seide, Samt, die teuersten Spitzen wurden für die Tänzerinnen angeschafft.[314] Hinzu kam der Nimbus der Tänzerinnen: Sie gehörten zum kaiserlichen Hof, arbeiteten exklusiv für die Romanows, waren deren persönliches Ensemble.[315]

Um die Großfürsten, und erst recht um einen Zarewitsch oder gar Zaren, gab es im Ballettensemble heftige Rivalitäten, und Intrigen waren an der Tagesordnung. Denn für die Tänzerinnen bedeutete eine Beziehung mit einem Mitglied der kaiserlichen Familien finanzielle Absicherung und großes Prestige – ihre goldenen Hennen, bzw. Hähne, ließen sich die Ballerinas nicht kampflos nehmen. Ein paar Jahre als Geliebte eines Romanows konnten einer Tänzerin ein Vermögen einbringen. Außerdem war ein Liebhaber aus höchsten Kreisen auch ein »Protektor«, und mit einem einflussreichen Protektor wiederum konnte man bessere Rollen und höhere Gagen aushandeln und sich bei der Ballettdirektion eine Sonderstellung sichern. Das einmalige Vorsprechen eines Großfürsten beim künstlerischen Leiter einer Produktion klärte in der Regel schnell, wie die Kräfteverhältnisse beschaffen waren und welche Ensemblemitglieder künftig speziell »gefördert« wurden.

Eine dieser auserwählten Tänzerinnen war Matilda Felixowna Kschessinskaja, die berühmteste Primaballerina ihrer Zeit. Matilda war die Glamourlady des ausklingenden russischen Kaiserreichs. Sie war sowohl eine anerkannte Künstlerin als auch die größte Kurtisane des Zarenreichs. Sie war die Geliebte des Zaren und gleich mehrerer Großfürsten. Die kleine, braunhaarige, hübsche Matilda, die von ihren Zeitgenossen als äußerst lebhafte und temperamentvolle Person beschrieben wird, galt zwar nicht als außergewöhnliche Schönheit, doch ihr apartes Auftreten machte sie zu einer der begehrtesten Damen des Balletts.

Matilda lernte den späteren Zaren Nikolaus II. bereits als Siebzehnjährige kennen, beim traditionellen Abschlussdiner für die graduierten Tänzerinnen. Für die äußerst ehrgeizige junge Frau stand von Anfang an fest, dass sie den Zarewitsch erobern wollte. In ihr Tagebuch schrieb sie damals: »Er wird mein sein!«[316]

Es dauerte zwar, den schüchternen Zarewitsch für sich zu gewinnen, aber die entschlossene Matilda gelangte schließlich an ihr Ziel. Die Affäre mit dem jungen Nikolaus war zugleich der Beginn einer sensationellen Karriere: Aus der kleinen Ballerina wurde eine der einflussreichsten und vermögendsten Frauen ihrer Zeit.

Matilda blieb zwar nicht lange offizielle Geliebte des Zarewitsch – denn als sich Nikolaus kurz nach seiner Thronbesteigung verlobte, beendete er die Beziehung zu ihr –, doch die schlaue Ballerina schaffte es, selbst nach Nikolaus' Hochzeit mit ihrem Ex-Geliebten auf gutem Fuß zu stehen, und bis zum Ende seiner Herrschaft fand sich ihr Name auf der Geschenkeliste des Zaren. Nachdem Matilda von Nikolaus sitzengelassen worden war, nahm sie sich sofort dessen Cousin Großfürst Sergei Michailowitsch als Geliebten. Nach einigen Jahren wurde ihr der Großfürst zu langweilig, und sie begann eine weitere Affäre mit einem anderen Cousin des Zaren. Sergei war noch immer so verliebt in die Ballerina, dass er keine Einwände erhob. Matilda prahlte bald offen mit ihrer Ménage à trois; als sie einmal gefragt wurde, ob sie nicht stolz darauf wäre, dass ihr gleich zwei Großfürsten zu Füßen lägen, antwortete sie nur schnippisch: »Was ist so überraschend daran, ich habe ja auch zwei Füße!«[317] Es folgten noch weitere Amouren mit Onkeln des Zaren, die Affären überschnitten sich zum Teil. Matildas einziger, 1902 geborener Sohn Wladimir wusste bis an sein Lebensende nicht, welcher Großfürst sein Vater war. Dass er aber ein illegitimer Romanow war, gilt als sicher und wurde auch von der Zarenfamilie nie dementiert.

**Die Primaballerina Matilda Kschessinskaja hatte mit dem Zaren, seinen Cousins und einem seiner Onkel ein Verhältnis. Durch die großzügigen Geschenke der Großfürsten wurde Matilda eine der reichsten Frauen von St. Petersburg.**

Durch ihre vielfältigen Beziehungen zu den Romanows wurde Matilda in ihrer Zeit zur einflussreichsten Frau Russlands, die nicht aus der Aristokratie stammte. Die Romanows überschütteten sie mit Juwelen, Geld und Immobilien. Bereits der Zarewitsch hatte ihr während ihrer knapp zwei Jahre dauernden Affäre außergewöhnliche Schmuckstücke und einen Nouveau-Style-Palast in bester St. Petersburger Lage geschenkt. Natürlich sorgten die teuren Gaben bei Hof für Gerede. Der kaiserliche Obersthofmeister Graf Wladimir Lambsdorff trug in sein Tagebuch ein: »Man sagt, dass die Ballerina Kschessinskaja eben 100 000 Rubel und ein Haus auf Grund ihrer Beziehung mit dem kaiserlichen Liebhaber erhalten habe. So! So!«[318] Die von Lamsdorff angegebene Summe war ungewöhnlich hoch und entsprach der Hälfte der jährlichen Apanage eines Großfürsten; das erklärt wohl auch die Verwunderung des Obersthofmeisters, für den Zahlungen an ausrangierte Geliebte ansonsten keine große Überraschung darstellten.[319]

Später kamen noch eine luxuriöse Datscha dazu – ob dieses Geschenk von Nikolaus oder einem seiner Verwandten stammte, klärte Matilda nie auf – und eine der größten Schmucksammlungen des Zarenreiches. Die Ballerina verband auch eine enge Freundschaft mit Agathon Fabergé, dem Sohn des bekannten Goldschmieds Carl Fabergé, der für die russische Zarenfamilie unter anderem die nach ihm benannten, kunstvollen »Fabergé-Eier« und etliche kostbare Schmuckstücke angefertigt hatte. Und so mancher Auftrag der Romanows an das Haus Fabergé galt nicht ihren Frauen oder Töchtern, sondern der aparten Matilda[320] – deren Reichtum bei anderen bald viel Neid erweckte, vor allem, weil jeder wusste, dass der Weg dorthin über die Schlafzimmer der Romanows geführt hatte. Der Klatsch über Matilda Kschessinskaja hörte bis zum Untergang des Zarenreiches nicht auf. Ihr größter Feind war der Direktor des imperialen Theaters, der sie für moralisch verworfen hielt. Hinter vorgehaltener Hand verbreitete er, was zwar in etwa den Tatsachen entsprach, aber kaum offen ausgesprochen wurde: Sie sei einfach nur eine Frau, die gleichzeitig mit zwei Großfürsten lebe und das nicht einmal verstecke, sondern im Gegenteil auch noch damit angebe. Eine direkte Konfrontation mit der Primaballerina scheute er – dafür war sie zu mächtig; er musste aufpassen, dass sie ihn nicht als Direktor absetzen ließ.

Fünf Tage nach Ausbruch der Revolution im Jahr 1917 floh Matilda aus St. Petersburg. Ihr Palais wurde von den Revolutionären gestürmt und geplündert. Für sie war Matilda Kschessinskaja ein verhasstes Symbol für die Korruption und Verschwendung, Vettern- und Mätressenwirtschaft im alten, zaristischen System. Und es war kein Zufall, sondern ein bewusstes Signal, dass Lenin 1917, nach der Rückkehr aus dem Exil, seine erste öffentliche Rede vom Schlafzimmerbalkon der prachtvollen, bereits geplünderten Villa Matildas hielt.[321] Auch ihr ehemaliger Liebhaber Großfürst Sergei bemerkte rückblickend: »Es ist nur überraschend, dass die alte Frau es nicht irgendwie geschafft hat, selbst auf den Thron zu gelangen!«[322]

Im Pariser Exil wurde Matilda Kschessinskaja schließlich doch noch Mitglied der Familie Romanow. Sie heiratet Großfürst Andrei Wladimirowitsch und erhielt sogar den Segen von Maria Fjodorowna, der Mutter des ermordeten Zaren. Matilda Kschessinskaja starb erst 1971 im hohen Alter von 99 Jahren; sie war die letzte überlebende Augenzeugin der Pracht des russischen Zarenreichs.

Im Westen Europas, in London, dem Herzen des britischen Weltreichs, gab es einen eigenen Typ der spektakulären, selbständigen Femme fatale: die »Professional Beauty«. Diese »professionellen Schönheiten« könnte man am ehesten als eine Mischung aus Kurtisane, Mätresse und Künstlerin bezeichnen; doch sie waren zugleich ein angelsächsisches Phänomen und in diesem Sinn war jede von ihnen sozusagen Societylady (ohne zur besten Gesellschaft zu gehören), Schönheitskönigin, Geschäftsfrau und Skandalnudel in einem. Es waren Frauen, deren äußere Attraktivität, auf welche Weise auch immer, zwar ihr Kapital war, die ihren Körper jedoch nicht feilboten wie Kokotten. Im Unterschied zu den Kurtisanen waren sie auch gesellschaftsfähig – zumindest in der liberaleren englischen Upperclass.

Professional Beautys waren Prominente im heutigen Sinn. Modisch auf der Höhe der Zeit besaßen sie zudem das gewisse Etwas, das sie zum jeweiligen »Star der Stunde« (bzw. des Augenblicks) machte. Die Professional Beautys glichen gesellschaftlichen Sternschnuppen: Sie erschienen oft aus dem sprichwörtlichen Nichts, leuchteten hell auf, bis ihr Name in aller Munde war, und erloschen dann meist ebenso schnell. Manche von ihnen kamen vom Varieté, manche vom Theater und manche waren einfach nur schön. Wie bei den Kurtisanen und Balletttänzerinnen geriet ihre Karriere durch entsprechende männliche Verehrer in Schwung – die hier allerdings keine Liebhaber sein mussten:

Um zur Professional Beauty der Saison zu werden, brauchte es als Starthilfe einen Förderer. Erklärte etwa ein bekannter Künstler eine junge schöne Dame zum »Gesicht der Saison«, dann wurde sie zum Liebling der Gazetten und ihr Aufstieg war gesichert: Ihr Foto würde in allen Geschäften zum Verkauf angeboten werden, die wichtigsten Künstler würden sie malen wollen. Professional Beautys waren die Fotomodelle ihrer Zeit, sie verkörperten das Schönheitsideal ihrer Generation (wenn auch manchmal nur einige Monate lang), hatten eine riesige Fangemeinde und konnten – sofern sie klug genug waren – aus ihre Bekanntheit nicht wenig Kapital schlagen. Rund um die jeweils aktuellen Professional Beautys entflammte eine regelrechte Hysterie: Künstler, die immer auf der Suche nach gut zu verkaufenden Pin-ups waren, konkurrierten darum, wer sie porträtieren oder fotografieren durfte. Ihre Fotos wurden zu Tausenden als Postkarten verkauft. Frauen beobachteten und spionierten sie aus, sobald sie öffentlich auftraten; ihre Kleider wurden ständig kopiert. Professional Beautys, auch kurz »P.B.'s« genannt, hatten meist einflussreiche

Liebhaber aus den höchsten Kreisen und bis hinauf ins britische Königshaus, was ihren Ruhm und den Wirbel, den man um sie machte, nur noch verstärkte. Sie wurden als Trophäen jeder Party gehandelt, Gastgeber und Gastgeberinnen, selbst die stolzesten Aristokratinnen kritzelten auf ihre Einladungskarten: »Do come, the P.B.s will be here!« – »Kommen Sie bitte, es werden auch Professional Beautys anwesend sein!«[323]

Eine Professional Beauty konnte durchaus aus einfachsten Verhältnissen stammen – ihr Status und ihre Position als Geliebte eines mächtigen Mannes öffneten trotzdem die Türen der feinsten Häuser, man buhlte um ihre Gunst, wie früher um die Gunst der einflussreichen Mätressen.

Berühmteste unter den Professional Beautys und Urahnin aller späteren It-Girls war Lillie Langtry, quasi ein Superstar im angelsächsischen Raum. In den 1870er Jahren erschien sie plötzlich auf der Bildfläche der Öffentlichkeit und prägte einen neuen Frauentyp.

Die auf der Kanalinsel Jersey geborene und jung verheiratete Schönheit wollte der ehelichen Enge entfliehen und begann deshalb, als Modell für Maler und Fotografen zu arbeiten. Ihr Abbild wurde auf Postkarten gedruckt, die nur wenige Pennys kosteten – und sich steigender Beliebtheit erfreuten. Lillie Langtrys Fotos schlugen ein wie eine Bombe und machten die junge Ehefrau über Nacht zum Star. Die Bilder trafen den Nerv der Zeit, und so wurde Lillie, aus dem Nichts, zum aktuellen Schönheitsidol des britischen Empire. Ihre Verehrer schwärmten von ihrem griechischen Profil, aber auch von ihren Rundungen: Sie symbolisierte das neue weibliche Ideal der üppigen und freizügigen Schönheit – ein Riesenkontrast zum bisherigen biederen Frauenbild. Lillies sozialer Aufstieg begann, sie wohnte ab nun in guten Gegenden und verdiente viel Geld mit ihren Fotos, die weggingen wie die warmen Semmeln. Es entstand ein Medienhype, der heutigen in nichts nachstehen würde. Parallel zu Lillies steigendem Bekanntheitsgrad wollten die Leser der Zeitungen und Magazine immer mehr Klatsch über sie erfahren – und der Wunsch wurde bereitwillig erfüllt. Prominente Maler porträtierten Lillie und konnten sicher sein, dass diese Porträts regelmäßig zur Hauptattraktion der Ausstellungen der Royal Academy wurden.

Lillie Langtrys Schönheit und ihr Sexappeal begeisterten auch Mitglieder des britischen Königshauses. Prinz Leopold, der jüngste Sohn von Queen Victoria, ließ etwa ein Gemälde, das sie als schlafende Schöne darstellte, über seinem Bett im Buckingham Palace aufhängen. Als er einmal erkrankt war, besuchte ihn seine Mutter, die Queen, in seinem Schlafzimmer – sie sei, heißt es, von Lillies Bild so schockiert gewesen, dass sie es sofort abgehängt habe und vorher sogar auf einen Sessel gestiegen sei, um es zu erreichen.[324] Die für ihre Sittenstrenge berüchtigte Queen konnte im Zimmer ihres Sohnes keine, wie auch immer malerisch wertvolle, doch erotische Darstellung einer Professional Beauty akzeptieren. Auch Leopolds ältester Bruder, Thronfolger Bertie, interessierte sich für die berühmte Schönheit. Ein Freund des Prinzen musste ein Diner arrangieren, zu dem Lillie geladen wurde, wobei sie den Ehrenplatz neben dem Prinzen erhielt.[325] Von diesem ersten Treffen an waren der Erbe der britischen Krone und Londons Schönheitskönigin unzertrennlich und Lillie stieg zur Favoritin des Thronfolger-Womanizers auf. Die Verbindung mit dem künftigen König katapultierte Lillie endgültig an die Spitze der Gesellschaft, die königliche Liebesgeschichte brachte ihr Prestige und einen noch größeren Bekanntheitsgrad als bisher schon.

Obwohl sich die Professional Beautys stets gegen den Begriff »Kurtisane« verwehrten, webten sie an ihrem Mythos als große Verführerinnen. Von Lillie Langtry weiß man – als einer von wenigen »P.B.s« –, welche Taktik sie bei Männern anwandte bzw. angewendet haben soll. So habe sie Männer, die sie erobern wollte, zuerst mit ihren großen blauen Augen fixiert und dann einen Schwindelanfall vorgetäuscht – womit sie ihren meist allzu bereitwilligen Opfern suggeriert habe, dass deren männlicher Charme sie geradezu um ihre Sinne gebracht hätte. Und natürlich musste eine halb ohnmächtige Dame umgehend zum nächsten Sofa gebracht werden – wo sich Lillie sofort das Korsett lockern ließ. Spätestens jetzt dürfte die schöne Lillie den klassischen viktorianischen Mann vollständig um den Verstand gebracht haben.[326]

Wie fließend der Übergang zwischen den Phänomenen der Professional Beauty und der Kurtisane vor allem für unbedarfte Gemüter sein konnte, zeigt eine Fehlinterpretation des österreichischen Thronfolgers. Der 18-jährige österreichische Kronprinz, Erzherzog Rudolf, traf während eines Englandaufenthalts die anziehende Lillie Langtry auf einem von Baron Ferdinand de Rothschild veranstalteten Ball. Der zu diesem Zeitpunkt in eroticis noch recht unschuldige Erzherzog war Frauen von Lillies Art am Wiener Kaiserhof nie begegnet, und so missverstand er Lillies verführerisch wirkende Gesten. Am nächsten Tag fuhr er unangemeldet vor ihrem Haus vor, in der Erwartung, dass Mrs. Langtry ihn im Negligé empfangen würde.

Der verdutzten Lillie dämmerte allmählich, dass der österreichische Thronfolger sie offensichtlich für eine königliche »Poule de Luxe«, eine Luxuskokotte hielt. Lillie komplementierte den jungen Mann kurzerhand hinaus, nicht ohne sich über das Benehmen seiner kaiserlichen Hoheit zu beschweren.[327]

Einen kurzen Knick erhielt Lillies Karriere, als sie schwanger wurde. Ob das Kind vom britischen Thronfolger oder von dessen Verwandtem Louis Mountbatten stammte, wusste sie selbst nicht. Der Prinz of Wales arrangierte alles für eine unauffällige Geburt, mietete für sie ein Haus auf dem Land und verkürzte ihr die Wartezeit bis zur Niederkunft. Wie es damals üblich war, blieb das Neugeborene in der Obhut von Lillies Familie. Lillie nahm nach einer kurzen Pause ihre Beziehung zum Thronfolger wieder auf. Ihr Ehemann, Mr. Ned Langtry, hingegen, der all die Jahre große Gutmütigkeit an den Tag gelegt hatte, befand nach der Schwangerschaft, es sei nun genug: Er weigerte sich, für Lillies Unterhalt aufzukommen – lehnte aber auch eine Scheidung ab, da diese im viktorianischen Zeitalter einen größeren Skandal vorstellte als ein Kuckuckskind. Und die gleichen Zeitungen, die Lillies Karriere einst aufgebaut hatten, versuchten jetzt, sie zu vernichten. Die Journalisten jagten sie, man brachte ihre Skandale ans Licht und inszenierte sie als gefallene Frau.

Aber Lillie gelang ein Comeback und eine zweite Karriere – als Schauspielerin. Zur Bühne zu gehen war damals für eine Frau in ihrer Situation die einzige Möglichkeit, sich ihren Lebensunterhalt zu verdienen. Nach der Geburt ihres Kindes debütierte die ehemalige Schönheitskönigin als Actrice in London. Der Prince of Wales unterstützte Lillie dabei, er ließ sich demonstrativ als Besucher ihres Bühnendebüts ankündigen – was das ohnehin große öffentliche Interesse nochmals steigerte. Das Publikum kam, um die Geliebte des Prinzen zu sehen, erwartete einen grandiosen Flop und wurde stattdessen Zeuge der Geburt eines Bühnenstars. Lillie wusste noch immer, wie man ein Publikum faszinierte, sie punktete mit ihrer natürlichen Schönheit, ihrem Charme, aber auch mit ihrem Talent und eroberte sich ihren Platz in der Öffentlichkeit zurück. Die Theaterkritiker waren begeistert und Lillie stand nun am Beginn einer großen Schauspielkarriere, die sie bis in die USA führen sollte. Die berühmteste der Professional Beauties hatte es unter ihresgleichen auch am weitesten gebracht: Lillie Langtry war bald nicht nur ein berühmte Schauspielerin, sondern auch eine der ersten »Marken« geworden. Sie verkaufte großen Kosmetik- und Modefirmen die Lizenzen, mit ihrem Namen und Konterfei werben zu dürfen, und verdiente damit eine Menge Geld. Abschließend ließe sich sagen: Lillie Langtry war zwar nur wenige Jahre eine königliche Gespielin und Professional Beauty, aber sie holte aus der kurzen Zeit des Ruhms ein Maximum an Gewinn für sich heraus.

Geliebte, Modell, Schönheitsidol, Schauspielerin und It-Girl – Lillie Langtry war die Frau der Stunde.

Das Phänomen der Kurtisanen und Kokotten, der gefeierten Professional Beautys, der glamourösen Geliebten gekrönter Häupter, all dieser Luxusfrauen, deren Karrieren untrennbar mit den Königshäusern und dem »Glanz der alten Zeit« verknüpft waren, ging mit Ausbruch des Ersten Weltkriegs ebenso unter wie viele Monarchien selbst. Frauen, die einzig dafür berühmt waren, königliche Gespielinnen zu sein, und aus dieser Position heraus Prestige und Vermögen erlangen konnten, konnten ohne Könige nicht existieren. Mit Hilfe ihrer royalen Liebhaber und Kunden – die den begehrten Verführungskünstlerinnen manchmal geradezu verfallen waren – hatten einige von ihnen einen rasanten sozialen Aufstieg geschafft, der ihnen unter anderen Umständen niemals gelungen wäre.

# 6 Wenn Frauen rebellieren

## Skandalöse Prinzessinnen

Der eigenen Verliebtheit zu folgen, war ein Privileg für Prinzen und wurde Prinzessinnen, in letzter Konsequenz, selten verziehen. Zwar waren Prinzen wie Prinzessinnen gleichermaßen den strengen Heiratskriterien ihrer Dynastien verpflichtet, aber Männer hatten immerhin zwei weitere Möglichkeiten: Sie konnten eine morganatische Liebesehe eingehen, ohne ihren königlichen Rang zu verlieren, oder, noch viel einfacher, problemlos abseits der Ehe ihr Vergnügen suchen. Liebschaften und Affären gehörten quasi schon zum guten Ton. Undenkbar, dass ein Prinz auf Liebe und Lust verzichten sollte, nur weil seine Ehefrau vielleicht keine Gefühle in ihm auslöste. Mit dieser Großzügigkeit konnten Prinzessinnen nicht rechnen. Am besten, sie kamen nicht einmal auf die Idee, dass auch Frauen untreu sein konnten. Als etwa Großfürst Sergei, der Onkel des letzten Zaren und selbst ein Schürzenjäger sondergleichen, seine junge Frau Elisabeth dabei überraschte, wie sie Tolstois »Anna Karenina« las, verbat er ihr sofort die Lektüre. Nichts sollte die Großfürstin auf »unnatürliche« Gedanken bringen.[328]

Nicht, dass es in der Upperclass keine weibliche Untreue gegeben hätte. Eine Aristokratin konnte sich durchaus einen Liebhaber leisten – allerdings unter gewissen Voraussetzungen: Es musste schon zumindest ein ehelicher, männlicher Nachkomme existieren, um auszuschließen, dass eines Tages ein »Kuckuckskind« Titel und Erbe übernahm. Außerdem sollte sie ihre Liebschaft diskret abwickeln. Als Aristokratin von Rang zeigte man sich nicht in der Öffentlichkeit mit seinem Liebhaber, man betrog am besten in den eigenen vier Wänden. Besonders beliebt war die »Cinq à sept«-Zeit des Tages: die Stunden zwischen fünf und sieben Uhr, in denen man enge Freunde des Hauses empfing. In dieser Zeit, da der Nachmittag in den Abend überging und bevor die großen Diners stattfanden, konnte ein Mann, der nicht der Herr des Hauses war, eine Dame besuchen, ohne die Anstandsregeln zu verletzen. Der Ehemann der besuchten Dame weilte dann – mit großer Wahrscheinlichkeit – gerade in seinem »Club« oder beehrte selbst eine Schöne der Gesellschaft mit seiner Anwesenheit.

Diese halb eingestandene Form der Gleichberechtigung verheirateter Frauen in puncto Affären galt für adelige Damen, aber nicht für Prinzessinnen. Für sie war das Thema Ehebruch ein absolutes Tabu, und das aus zweierlei Gründen: Erstens mussten sich Könige sicher sein, dass die Thronerben auch wirklich ihre Kinder waren. Mit Kuckuckskindern konnte ein Aristokrat vielleicht gerade noch leben, doch kein König. Denn bei Königen, deren Nachfolge sich einzig über die direkte Blutlinie definierte, gefährdete ein »Betriebsunfall« die Existenz einer ganzen Dynastie. Ein Kuckuckskind bedeutete einen Bruch in der Blutlinie, der, einmal bekannt geworden, leicht als Vorwand hätte dienen können, eine Dynastie für beendet zu erklären.

Wann genau eine Prinzessin oder Königin das erste Kind gebar, wurde deshalb akribisch beobachtet, und notfalls wurde nachgerechnet. Keinesfalls durfte der Verdacht aufkommen, dass die Braut schon vor der Hochzeitsnacht schwanger gewesen sein könnte. Ihre vorherige Jungfräulichkeit musste ebenso außer Frage stehen, wie die Legitimität ihres Kindes. Als etwa das erstgeborene Kind von Kronprinzessin Sophie von Griechenland – der spätere König Georg II. von Griechenland – zu früh auf die Welt kam, sorgte sich Sophies Großmutter, Queen Victoria, über diese vorzeitige Ankunft ihres Urenkels: »Was soll ich sagen über dieses unglückliche, wenn auch glückliche Ereignis, das so früh gekommen ist?« Und sie rechnete sofort nach: »Es muss mindestens eine Woche zu früh sein, denn erst am 27. des Monats wird sie volle neun Monate verheiratet sein.«[329]

Der zweite Grund, warum man bei königlichen Frauen in Sachen Ehebruch kein Auge zudrücken wollte, lag an deren offizieller Rolle. Eine Aristokratin war eine Privatperson, die gesellschaftliche Verpflichtungen hatte; eine Prinzessin, Königin oder Kaiserin hingegen war jedoch die Repräsentantin einer regierenden Dynastie. Ihre öffentlichen Auftritte mussten tadellos sein, kein Gerücht, kein Gerede durfte an ihrem Image kratzen. Dass man bei Männern nicht die gleichen Ansprüche an den Tag legte, gehört zu den großen Widersprüchen der Geschichte des royalen Europa. Fehltritte von Frauen konnten den Ruf einer Dynastie offenbar von Grund auf zerstören, aber bei den Männern wurde selbst das größte moralische Fehlverhalten als bloße Unannehmlichkeit betrachtet.

Königshäuser reagierten äußerst unbarmherzig, wenn ihre weiblichen Mitglieder gegen die gesellschaftliche Norm verstießen. Glaubten Frauen, dass sie ein Recht auf Gefühl und Leidenschaft außerhalb ihrer Ehe hatten, oder, schlimmer noch, betrogen sie ihre Ehemänner vielleicht allzu offensichtlich und machten so ihre Dynastie zum Gegenstand öffentlichen Gespötts, dann wusste man sich nicht anders zu helfen, als diesen Frauen eine vorübergehende geistige Verwirrung zu attestieren. Eine Ehebrecherin wurde gnadenlos aus ihrer Familie geworfen und um ihre Stellung gebracht – was in einigen Königshäusern derart häufig praktiziert wurde, dass man in der Folge nicht den Ehebruch, sondern das Verhalten des Herrscherhauses als den wahren Skandal ansehen musste.

Es waren besonders drei Prinzessinnen, die in den letzten drei Jahrzehnten vor dem Ersten Weltkrieg durch Skandale ihre Dynastien erschütterten: die Kronprinzessinnen Marie von Rumänien und Luise von Sachsen sowie die belgische Königstochter Prinzessin Louise. Diese drei Frauen waren mutig genug, die Norm zu brechen, sich auf Konfrontationen einzulassen und jeweils ihren eigenen Weg zu gehen. Zwei mussten dafür bitter bezahlen; sie wurden ruiniert und bald von ihrer bisherigen Umgebung geächtet. Nur eine schaffte es, mit der Hilfe ihrer Familie die Folgen ihres mutigen Handelns zu überstehen.

Den größten Skandal, den jemals eine Prinzessin auslöste, durfte Kronprinzessin Luise von Sachsen für sich verbuchen. Vielmehr war es nicht nur einer, sondern eine ganze Reihe von Skandalen, aufgrund derer Luise in Europas Herrscherhäusern zum Gottseibeiuns abgestempelt wurde. Zuvor hatte sich niemand auch nur vorstellen können, dass eine Prinzessin sich derart vergaß. Nichts hatte darauf hingedeutet, dass das malerische Königreich Sachsen, das bisher eher unauffällige Prinzen und Prinzessinnen hervorgebracht hatte, zum Hotspot von Europas Sensationspresse werden sollte.

Im Gegenteil: Luises Herkunft schien dem Dresdner Hof geradezu eine Garantie für ihre Eignung als künftige Königin zu sein. Denn sie stammte aus dem altehrwürdigen Hause Habsburg. Sobald sie im heiratsfähigen Alter war, hatten sich genügend passende Bewerber um ihre Hand eingefunden – ausgewählt wurde schließlich der sechsundzwanzigjährige Prinz Friedrich August von Sachsen, der einst nach seinem kinderlosen Onkel und seinem Vater den sächsischen Thron besteigen würde. Die achtzehnjährige Luise fand ihren Bräutigam gut aussehend und liebenswürdig.[330]

Luises Tragödie, aber auch die ihrer Schwiegerfamilie, begann mit dem ersten Tag am Dresdener Hof. Hätte die sächsische Königsfamilie ein bisschen weniger Wert auf eine möglichst hohe Abstammung der Braut gelegt und stattdessen etwas mehr darauf geachtet, welche junge Frau am besten an den eher düsteren sächsischen Hof passen könnte, wer weiß, vielleicht wäre beiden Seiten viel erspart geblieben. Der Dresdener Hof gab sich streng und fromm, Priester und Beichtväter übten großen Einfluss auf die Mitglieder der königlichen Familie aus. Als bevorzugte Entspannungsliteratur goutierten die Mitglieder der Königsfamilie Werke über Kirchengeschichte.[331] Und an diesen Hof kam mit Luise eine der temperamentvollsten Prinzessinnen ihrer Zeit, die sich freute, endlich ihren biederen Eltern entkommen zu sein, und nun ein Leben nach ihrem Geschmack führen wollte: mondän, voller Eleganz und Amüsement. Wozu war man schließlich die künftige Königin?

Mit solchen Wünschen hatte Luise bei ihrer neuen Familie natürlich kaum eine Chance. Der sächsische Hof stand der jungen Frau vom ersten Tag an feindselig gegenüber. Luises Schwiegervater Georg von Sachsen mochte sie nicht; für ihn verkörperte die junge Ehefrau alles, was es an seinem Hof nicht geben sollte: Lebensfreude, Vergnügen und herausgeputzte Modepüppchen. Aber auch Luise machte es ihrer prüden Schwiegerfamilie nicht gerade leicht. Eben erst der elterlichen Aufsicht entkommen, hatte sie keine Lust, sich nach der Familie ihres Mannes zu richten – was sie andere deutlich spüren ließ. Hinzu kam ihr Hang zum großen Auftritt. Sie stellte ihre Vorzüge gerne zur Schau, freute sich, wenn sie bewundernde Blicke erntete, und verkörperte einen Glamour, der am bescheidenen Dresdener Hof bisher unbekannt war.

In der Öffentlichkeit stieg Luise langsam, aber sicher zur Märchenprinzessin auf. Ihre Auftritte wurden rundum viel besprochen und bewundert. Nur für die Königsfamilie blieb der Glanz, den Luise verströmte, nichts als Firlefanz und gefälliges Posieren und entsprach so gar nicht ihrer Vorstellung, wie die künftige Königin des katholischen sächsischen Hofes aufzutreten habe. Dass die junge hübsche Luise auch Flirts nicht abgeneigt war und bei Hofbällen gerne ihr schönes Dekolleté zeigte, machte sie zusätzlich zur unmöglichen Person. Die Hofgesellschaft begann, gegen die Außenseiterin zu hetzen. Man beobachtete sie und meldete jedes Fehlverhalten gleich ihrem Schwiegervater, wobei man gerne die eine oder andere empörenswerte Begebenheit hinzudichtete.

Interessanterweise konnte die sächsische Königsfamilie nicht einmal jenen Aspekt in Luises Persönlichkeit schätzen, der ein enormer Vorteil für die Dynastie hätte sein können: Luises Begabung, auf Menschen aller Klassen zuzugehen. Die lebenslustige künftige Königin Sachsens war beim einfachen Volk enorm beliebt. Man mochte ihre offene Art und dass sie sich unter die Leute mischte, auch mal Arbeiterkinder drückte und herzte. Luise spürte instinktiv, dass die Monarchie in der damaligen Form nicht mehr zeitgemäß war, dass es keinen Sinn mehr hatte, sich so abzuschotten wie die sächsische Königsfamilie – und genau diese Einstellung wurde von der Bevölkerung bewundert. Man schwärmte für die künftige Königin von Sachsen und beschwerte sich ihr gegenüber, bei ihren vielen öffentlichen Auftritten, auch über die Zustände im Land. Ob die resche Luise darauf wirklich immer – wie überliefert – antwortete: »Wartet, bis ich einmal Königin bin, dann wird es euch bessergehen!«, kann zwar nicht belegt werden, Tatsache aber war, dass sie das Volk für sich begeistern konnte.[332]

Der gute Ruf, den Luise in der Bevölkerung genoss, brachte ihre Schwiegerfamilie noch zusätzlich gegen sie auf. Luise selbst schrieb in ihren Erinnerungen, dass man ihr eine »lächerliche Liebe für das Volk« vorgeworfen habe und dass sie auf peinliche Weise nach Popularität hasche.[333] Dass man Luises freundliche Art gegenüber »dem Volk« bei Hof kritisierte, machte in der Öffentlichkeit die Runde und verschlechterte den Ruf des an sich schon nicht sehr beliebten sächsischen Hofes noch mehr. Für die Bevölkerung verkörperte Prinzessin Luise einen Wandel im Königshaus – der große Einfluss der Priester bei Hof und dessen stets zur Schau getragene Frömmigkeit waren vielen suspekt. Und je beliebter Luise im Volk wurde, desto mehr empfand die Dynastie Luises Volksnähe als Provokation.

Nur in einem Punkt erfüllte Luise die Erwartungen der sächsischen Königsfamilie: Sie sorgte für männliche Erben. Doch einmal auf der Welt, waren sogar die Kinder ein Quell ewigen Streits. Luise wollte sie selbst stillen und großziehen, doch die Königsfamilie schob dem einen Riegel vor, übergab die Neugeborenen sofort an Ammen und setzte der »schwierigen« Kronprinzessin wieder einmal auseinander, wie »unköniglich« derartige Wünsche seien.

Was Prinzessin Luise jedoch noch mehr zusetzte als die ständigen Diskussionen und Streitigkeiten mit ihrer neuen Familie, war das Spitzelsystem, das ihr Schwiegervater zu ihrer Kontrolle eingeführt hatte. Die Kronprinzessin war ausschließlich von Menschen umgeben, die sie aushorchten und jedes ihrer Worte weitergaben; nicht einmal ihre Kammerzofen durfte sie selbst auswählen. Luise versuchte zwar, durch längere Aufenthalte auf dem Land dieser permanenten Kontrolle zu entgehen, aber selbst das half kaum: »Er (der Schwiegervater, Anm.) scheute sich nicht, einen Priester von Dresden nach unserem Landaufenthalt zu senden, um Messe zu lesen, der ihm dann genau über mein Tun und Handeln berichten mußte.«[334]

Die Situation innerhalb der königlichen Familie war schließlich so angespannt, dass beide Seiten es kaum mehr schafften, wenigstens öffentlich die Contenance zu wahren. Als es einmal sogar während einer Theatervorstellung in der Hofloge zu einer lautstarken Szene kam, mussten selbst hartnäckig loyale Anhänger des Königshauses zugeben, dass der Familienkonflikt bereits rufschädigend war.[335]

Wirklich zerstört wurde das Ansehen des sächsischen Königshauses aber erst durch eine finale Demütigung vonseiten Luises. Um den folgenschweren Schritt nachvollziehen zu können, den die Kronprinzessin schließlich setzte, muss man sich kurz ihre damalige Situation vor Augen führen: Luise war mittlerweile Mutter von fünf Kindern, über deren Erziehung ihre verhasste Schwiegerfamilie wachte. Sie war in einem Spitzelsystem gefangen, wurde schikaniert und fühlte sich völlig isoliert an einem Hof, an dem ihr nur Feindseligkeit entgegenschlug. Luises Ehemann Friedrich August besaß nicht den Mut, seinem Vater und den Spitzen der Hofgesellschaft die Stirn zu bieten und Respekt für seine Frau einzufordern – und so war Luise bei Hof zunehmend in die Rolle einer Außenseiterin geraten. Sie war einsam und in einem Maße frustriert, dass ihr Unglück in Verbindung mit ihrem Temperament bald eine hohe Sprengkraft in sich trug.

Wer immer in dieser Situation Luise Verständnis und Aufmerksamkeit entgegengebracht hätte, wäre zum Auslöser jener Explosion geworden, die das Königreich Sachsen bis in die Grundfeste erschüttern sollte. Im konkreten Fall war es ein gutaussehender, schwarzhaariger Belgier mit adrettem Schnurrbart namens André Giron, der Hauslehrer von Luises Kindern. Die enttäuschte und leidenschaftliche Kronprinzessin, die so empfänglich für Bewunderung war, fiel völlig auf André Girons Avancen herein und begann mit ihm eine Affäre. In ihrer Verliebtheit dürfte Luise völlig verdrängt haben, dass sie natürlich noch immer bespitzelt wurde. Das Verhältnis kam somit ans Tageslicht und, noch viel schlimmer, es wurde auch öffentlich publik. Die Zeitungen behandelten die Affäre der Kronprinzessin zum Sprachlehrer ihrer Kinder als Supergau: Eine Kronprinzessin von Sachsen, die zudem aus dem altehrwürdigen Haus Habsburg stammte, hatte sich dermaßen erniedrigt, mit einem Domestiken ein Verhältnis einzugehen!

Luise hatte definitiv einen schweren Fehler gemacht. Als Prinzessin und verheiratete Frau hätte sie sich auf keine Affäre einlassen dürfen. Außerdem, besonders pikant, war sie zu diesem Zeitpunkt bereits schwanger mit ihrem sechsten Kind. Der Hof reagierte mit schweren Sanktionen auf den Ehebruch: Luise durfte ab nun ihre Kinder nicht mehr alleine sehen. Und da ihre Umgebung hysterische Anfälle fürchtete – was immer darunter zu verstehen war –, wollte man sie in einem Erholungsheim unterbringen. Die Kronprinzessin fürchtete jedoch, und wahrscheinlich nicht zu Unrecht, dass man sie in eine Nervenheilanstalt stecken wollte.

Was nun passierte, war wohl vor allem darauf zurückzuführen, dass eine verängstigte Schwangere von den Reaktionen ihrer Umwelt derart eingeschüchtert war, dass sie vollends die Nerven verlor. Die Kronprinzessin, die befürchtete, ihr Kind in einer psychiatrischen Anstalt zur Welt bringen zu müssen, flüchtete in ihre Heimatstadt Salzburg, wo man sich keineswegs über die Ankunft der »unmöglichen« Tochter freute; die Eltern rieten ihr stattdessen, so schnell wie möglich wieder zu Mann und Kindern heimzukehren. Für Luises Eltern war es eine peinliche Situation: Behielten sie ihre Tochter bei sich, käme dies einer Anerkennung ihres Fehlverhaltens gleich. Und den Kaiser in Wien wollte man auch nicht verärgern, denn dessen Meinung war klar: Eine Ehefrau gehört an die Seite ihres Mannes und eine Kronprinzessin zu ihrem Land.

Kronprinzessin Luise, die sich inzwischen in einem emotionalen Ausnahmezustand befand, machte nun einen endgültigen Schritt, von dem es kein Zurück mehr gab. Sie verließ nach einem Diner unbemerkt und heimlich die Salzburger Residenz, fuhr zum Bahnhof und bestieg dort in Begleitung ihres Bruders Leopold, ihres einzigen Vertrauten, einen Zug nach Zürich. Als erste Kronprinzessin suchte sie in einer neutralen Republik Zuflucht vor ihrer königlichen Familie. In Zürich traf sie mit ihrem Geliebten André Giron zusammen, der nach dem Publikwerden des Skandals sofort vom sächsischen Hof verwiesen worden war.

Leicht skurril mutet die Situation an, wenn man Folgendes bedenkt: Auch Luises Bruder Leopold hatte nicht allein aus brüderlicher Obsorge seine Schwester in die Schweiz begleitet, sondern weil auch er Probleme mit der Familie hatte. Leopold hatte die feste Absicht, eine polizeilich registrierte Prostituierte namens Wilhelmine Adamowicz zu heiraten, was ihm sein Vater und der österreichische Kaiser, natürlich strikt untersagt hatten. Nun saß diese

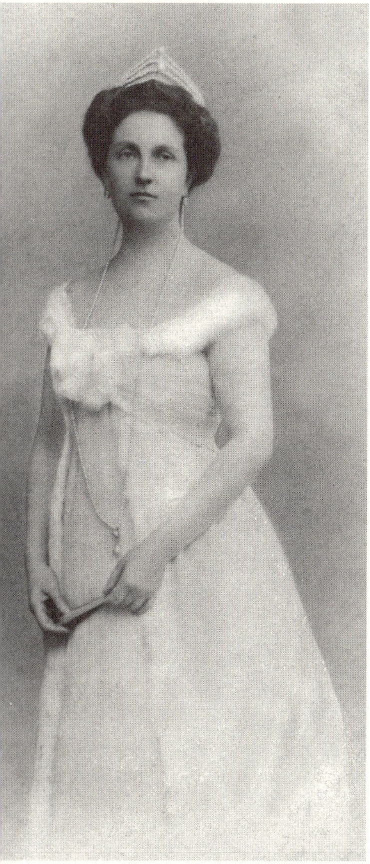

**Kronprinzessin Luise von Sachsen begann ein Verhältnis mit dem Lehrer ihrer Kinder und flüchtete in die Schweiz.**

»Viererbande« – die schwangere sächsische Kronprinzessin, ihr Geliebter, der Lehrer, der österreichische Erzherzog und seine Verlobte, die Prostituierte – in Zürich und hatte eigentlich keinen Plan, was als Nächstes zu tun sei.[336]

Indessen schlug die Nachricht von der Flucht der sächsischen Kronprinzessin wie eine Bombe ein. Vor allem in Europas Königshäusern war die Aufregung groß; man stelle sich vor: Ein – weibliches! – Mitglied der königlichen Gilde flieht heimlich mit dem Sprachlehrer in die neutrale Schweiz und ist dabei auch noch schwanger mit einem Kind des Kronprinzen. Dem nicht genug, wohnt die Kronprinzessin in einem Züricher Hotel in einem Zimmer mit ihrem Geliebten und nebenan der eigenartige Bruder mit einer Wiener Straßenhure.

Hunderte Journalisten und Fotografen belagerten das Hotel, denn die Meldung, dass eine künftige Königin mit dem Lehrer ihrer Kinder durchgegangen sei und sich in eine Republik geflüchtet habe, um der Strafe des Hofes zu entgehen, war natürlich ein gefundenes Fressen für Europas Boulevardblätter. Die Gazetten brachten seitenlange Artikel über die spektakuläre Flucht Luises und ihre Journalisten verfolgten jede Spur eines möglichen, weiteren Skandals. Sie führten Interviews mit angeblichen Insidern, und hin und wieder ließ sich selbst Luise zu einer Äußerung an die Paparazzi hinreißen, die vor ihrem Hotel postiert waren. Dass sich in den Zeitungsartikeln die Grenzen zwischen Wahrheit,

Spekulation und Tratsch mittlerweile verschoben hatten und die Geschichten immer phantastischer wurden, verwundert wohl nicht.

Das völlig überforderte sächsische Königshaus beging nun eine Reihe von schweren Fehlern. Anstatt nach einer Lösung zu suchen, wie man die peinliche Situation unter Vermeidung weiterer Kollateralschäden beenden könnte, kam man auf eine dumme Idee nach der anderen.

Zu den peinlichsten Einfällen gehörte der Plan, einen sächsischen Kriminalkommissar nach Zürich zu schicken, um die Kronprinzessin auch wider ihren Willen nach Dresden zurückzubringen. Doch der Kommissar scheiterte an der Wachsamkeit der Genfer Polizei, die das Kidnapping Luises somit in letzter Minute verhinderte – eine Konsequenz war, dass die Schweiz sich offiziell wegen dieses diplomatischen Vorfalls beschwerte.

Nach diesem Misserfolg versuchte man es mit einem internationalen Haftbefehl. Die Begründung lautete: Luise habe in einem Zustand der geistigen Verwirrung die Kronjuwelen gestohlen und errege außerdem öffentliches Ärgernis. Die Anschuldigung war an den Haaren herbeigezogen, denn die Kronprinzessin hatte auf ihrer Flucht nur jenen Schmuck bei sich, den sie trug – und das waren sicher nicht die sächsischen Kronjuwelen. Und so wurde, da die Vorwürfe nicht haltbar waren, die Fahndung schon nach wenigen Tagen wieder eingestellt.[337]

Da der sächsische Hof die Kronprinzessin auf diese Weise nicht wieder zurückbringen konnte, drehte man den Spieß um und ließ offiziell verlautbaren, dass das Land seine zukünftige Königin verloren habe. Die Behörden erhielten den Auftrag, der – nun ehemaligen – Kronprinzessin die Einreise nach Sachsen zu verweigern und sie, falls sie dennoch illegal einreiste, festzunehmen. Ihr Hofstaat wurde aufgelöst, ihr Name aus allen offiziellen Hofkalendern gestrichen – für das Königshaus existierte Luise ab jetzt nicht mehr.

Allerdings hatte man Luises Popularität unterschätzt. Die Ausweisung der Kronprinzessin wurde zum Politikum. Die Bevölkerung war dagegen, dass der unbeliebte König das einzige Mitglied seiner Familie verstieß, das sich je für ihre Belange interessiert hatte. Es kam zu Massendemonstrationen vor dem Dresdener Schloss und zu Polizeieinsätzen. Wenn das sächsische Königshaus gehofft hatte, die ungeliebte Kronprinzessin mitsamt der Berichterstattung über sie loszuwerden, indem man sie aus der Familie und aus dem Land warf, hatte es sich gründlich getäuscht. Die Zeitungen ganz Europas berichteten jetzt davon, dass eine Königsfamilie eine Kronprinzessin loswerden wollte, doch das Volk sich dagegen wehrte.

Alle Beteiligten dieser Affäre fanden sich in einer Pattsituation wieder. Was auch immer der sächsische Hof versuchte, um den unerträglichen Status quo zu beenden – es löste neue Aufregung und Empörung aus. In Zürich saß Luise inmitten ihrer eigenartigen Entourage und konnte nirgends hingehen, ganz abgesehen davon, dass sie mittellos war. Und der Zeitpunkt der Geburt rückte immer näher. Dass das Kind eines künftigen europäischen Königs, dessen Mutter eine Habsburgerin war, im Exil in der Schweiz geboren würde, war zu peinlich. Schließlich versuchte der österreichische Kaiser, Luise zur Rückkehr zu bewegen. Er ließ seiner Großnichte über Mittelsmänner ausrichten, dass sie, sollte die sächsische Königsfamilie auf ihrer Ausweisung bestehen, in Wien Asyl erhielte. Sie könne in ein Kloster oder eine Heilanstalt ihrer Wahl gehen und würde ihre Position als Habsburgerin behalten können. Doch Luise wollte nicht in die alte Heimat zurückkehren. Zu sehr befürchtete sie, dass sie trotz aller Zusicherungen gegen ihren Willen weggesperrt würde, wenn nicht vom alten Kaiser, dann von dessen Nachfolger.

Mit dieser Weigerung hatte die ehemalige Kronprinzessin nun endgültig alle Höfe brüskiert: »Der Hof von Sachsen ist in Trauer, der von Wien in Verzweiflung, der von Berlin in Empörung, der von Rom in Verlegenheit«, schrieb ein Journalist über Luise.[338] Hatte man vorher noch versucht, Luise irgendwie wieder in den Schoß der großen königlich-kaiserlichen Familie zurückzuholen, ließ man sie jetzt völlig fallen:

Zuerst wurde ihre Ehe beendet. Das zu bewerkstelligen war allerdings eine juristisch heikle Angelegenheit: Luise und der sächsische Kronprinz hatten nur kirchlich geheiratet; ihre Ehe konnte also nicht geschieden werden. Zwar hätte man sie für ungültig erklären können – das wäre aber bei fünf gemeinsamen Kindern kaum glaubhaft gewesen. Weiters gab es die Möglichkeit, einen Formalfehler bei der Eheschließung ausfindig zu machen und dann auf die Nichtigkeit der Ehe zu plädieren. Das hätte jedoch als Konsequenz nach sich gezogen, dass die Kinder des Kronprinzenpaares illegitim und von der Thronfolge ausgeschlossen gewesen wären – was wiederum die Existenz des sächsischen Königshauses bedroht hätte. In der jüngsten Generation der Dynastie gab es nur Luises drei Söhne, die als Thronanwärter infrage kamen, da der jüngere Bruder des Kronprinzen ein katholischer Priester und dem Zölibat verpflichtet war.

Übrig blieb somit nur die Aufhebung der ehelichen Gemeinschaft, sprich: die Trennung von Tisch und Bett, die auf die Gültigkeit der Ehe keinen Einfluss hatte – und auch sofort bewilligt wurde; es stand ja zweifelsfrei fest, dass Luise ihren Ehemann betrogen und verlassen hatte. Durch die Aufhebung der ehelichen Gemeinschaft hörte Luise automatisch auf, ein Mitglied des sächsischen Königshauses zu sein. Sie verlor ihren Titel als Kronprinzessin, ihren Rang, ihre Apanage und das Sorgerecht über ihre Kinder. Bei der öffentlichen Verkündung des Gerichtsurteils waren zahlreiche Journalisten aus dem In- und Ausland anwesend; Extrablätter wurden gedruckt, um den Jahrhundertskandal hinauszuposaunen – ein Königshaus hatte eine untreue Ehefrau verstoßen und ihr alles genommen.

Jetzt hätte Luise eigentlich wieder ihren Mädchentitel »Erzherzogin von Österreich« annehmen können; das jedoch wusste das Haus Habsburg zu verhindern. Die skandalöse Prinzessin, die das sächsische Königshaus verstoßen hatte, sollte nun nicht unter dem Name Habsburg für weitere Schlagzeilen sorgen. Auch die Habsburger schlossen also Luise aus ihrem Familienverband aus, sie verlor damit alle Rechte einer kaiserlichen Hoheit und den Anspruch auf die obligate jährliche Ausschüttung aus dem Familienvermögen, die jedem Mitglied des Hauses Habsburg zustand. Aus dem Verzeichnis aller lebenden Habsburger wurde ihr Name gelöscht.

Luise war damit nicht nur mittellos, sie hatte auch ein praktisches Problem. Wie sollte sie jetzt heißen? Sie durfte weder den Namen ihres Mannes noch ihren Mädchennamen tragen. Als Gnadenakt verlieh ihr der österreichische Kaiser den Titel einer Gräfin von Montignoso, nach einem Schloss, das Luises Familie besaß. All dies erhielt Luise schriftlich mitgeteilt. Sie war das erste Mitglied des Hauses Habsburg, das aus dem österreichischen Kaiserhaus einseitig ausgeschlossen wurde.

Luise war mit einem Schlag aus dem königlichen Nest gefallen, sie gehörte nicht mehr in den Kreis der Royals und musste zusehen, wie und wovon sie leben sollte. Einzig ungeklärt war die Situation ihres noch ungeborenen Kindes. Auf Anraten ihres Anwalts zog Luise sich in ein Privatsanatorium namens La Métairie am Genfer See zurück, wo sie in Ruhe entbinden wollte. Das Sanatorium entpuppte sich jedoch als Nervenheilanstalt – in ihren Erinnerungen schreibt Luise, dass sie erst bei ihrer Ankunft davon erfahren hätte. Jedenfalls versuchte niemand, sie nach der Geburt des Kindes in der Anstalt zu behalten. Um das neugeborene Mädchen Anna Monika Pia, das im Mai

1903 zur Welt gekommen war, sollte nun ein jahrelanger Streit zwischen Luise und dem sächsischen Hof entbrennen. Denn an der Vaterschaft des Kronprinzen von Sachsen, Luises Ehemann, zweifelte seine Familie nicht. Sowohl das Geburtsdatum als auch das Aussehen des kleinen Mädchens – es war so blond und blauäugig wie der Vater – ließen keinen anderen Schluss zu. Friedrich August anerkannte die Vaterschaft, womit er das Recht auf das Kind erhielt. Vorläufig ließ man das Mädchen aber noch bei der Mutter.

Luises Lebensstil im Exil war für ihre nunmehr ehemalige Familie weiterhin untragbar und in den Augen ihrer Kritiker auch ungeeignet für ein Kind, das offiziell Mitglied eines Königshauses war. Von ihrem Liebhaber, dem Lehrer André Giron, hatte sich Luise zwar getrennt, doch weitere Männer folgten. Nach einem Intermezzo mit einem italienischen Liebhaber wurde der Musiker Enrico Toselli Luises nächster Partner. Die Affäre mit Toselli mündete sogar in eine Ehe – zivil heiraten durfte Luise ja wieder, auch wenn die kirchliche Ehe weiterhin aufrecht blieb. Bei der Hochzeit war Luise sechsunddreißig Jahre alt, Toselli jugendliche dreiundzwanzig. Das Paar hatte selbst kein nennenswertes Einkommen und lebte von den monatlichen Zahlungen von Luises erstem Mann, der seine Ex-Frau, wohl um zusätzliche Skandale zu verhindern, weiter finanziell unterstützte.

**Nach ihrer Trennung heiratete Luise den bürgerlichen italienischen Musiker Enrico Toselli. Auch diese Ehe scheiterte.**

Doch nach der neuerlichen Eheschließung wollte Friedrich August, der mittlerweile König von Sachsen geworden war, die nun vierjährige Anna Monika Pia endgültig zu sich holen. Dass Luise schließlich zustimmte, auf das Mädchen zu verzichten, hatte wohl auch damit zu tun, dass der König sich bereit erklärte, die monatlichen Zahlungen an sie zu erhöhen. Luise selbst rechtfertigte sich später und gab an, sie habe ihr Kind nicht um

**Die ehemalige Kronprinzessin Luise mit ihrer im Exil geborenen Tochter Anna Monika Pia. Sie musste das Mädchen im Alter von fünf Jahren dem sächsischen Königshaus übergeben.**

die Vorteile seiner hohen Geburt bringen wollen. Mit fünf Jahren wurde Anna Monika Pia ihrem Vater, den sie bisher nie gesehen hatte, übergeben und lernte nun ihre anderen fünf königlichen Geschwister kennen. Bei Hof wurde sie Prinzessin Anna genannt; nichts sollte mehr an ihre ersten Lebensjahre bei der Mutter erinnern.

Zusammenfassend kann man sagen: Die Folgeschäden von Luises Affäre mit dem Lehrer ihrer Kinder waren enorm. Mehrere Leben waren zerstört, eine Familie zerrissen, der Ruf des sächsischen Königshauses angeschlagen. Zudem sollte die Boulevardpresse das Königshaus bis zum Ende der Monarchie im Visier behalten. Das Pech der sächsischen Königsfamilie war, dass Kronprinzessin Luise es abgelehnt hatte, sich den »Strafmaßnahmen« zu fügen, die sie in Sachsen erwartet hätten – wahrscheinlich die Einweisung in eine Nervenheilanstalt sowie ein Leben unter noch stärkerer Kontrolle, als es vorher schon der Fall gewesen war. Die Kurzschlussreaktion einer Schwangeren, die das – berechtigte – Gefühl hatte, dass niemand ihr wirklich helfen wollte, führte zu einer für alle Beteiligten katastrophalen Situation. Hätte man sich in der ersten Phase ihrer Flucht ernsthaft um Luise bemüht und ihr glaubhaft versichert, dass ihr kein Leben in einer psychiatrische Anstalt drohe, wäre vielleicht noch eine Lösung möglich gewesen. Doch irgendwann, als auch Luise erkannte, dass es keinen Weg zurückgab, verhärteten sich die Fronten: Das Königshaus ließ Luise fallen und Luise bemühte sich daraufhin nicht einmal mehr, den Anschein eines »anständigen« Lebenswandels zu wahren. Sie nutzte nur mehr das letzte Druckmittel, das sie hatte – die Angst des Königshauses vor weiteren Skandalen –, um die Unterhaltszahlungen ihres Ex-Mannes, des Königs, weiter zu erhalten.

Eine Prinzessin, die sich anmaßte, den Pfad der Tugend zu verlassen, und auch nicht mit gesenktem Kopf die für sie vorgesehenen Strafen annehmen wollte, konnte weder mit Verständnis noch mit Vergebung rechnen. Sie musste die vollen Konsequenzen ihres Handelns tragen: den Verlust ihrer Kinder, ihres Heims, ihrer Stellung, und dazu kam noch eine gehörige Portion öffentlicher Demütigung.

Gewinner gab es in diesem Trauerspiel keine, dafür jede Menge Verlierer. Luises fünf Kinder mit dem Kronprinzen wuchsen mutterlos am Hof ihres Vaters auf; selbst als zwei der Kinder ernsthaft erkrankten, blieb ihrer Mutter der Zugang zum Krankenbett verwehrt. Das jüngste Kind war bei Luises Flucht erst eineinhalb Jahre alt. Luises sechstes Kind, Anna Monika Pia, musste die Mutter im Alter von fünf Jahren verlassen und in eine Familie »zurückkehren«, die es vorher nie gesehen hatte. König Friedrich August,

**Familienbild ohne Königin: König Friedrich August III. von Sachsen im Kreis seiner Kinder. Seine Frau Luise wurde wegen ihrer Skandale des Landes verwiesen.**

Luises Ex-Mann war bei der Trennung erst siebenunddreißig Jahre alt, aber eine weitere Ehe und eine neue Familiengründung waren dem strenggläubigen Katholiken verwehrt, so lange Luise lebte.

Auch Luise fand kein privates Glück mehr. Von ihrem zweiten Ehemann, dem Musiker Toselli, bekam sie noch ein Kind, ihr siebtes. Dennoch wurde die Ehe schon vier Jahre nach der Hochzeit wieder geschieden. Anschließend zog Luise rastlos herum, sie schien nirgends Wurzeln schlagen zu können. Für ein Leben abseits der Sicherheit eines Hofes fehlten ihr die Fähigkeiten, auch hatte sie nie gelernt, den Wert des Geldes richtig einzuschätzen – Geld verdiente man nicht, Geld erhielt man, entweder als Apanage oder Unterhalt vom Ehemann. Mit dem Ersten Weltkrieg und dem Ende der Monarchie in Sachsen im Jahr 1918 versiegte Luises einzige Geldquelle langsam. Friedrich August, inzwischen exilierter Ex-König, half ihr bis zu seinem Tod noch immer mit kleineren Beträgen, und auch ihre Kinder unterstützten später jene Frau, die sie Jahrzehnte nicht mehr gesehen hatten. Dennoch verarmte sie zusehends.

Ihr letztes Lebensjahrzehnt verbrachte die ehemalige Kronprinzessin in Brüssel. Nach dem Einmarsch der Deutschen im Zweiten Weltkrieg versiegten die Unterstützungsgelder ganz und nach Kriegsende 1945 verhinderten nur mehr die Überlebenspakete der internationalen Hilfsorganisationen, dass Luise nicht verhungerte. 1947 starb die geborene Erzherzogin von Österreich und verheiratete Kronprinzessin von Sachsen im Alter von siebenundsiebzig Jahren einsam und völlig mittellos in einem kleinen Mietzimmer in Brüssel.

In Erinnerung blieb Luise als skandalöseste Prinzessin des frühen 20. Jahrhunderts. Baronin Spitzemberg, eine der scharfsinnigsten Beobachterinnen ihrer Zeit, schrieb in ihr Tagebuch über den entsetzlichen Skandal am sächsischen Hof, der »wirklich an Widerlichkeit seinesgleichen sucht! Fünf Kinder, einen Mann, einen Thron zurückzulassen, um mit 32 Jahren, in der Hoffnung von dem Hauslehrer dieser Kinder durchzugehen! – Es ist geradezu entsetzlich! Wenn die fürstlichen Frauen also sich vergessen, so allem Hohn sprechen, was sonst auch im Unglück für anständig, vornehm, christlich galt, dann nehmen sie sich selbst das Recht des Bestehens.«[339] Eines sollte man den scharfen Worten der Baronin vielleicht noch hinzufügen: Kronprinzessin Luise hatte sich trotz ihrer Affäre nicht unmoralischer benommen als alle ihre männlichen Standesgenossen. Im Unterschied zu diesen musste sie aber bitter für ihren Fehltritt bezahlen.

Vielleicht hatte man Luise auch deshalb so gnadenlos fallengelassen, weil an Europas Königs- und Kaiserhäusern mittlerweile die Angst umging, dass die Prinzessinnen sich mehr Rechte herausnehmen könnten, falls die »Strafen« für jene Frauenzimmer, die ihre Dynastien blamierten, nicht hart genug ausfielen. Je mehr Angst die Frauen vor den Konsequenzen eines Fehltrittes hatten, desto geringer – hoffte man – wäre die Zahl derer, die wagten aufzubegehren. Darum neigte man dazu, besonders harte Exempel zu statuieren. Allerdings dürfte bei der »Erledigung« von Kronprinzessin Luises Angelegenheit auch ein Skandal, der erst wenige Jahre zuvor Europas Höfe aufgeschreckt hatte, eine Rolle gespielt haben:

Ausgelöst wurde dieser erste große, öffentliche und entsprechend rufschädigende Skandal um eine Frau aus einem Königshaus von der belgischen Prinzessin Louise. Die 1858 geborene Louise war die älteste Tochter von König Leopold II., jenem Monarchen, der später in zweiter Ehe eine ehemalige Straßenprostituierte heiratete. Louise wurde 1875 mit ihrem Cousin Philipp von Sachsen-Coburg-Gotha verheiratet, einem der reichsten Männer seiner Zeit. Der Sitz dieser Nebenlinie der belgischen Königsfamilie war Wien, hier lebte Philipp in einem der prächtigsten Palais der Stadt. Philipp war ein ausgemachter Lebemann; er stand mit der Wiener Halbwelt auf vertrautem Fuß und pflegte zugleich einen engen Kontakt zum österreichischen Kaiserhaus, mit dem er über seine Frau auch verschwägert war – denn Louises jüngere Schwester Stephanie war die Witwe von Kronprinz Rudolf.

Dass man die unschuldige Louise mit dem bekanntesten Schürzenjäger der Residenzstadt verheiratet hatte, belastete ihren Vater nicht wirklich. Ebenso wenig, dass der Bräutigam doppelt so alt war wie seine siebzehnjährige Braut. Doch Philipp von Coburg schuf sich aus dem schüchternen Mädchen eine Frau nach seinen Vorstellungen. Er gab ihr erotische Literatur zu lesen und führte sie in seine stattliche Sammlung ostasiatischer Figuren ein, die hauptsächlich pornografische Stellungen zeigten. Er gewöhnte Louise an berauschende Getränke und »erzog« sie, die er nur »die belgische Gans« nannte, zur mondänen Dame von Welt, die sich in eroticis bestens auskannte. Und Philipps belgische Gans lernte schnell, wurde mondäner, als für sie gut sein sollte, und warf das Geld ihres Ehemanns mit beiden Händen zum Fenster hinaus. Die Summe ihrer Ausgaben stieg ins Astronomische; die anfangs bescheidene Prinzessin aus Belgien war im Handumdrehen zur luxuriösesten Frau Wiens geworden.

Die belgische Königstocher Louise von Coburg begann ein Verhältnis mit einem Leutnant, rutschte in einen Privatkonkurs und wurde schließlich entmündigt.

Prinz Philipp von Sachsen-Coburg-Gotha weigerte sich, die Schulden seiner Frau Louise zu bezahlen.

Philipp von Sachsen-Coburg-Gotha blieb trotz der Geburt zweier Kinder – ein Sohn und eine Tochter – der, der er vor der Ehe war, und betrog seine Frau jeden Tag. Er gestattete Louise, sein Geld mit vollen Händen auszugeben, dafür hatte sie seine Vorliebe für leichte Damen zu akzeptieren. Er gestand ihr sogar hin und wieder eigene Liebschaften zu, solange – und das war das Wichtigste – nach »außen« hin die Fassade einer intakten Ehe gewahrt blieb.

Gegen diese eiserne Regel verstieß Louise, als sie sich in den feschen kroatischen Ulanenleutnant Geza von Mattachich verliebte. Die beiden begannen ein Verhältnis und trafen einander regelmäßig in den feinen Kurorten der Monarchie; offiziell gab Geza der Prinzessin nur Reitunterricht. Prinz Philipp schöpfte bereits Verdacht, als seine Ehefrau ihm Mattachich als neuen Adjutanten andiente, aber um Gerede zu vermeiden, ließ er sich nichts anmerken – noch nicht.

Louise, schwer verliebt und ohne Freunde, die sie zur Zurückhaltung gemahnt hätten, beging nun den Fehler, allzu öffentlich mit ihrem Ulanenleutnant aufzutreten. Als sich das Pärchen in ein privates Séparée im Wiener Luxushotel »Sacher« zurückgezogen hatte – ausgerechnet hier, wo die gesamte Hofgesellschaft ein und aus ging –, wurde es von Erzherzog Ludwig Victor gesehen, der größten Klatschtante des Hofes, der als Bruder des Kaisers seine spitzen Bemerkungen gleich an höchster Stelle anbringen konnte. Der Kaiser liebte weder Tratsch über Mitglieder seines Hofes noch Frauen, die sich unpassend benahmen. Louise wurde in die Hofburg zitiert, wo ihr befohlen wurde, sich für einige Zeit zurückzuziehen und dem Gerede nicht weiter Nahrung zu liefern.

Was genau Louise an diesem kaiserlichen Rat falsch verstand, lässt sich nicht mehr klären. Sie zog sich zwar zurück, allerdings nur aus Wien und gemeinsam mit Geza von Mattachich. Das verliebte Paar reiste nach Paris, Cannes, Karlsbad und Meran, trat überall als Paar auf und lebte in Saus und Braus. Die Prinzessin war Stammkundin bei den teuersten Lieferanten, zahlte aber keine einzige Rechnung – dafür war schließlich ihr Mann zuständig. Der dachte aber nicht mehr daran, das Luxusleben seiner Frau und ihres Liebhabers zu finanzieren.

Louises Liebesleben war bald das Lieblingsthema von Europas Society-Blättern. Prinz Philipp selbst betrog seine Frau zwar permanent, das pfiffen die Spatzen von Wiens Dächern, doch für Ehefrauen galten immer noch andere Gesetze. Dass eine Prinzessin von königlicher Abstammung ihrem Ehemann derart die Hörner aufsetzte, war seinerzeit für einen Mann von Philipps Herkunft untragbar und er tat, was ein Mann von Welt damals tun musste: Er schickte dem Liebhaber seiner Frau eine Aufforderung zum Duell. Beim darauffolgenden Säbelduell wurde Philipp verwundet; schlimmer war allerdings, dass durch das Duell seine und Louises Skandalehe erst recht wieder im Fokus der Öffentlichkeit stand. Wer der Bösewicht in dieser Ehe war, schien allen klar. Kaiser Franz Joseph schrieb an seine gute Freundin Katharina Schratt: »Ich besuchte auch noch den armen Philipp, der doch noch schwer verwundet ist und den Arm in der Schlinge trägt. Er ist durch alle Schweinereien seiner Frau sehr gedrückt.«[340]

Prinzessin Louise hatte das Duell wenig beeindruckt; sie setzte ihr Luxusleben mit dem Liebhaber fort. Doch ihr Ehemann dachte nun nicht mehr daran, den Schein einer intakten Ehe zu wahren: Philipp weigerte sich, für das

Luxusleben des Paares aufzukommen, dessen Schulden sich bereits in Millionenhöhe bewegten. Bisher hatte der reiche Mann, um einen Skandal zu vermeiden, selbst horrende Rechnungen seiner Frau übernommen. Jetzt aber, da ohnehin ganz Europa um den Zustand seiner Ehe wusste, musste er dieses »Schweigegeld« auch nicht mehr zahlen.

Louise hatte noch nie im Leben darüber nachdenken müssen, was passiert, wenn man Rechnungen nicht begleicht. Und so nahm sie die Ankündigung Philipps, für ihre Schulden nicht mehr aufzukommen, einfach nicht zur Kenntnis und kaufte weiter in geradezu manischer Weise ein. Kredit wurde der Königstochter immer und überall gewährt, schließlich hatte der legendär reiche Ehemann bislang stets gezahlt. Doch nun machte Prinz Philipp sowohl seiner Frau als auch den Gläubigern einen Strich durch die Rechnung: Er gab in einem französischen Anzeigenblatt bekannt, dass er für die Schulden von Louise keine Haftung mehr übernehme. Die Annonce wurde auch in den wichtigsten europäischen Zeitungen geschaltet.

Diese öffentliche Ankündigung war nicht nur peinlich für das österreichische und das belgische Herrscherhaus, sondern auch für alle anderen Dynastien. Der jetzt einsetzende Presserummel war die schlechteste PR für das königliche Europa: Die Tochter eines Königs und Angehörige des österreichischen Kaiserhauses reiste mit ihrem Liebhaber quer durch Europa, im Schlepptau ihre Gläubiger, die nun, da der Ehemann nicht mehr für sie aufkam, ihr Geld zurück haben wollten. Als der Druck der Schuldner auf Louise stärker wurde, machte sie einen entscheidenden Fehler, der sie in noch größere Schwierigkeiten stürzte. Sie fälschte einige Wechsel, indem sie den Namen ihrer Schwester Stephanie, der Kronprinzen-Witwe, darunter setzte, auch noch recht ungeschickt, und glitt damit in die Kriminalität ab. Ihre Schwester wusste natürlich von nichts. Als sich die Gläubiger an den Wiener Hof wandten, um ihr Geld einzutreiben, mussten sie erfahren, dass sie Fälschungen aufgesessen waren. Der Wiener Hof reichte daraufhin bei der Staatsanwaltschaft Anzeige ein.

Ab nun war Louises Schicksal besiegelt, und es ging Schlag auf Schlag abwärts. Prinz Philipp hatte auf Drängen des österreichischen Kaisers die Scheidung eingereicht; Louises Vergehen war so untragbar, dass selbst eine Scheidung am katholischen Hof besser war, als solch eine Frau – eine Fälscherin! – weiter in der Verwandtschaft zu haben. Mit der Scheidung allein war es aber nicht getan. Wie sollte man mit den restlichen Problemen umgehen? Natürlich konnte eine Königstochter nicht vor Gericht gestellt werden – wie hätte das denn für Europas Herrscherhäuser ausgesehen? Außerdem, wer weiß, was bei einem Prozess noch alles herauskäme, und die Presse lauerte schon. Aber Louises Schulden wollte man auch nicht übernehmen. Und nun schmiedeten der belgische König – Louises Vater – und der österreichische Kaiser, dessen Hof einen Image-Schaden erlitten hatte, einen perfiden Plan, wie man das Schuldenpärchen Louise und Mattachich loswerden konnte:

Leutnant Mattachich wurde auf allerhöchsten Befehl in Untersuchungshaft gesteckt und des schweren Betrugs angeklagt – behauptet wurde, er hätte vier Wechsel selbst gefälscht – und zu sechs Jahren schwerem Kerker verurteilt. Das Urteil war ein reines Gefälligkeitsurteil gegenüber dem Kaiserhof. Mattachich war damit von der Bildfläche verschwunden; in einigen Jahren, wenn er wieder freikäme, würde niemand mehr von ihm sprechen.

Jetzt musste man noch Louise loswerden. Sie wurde entmündigt und in eine psychiatrische Anstalt gesperrt. Zwei Gerichtsärzte beglaubigten, dass die Prinzessin aufgrund ihres Geisteszustands den Schutz des Gesetzes brauche. Um die fragwürdige Diagnose abzusichern, die aus einer leichtlebigen, aber mental gesunden Frau eine Geistesgestörte machte, die ihrer Bürgerrechte enthoben wurde, holte man als weiteren Gutachter den führenden Sexualtherapeuten der damaligen Zeit, Dr. Richard von Krafft-Ebing. Dieser diagnostizierte, dass die Prinzessin an einem »geistigen Schwächezustand leide und dass ihre Vernunft, ihr Wille und ihre ethischen Leistungen eine erhebliche Abschwächung darbieten«.[341] Im Amtsblatt der »Wiener Zeitung« wurde bekanntgegeben, dass Louise von Sachsen-Coburg-Gotha unter Kuratel stehe.[342] Die Prinzessin wurde in eine Anstalt für Geisteskranke in Dresden überführt.

Die hohen Herrschaften hatten die Rechnung aber ohne den Wirt gemacht, was in diesem Fall heißt: ohne die Öffentlichkeit. Denn das Schicksal der Louise Coburg hatte die Aufmerksamkeit der Bevölkerung erregt. Kaum jemand fand ihren verschwenderischen Lebenswandel sympathisch, aber dass man eine gesunde Frau, die unbequem geworden war, willkürlich verschwinden ließ und Gerichte und Ärzte dabei willfährige Helfer waren, empörte die meisten. Die Presse stellte laut die Frage, warum niemand aufschrie, weder Ärzteschaft noch Richter, wenn ein gesunder Mensch, nur um den Mächtigen eine Peinlichkeit zu ersparen, für wahnsinnig erklärt und für immer weggesperrt wurde.[343]

Die Wiener Arbeiterzeitung schrieb: »Um sich der Zahlung der Schulden seiner Frau zu entziehen, hat nun der Prinz von Coburg ein sowohl sehr einfaches, aber eigentlich nicht ganz zulässiges Mittel gewählt. Er hat nämlich seine Frau, obwohl sie so gesund wie nur möglich, ins Irrenhaus sperren lassen.« Und eine ungarische Zeitung ging noch einen Schritt weiter: »Wir sind weit entfernt von jeder Sentimentalität; das Weib, das sich so weit vergessen hat ... verdient keine Sympathie. Warum schreiben wir über diese Sache? Weil wir im Lauf der letzten Dezennien in puncto allgemeiner Moral bei den regierenden Familien die bösesten Beispiele wahrnehmen. Trinkgelagen, Ehebrüchen, Scheidungen, Enttäuschungen und Skandalen aller Art begegnen wir dort, wo die größte Etikette herrscht und wo man von den Untertanen die größte Ehrerbietung fordert ... Dieses Verhalten geht als böses Beispiel auf die Gesellschaft über.«[344]

Prinzessin Louise saß nun in der Anstalt für Geisteskranke, Geza von Mattachich im Kerker, aber dem Kaiserhaus hatte das Wegsperren kein Glück gebracht, es kam nicht mehr zur Ruhe. Seine Vorgehensweise war zu widerlich gewesen, um ignoriert zu werden. Mehrere Abgeordnete brachten im Reichstag eine Anfrage zum »Fall Mattachich« ein. Neue Untersuchungen wollte der Wiener Hof aber um jeden Preis verhindern, deshalb versuchte man, den Gefangenen unauffällig loszuwerden. Zu viele Fragen wurden gestellt, zu viel Staub aufgewirbelt, der Hof hatte sich zu sehr exponiert. Nach vier Jahren schweren Kerkers wurde der Leutnant begnadigt, aber nicht rehabilitiert.

Anders, als man am Kaiserhof gehofft haben mochte, zog sich Leutnant Mattachich nach seiner Begnadigung nicht als gebrochener Mann zurück. Vielmehr suchte er nach einer Möglichkeit, Louise, die in der Dresdner Anstalt festgehalten wurde, zu befreien. Nach monatelanger Vorbereitung – denn Louise wurde bei ihren Spaziergängen stets von Leibwächtern begleitet – gelang schließlich, mit Hilfe einiger Vertrauter, Louises Flucht. Und das Paar flüchtete weiter, durch Europa, dann nach Paris, wobei Zeitungsleser die Spur der beiden fiebernd verfolgten – Louises Schicksal beschäftigte die Menschen nun schon über Jahre. Seitens des Kaiserhauses gab es Versuche, Louise erneut gegen ihren Willen in eine Anstalt zu überführen, aber das Paar nutzte jetzt gezielt die Medien, um mit Wien zu kommunizieren; ohnehin konnten die beiden unter den wachsamen Augen der Öffentlichkeit kein zweites Mal weggesperrt werden. Die Behörden zogen es schließlich vor, nicht zu reagieren.

Ein Problem gab es aber noch: Offiziell stand die Prinzessin noch immer unter Kuratel. Und so forderte der Wiener Hof eine neuerliche psychiatrische

Untersuchung. Weil die hohe Verwandtschaft wusste, dass die Öffentlichkeit den Fall Louise Coburgs sehr genau beobachtete, beauftragte der Hof dieses Mal drei namhafte französische Psychiater. Nach mehrmonatigen Untersuchungen war das Gutachten fertig. Es wurde der österreichischen Botschaft übergeben und anschließend in ganz Österreich bekanntgemacht. Die drei unabhängigen Experten stellten in diesem Gutachten nicht nur fest, dass es keinen Grund für eine neuerliche Internierung Louises gab, sondern sie fragten darin auch, wie denn die österreichischen Kollegen jemals »Schwachsinn« und »Wahnsinn« bei der offensichtlich geistig gesunden Prinzessin diagnostizieren, ja überhaupt wahrnehmen konnten, und mit welcher Begründung dieser Frau ihre Bürgerrechte genommen wurden.[345]

Das Urteil der französischen Ärzte war für den Wiener Hof, für die Familie Habsburg, die Familie Coburg und für die beteiligten österreichischen Professoren eine Riesenblamage.[346] Louises Kuratel wurde aufgehoben, die kaiserliche Familie war restlos kompromittiert. Louise von Coburg wurde jetzt endlich von ihrem Mann geschieden. Sie war nun eine freie Frau, allerdings auch eine Staatenlose: Mit der Scheidung wurde Louise wieder zum Mitglied der belgischen Königsfamilie. Doch ihr Antrag auf Wiedererteilung der belgischen Staatsbürgerschaft wurde nie beantwortet – sie war somit offiziell staatenlos. Ihr Vater, König Leopold, wollte sie nie mehr wiedersehen.[347]

Louises weiteres Leben war dramatisch, sie erfuhr sozusagen einen sozialen Abstieg in Raten. Sie lebte weiterhin in großem Stil und machte weiterhin Schulden, im Glauben, dass sie nach dem Tod ihres Vaters ein riesiges Vermögen erben würde. Nach dieser Erbschaft wollte sie alle Schulden begleichen, auch würden keine finanziellen Sorgen mehr drohen; schließlich war ihr Vater, als ehemaliger Besitzer der Kolonie Kongo, der reichste Monarch Europas. Zwar war die Kolonie offiziell dem Staat Belgien überantwortet worden, doch der König hatte vorher genug Vermögen an sich gerafft – von dem sich Louise ihren Teil ausrechnete. Als Leopold II. allerdings im Jahr 1909 starb, fiel Louise aus allen Wolken. Um den ungeliebten ehelichen Kindern seine immensen Reichtümer zu entziehen, hatte der König all seinen Immobilienbesitz, seine Aktien und Wertpapiere auf geheime Konten und Stiftungen übertragen. Die Summen, die schließlich im Testament genannt wurden, waren lächerlich gering angesichts Leopolds tatsächlichem Vermögen. Aber wohin war dieses Vermögen geflossen?

Louise klagte den belgischen Staat, der Rechtsnachfolger als Besitzer der Kolonie Kongo war, auf ihr Erbteil. Der Staat habe – so die Argumentation ihrer Rechtsanwälte – die Verpflichtung, die rechtmäßigen Erben entsprechend zu entschädigen. Der Prozess zog sich über Jahre hin, für Rechtsgutachten, Gerichts- und Anwaltsgebühren wurde ein Vermögen verrechnet und als das Gericht Louise schließlich zwölf Millionen Francs zusprach – ein Bruchteil des einstigen Vermögens – ging die Summe sofort in der Tilgung ihrer Rechtsanwaltskosten und Schulden auf.

Ab nun lebte Louise, weiter Schulden anhäufend, auf der steten Flucht vor Gläubigern. Ihr Unglück war, dass sie – eine in finanziellen Dingen unerfahrene Frau – von windigen Geschäftsleuten ständig zu neuen Schulden verführt wurde, die sie zunehmend weniger in der Lage war zu begleichen.

Im Jahr 1917 wurde sie wieder unter Kuratel gestellt, doch nun, während des Ersten Weltkriegs, interessierte sich niemand mehr für eine alte Prinzessin, die nicht mit Geld umgehen konnte; die Menschen hatten im schlimmstem Hungerwinter seit Kriegsbeginn andere Sorgen. Louise war inzwischen völlig verarmt und lebte in München. Einmal noch hielt sie es für möglich, wieder zu etwas Geld zu kommen: Als 1921 ihr Ex-Mann Philipp von Sachsen-Coburg-Gotha starb, hoffte sie auf ein kleines Legat. Doch Philipp hatte seinen Neffen als Alleinerben eingesetzt – der einzige Sohn mit Louise und sein präsumtiver Erbe war 1916 nach einem Säureattentat durch eine Prostituierte verstorben. Und der neue Erbe dachte nicht daran, seiner Tante unter die Arme zu greifen.[348]

Am Ende waren die belgische Königstochter und Leutnant Geza von Mattachich nichts als ein mittelloses altes Paar, das Probleme mit Drogen und Alkohol hatte und in bitterer Armut lebte. Ein Liebespaar waren die beiden seit Louises Flucht aus der Dresdner Heilanstalt nicht mehr, dafür eine verbitterte Schicksalsgemeinschaft, die nie wieder in ein geregeltes Leben zurückfand. Im Jahr 1924 starb Louise im Alter von sechsundsechzig Jahren an einer Lungenentzündung.

Sowohl Louise von Belgien als auch Luise von Sachsen rutschten, als sie sich nicht wie erwartet verhielten, sozusagen die gesamte Gesellschaftshierarchie nach unten, wobei ihnen kein Einziger die Hand reichte, um einen Absturz zu verhindern. Der Unterschied zwischen Frauen und Männern in der Beurteilung von Untreue bzw. darüber, was in den Augen einer Dynastie Schande über ein Herrscherhaus brachte, konnte kaum größer sein: Während

Fehltritte, Affären, selbst öffentlich hochpeinliche Auftritte bei einem Mann fast nie zum Verlust seines Ranges führten und kein einziger Ehemann wegen Ehebruch oder Verschwendungssucht unter Kuratel gestellt wurde (obwohl so mancher die Mitgift seiner Frau durchbrachte), mussten Frauen im gleichen Fall mit der vollen Härte ihrer Familie rechnen.

Das folgende Beispiel einer weiteren, zu ihren Lebzeiten als äußerst skandalös empfundenen, aber auch ungemein verehrten Prinzessin zeigt allerdings, dass es einzig im individuellen Ermessen einer Dynastie lag, ob man eine Frau wegen eines Fehltritts fallen ließ oder – wie bei den männlichen Royals üblich – versuchte, sich zu arrangieren. Deutlich erkennbar wird auch, dass feste Familienbande helfen konnten, eine Krisensituation relativ unbeschadet zu überstehen, und verhinderten, dass eine gefallene Frau zum Freiwild erklärt wurde:

Es handelt sich bei der betreffenden Prinzessin um die spätere Königin Marie von Rumänien. Marie kam 1875 in Großbritannien zur Welt. Sie war die hübscheste der vielen hübschen Enkelinnen von Queen Victoria, ihr Vater war Alfred, Duke of Edinburgh, der zweitälteste Sohn der britischen Königin, und ihre Mutter war Maria Alexandrowna, eine waschechte Zarentochter. Bei der kleinen »Missy«, wie sie in der Familie gerufen wurde, war bereits im frühen Kindesalter ersichtlich, dass sie einmal eine große Schönheit werden würde. Ein derart blendendes Aussehen, gepaart mit solch einer hohen Herkunft, ließ Maries Mutter selbstverständlich denken, dass für ihre Tochter nur ein Thronfolger als künftiger Ehemann infrage käme.[349]

Kaum war Marie alt genug, begannen die Heiratsverhandlungen. Ein Auserwählter war schnell gefunden: Es war Prinz Ferdinand von Hohenzollern-Sigmaringen. Er war zehn Jahre älter als Missy und der adoptierte Neffe des rumänischen Königspaares, das selbst keine eigenen Kinder hatte. Nach dem Tod des Königs würde Ferdinand den rumänischen Thron besteigen und seine Braut Marie würde Königin werden.[350]

Es überrascht, dass Maries Mutter kaum Bedenken hatte, ob ihre freiheitsliebende und lebensfreudige Tochter am rumänischen Hof überhaupt zurechtkommen würde. Denn innerhalb der königlichen Kreise war sehr wohl bekannt, dass es in der Bukarester Residenz alles andere als einfach zuging. König Karol (alias Karl Eitel Friedrich von Hohenzollern-Sigmaringen), ein pflichtbewusster, spartanischer Deutscher führte ein eisernes Regiment, seine Ehefrau, Königin Elisabeth, eine geborene Prinzessin zu Wied, war in den

Augen der anderen Königs- und Kaiserhäuser Europas nur eine überspannte Künstlerin, die in wallenden weißen Gewändern durch das Schloss wandelte. Tatsächlich erwarb sie sich unter dem Pseudonym Carmen Sylva durchaus einen Namen als Dichterin. Doch im Überschwang ihrer Gefühle hatte sie eine Liaison des Kronprinzen mit einer Hofdame, in der sie eine Künstlerkollegin zu erkennen meinte, eingefädelt und gegen den Willen des Königs eine Verlobung verkündet. König Karol raste vor Wut ob dieser Eigenmächtigkeit und warf sowohl die Hofdame als auch die eigene Ehefrau aus dem Land. Königin Elisabeth musste in ihrer deutschen Heimat ihre Überspanntheiten auskurieren, bevor ihr der König die Rückkehr erlaubte. Und der Kronprinz, der generell kein Kind von Traurigkeit war, trauerte bei der Verlobung mit Marie noch seiner ehemaligen Geliebten nach.

**Die rumänische Kronprinzessin Marie war in ihrer Ehe unglücklich und begann eine Affäre mit einem Offizier.**

Die Heirat stieß deshalb in Großbritannien bei vielen auf Ablehnung. Ein Mitglied der britischen Hofgesellschaft äußerte, was viele dachten, nämlich dass es grausam war, die junge, hübsche Marie an einen »halbbarbarischen« Hof zu verschenken und an einen Mann, »von dem halb Europa wusste, dass er in eine andere Frau verliebt sei.«[351]

Erwartungsgemäß gestaltete sich das Leben am rumänischen Hof für die neue Kronprinzessin von Anfang an schwierig. Die Ehe wurde zur Enttäuschung. Kronprinz Ferdinand wusste zwar die körperlichen Vorzüge seiner Frau zu schätzen, zeigte aber sonst keinerlei Interesse an Marie. Während die eingeschüchterte und einsame Marie Vertrauen und Unterstützung suchte und nicht erhielt, konnte sie sich gleichzeitig der körperlichen Zudringlichkeit ihres Mannes kaum erwehren: »Mein Ehemann sieht mich weinen ... Es tut ihm sehr leid, er möchte mich trösten, er hat jede Intention das auch zu tun, sein Herz ist voller Liebe, er beginnt mich zu küssen und dann vergisst er das und versucht mich zu trösten, indem er mir das gibt, was ich am meisten auf Erden fürchte.« Und ein andermal: »Er beeilt sich so schnell er kann, nur um mich ins Bett zu bekommen für andere Amüsements, von denen er nicht annimmt, dass sie vielleicht ein einseitiges Amüsement sind.«[352]

Die königlichen Schwiegereltern versuchten, die Kronprinzessin, die ihnen zu »englisch«, zu frei und unabhängig war, zu erziehen. Marie zeigte einen Mangel an Respekt vor Konventionen und Etikette, daher sollte auch ihr Selbstbewusstsein gebrochen werden, und um jeden »schlechten« Einfluss von ihr fernzuhalten, wurde sie nun völlig isoliert. Marie durfte zu niemandem persönlichen Kontakt aufnehmen, mit niemandem alleine reden, und selbst ihre Ehrendame – also jene Frau, die zu ihrer Begleitung ausgewählt worden war – durfte nur dienstlich zu ihr kommen. Das Leben wurde für die junge Frau immer unerträglicher; später sagte Marie über diese Zeit, dass sie nur von Verordnungen, Gesetzen und Verboten umgeben war.[353] Selbst die ersten beiden Kinder, die sich bald einstellten, wurden ihr entzogen. König und Königin fanden die junge Mutter zu unreif, zu wenig verantwortungsbewusst für eine eigene Familie. Die Kinder wuchsen praktisch ohne Mutter auf; Marie wohnte zwar im Palast, durfte ihren Nachwuchs aber kaum sehen.[354]

Irgendwann war Marie desillusioniert, einsam und auf der Suche nach Romantik.[355] Langsam, aber sicher fing sie an, aus dem starren Hofleben auszubrechen. Als Erstes begann sich die Kronprinzessin für die Bukarester High Society zu interessieren. Die rumänische Aristokratie war damals legendär, keine Gesellschaft war in dieser Zeit lebenslustiger als diese, in der man ständig auf der Jagd nach Vergnügen war. Prüderie war kein Thema in der rumänischen Haute Monde, man hatte Geliebte und Liebhaber in großer Zahl. Die Moral war lax und Scheidung und Wiederverheiratung waren leicht zu bewerkstelligen.

Vor allem in einem Punkt unterschied sich diese Bukarester Gesellschaft von anderen, vielleicht ähnlich gearteten in anderen Städten: Hier gestanden die Ehemänner den eigenen Frauen ebenfalls Vergnügungen zu. So viel Gleichberechtigung wurde im restlichen Europa schlecht aufgenommen. Ein britischer Diplomat, der nach Bukarest versetzt wurde, war ob der selbstwussten Art, mit der Frauen hier ihr Liebesleben bestimmten, derart entsetzt, dass er seine Frau und Tochter unverzüglich nach London zurückschickte, damit sie nicht »verdorben« werden konnten. Und ein älterer französischer Kollege von ihm, der zwölf Jahre in Bukarest verbracht hatte, sagte einmal, er glaube, dass in der Hauptstadt Rumäniens »nicht eine einzige treue Frau lebe«.[356] Selbst die rumänische Königin Carmen Silvia bemerkte einmal gegenüber einem Amerikaner, Rumänien sei ein »Land, wo man nicht einmal beschämt, sondern eher stolz ist auf die eigene Unmoral«.[357]

Marie, die vom strengen Hof genug hatte, traf in Bukarest auf eine aristokratische Gesellschaft, in der Liebesaffären so zahlreich waren, dass niemand überblickte, wer mit wem eigentlich liiert war.[358] König Karol und seine poetische Gattin waren außer sich, als sie erfuhren, dass sich die künftige Königin unter die frivole Aristokratie mischte, doch Missy hörte nicht mehr auf die beiden. Sie besuchte zahlreiche Bälle, sie genoss die Verehrung der rumänischen Aristokraten, die der schönen Kronprinzessin huldigten, und sie ließ sich von deren selbstbewussten Frauen inspirieren.[359] Maries Familie ahnte bereits, dass sie kurz davor stand, Dummheiten zu begehen, die für eine Prinzessin fatal enden konnten. Ihre Tante schrieb: »Ich fürchte, dass Marie wie ein Schmetterling, der anstatt über die Blumen zu fliegen, sich ihre hübschen Flügel verbrennen wird, wenn sie zu nah am Feuer ist.«[360]

Und schließlich wurde Marie schwach. Sie begann eine Liaison mit Leutnant Zizi Cantacuzene, einem rumänischen Offizier aus dem Husarenregiment ihres Ehemanns. Pikanterweise hatte ausgerechnet König Karol den gutaussehenden und amüsanten Zizi zum Adjutanten des Kronprinzen ernannt. Die rumänische Gesellschaft, die an derlei Dinge gewöhnt war, freute sich, dass endlich auch die Kronprinzessin die Freuden des Lebens annehmen konnte, blickte dezent zur Seite und lächelte.

Das Spitzelsystem des Hofes funktionierte einwandfrei und innerhalb kürzester Zeit wusste auch das Königspaar von Maries Affäre. Vom König zur Rede gestellt, gab die Kronprinzessin ihre Beziehung mit Zizi zu und der schöne Leutnant wurde daraufhin außer Landes geschickt. Man hätte die Sache damit auf sich beruhen lassen können, doch das Königspaar wollte diesen Fehltritt nutzen, um Maries Ruf europaweit zu ruinieren. Denn sowohl die Königin als auch ihr Gefolge hatten nichts Besseres zu tun, als in langen Briefen an Freunde und Verwandte in ganz Europa diesen Skandal publik zu machen. Allerdings hatten sie nicht mit der Reaktion von Maries Familie gerechnet:

Die Queen war empört darüber, dass die rumänische Königsfamilie ihre Enkelin derart bloßstellte. Solche Sachen, schrieb sie dem rumänischen König, regelte man diskret und keineswegs auf so eine hinterhältige Art. Noch schärfer ging Maries Mutter mit König Karol ins Gericht. Ihr Brief wirft ein

**»Es musste die gesamte Öffentlichkeit und alle Familien davon erfahren!« König Karol I. von Rumänien und Königin Elisabeth erzählten allen von der Affäre der Kronprinzessin.**

bezeichnendes Licht auf den Ton, der in allerhöchsten Kreisen herrschte. Die resolute Dame warf dem König vor: »Ich kann einfach nicht verstehen, warum Du nicht versuchst, diese furchtbare Geschichte innerhalb der Familie zu halten. Aber nein! Es musste die gesamte Öffentlichkeit und alle Familien davon erfahren. Von Russland bis England.«[361] Selbst ihre Brüder am russischen Zarenhof wüssten alle Details dieser schrecklichen Geschichte, alles hätten sie erfahren, aus Briefen, die direkt aus Rumänien gekommen seien und die einzig den Zweck hätten, den Ruf ihrer Tochter zu ruinieren. So schuldig Marie auch wäre, schrieb die Mutter, das unwürdige Vorgehen der rumänischen Königsfamilie sei unverzeihlich. Weiters warf sie König Karol noch an den Kopf, dass er und der Kronprinz für den Fehltritt ihrer Tochter genauso verantwortlich seien wie diese selbst. Man habe Marie isoliert und sich nicht um sie gekümmert, und der Ehemann, der stets nur an seine eigenen körperlichen Bedürfnisse gedacht, seine Frau sonst aber im Stich gelassen habe, sei nicht minder schuld an der ganzen Situation.[362]

Maria Alexandrowna ging mit ihrer Tochter Marie zwar ebenfalls scharf ins Gericht, aber – und das ist der Unterschied zu Luise von Sachsen und Louise von Belgien – sie kündigte ihr niemals die Loyalität und Unterstützung auf: »Deine alte Mama ist sehr traurig, aber sie wird Dich nie verlassen … Du hast schwer gesündigt, aber es ist noch Zeit, dass Du eine gute, anständige Frau wirst.«[363] Nicht nur die Mutter, ihre gesamte Herkunftsfamilie stärkte Marie den Rücken und half ihr aus dieser Situation wieder herauszukommen. Was auch nötig war, denn Marie war zu allem Überfluss von ihrem Geliebten schwanger. Man brachte sie einige Monate ins Ausland – offiziell zur Kur, inoffiziell, um die Geburt abzuwarten. Nach der Geburt wurde das Kind in Pflege gegeben und die Kronprinzessin kehrte nach Rumänien zurück.[364]

Es war also kein unabänderliches Schicksal, dass eine Prinzessin, deren Fehltritt öffentlich bekannt wurde, nie wieder in den Schoß der höchsten Gesellschaft zurückkehren konnte. Was sie jedoch brauchte, war ein starkes familiäres Netzwerk. Eine Verwandtschaft, die sich nicht scheute, auf Konfrontation zu gehen, um ein Familienmitglied vor dem gesellschaftlichen Absturz zu retten. Maries Onkel, der legendäre »König Edward, der Verführer«, meinte zum Skandal seiner Nichte: »Ein bisschen Koketterie und Flirts hie und da sind natürlich erlaubt bei einer jungen und hübschen Frau. Außerdem, Gerüchte werden sowieso immer übertrieben.«[365] So und nicht anders ging man stilvoll mit Fehltritten um, das musste die rumänische Königsfamilie erst lernen.

Nach ihrer Rückkehr nach Rumänien war Marie eine andere Frau, denn sie war aus der Krise gestärkt hervorgegangen. Ihre energische Mutter mit dem Herzen am rechten Fleck hatte ihr einen Rat mitgegeben: »Wenn Du nachgibst, bist Du verloren und sie werden regelrecht auf Dir herumtrampeln und sie werden jedes bisschen Leben und Vergnügen aus Dir heraustrampeln.«[366] Auf Romantik wollte die Kronprinzessin trotzdem nicht verzichten; zwei Jahre später wurde sie wieder außerehelich schwanger. Als ihr der rumänische König (der noch nichts von der Schwangerschaft wusste) eine Reise zu ihrer Mutter verbieten wollte, sagte Marie ihm ins Gesicht, dann wolle sie eine Scheidung und das Kind, das sie unter dem Herzen trug, sei nicht von ihrem Mann, sondern von Großfürst Boris.[367]

Der König konnte nur nachgeben. Die ungeliebte Schwiegernichte hatte den Spieß umgedreht und die Opferrolle abgelegt. Sie bestimmte nun die Regeln. Sie hatte keine Angst mehr davor, dass man ihre Skandale öffentlich machte, und drohte nun selbst damit, das Königshaus in eine unmögliche Situation zu bringen. Marie hatte damit endgültig klargestellt, dass der Hof sie mehr brauchte als sie den Hof. Das Mädchen, das aus der Affäre mit dem Großfürsten hervorging, wurde vom Kronprinzen als eigenes Kind akzeptiert. Mit ihrem Ehemann verstand sich Marie jetzt zwar besser, aber man hatte im Prinzip nichts mehr miteinander zu tun. Eine Trennung kam trotzdem nicht in Frage. Das hätte die Dynastie in Rumänien erschüttert.

Die »Märchenprinzessin«: Kronprinzessin Marie von Rumänien war eine Schönheitsikone ihrer Zeit.

**Kronprinzessin Marie mit ihrer ehelichen Tochter Ilena. Zwei Kinder entsprangen angeblich einer Affäre mit einem Großfürsten und einem Aristokraten.**

Interessanterweise war in der öffentlichen Wahrnehmung – und zwar quer durch ganz Europa – Kronprinzessin Marie die Sympathieträgerin der königlichen rumänischen Familie. Über ihre Affären wurde zwar eifrig geklatscht, aber viele gaben die Schuld daran ihrem Mann, und im Unterschied zu anderen skandalösen Frauen ihrer Zeit verlor Marie nie ihre Popularität. Ein Grund hierfür war sicherlich, dass die schöne Marie weniger als Mitglied eines Königshauses denn als »Star« wahrgenommen wurde. Wegen ihrer außergewöhnlichen Schönheit, ihres Stils und ihres persönlichen Charmes wurde sie wie ein Filmstar verehrt. Ihre vielen, vielen Verehrer sammelten Postkarten mit ihrem Konterfei, und bei so manchem Diplomaten fand sich im Nachlass unter trockenen Unterlagen ein Foto der schönen Kronprinzessin.[368]

Die attraktive, unangepasste Prinzessin hatte ein derart positives Image, dass sogar ihre Fehltritte verklärt wurden. So schrieb ein österreichischer Diplomat: »Die Kronprinzessin Marie war eine der schönsten Frauen, denen ich je begegnet bin. Umso mehr musste es sie verletzen, wenn der eigene Gatte ihr die Huldigung versagte. Mit seinen übermäßig großen, abstehenden Ohren und seinem lüsternen Gehaben an einen Pfauen erinnernd, ... war er in der Liebe kein Feinschmecker. Rumänische Offiziere erzählten mir, dass er bei den Manövern sich nicht scheute, seine vorübergehende Huld auch Zigeunerinnen zuzuwenden ... Es ist meine Überzeugung, dass die Kronprinzessin vom rechten Wege abgekommen ist, als sie von ihrem Mann betrogen wurde. Ihre ehelichen Verirrungen wurden in der rumänischen Öffentlichkeit mit X multipliziert und man liebte es, sie zu einer Katharina II. zu stempeln ... Man war daher auch rasch bereit, immer wieder neue Liebesgeschichten derselben zu kolportieren, die meistens erfunden waren.«[369]

**Heile Welt für die offiziellen Pressefotos. Die Ehe von Kronprinzessin Marie von Rumänien und Kronprinz Ferdinand war am Ende, beide Ehepartner hatten Affären. Eine Scheidung kam aus dynastischen Gründen nicht in Frage.**

Marie war über die Jahre zur unangefochtenen Nummer eins der europäischen Royals aufgestiegen. Sie war die Märchenprinzessin des beginnenden 20. Jahrhunderts. Sie war atemberaubend schön, beliebt und mit einem tragischen und rebellischen Touch, der sie nur noch beliebter machte. Sie hatte enorm viele Bewunderer, Männer wie Frauen.

Marie war über die Jahre aber auch gereift. Sie war sich ihrer Verantwortung bewusst geworden und nun bereit, ihre königlichen Pflichten zu erfüllen und sich ihrem Land zu widmen. Es ging für sie nicht mehr darum, ob sie und ihr Mann eine gute Ehe führten; es ging nur mehr um ein gemeinsames Ziel – die Zukunft Rumäniens: »Wenigstens sind Nando und ich sehr gute Freunde«, schrieb sie einmal, »und ich hoffe, dass wir gut zusammenarbeiten, trotz allem, was fehlt.«[370]

Hinter Maries Wandlung zur verantwortungsbewussten, künftigen Monarchin steckte ein Mann: Prinz Barbo Stirby, einer der einflussreichsten und mächtigsten Männer Rumäniens. Er war nicht nur Finanzmagnat und Großgrundbesitzer, sondern auch einer der fähigsten politischen Köpfe des Landes. Zwischen dem gutaussehenden Stirby und der Kronprinzessin sollte sich ein tiefes Liebesverhältnis entwickeln. Anders als alle Männer, die Marie bisher den Hof gemacht hatten, wollte Barbo Stirby keine Affäre. Er verlangte eine erwachsene Beziehung.

Es war Stirby, der in der Kronprinzessin das Interesse an der Politik ihres Landes weckte. Marie war einunddreißig Jahre alt, als sie ihn kennenlernte. Nach den Eskapaden ihrer Jugend war sie nun in einem Alter, in dem sie auch Aufgaben übernehmen und sich ganz in den Dienst ihres Landes stellten wollte. Stirby wurde ihr Mentor. Er war der Mann, der hinter den Kulissen die Fäden zog, der die unerfahrene Kronprinzessin an die Politik heranführte und sie dazu brachte, Verantwortung zu übernehmen. So schuf ausgerechnet ihr Geliebter die Grundlagen dafür, dass Marie später, als Königin, zur Integrationsfigur werden sollte. Stirby war es auch, der den alten König Karol davon überzeugte, dass die Kronprinzessin eine starke politische Rolle zum Wohle ihres Landes spielen konnte.

Dass man in der Kronprinzessin – und nicht im Kronprinzen – die Zukunft der Monarchie sehen sollte, wusste man auch in den Außenministerien Europas. Ein britischer Diplomat schrieb im Jahr 1907 seinem Außenminister: »Es wird hier offen gesagt, dass, wenn Prinz Ferdinand den Thron besteigt, es die Prinzessin sein wird, die die wirkliche Herrscherin ist.«[371] Und in den politischen Kreisen Wiens war man der Ansicht, dass »in naher Zukunft die rumänische Politik nicht so sehr von Ferdinand abhängen wird, sondern von seiner Frau. Ihr Charakter und ihre Mentalität ist einer der wichtigsten Gründe, um die Beziehungen mit Rumänien auf eine andere Basis zu stellen.«[372]

Die Liebesbeziehung von Kronprinzessin Marie und Barbo Stirby war ein offenes Geheimnis – wahrscheinlich war er auch der Vater von Maries fünftem und sechstem Kind – und wurde sogar vom Hof akzeptiert; die Zeiten hatten sich also deutlich geändert.[373] Der alte König, der Marie einst so stark bekämpft hatte, »sanktionierte« schließlich diese Beziehung sogar. Er hatte erkannt, dass sein Neffe und Thronfolger Ferdinand allein zu schwach sein würde, um die Monarchie zu erhalten. Er würde, sobald er den Thron bestieg, auch Marie, die von der Bevölkerung verehrt wurde, und Barbo Stirby, den fähigsten Berater des alten Königs, brauchen. Karol ernannte deshalb Barbo Stirby zum Vorsteher der königlichen Güter; damit gab er der Kraft hinter dem Thron eine offizielle Stellung und legte die Fundamente der künftigen Zusammenarbeit. König Karol starb drei Monate nach dem Ausbruch des Ersten Weltkriegs und, wie er vorhergesehen hatte, wurden Königin Marie und ihr Lebensmensch Barbo Stirby die größten Stützen des neuen Königs.[374]

**Die spätere rumänische Königin Marie in Landestracht. Sie wurde zur beliebten Landesmutter, die Eskapaden ihrer Jugend wurden ihr nicht nachgetragen.**

Als Königin war Marie und nicht König Ferdinand die wahre Macht im Land – das sagten zumindest ihre Zeitgenossen. Während des Weltkriegs wurde ihr die Dankbarkeit der rumänischen Bevölkerung zuteil, vor allem für ihre Kriegsarbeit und ihren Einsatz bei den Verhandlungen der Friedensverträge in Paris. Ein Diplomat nannte sie einmal die »unwiderstehliche Botschafterin ihres Landes«.[375]

Königin Marie von Rumänien starb 1938 im Alter von zweiundsechzig Jahren. Ihre außergewöhnliche Lebensgeschichte sticht unter den Biografien aller europäischen Königinnen hervor und belegt eindrucksvoll, dass auch aus einer »gefallenen« Frau eine respektable Monarchin werden konnte – wenn man sie nicht vorher gesellschaftlich vernichtete.

# 7 »Schmutzige Geschichten«

## Royale Skandale, kritische Medien und PR-Desaster

Im ausklingenden alten Europa lebten die Mitglieder der europäischen Herrscherhäuser bereits unter einem medialen Vergrößerungsglas. Mit dem Aufblühen der Massenmedien um die Mitte des 19. Jahrhunderts – der Zeitungsmarkt explodierte damals geradezu – standen die Royals unter bisher nie gekannter öffentlicher Beobachtung, vor allem aber konnten sie die Berichterstattung über sich nicht mehr kontrollieren wie in früheren Zeiten. Es gab zwar nach wie vor Zensur – alle Länder kannten den berühmten »Majestätsbeleidigungs-Paragraphen« –, doch Herrscherhäuser mussten sehr vorsichtig in dessen Anwendung sein. Wurde allzu offensichtlich zensiert, allzu offensichtlich Druck auf die Redaktionen ausgeübt, konnte sich die Öffentlichkeit leicht gegen eine regierende Dynastie wenden und das musste im Zeitalter der zunehmenden Demokratisierung vermieden werden. Denn Könige waren nicht mehr sakrosankt, das hatten diverse Revolutionen deutlich gezeigt, und die meisten Regenten lebten auch in permanenter Angst davor, dass die Bevölkerung ihres Landes erneut den Sinn der monarchischen Staatsform in Frage stellen könnte.

Was Monarchen in diesen neuen Zeiten brauchten, war eine emotionale Bindung zur Bevölkerung – diese war der Schlüssel zur Zukunft der Monarchien. Und wie erreichte eine regierende Dynastie, dass die Bevölkerung sie positiv beurteilte? Sicher nur mit einem tadellosen Ruf. Für die Mitglieder eines Königs- oder Kaiserhauses hieß das, sie mussten ein skandalfreies Leben führen: Im Idealfall verkörperten sie die Tugenden ihrer Zeit und, noch besser, entsprachen in ihrer Lebensweise dem familiär ausgerichteten Ideal des »bürgerlichen« 19. Jahrhunderts. Könige durften ruhig Pracht und Opulenz ausstrahlen und pompöse öffentliche Auftritte inszenieren – auf diese Weise demonstrierten sie nicht nur die Strahlkraft ihrer Dynastie, sondern auch die wirtschaftliche Stärke ihres Landes gegenüber dem Ausland. Aber dennoch sollten sie sich möglichst »bürgerlich« geben. Dazu gehörte ein tadelloses und vorbildliches Familienleben ohne Skandale. Zudem mussten die Royals unbedingt den Anschein vermeiden, dass sie ihre hohe gesellschaftliche Stellung benutzten, um für sich Sonderrechte herauszuschlagen. Weder sollten sie über den Gesetzen stehen noch bürgerliche Werte und Tugenden missachten. Kurzum, sie mussten in ihrem persönlichen Tun vor allem moralisches Vorbild sein. Nur das sicherte ihnen langfristig die Akzeptanz der Bevölkerung – was manche Royals nicht erkannten. Und, was noch schlimmer für sie war: Manche von ihnen verkannten, dass sie im aufkommenden Medienzeitalter unter der permanenten Beobachtung der Öffentlichkeit standen, die nicht mehr bereit war, ihr Fehlverhalten unkritisch hinzunehmen.

Die Ersten, die diese Erfahrung machen mussten, waren die britischen Royals. Eine Reihe hausgemachter Skandale ließ ihre Popularitätswerte in den Keller sinken. Vor allem aber wurde das Verhältnis zwischen dem britischen Königshaus und den Medien durch diese Skandale grundlegend und für immer verändert. Im Prinzip war es die Geburtsstunde eines neuen Journalismus: keine Hofberichterstattung mehr, sondern das Aufdecken königlichen Fehlverhaltens. Die Skandale, um die es dabei ging, konnten banaler nicht sein: notorischer Ehebruch in höchsten Kreisen, königliche Sexpartys und Glücksspiel. Das war beileibe nichts Neues. Neu war hingegen eine empörte Öffentlichkeit, die vehement von ihrem Königshaus eine Vorbildfunktion einforderte.

Am Beginn stand der sogenannte »Mourdaunt-Scheidungsskandal«. Er gilt heute als erste Entzauberung der Welt der Reichen und Schönen, denn er bot erstmals deutliche Einblicke in das flatterhafte Leben mancher Mitglieder des Königshauses und der Aristokratie sowie in eine Scheidungsschlammschlacht auf tiefstem Niveau, und er brachte zum ersten Mal in der Geschichte einen Erben der britischen Krone in den Zeugenstand.

Namensgeberin des Skandals war die neunundzwanzigjährige Harriet Mordaunt. Sie war die Frau von Sir Charles Mordaunt, einem angesehenen Mitglied des Parlaments. Mit der hübschen Harriet begann nun Bertie, der Casanova unter den britischen Kronprinzen, eine Affäre. Ein- oder zweimal die Woche, jeweils um vier Uhr nachmittags, fuhr er vor ihrem Londoner Stadthaus für ein vergnügliches Stündchen vor. Ehebruch war in der damaligen britischen Upperclass mehr ein Sport als eine unmoralische Handlung. Es gab jedoch ein Tabu: niemals Scheidung! Denn eine Scheidung in Aristokratenkreisen brachte damals, wie man glaubte, nicht nur Schande über die eigene Familie, sondern über den gesamten Stand. Auch das britische Königshaus reagierte äußerst unwirsch auf die – trotzdem hin und wieder vorgebrachten – Scheidungswünsche mancher Aristokraten. Eine Scheidung innerhalb der Aristokratie war auch für die Royals riskant: Man wusste schließlich nie, was bei diesen unangenehmen öffentlichen Auseinandersetzungen über die eigenen Mitglieder zu Tage treten könnte.[376]

Die Affäre zwischen dem Thronfolger und Harriet wäre wohl nach einiger Zeit sang- und klanglos ausgelaufen, wären nicht sowohl Lady Harriet als auch Sir Charles verhaltensauffällig geworden. Prinz Bertie hatte bereits gemerkt, dass Sir Charles ein besonders eifersüchtiger Ehemann war, und Vorsicht walten lassen. Er hatte sich aus der Affäre dezent zurückgezogen und sicherheitshalber eine Auslandsreise angetreten. Der Ehemann, dachte er, würde sich inzwischen beruhigen und das gesellschaftliche Leben könnte weitergehen wie zuvor.

Doch dann setzte das Gerede ein, verbreitete sich und erreichte schließlich auch den Thronfolger im Ausland. Bertie warnte seine Mutter, die Queen, vorsorglich schon einmal vor dem Gewitter, das langsam über dem Königshaus aufzog. Er schrieb ihr andeutungsweise von einem möglichen gesellschaftlichen Skandal, und dass wohl »schmutzige Wäsche in der Öffentlichkeit gewaschen« werde.[377]

Die schmutzige Wäsche, von der Bertie schrieb, betraf Harriet Mordaunt, bei der er so angenehme Nachmittagsstunden verbracht hatte. Bei Harriet, die erst kürzlich von einer Tochter entbunden worden war, war nach der Geburt eine Psychose ausgebrochen – ausgelöst wahrscheinlich durch einen Schuldkomplex. Das Baby war mit einem Augenleiden zur Welt gekommen, Lady Mordaunt glaubte aber, das Kind mit einer venerischen Krankheit angesteckt zu haben, und verlor sich in hysterischen Anfällen, obwohl ihr die Ärzte versicherten, dass sie sich die Geschlechtskrankheit nur einbildete.

Harriet machte dann, gequält von ihrem schlechten Gewissen wegen ihrer Untreue, ihrem Ehemann ein umfassendes Geständnis und verkündete dabei, dass er nicht der Vater des Kindes sei. Auf Charles' Frage, wer denn der Vater sei, konnte seine Frau keine eindeutige Antwort geben: Sie hätte mit mehreren Männern sexuellen Kontakt gehabt, unter anderem auch mit dem Thronfolger. Sollte Harriet gehofft haben, nach ihrer reuigen Beichte von ihrem Mann eine Absolution zu erhalten, wurde sie nun gründlich enttäuscht. Sir Charles Mordaunt tobte. Er war ein stolzer Gentleman, der Schock und die Beleidigung, dass ihm seine Frau gleich mehrfach Hörner aufgesetzt hatte, waren einfach zu viel für ihn.

Die Rache des wütenden Ehemannes war fürchterlich: Er wollte eine Scheidung; und er wollte, dass die Liebhaber seiner Frau, vor allem der Prince of Wales, bei dem Scheidungsverfahren in den Zeugenstand gerufen und öffentlich bloßgestellt werden sollten. Weder die Warnung seiner aristokratischen Freunde noch die Bitten seiner Familie konnten Sir Mordaunt umstimmen. (Üblicherweise arrangierte man sich in solch pikanten Situationen. Und selbst, wenn die Ehefrau das Kind eines Nebenbuhlers erwartete, lieferte man der Öffentlichkeit keinen Anlass für Gerede – Adel verpflichtet eben.)

Die Aussicht auf eine Scheidung versetzte Harriets Familie in Schrecken. Denn seit Einführung des neuen Scheidungsgesetzes, des »Matrimonial Causes Act« von 1857, wurden Scheidungsverfahren öffentlich geführt, was bedeutete, dass jeder Journalist bei den Verhandlungen anwesend sein durfte. Außerdem fürchteten Harriets Verwandte um ihre guten Beziehungen zum Hof. Also taten sie, was man in jenen Kreisen damals bei untreuen Ehefrauen gern tat: Die Familie ließ Harriet kurzerhand für verrückt erklären und stellte sie unter Hausarrest. Damit hoffte man, einen Scheidungsprozess zu verhindern – eine »kranke« Frau war schließlich nicht schuldfähig. Dieser geschickte Schachzug half – vorläufig – gar nicht. Denn Sir Mordaunt war davon überzeugt, dass Harriet unter dem Einfluss ihrer Familie den Wahnsinn nur vortäuschte, und reichte seine Scheidungsklage ein.

Im Februar 1870 teilte ein betrübter Thronfolger seiner Mutter schriftlich mit: »Liebste Mama, es ist meine schmerzliche Pflicht Dich zu informieren, dass ich von Sir Charles Mordaunts Anwalt vorgeladen wurde, als Zeuge nächsten Sonntag bei Gericht zu erscheinen.«[378] Die Queen war bestürzt. Sie wusste, was Berties Gerichtsvorladung in letzter Konsequenz bedeutete, nämlich dass sein Ruf als künftiger König gehörig beschädigt würde.

Die Ankündigung, dass beim Scheidungsfall »Mordaunt gegen Mordaunt« der Thronfolger als Zeuge aufgerufen würde, schlug im Königreich wie eine Bombe ein. Vom ersten Tag des Prozesses an fanden sich die gesamte Londoner Presse sowie Massen von Neugierigen im Gerichtssaal ein. Sir Charles Mordaunts Anwalt zog während des Verfahrens alle Register, um den Ruf des Kronprinzen zu beschädigen und seine Rolle im Ehebruch deutlich herauszustreichen. Als Ass konnte er auch noch achtzehn eigenhändige – wenn auch recht unverfängliche – Briefe von Bertie vorweisen, die sein betrogener Mandant unter den persönlichen Dingen der Ehebrecherin gefunden hatte.

Dann wartete die Nation gespannt auf den Auftritt des Thronfolgers. Am fünften Tage des Scheidungsprozesses war es so weit: Zum ersten Mal trat ein Erbe der britischen Krone als Zeuge in einem Scheidungsverfahren auf und, besonders peinlich, er war einer der Scheidungsgründe. Als Bertie erschien, wurde es totenstill im Gerichtssaal. Die Befragung dauerte exakt sieben Minuten. Der Ehebruch mit Harriet Mordaunt konnte zumindest dem Thronfolger nicht nachgewiesen werden.

Sir Charles Mordaunts Scheidungsklage wurde letztlich abgewiesen. Das Gericht war zu der Überzeugung gelangt, dass Lady Harriet Mordaunt wegen ihrer postnatalen Psychose selbst bei nachweislicher Untreue mit mehreren Männern nicht schuldfähig sei. Die Konsequenz dieser Entscheidung war allerdings bemerkenswert: Das Gericht verpflichtete Harriet zu einer Zwangseinweisung in eine Nervenheilanstalt – ein hartes Urteil für eine postnatale Depression.

Die arme Harriet musste die restlichen sechsunddreißig Jahre ihre Lebens in Heilanstalten verbringen. Sir Charles hatte sein Ziel, seine Nebenbuhler öffentlich vorzuführen, zwar erreicht, sich dabei aber gesellschaftlich ruiniert. Denn er hatte sich geweigert, »solche Dinge« zu regeln, wie dies, befand man, ein Gentleman tue, nämlich: das Kuckuckskind anzuerkennen, zu schweigen und weder seinen Stand noch den künftigen König zu kompromittieren.[379]

Der dritte Verlierer war der Thronfolger. Ihn hatte der Mordaunt-Scheidungsfall zutiefst unpopulär gemacht. Die öffentliche Kritik an Bertie war vernichtend. Für die Allgemeinheit war er ab nun das Paradebeispiel eines gelangweilten Playboys, der sich nichts Besseres mit seiner Zeit anzufangen wusste, als verheiratete Frauen zu verführen. Bei öffentlichen Auftritten wurde der Thronfolger jetzt ausgebuht; in ausländischen Zeitungen wurde er lächerlich gemacht und auch die inländischen Zeitungen nahmen sich in ihrer Kritik kein Blatt vor den Mund. Selbst die königstreue Presse kritisierte ihn erstmals. Und eine republikanische Zeitung schrieb sogar offen, dass die kindischen und auch noch grammatikalisch falschen Briefe den Erben der britischen Krone als einen ungebildeten Schwachkopf ausgewiesen hätten. Für das Königshaus waren diese Artikel derart peinlich, dass Queen Victoria ihr Personal anwies, die Zeitungen von ihren jüngsten Kindern fernzuhalten, damit sie die Details des Skandals nicht erfuhren.[380]

Das Ehebruchspektakel hatte nicht nur das Image des Thronfolgers, sondern auch die Institution der Monarchie angekratzt. Im Namen von Queen Victoria schrieb Premierminister William Gladstone einen warnenden Brief an Bertie, in dem er unmissverständlich erklärte, dass, »was immer die Unantastbarkeit der königlichen Familie betrifft, eine Angelegenheit von nationaler Wichtigkeit und entscheidend für die Sicherheit des Thrones« sei.[381]

Als kurze Zeit nach dem Mordaunt-Skandal einige Zeitungen über eine weitere aristokratische Scheidung spekulierten, bei der der Thronfolger als Zeuge vorgeladen werden sollte, fürchtete ein Mitglied des Hofes, dass ein weiterer solcher Skandal wahrscheinlich eine republikanische Partei hervorbringen würde, deren Wahlprogramm die Abschaffung der Monarchie sein könnte.[382] Die Queen war ihrerseits bereits nach den Folgen des ersten Skandals davon überzeugt gewesen, dass ihr Thronfolger niemals ihren Platz einnehmen könnte. Am liebsten, so die Königin, würde sie sich zurückziehen »wenn nur unser lieber Bertie fähig wäre, mich zu ersetzen! Gott sei's geklagt! Ich bin sehr ängstlich, was die Zukunft betrifft.«[383]

Einige Jahre später gab es erneut einen Eheskandal in höchsten Kreisen, und auch dieses Mal hatte sich Thronfolger Bertie in eine Ehe gedrängt. Beim »Aylesford-Skandal« fand zwar kein Gerichtsverfahren statt, dafür wurde der Thronfolger erpresst. Und die Öffentlichkeit rieb sich die Augen angesichts der Details der Schlammschlacht, über die man täglich in den Zeitungen las:

Im Mittelpunkt stand ein enger Freund des Kronprinzen: Joseph, Earl of Aylesford, unter Freunden kurz »Sporting Joe« genannt. Als Bertie im Jahr 1876 eine ausgedehnte Indienreise unternahm, wurde er unter anderem vom Earl of Aylesford begleitet. Während der Reise erhielt »Sporting Joe« einen Brief seiner Frau. Lady Edith teilte ihrem Mann darin kurz und bündig mit, dass sie ihm untreu sei, ihr Geliebter wäre Lord Charles Blandford und sie wollte wissen, ob ihr Ehemann es bevorzuge, dass sie das Haus sofort verlassen oder – so die Frage – ob sie auf ihn warten sollte. Was sie täte, wenn er bereit wäre, vor der Welt weiter mit ihr als Frau zu leben, aber mehr nicht.[384]

An sich ein banales Ehedrama – gäbe es nicht eine Geschichte, die den Kronprinzen mit dieser unglücklichen Ehe verband. Denn einige Zeit zuvor war Bertie Gast bei einer von Lord und Lady Aylesfords Weekendpartys gewesen. Bei diesen Partys zogen sich die Gäste in der Regel gegen zwei Uhr morgens zur Nachtruhe zurück und dann begann, was in der englischen Aristokratie als »Korridorkriechen« bekannt und beliebt war. Hierbei handelte sich um ein nach festen Regeln ablaufendes Ritual des Partnertausches – für viele der Höhepunkt der beliebten Weekend-Partys. Verheiratete Männer und Frauen, die auch außerehelichen Reizen nicht abgeneigt waren und vielleicht schon lange den Mann oder die Frau ihrer feinen Freunde begehrten, konnten hierbei unauffällig, und ohne den Ehepartner bloßzustellen ein bisschen fremdgehen.

Kaum waren alle im Bett, das Licht ausgemacht und auch die Dienstboten nicht mehr zu hören, begann das große Krabbeln. Die Herren schlichen sich aus ihren Zimmern und kämpften sich jeweils geräuschlos in das Zimmer ihrer Angebeteten, die natürlich über den bevorstehenden Besuch informiert war. Da es nicht ungefährlich war, des Nachts in Schlössern heimlich unterwegs zu sein, schließlich war es stockdunkel, und man auch keine Aufmerksamkeit erregen wollte, indem man etwa gegen eine Konsole stieß oder gar die Stufen runterplumpste, krochen die meisten auf allen Vieren die Gänge entlang zu ihren Tête-à-Têtes – daher auch die Bezeichnung »Korridorkriechen«.[385]

Die Geschichte, die man sich im Schloss von Aylesford heute noch erzählt, lautet so: Nicht ein, sondern gleich zwei Männer krabbelten in Richtung des Schlafzimmers der Gastgeberin Lady Aylesford. Als einer der Männer im Dunkeln seine Hand ausstreckte, ertastete er einen Bart. Nun war der einzige Mann mit Bart im Haus, außer dem Hausherrn, Prinz Bertie, der Thronfolger. Der Herr des Hauses, Lord Aylesford, konnte wohl kaum der zweite Krabbler sein, denn als Ehemann schlich man nicht heimlich ins Schlafzimmer seiner Frau. Also war der Bärtige im Dunkeln wohl der Thronfolger höchstpersönlich. Der nichtbärtige Krabbler murmelte nun ein verlegenes »Sir« und trat einen hastigen Rückzug beziehungsweise ein hastiges Rückkrabbeln an. Der Mann, der so eilig zurückwich, war niemand anderer als jener Lord Blandford, von dem in dem fatalen Brief an Sporting Joe die Rede war.

Lady Edith hatte also gleichzeitig mit dem Kronprinzen und mit Blandford ein Verhältnis. Die Vermutung liegt nahe, dass beide Männer damals zu einem Einverständnis gekommen waren. Blandford akzeptierte, dass Bertie eine Nacht mit Edith verbrachte. Und im Gegenzug würde der Kronprinz arrangieren, dass Joe ihn auf seine Reise nach Indien begleitete, so dass Blandford in

Ruhe seine Affäre mit Edith ausleben konnte. Der Ehemann, munkelte man, habe von der Affäre seiner Frau mit dem Thronfolger gewusst, doch für seine Aufnahme in den innersten Zirkel der Macht galant darüber hinweggesehen.[386]

Als der betrogene Lord Aylesford aber nun in Indien den Brief seiner Frau in Händen hielt, in dem sie ihm ihr Verhältnis mit Lord Blandford eingestand, brannten dem trinkfesten und selbst keinem Abenteuer abgeneigten Sporting Joe sämtliche Sicherungen durch. Dass seine Gattin mit dem Thronfolger ein Abenteuer erlebt hatte, konnte er noch ertragen; dass sie sich aber von ihm trennen wollte, sollte sie mit dem Verlust ihrer gesellschaftlichen Stellung bezahlen – Lord Aylesford wollte die Scheidung. Er verließ Indien auf der Stelle, kehrte nach England zurück, warf seine Frau aus dem Haus, verbot ihr den Umgang mit den Kindern und ließ eine Scheidungsklage vorbereiten. Prinz Edward nahm die Eheschwierigkeiten der Aylsesfords anfangs noch recht gelassen hin; trotz der Bitten seiner Umgebung, dem Freund doch die Scheidung auszureden, griff er nicht ein. Doch falls Bertie durch sein Schweigen erreichen wollte, dass man ihn aus diesem Ehedrama heraushielt, hatte er Pech. Es kam trotzdem zu einem PR-Supergau.

Denn mittlerweile hatte sich ein Karussell in Gang gesetzt, das sich immer schneller drehte und dabei einen Spieler nach dem anderen aus seinem Sitz schleuderte. Mehrere hochemotionale Menschen trafen in dieser Situation völlig sinnlose Entscheidungen, die alles noch verschlimmerten. Anstatt sich zurückzuhalten und Asche auf sein Haupt zu streuen, mischte sich der Auslöser des Ehedramas, Lady Aylesfords Liebhaber Lord Blandford, auch noch ein und forderte den gehörnten Ehemann auf, sich sofort scheiden zu lassen; schließlich wolle er, Blandford, seine große Liebe Lady Edith sofort heiraten. Der gute Mann hatte nur vergessen – oder auch verdrängt –, dass er selbst noch verheiratet war und seine Ehefrau Bertha einer Scheidung niemals zustimmen würde.

Nicht nur Blandfords Ehefrau – seine gesamte Familie versuchte indessen verzweifelt, über den Kopf des ihrer Meinung nach nicht ganz zurechnungsfähigen Blandford hinweg die Schande einer Scheidung zu verhindern. Die Idee war gut, die Umsetzung leider eine Katastrophe. Denn Blandfords Familie versuchte nun, den Kronprinzen unter Druck zu setzen, damit dieser ein Machtwort sprach und seinem Freund eine Scheidung verbot. Als Erstes warf man Prinz Bertie vor, mitschuldig an der verfahrenen Situation zu sein, schließlich hätte er Lord Aylesford nach Indien mitgenommen und damit

Lady Edith und ihrem Liebhaber freie Bahn gegeben. Der Prinz – noch recht gelassen – ließ ausrichten, dass sich die Familie wohl völlig im Ton vergriffen habe, und wurde erst recht nicht aktiv.[387]

Und nun verlor ein Mitglied der Familie Blandford, Lord Randolph Churchill, der Vater Winston Churchills, die Geduld und griff zum stärksten Mittel: Erpressung. Und so zog Lord Churchill gleich auch die Kronprinzessin mit in die Scheidungsposse. Er informierte Prinzessin Alexandra über die Untreue ihres Mannes und ließ sie wissen, dass er im Besitz einiger Briefe des Thronfolgers an Lady Aylesford sei, die er bereits dem Generalstaatsanwalt gezeigt habe, der nach Durchsicht der Briefe gesagt hätte, dass, wenn diese Briefe jemals an die Öffentlichkeit kämen, der Prinz of Wales niemals den Thron von England besteigen könne.[388]

Das war zwar ein bisschen übertrieben, aber allein die Existenz der Briefe war gefährlich. Als der Thronfolger, der sich mittlerweile auf der Rückreise von Indien befand, von dem Erpressungsversuch informiert wurde und auch noch erfuhr, dass seine Frau nun von allen Details seiner ehemaligen Affäre wusste, tobte er vor Wut und setzte seinerseits einen Schritt, der alles nur noch schlimmer machte. Er forderte Randolph Churchill zum Duell auf. Zum Glück für die königliche Familie verweigerte Churchill dergleichen, denn ein Duell wäre einem medialen Selbstmord des Königshauses gleichgekommen. Nicht nur waren Duelle offiziell verboten – ein künftiger König, der sich wegen einer Scheidungsgeschichte duellierte, hätte dem Königshaus mehr geschadet als jede Affäre.[389]

Irgendwann bekam die Presse Wind von dem gesellschaftlichen Skandal. Als erste berichtete die Zeitschrift »Vanity Fair« über die Weekendparty, den Ehebruch und den Streit rund um die Scheidung. Noch sehr diskret, aber so, dass man zwischen den Zeilen alle pikanten Details lesen konnte. Später folgten die kritischeren Magazine mit wesentlich offeneren Worten. Die Leser erfuhren nun, teils in ausgiebigen Hintergrundberichten, alles über die nächtlichen Schlafzimmerbesuche und »Bäumchen-wechsle-dich«-Spiele der Upperclass. Die Öffentlichkeit zeigte sich schockiert über die moralische Verdorbenheit und Dekadenz der britischen Oberschicht und ebenso über die Tatsache, dass Ehemänner dem Thronfolger offenbar freie Bahn bei den eigenen Ehefrauen gelassen hatten, um die Gunst des künftigen Königs nicht zu verlieren. In dem Streit rund um die Aylesford-Scheidung hatte man weder mit dem gehörnten Ehemann noch der untreuen Ehefrau Mitleid – für die

Leser waren sie nichts als Mitglieder einer gelangweilten Aristokratie, die von einer Party nur nächsten und von einem Bett zum nächsten hüpfte. Am meisten aber schadete diese Posse dem Thronfolger. Er hatte sich wieder einmal als notorischer Fremdgänger und Teil einer frivolen, reichen, aber unbeschäftigten Partygesellschaft geoutet; kein guter Ruf für einen künftigen König.

Im letzten Moment und nur auf Druck von ganz oben wurde ein Scheidungsfall im Hause Aylesford dann doch vermieden. Sporting Joe opferte sein Vorhaben für den Ruf des Kronprinzen, verzichtete auf eine Scheidung und erklärte öffentlich, dass keine Briefe von Bertie an seine Frau existierten. Doch die Kollateralschäden waren wieder einmal beträchtlich: Das Ehepaar Aylesford war bei Hof ruiniert. Lord Joseph Aylesford emigrierte schließlich nach Texas und trank sich mit nur sechsunddreißig Jahren zu Tode. Lady Edith ließ ihre Kinder zurück, floh nach Paris, wo sie mit Lord Blandford lebte, gebar ihm noch einen Sohn und musste erleben, dass ihr Liebhaber sie nun doch nicht heiraten wollte. Und Randolph Churchill musste auf Druck des Thronfolgers für Jahre ins Exil nach Irland gehen.

Jahre danach wurde eines Tages eine mysteriöse Kiste in Prinz Edwards Residenz abgegeben. Im Innern befand sich ein versiegelter Umschlag. Als Bertie den Umschlag öffnete, entdeckte er darin seine einstigen Briefe an Edith Aylesford. Er fand nie heraus, wer ihm diese Kiste geschickt hatte.

Diese beiden Skandale waren schon höchst unangenehm, das Schlimmste stand dem britischen Königshaus aber erst bevor – es war der »Königliche Bakkarat-Skandal«. Anders gesagt: der finale Paukenschlag, nach dem nichts mehr wie vorher sein sollte. Und, wie könnte es anders sein: Wieder einmal war Bertie beteiligt.

Im September 1890 wurde der britische Thronfolger vom befreundeten Reeder Sir Arthur Wilson zur einer Weekendparty auf seinen Landsitz Tranby Croft eingeladen. Prinz Bertie, der solche Weekendpartys liebte, beehrte den Unternehmer mit seinem Besuch, und gemeinsam mit einigen seiner hochadeligen Freunde, die ebenfalls geladen waren, genoss er ein Wochenende auf einem schönen Landsitz mit gutem Essen, edlen Getränken, charmanten Damen und – illegalem Glücksspiel. Denn an den Abenden setze sich die illustre Gesellschaft stets für ein paar Runden Bakkarat zusammen – ein Kartenglücksspiel, das zwar sehr populär, aber leider verboten war.

Während eines Spiels beobachtete der Sohn des Hausherrn, wie einer der Gäste, Sir William Gordon-Cumming, ein Offizier der Königlichen Armee und ebenfalls ein Freund des Thronfolgers, seine Mitspieler betrog. Heimlich erhöhte oder verringerte der Offizier seine Einsätze, je nachdem, wie es gerade um sein Spielerglück stand. Daraufhin informierte der junge Hausherr einige andere Gäste, die William Gordon-Cumming am folgenden Abend genau beobachteten und ebenfalls verdächtige Handlungen seinerseits wahrnahmen. Als man den Offizier mit den Vorwürfen konfrontierte, bestritt er diese vehement, doch die anderen Gäste blieben dabei, dass er beim Kartenspiel betrogen habe.

Nun war Falschspiel auch in diesen Kreisen kein Kavaliersdelikt und die Angelegenheit ohnehin heikel: Öffentlicher Streit wegen des angeblichen Spielbetrugs sollte unter allen Umständen vermieden werden. Man befand somit, je weniger Personen von dieser kompromittierenden Situation wussten, desto besser; immerhin war das Bakkarat-Spiel von Gesetzes wegen verboten. Dennoch musste eine Lösung gefunden werden, denn die Betrogenen wollten ihre Einsätze zurück und William Gordon-Cumming protestierte weiter dagegen, als Betrüger abgestempelt zu werden.

Als Ranghöchster der Gesellschaft sollte der Thronfolger entscheiden, was zu tun wäre, damit alle ihr Gesicht wahrten. Bertie drängte auf eine Gentlemen-Übereinkunft. Von der Schuld Gordon-Cummings gingen offenbar alle Anwesenden aus; trotzdem: Der Offizier konnte auf die Diskretion der anderen Gentlemen zählen; dass er falschgespielt hatte, würde nicht weitererzählt werden. Dafür musste er aber ein Dokument unterschreiben, in dem er sich verpflichtete, nie wieder um Geld zu spielen. Als Zeuge unterschrieb neben allen Mitwissern auch Bertie – mit fatalen Folgen. Denn mit seiner Unterschrift gab es einen schriftlichen Beweis, dass der Thronfolger an illegalen Glücksspielen teilgenommen hatte.

Eigentlich hätte damit die Angelegenheit im Sinne aller gelöst sein können – wären nicht die Details der Vereinbarung mit Gordon-Cumming Monate später durchgesickert und zu einem beliebten Gesprächsthema der Society geworden. Gordon-Cumming sah sich nun, trotz seiner Enthaltsamkeit beim Spiel und trotz der schriftlichen Vereinbarung, Stillschweigen zu bewahren, in der Gesellschaft als Falschspieler stigmatisiert. So verlangte er vom Gastgeber der Weekendparty, bei der er des angeblichen Falschspiels überführt worden war, Sir Arthur Wilson, einen öffentlichen Widerruf, blitzte mit diesem Wunsch aber ab und versuchte jetzt, seine Reputation mit der Hilfe der Gerichte wiederherzustellen. Der vermeintliche Falschspieler strengte einen Prozess wegen übler Nachrede an.

Die Vertrauten des Thronfolgers versuchten panisch, Sir Gordon-Cumming zum Schweigen zu bringen. Man wollte um jeden Preis einen desaströsen Gerichtsfall vermeiden, der Prinz Bertie in den Zeugenstand zwingen würde. Am ehesten kam noch ein Armeeverfahren infrage, um die Sache zu klären – schließlich war der Kläger ja Offizier. Und ein Militär-Verfahren hätte den unbestreitbaren Vorteil gehabt, dass die Öffentlichkeit ausgeschlossen bliebe; doch Gordon-Cummings Anwälte lehnten diese Möglichkeit entschieden ab.

Von dem bevorstehenden Gerichtsverfahren und der Tatsache, dass der künftige König dem illegalen Glücksspiel frönte, erfuhr auch die Presse. Für den Hof war die nun einsetzende Berichterstattung ein PR-Desaster. Der Kronprinz wurde scharf attackiert; wieder einmal kritisierte man seine – selbstgewählte – Entourage und seine Vorliebe für Partys. Vor allem aber prangerte man die Bemühungen Berties und seines Umfelds an, einen Gerichtsprozess zu vermeiden, genauer gesagt, durch sanften Druck an den richtigen Stellen zu unterdrücken.[390]

Der Prozess kam schließlich zustande. Sir William Gordon-Cumming klagte seinen ehemaligen Gastgeber wegen übler Nachrede und ließ den britischen Thronfolger als Zeugen der Anklage vorladen. Am 1. Juni 1891 um halb elf Uhr vormittags erschien der Erbe der britischen Krone vor Gericht. Der Gerichtssaal war bis auf den letzten Platz gefüllt. Und das versammelte Publikum machte den Eindruck, als wolle es einer Society-Hochzeit beiwohnen, nicht einem Gerichtsverfahren. Frauen der besten Gesellschaft saßen in schönen Kleidern und mit modischen Hüten auf den Bänken und hoben ihre Operngläser vor die Augen, als Bertie den Saal betrat und zu den Ereignissen des Wochenendes in Tranby Croft befragt wurde.

Es war ein merkwürdiges Verfahren. Eigentlich sollte geklärt werden, ob William Gordon-Cumming als Falschspieler bezeichnet werden durfte. Aber in Wirklichkeit stand der Thronfolger, der doch nur als Zeuge geladen war, vor Gericht – zumindest moralisch.

Die Abschlussrede des Verteidigers war für das britische Königshaus eine Katastrophe: Er versuchte möglichst oft, das Verhalten und den Lebensstil des Kronprinzen selbst zu thematisieren. So oft es ihm möglich war, nannte er den

Namen des Prinzen. Das Ziel war, die Richter und alle Anwesenden gegen den Thronfolger einzunehmen, dessen Lebenswandel – soweit noch unbekannt – im Licht der Öffentlichkeit zu kritisieren und Sir Gordon-Cumming als Opfer der kronprinzlichen Clique zu inszenieren. In seinem Plädoyer betonte der Anwalt auch, dass es einen starken und subtilen Einfluss des Königshauses gegeben habe, diesen Fall zum Erliegen zu bringen; und er schmetterte in den Saal, dass dies nicht das erste Mal gewesen sei, »dass honorige Männer« wie sein Mandant Sir Gordon-Cumming »sich dafür opferten, einen schwankenden Thron oder eine sinkende Dynastie zu stützen«.[391]

So offen – und noch dazu vor allen anwesenden Journalisten – hatte bisher kaum jemand über die königliche Familie gewettert. Queen Victoria empfand die Rede als furchtbare Beleidigung; sie beschwerte sich, dass der künftige König »durch den Schmutz gezogen wurde, so wie jeder andere in einem öffentlichen Gerichtshof«.[392] Damit traf die Monarchin allerdings den – für sie – wunden Punkt. Die Monarchie stand eben nicht mehr über dem Gesetz, weder rechtlich noch im Empfinden ihrer Untertanen.

Das Gericht kam schließlich nach Anhörung aller Zeugen zu einem Urteil: Sir Gordon-Cumming wurde des Falschspiels für schuldig befunden und seine Verleumdungsklage abgelehnt.

Als Folge des Urteils wurde Gordon-Cumming wegen unehrenhaften Verhaltens aus der Armee entlassen. Die Londoner Herrenclubs kündigten ihm die Mitgliedschaft – in der britischen Upperclass das ultimative Zeichen für einen gesellschaftlichen Tod. Für die Aristokratie existierte der überführte Falschspieler, der die privaten Vergnügungen der Aristokratie ins Licht der Öffentlichkeit gezerrt hatte, nicht mehr. Sir Gordon-Cumming zog sich als gebrochener Mann nach Schottland zurück.

Die öffentliche Meinung jedoch betrachtete das Urteil als unfair und kürte Gordon-Cumming zum Helden, der den Mut gehabt hatte, sich mit dem Königshaus anzulegen (auch wenn das nicht wirklich zutreffend war). Wer der größte Verlierer dieser ganzen Angelegenheit war, schien klar: jener Mann, der lediglich als Zeuge geladen war – Bertie, der Erbe der Britischen Krone.

Die Auswirkungen des Bakkarat-Skandals waren katastrophal. Um den Thronfolger tobte ein Tornado der Entrüstung. Die Bischöfe des Königreichs verurteilten ihn von der Kanzel herab und bezeichneten es als ungeheuerlich, dass das künftige Oberhaupt der anglikanischen Kirche dem Glücksspiel verfallen war. Die Post lieferte in Marlborough-House, der Londoner Residenz des Thronfolgers, körbeweise wütende Briefe kirchentreuer Briten ab. Die Heftigkeit, mit der der Kronprinz angegriffen wurde, überraschte und ängstigte ganz Buckingham Palace. Ein Vertrauter des Kronprinzen wunderte sich, dass man Bertie behandelte, »als ob er alle zehn Gebote auf einmal gebrochen und dazu den Erzbischof von Canterbury ermordet hätte«.[393] Und die Königin war in heller Aufregung ob der allgemeinen Empörung. Sie glaubte die Monarchie in Gefahr, wenn man einen Thronfolger »öffentlich derart herabsetzen und tadeln konnte«.[394]

Die zahlreichen Reporter, die bei dem Prozess anwesend waren, wurden nicht enttäuscht. Sie erhielten quasi einen intimen Schnappschuss aus dem Privatleben des Thronfolgers. Das Gerichtsverfahren wurde in voller Länge in den Zeitungen beschrieben. Auch wenn die Umgebung des Prinzen die Pressekampagne gegen ihn für überkritisch und übertrieben hielt, war eines sicher: Die Lektion der Bakkarat-Affäre lautete, dass ein Mitglied des Königshauses, besonders der künftige König, sich nicht auf ein Privatleben berufen konnte. Die Bevölkerung hatte ein Recht zu wissen, was ein künftiger Souverän privat tat, vor allem deshalb, so die renommierte »Times«, weil er »die sichtbare Verkörperung des monarchischen Prinzips war«.[395] Die republikanischen Magazine gingen in ihrer Kritik noch viel weiter, bezeichneten das Königtum als absolut verdorben und behaupteten, dass Bertie die Monarchie an den Rand des Ruins gebracht hätte.[396] Nach diesem dritten Skandal um Bertie war klar: Eine neue Epoche hatte begonnen, die Zeitungen mobilisierten nun die Öffentlichkeit und konnten die vormals Mächtigen nun vor sich hertreiben.

Der berühmte Bakkarat-Skandal stellte auch in einer anderen Hinsicht eine Zäsur im Verhältnis der Medien zum britischen Königshaus dar: Mit ihm begann die »Yellow Press«. Bisher waren vor allem die Aristokratie und deren Eskapaden das beliebteste Ziel der englischen Klatschpresse. Man war stets auf der Suche nach neuen »juicy stories«, saftigen Geschichten aus dem Leben der Reichen und Schönen. Das Königshaus aber war bis zu diesem Zeitpunkt davon verschont geblieben. Nun, nach dem Bakkarat-Skandal waren alle Dämme gebrochen und man interessierte sich auch für den künftigen König.[397] Prinz Edward war somit der erste moderne Klatschkolumnenprinz. Er wurde ausspioniert und verfolgt. Klatschgazetten wie »Truth«, »Vanity Fair« oder »The World« standen ab nun in permanentem Wettbewerb um die besten Geschichten zu royalen Skandalen. Das britische Königshaus sollte die »Yellow Press« nie wieder loswerden.[398]

Der Skandal rund um den Gerichtsauftritt des britischen Thronfolgers bei der Bakkarat-Affäre war natürlich auch an allen europäischen Höfen ein heißes Gesprächsthema. Besonders empört, ja geradezu entrüstet zeigte sich der deutsche Kaiser Wilhelm II. Er war der Neffe des britischen Thronfolgers, denn Berties Mutter, Queen Victoria, war die Großmutter von Kaiser Wilhelm. Wilhelm konnte seinen Onkel, Prinz Bertie, nicht leiden. Und seine Abneigung beruhte durchaus auf Gegenseitigkeit. Auch Onkel Bertie hatte keinerlei Sympathie für den seiner Meinung nach völlig ungeratenen Neffen und murmelte nach jedem Familientreffen, das der deutsche Kaiser verließ: »Gott sei Dank. Endlich ist er weg!«[399]

Eine Gelegenheit wie den Bakkarat-Skandal wollte der deutsche Kaiser nicht verstreichen lassen: Endlich konnte er sich von Herzen über den seiner Meinung nach völlig unmoralischen Onkel, auf dessen Witz und Charme er jedoch eifersüchtig war, auslassen.[400] Wilhelm schrieb seiner Großmutter, dass es für ihn unerträglich sei, dass Onkel Bertie, den er ehrenhalber zu einem Oberst der preußischen Husaren ernannt hatte, wegen eines Gezänks unter Glücksspielern derart sein Gesicht verliere.[401]

Der deutsche Kaiser Wilhelm, der selbst als moralisches Vorbild auftrat, sonnte sich angesichts der Schwierigkeiten seines Onkels im eigenen tugendhaften Licht. Schon vor seiner Thronbesteigung im Jahr 1888 hatte der damals Neunundzwanzigjährige offen jeder Unmoral, Wollust, Schwelgerei und jedem Spiel den Kampf angesagt. Aussagen dieser Art dürften aber eher der Imagepflege gedient haben, denn erwartungsgemäß war weder Wilhelm II. noch sein Hof frei von allen Lastern.[402]

Dass gerade Wilhelm sich über seinen Onkel Bertie empörte, entbehrt nicht einer gewissen Ironie, denn exakt im selben Jahr gab es am Berliner Hof einen Skandal, dessen juristisches Nachspiel noch Jahre dauern sollte und der zudem eine Lawine von nachfolgenden Skandalen lostreten sollte. Am Ende war die wilhelminische »Kaiserherrlichkeit« in Scherben zerbrochen.

Es handelte sich hierbei zunächst um den sogenannten »Kotze-Skandal«, benannt nach Leberecht von Kotze, seines Zeichens Hofzeremonienmeister am deutschen Kaiserhof. Baron Leberecht von Kotze wurde verdächtigt, der Urheber pornographischer Briefe zu sein, die an Mitglieder der kaiserlichen Familie und Angehörige der Hofgesellschaft geschickt worden waren.[403]

Der Kotze-Skandal begann als reiner Sexskandal und endete mit der kompletten Demontage des kaiserlichen Hofs. Durch diesen Skandal wurde die Berliner Hofgesellschaft in der Öffentlichkeit wie der Ochse am Nasenring vorgeführt und jedermann eingeladen, sich ein Urteil über die Sitten, Intrigen und Ehrbegriffe der sogenannten besseren Gesellschaft zu bilden. Der Kotze-Skandal zeigte außerdem, wie sehr wenig ausgelastete Menschen in einem Hofbiotop, in dem alle sich nur über ihren Rang definieren, zu selbstzerstörerischen Tendenzen neigen konnten.

Alles begann mit einer romantischen Schlittenfahrt im Jänner 1891. Einige Damen und Herren, fünfzehn an der Zahl und allesamt Mitglieder der Hofgesellschaft, darunter so hohe Persönlichkeiten wie der Schwager des Kaisers und Zeremonienmeister Leberecht von Kotze, rauschten durch den Schnee. Bei Einbruch der Dämmerung machte das illustre Grüppchen im heimeligen, mit Hirschgeweihen geschmückten Jagdschlösschen Grunewald Halt. Man legte die Pelze ab, genoss die von fleißigen Dienern vorbereitete Abendmahlzeit, berauschte sich an Champagner und edlen Weinen und gab sich schließlich zu fortgeschrittener Stunde wollüstigen Handlungen hin. Die fünfzehn hohen Damen und Herren feierten eine Sexparty der besonderen Art. Nicht nur wurde Partnertausch praktiziert – es entwickelte sich eine Orgie, bei der auch Mann mit Mann und Frau mit Frau intim miteinander verkehrten. Nach dem erotischen Rausch kleidete man sich wieder an, nahm seine Pelze und verließ das Jagdschlösschen. Die feinen und edlen Damen und Herren, die einen privaten Swingerclub-Abend veranstaltet hatten, verschwanden mit ihren Schlitten im Dunkel der Nacht.

Dieses exklusive Treffen der tugendhaften Mitglieder der Hofgesellschaft blieb leider nicht privat. Nur einen Tag nach der winterlichen Orgie erhielten alle Teilnehmer und Teilnehmerinnen anonyme Briefe. Und, noch schlimmer, auch unzählige Mitglieder des Hofes erhielten die pikante Post. Die Briefe waren zu hunderten verschickt worden, allein 246 von ihnen existieren noch heute und werden im Geheimen Staatsarchiv Preußischer Kulturbesitz aufbewahrt. In den Schreiben wurde das Verhalten der Partyteilnehmer angeprangert, in einer extrem obszönen Sprache, und mit pornographischen Bildern versehen. Auf die dargestellten Körper, die sexuellen Verkehr auf wirklich jede Art darstellten, waren Fotos der Köpfe der Partyteilnehmer aufgeklebt worden.[404]

In den schmutzigen Briefen wurden höchste Hofmitglieder bloßgestellt, darunter der Bruder der Kaiserin, Ernst Günther Herzog von Schleswig-Holstein. Wirklich überrascht waren Eingeweihte nicht über die Beschuldigungen gegen den kaiserlichen Schwager, dessen zahllose Sexgeschichten ihm längst den Beinamen »Herzog-Rammler« eingebracht hatten.[405] Auch als leidenschaftlicher Bordellbesucher war der Herzog bekannt. Einmal hatte er bei einem seiner Besuche seinen Orden vom Schwarzen Adler im Bett einer Prostituierten verloren. Die ehrliche Hure lieferte den Adlerorden pflichtschuldigst bei der Polizei ab.[406]

Die Briefe enthielten obszöne Beschimpfungen der Partybesucher. Eine von ihnen, Charlotte von Hohenau, wurde darin als »Lottchen von Preußen« bezeichnet – damals ein anderer Name für eine Prostituierte – und als Frau, die sich jedem Prinzen an den Hals werfe und »ganz unaufgefordert die Röcke hochhebt« und deren Haus in Berlin als »Bordell« bekannt sei.[407] Charlotte von Hohenau war nicht die Einzige, die derart beschimpft wurde, allen anderen erging es ähnlich.

Der Inhalt der schmählichen Briefe wurde langsam, aber sicher publik. Dazu beigetragen hatte wahrscheinlich die Sitte der feinen Damen und Herren der höheren Gesellschaftsschichten, sich die Post geöffnet auf den Frühstückstisch legen zu lassen.[408] Die hiermit betrauten Diener warfen natürlich einen Blick in die Post, bevor sie den eigentlichen Empfänger erreichte. Enthielt ein Brief dann auch noch pornographische Bilder, wurde diese Beobachtung wahrscheinlich lustvoll weitererzählt. Jedenfalls erfreute sich bald ganz Berlin an den anstößigen Nachrichten aus der so feinen Welt des Hofs. Und Mitglieder der Hofgesellschaft beklagten sich über die »schmutzigen Geschichten«, die in der ganzen Stadt verbreitet würden.[409]

Was die Briefe so schädlich für das Kaiserhaus machte, waren nicht die darin erwähnten Anzüglichkeiten an sich. Die Geschichte war deshalb ein so heikles Thema, weil sie die engste Umgebung des Kaisers betraf und von den »Vornehmsten am Hof« handelte.

Von der Bevölkerung – vor allem der Mittel- und Unterschicht – wurde der Skandal mit Spott und Kritik aufgenommen. Bürgerliche Kritiker waren entsetzt; selbst in der letzten Phase des Kaiserreiches waren der Kaiser, sein Hof und die Hofgesellschaft noch stilbildend. Und jetzt wurden Personen aus der Umgebung des Kaisers, der sich stets als biederer Monarch inszenierte, als unmoralische und dekadente Höflinge wahrgenommen.

Durch die vielen anonymen Briefe, die in Berlin zirkulierten, wurden auch einige homosexuelle Mitglieder der Hofgesellschaft geoutet. Diese

Hinweise auf Homosexualität machten die Briefe hochpolitisch; denn Homosexualität stand im wilhelminischen Kaiserreich unter hoher Strafe – das Strafmaß betrug zehn Jahre schwerer Kerker. So dokumentierten die Briefe die doppelbödige Moral der Hofgesellschaft. Und sorgten verständlicherweise für allgemeine Empörung: Während man all jene, die nicht unter dem Schutz des Hofes standen, mit drakonischer Härte verfolgte und jahrelang in den Kerker warf, wurde in der engsten Umgebung des Kaisers die Neigung zur Homophilie offensichtlich toleriert – zumindest wurde dieser Anschein erweckt. Das Thema »Homosexualität und der Kaiserhof« war an sich schon heikel, war es doch in den vergangenen Jahren durch einen aufsehenerregenden und peinlichen Scheidungsprozess öffentlich häufig zur Sprache gekommen.[410]

Um nicht weiterhin desavouiert oder gar geoutet zu werden, entschieden sich einige, allerdings nicht alle Empfänger der Briefe gemeinsam, die Polizei einzuschalten. Mit der delikaten Affäre wurde ein Kriminalkommissar beauftragt, der aber nicht besonders erfolgreich war. Am kaiserlichen Hof zirkulierten jetzt hunderte von obszönen Briefen, deren Verfasser niemals entlarvt wurde – obwohl oder vielleicht auch, weil es sich nur um jemanden handeln konnte, der zum engsten Kreis um Wilhelm gehörte.[411]

Irgendwann verlor die Hofgesellschaft die Nerven und beschuldigte einen aus ihren Reihen. Der Verdacht fiel auf den geschwätzigen Zeremonienmeister Leberecht von Kotze, der selbst an der ausschweifenden Party im Jagdschloss Grunewald teilgenommen hatte. Die Geheimpolizei beschlagnahmte bei Kotze Löschblätter mit Schriftfragmenten, die beweisen sollten, dass der Zeremonienmeister der Verfasser dieser obszönen Briefe war, und informierte Kaiser Wilhelm. Der Kaiser, wie immer impulsiv und unüberlegt, ließ nun seinen eigenen Zeremonienmeister vom Chef seines Militärkabinetts verhaften und arretieren. Die Begründung für diesen spektakulären Schritt lautete: Verbreitung von unsittlichen Schriften und verleumderische Beleidigungen. Einen ordentlichen Gerichtsprozess wollte man dem Zeremonienmeister jedoch nicht machen: Der Bevölkerung sollte kein Spektakel geboten werden; außerdem war zu befürchten, dass durch ein Gerichtsverfahren weitere kompromittierende Details über Ausschweifungen und keineswegs moralisch vertretbare Vorgänge bei Hof ans Tageslicht kämen. Stattdessen wurde Kotze den Militärgerichten übergeben, wo das Verfahren unter Ausschluss der Öffentlichkeit stattfinden sollte.

Doch zum Entsetzen der Militärgerichtsbehörde tauchten, während sich Leberecht von Kotze hinter Schloss und Riegel befand, neue anonyme Briefe auf. Kotze konnte sie nicht verfasst haben; ihm stand in der Haft nicht einmal Schreibmaterial zur Verfügung. Und noch etwas erschreckte den Hof: In einem der Briefe wurde Kotzes sofortige Freilassung gefordert und vom Verfasser oder der Verfasserin mit einem öffentlichen Skandal gedroht, durch den »der Thron mit allen seinen morschen Stützen wackeln« würde.[412]

Leberecht von Kotze wurde also wieder aus der Haft entlassen. Weder hatte man Beweise für seine Schuld gefunden, noch wollte man den angekündigten Skandal riskieren. Trotz Leberecht von Kotzes Unschuld, was die Briefe betraf, weigerte sich Wilhelm II., ihn zu rehabilitieren und wieder in sein Amt als Zeremonienmeister einzusetzen. Und dann tat der mittlerweile hochnervöse Kaiser den nächsten falschen Schritt. Anstatt den offensichtlich unschuldigen Leberecht von Kotze in Frieden zu lassen, setzte er eine Untersuchungskommission ein, die ein hieb- und stichfestes Urteil gegen Kotze erwirken sollte. Warum auch immer der Kaiser annahm, dass die lästigen Briefe aufhören würden, wenn er dem Zeremonienmeister noch einmal den Prozess machte, blieb unklar: Er täuschte sich nicht nur, sondern verschlimmerte mit dieser Entscheidung alles nur noch.

Denn während zahlreiche Angehörige der Hofgesellschaft vernommen und mehr als tausende Aktenseiten angelegt wurden, beschloss der alarmierte Leberecht von Kotze selbst aktiv zu werden.[413] Er nahm sich einen geschickten Anwalt, der sofort erkannte, dass sein Mandant am besten geschützt wäre, wenn die Medien über jedes Detail informiert wurden. Erstens konnte man so den Spieß umdrehen und den Kaiserhof – der nichts mehr scheute, als weitere Details dieses Skandals an die Öffentlichkeit dringen zu lassen – in Angst und Schrecken versetzen. Zweitens konnte der Zeremonienmeister diejenigen, die ihn denunziert hatten, auf diese Weise selbst ans Messer liefern. Baron Kotzes Anwalt teilte der Presse nun die Namen jener Personen mit, die sich seiner Meinung nach gegen den unschuldigen Zeremonienmeister verschworen hatten, und löste damit einen weiteren Eklat aus. Denn einer von ihnen, Baron Karl von Schrader, sah sich in seiner Ehre gekränkt und forderte den Zeremonienmeister zum Duell – das zum Glück für beide Seiten unblutig verlief. Drei Monate später wurde dann das zweite Militärgerichtsverfahren gegen Kotze eröffnet, das wie das erste mit einem Freispruch Baron Kotzes endete.

Damit hätte es, nach vier Jahren, endlich gut sein können – aber nein: Das Duell hatte eine neue Phase des Kotze-Skandals eröffnet. Nun ging es nicht mehr nur um die Schuld oder Unschuld eines Zeremonienmeisters, sondern um das höchste Gut der damaligen Zeit, um die Ehre aller Beteiligten. Soweit noch möglich, wurde es nun richtig peinlich.

Der Kaiser verlangte nach dem zweiten Freispruch des Militärgerichts von allen, die den Zeremonienmeister öffentlich beschuldigt hatten, der Verfasser der pornographischen Briefe zu sein, eine Entschuldigung gegenüber Leberecht von Kotze. Die betreffenden Herren, es waren ihrer nicht so wenige, mussten auf allerhöchsten Befehl zerknirscht vor der Wohnung Kotzes vorfahren, so dass jeder sehen konnte, dass Abbitte getan wurde, und sich entschuldigen. Drei von ihnen, darunter der kaiserliche Obersthofmarschall und ein Fürst von Fürstenberg, verweigerten dem Rehabilitierten aber eine Entschuldigung. Der Zeremonienmeister, offenbar noch im Siegesrausch seines ersten Duells, mit dem er vermeinte seine Ehre wiederhergestellt zu haben, forderte nun gleich alle drei Entschuldigungsverweigerer zum Duell auf. Diese selbstmörderische Forderung mussten die drei schon ehrenhalber ablehnen – man einigte sich stattdessen auf ein sogenanntes »Kollektivmandat«, wonach sich nur einer der von Kotze geforderten Männer mit ihm duellieren sollte. Das Pistolenduell endete nach dem achten Kugelwechsel mit einer Verwundung, aber der völligen gesellschaftlichen Rehabilitierung des Zeremonienmeisters.

Für heutige Begriffe mag es absurd klingen, doch mit den Duellen hatte Leberecht von Kotze in den Augen des Kaisers und seiner Standeskollegen seinen Ruf wiederhergestellt. Er hatte sich als »Mann von Ehre« erwiesen, hatte seine Ehre tapfer verteidigt und erfuhr nun Anerkennung und Genugtuung. Der Kaiser selbst schickte dem Verwundeten ein Geschenk ins Krankenhaus und gratulierte. Obwohl Duelle offiziell verboten waren, wurden die Kontrahenten nicht verhaftet.

Aber auch nun, im mittlerweile fünften Jahr nach der Grunewalder Orgie von 1891, sollte der unselige Skandal nicht aufhören. Aus der Kritik der öffentlichen Medien hatten die hohen Herren bisher gar nichts gelernt. Sie waren derart verstrickt in ihren Hofintrigen und – aus heutiger Sicht – verstiegenen Ehrbegriffen, dass sie zum wiederholten Mal eine unwürdige Debatte rund um Ehre und Männlichkeit führten, die aber diesmal mit einem Todesfall und einem Aufschrei in der Öffentlichkeit endete.[414]

Es kam nämlich zu einem weiteren Duell, dem dritten, das Leberecht von Kotze ausfechten sollte. Dieses Mal duellierte er sich wieder mit seinem ersten Kontrahenten, Baron Karl von Schrader. Man mochte meinen, dass nach einem bereits stattgefundenen Duell alles geklärt sein sollte – nicht aber am wilhelminischen Hof. Denn nun forderte Baron Schrader, der seinerseits gegen den Zeremonienmeister eine Verleumdungsklage eingereichte hatte – schließlich war er durch die Indiskretionen von Kotzes Anwalt gegenüber der Presse bloßgestellt worden – ein Duell.[415]

Zwischen all den Gerichtsklagen und Gegenklagen und einer Auseinandersetzung zwischen Baron Kotzes Regiment und dem Kaiser, ob der Zeremonienmeister überhaupt noch »satisfaktionsfähig« war, bereiteten sich die beiden Ehrenmänner auf ihr Duell vor. Das Kotze-Schrader-Duell wurde nach »verschärften Bedingungen« ausgetragen. Dazu gehörte der Verzicht auf eine Begrenzung des Kugelwechsels. Geschossen werden sollte bis zur völligen Kampfunfähigkeit eines der beiden Kontrahenten, und das nicht mehr wie bei früheren Duellen mit Duell-, sondern mit Armeepistolen, die eine höhere Treffsicherheit garantierten. Außerdem wurde ein spezielles Duellverfahren ausgewählt, das »Avance« oder »Barriere« genannt wurde, was bedeutete, dass die Duellanten nicht aus einer vorher vereinbarten Distanz einen Schuss aufeinander abfeuerten, sondern aufeinander zugingen und währenddessen permanent aufeinander schossen, bis einer von ihnen getroffen war. Bei diesem Duellverfahren wurde der Tod eines oder vielleicht beider Duellanten bewusst in Kauf genommen.[416]

Solch ein Duell konnte also nur mit wenigstens einem Toten enden. Es traf Baron Schrader: Er wurde in den Unterleib getroffen und erlag am nächsten Tag seiner schweren Verwundung. Eigentlich hätte nun jedes Gericht Leberecht von Kotze wegen Mordes oder Totschlags verurteilen müssen, was im günstigsten Fall, bei Totschlag, zumindest eine jahrelange Zuchthausstrafe bedeutet hätte. Der Zeremonienmeister jedoch, der mittlerweile wieder unter dem Schutz von Kaiser Wilhelm stand, wurde von einem Militärgericht wegen »Tötung im Zweikampf« lediglich zu zwei Jahren und drei Monaten Festungshaft verurteilt. Die Haft trat er als Ehrenmann an und in Begleitung seines persönlichen Dieners. In der Festung Glatz in Schlesien, wohin er überstellt worden war, erhielt Baron Kotze eine exklusive Sonderbehandlung, täglich Champagner inklusive. Bereits nach wenigen Monaten begnadigte der Kaiser Kotze. Der ehemalige Zeremonienmeister zog sich zwar nun auf seine Güter zurück, seinen Standesgenossen galt er aber ob seiner Duelle bis zu seinem Tod als ehrenhafter Offizier und Ehrenmann.[417] Die obszönen Briefe hatten mittlerweile aufgehört, wer sie wirklich verfasst hatte, wurde nie aufgeklärt.

Diese Posse, die mit einer Sexorgie und schmutzigen Briefen begann und mit der mutwilligen Tötung eines Menschen endete, hatte für den Kaiser katastrophale Folgen. Die Presse warf ihm vor, dass er zu einer Eskalation des Duellwesens beigetragen und damit indirekt zum Rechtsbruch aufgefordert hätte. Auch der Reichsrat griff das Thema auf. Einige Abgeordnete brachten zehn Tage nach dem tödlichen Duell eine entsprechende Anfrage ein. Die Regierung wurde aufgefordert, dem gesetzeswidrigen Duellwesen, welches das allgemeine Rechtsbewusstsein verletzte, energisch entgegenzutreten.[418] Diesem Antrag schlossen sich die meisten im Parlament vertretenen Parteien an und erzwangen damit eine Debatte im Reichstag. Vordergründig ging es um Duelle, in Wirklichkeit aber um Klassenjustiz und das persönliche Regiment des Kaisers. Der sozialistische Abgeordnete August Bebel schleuderte der Regierung entgegen: »Wenn die Herren aus den sogenannten höheren Klassen sich gegenseitig die Köpfe einschlagen oder sich mit der Pistole niederknallen, so können wir im Grunde genommen sehr wenig dagegen einwenden. Je mehr sie das Selbstvernichtungsgeschäft gegenseitig besorgen, desto besser für uns.«[419]

Diese deutliche Kritik empörte den Kaiser und die Hofgesellschaft: Wie konnten es die Einfachsten wagen, die Vornehmsten der Gesellschaft zu kritisieren? Die Eliten des wilhelminischen Kaiserreiches empfanden die bürgerliche Zurechtweisung zudem als massive Bedrohung. Zum ersten Mal wurde die Kritik an Kaiser und Hof derart öffentlich ausgesprochen. Es ging hierbei längst nicht mehr nur um das unsittliche Verhalten der höchsten Kreise; der Kotze-Skandal war vielmehr, sowohl im Parlament als auch in den Medien, zum Anlass geworden, die seit Jahrhunderten geltenden Standesschranken deutlich in Frage zu stellen.[420]

Der »Kotze-Skandal« ging in die Geschichte des Deutschen Kaiserreichs ein. Er markierte den Anfang einer Reihe von Skandalen rund um den Kaiser. Wilhelm II. und seine Umgebung waren in ihrer Doppelmoral vorgeführt worden und damit der Startschuss zu einer ganzen Reihe an kompromittierenden Veröffentlichungen und Vorwürfen gegeben, die in den folgenden Jahren zum völligen Verlust der Glaubwürdigkeit der Monarchie führen sollten.

# 8 Ein Wunderheiler, gefährliche Gerüchte und das Ende der Zarenherrschaft

Im Februar 1913 feierte die Zarenfamilie in St. Petersburg das 300-Jahr-Jubiläum ihrer Dynastie. Die Feierlichkeiten sollten der Welt das glänzende Bild monarchischer Macht und Opulenz vermitteln. Die ganze Stadt war herausgeputzt, es glitzerte an jeder Ecke und prächtige Feuerwerke erhellten die Nacht. Aus Anlass der größten Feierlichkeiten seit Jahrzehnten gab es für Russlands Eliten und die ausländischen Gäste glanzvolle Empfänge im Winterpalast und Jubiläumsaufführungen in den kaiserlichen Theatern. Auch die einfache Bevölkerung sollte mitfeiern. Die Fabriken wurden für einen Tag geschlossen und vor öffentlichen Gebäuden wurden freie Mahlzeiten und Getränke ausgegeben. Und vor den städtischen Gefängnissen harrten unzählige Frauen in der Kälte aus, in der Hoffnung, dass ihre Liebsten unter jenen 2000 Gefangenen sein würden, die anlässlich der 300-Jahr-Feier der Romanow-Herrschaft eine Amnestie erhalten würden.

Die prachtvollen Jubiläumsfeierlichkeiten waren eine perfekt inszenierte zaristische Propaganda. In Szene gesetzt wurde die traditionell beschworene, mythische Verbindung zwischen dem Zaren und seinem Volk, an die höchstens noch einige wenige ausländische Besucher glaubten, fasziniert von der ihnen sich darbietenden Pracht und Opulenz.[421] Tatsächlich fand die 300-Jahr-Feier der Herrschaft der Romanows vor dem Hintergrund der tiefsten sozialen und politischen Krise der letzten Jahrzehnte statt. Aus der blutig niedergeschlagenen Revolution von 1905 hatte der Zar nichts gelernt. Jede Forderung nach größerer politischer Mitbestimmung und sozialer Veränderung hatte er brüsk zurückgewiesen, alle Reformversuche der Duma blockiert und auf der fragilen Idee der Zivilrechte herumgetrampelt. Eine Lösung der Bauernfrage stand nach wie vor aus und die Arbeiterschaft konnte nur noch mit massiver Gewalt an Streiks gehindert werden.[422] Die russische Bevölkerung war, schlimmer als je zuvor, Unterdrückung, Elend und Leid ausgesetzt.[423]

Anlässlich der Jubiläumsfeiern trat der regierende Zar Nikolaus II. zum ersten Mal wieder öffentlich auf, seit 1905 die revoltierende Masse seiner

Untertanen heftig an seinem Thron gerüttelt und politische Zugeständnisse verlangt hatte. Und die Polizei tat alles, um erneute Ausschreitungen zu verhindern. Die Ängste der Minister und der gewählten Volksvertreter vor einer weiteren Revolution aufgrund ausbleibender Reformen nahm der Zar schon seit Jahren nicht ernst. Entsprechend unrealistisch sagte Nikolaus' Frau, Zarin Alexandra, während der Feierlichkeiten zu einer Hofdame: »Jetzt können Sie sehen, welche Feiglinge diese Staatsminister sind. Sie ängstigen den Kaiser andauernd mit ihren Ängsten über Revolution und da, Sie sehen es selbst, kaum zeigen wir uns der Öffentlichkeit, gehören ihre Herzen uns.«[424] Auch Zar Nikolaus hielt diese Illusion aufrecht. Als er von einer an die Feierlichkeiten anschließenden Tour durch die Provinzen nach St. Petersburg zurückkehrte, erzählte er, geradezu entrückt, man hätte an jedem Ort gespürt, wie sehr das Volk seinen Zaren liebte.[425] Nikolaus' Gefolge hingegen, soweit es ihn auf der Reise begleitet hatte, zeigte sich einhellig entsetzt über die kühle bis ablehnende Stimmung, mit der die Zarenfamilie überall empfangen worden war.[426] Offenbar waren die Romanows das Opfer ihrer eigenen Propaganda geworden.

Vier Jahre nach den Feierlichkeiten, im Jahr 1917, brach die Russische Revolution aus und wie bei allen modernen Revolutionen zeigten sich die ersten Risse des alten Systems an dessen Spitze. Es hatte nur mehr eines Funkens für die entscheidende Zündung bedurft – und neben allen sozialpolitischen Gründen für den Ausbruch der Revolution spielte auch die Tatsache eine Rolle, dass der Zar zu diesem Zeitpunkt längst den Respekt der Bevölkerung verspielt hatte. Das Romanow-Regime war schon vor der Revolution an seinen eigenen inneren Widersprüchen, vor allem aber an seinen Skandalen zugrunde gegangen.

An der Spitze des riesigen Reiches stand zum Zeitpunkt der 300-Jahr-Feierlichkeiten mit Nikolaus ein Mann, dessen private familiäre Tragödie den größten Skandal in der Geschichte der Romanows ausgelöst hatte. Dabei hätte das Familienleben des letzten Zaren eigentlich kaum weniger skandalös verlaufen können. Nikolaus' Ehe mit der deutschen Prinzessin Alexandra von Hessen-Darmstadt war eine der wenigen standesgemäßen Liebesehen seiner Zeit.[427] Zar und Zarin waren zu ihrer Zeit geradezu ein Paradox unter Europas Royals – kein Paar lebte privat skandalfreier als die beiden, die ein geradezu kleinbürgerliches Familienleben zelebrierten. Zugleich aber war auch kein Paar so fehlplatziert auf einem europäischen Thron wie diese beiden, die so desaströse private Entscheidungen trafen, dass sie ihre Herrschaft zum Kippen brachten.

**»Hier müssen wir uns die Liebe des Volkes nicht erarbeiten. Das russische Volk verehrt seine Zaren als heilige Wesen, von denen alle Wohltätigkeit und alles Glück ausgehen.« Zarin Alexandra in einem Brief an ihre Großmutter, die britische Königin Victoria.**

Schon dass im Zuge der Krönungsfeierlichkeiten von Nikolaus und Alexandra im Mai 1896 ein schweres Unglück geschah, wurde als böses Omen für die Zukunft gedeutet: Nach der Krönung wurde auf einem riesigen Exerzierfeld vor den Toren Moskaus eine Messe zu Ehren des neuen Zarenpaares abgehalten und zur Feier des Tages wurden Gebäck, Bier und kleine Geschenke verteilt. Bereits am frühen Morgen hatten sich mehr als eine halbe Million Menschen auf dem Feld versammelt, und immer weitere drängten nach. Alle wollten sie in den seltenen Genuss einer freien Ausspeisung und eines Geschenks kommen. Plötzlich entstand in der Menge das Gerücht, dass es nicht mehr genug für alle gäbe. Und so drängten, in der Angst, leer auszugehen, von hinten zehntausende Besucher mit Gewalt nach vorne, drückten dadurch jene, die vorne – in Nähe der Ausspeisungen – standen, in Militärgräben hinein und trampelten über sie hinweg. Innerhalb weniger Minuten brach eine Massenpanik aus: Mehr als 1400 Menschen erstickten qualvoll oder wurden zu Tode getrampelt, weitere 600 wurden schwer verletzt.

Ungeachtet der Tragödie ging das neugekrönte Zarenpaar am gleichen Abend auf einen Ball, den der französische Botschafter ihm zu Ehren gab (man hatte dem jungen Zaren allerdings abgeraten, seinen Besuch abzusagen). Und während im Inneren der hellerleuchteten Botschaft getanzt wurde, hoben vor den Toren der Stadt alle verfügbaren Totengräber und Freiwillige ein Massengrab aus. Nikolaus, der selbst sehr abergläubisch war, dachte später oft an dieses schreckliche Ereignis zurück und sah es als Beginn seiner persönlichen Tragödie.[428]

Dass mit dem sechsundzwanzigjährigen Nikolaus und der zweiundzwanzigjährigen Alexandra ein Paar an die Macht gekommen war, das seinen künftigen Aufgaben nicht gewachsen sein würde, war den königlichen Verwandten in ganz Europa klar.[429] Queen Victoria konnte bei der Thronbesteigung Nikolaus' nur die Hände über dem Kopf zusammenschlagen: »Was für eine schreckliche Tragödie das ist! Und was für eine Position für diese beiden jungen Leute. Gott helfe ihnen!«[430]

Überhaupt wusste jeder, der den neuen Zaren kannte: Nikolaus hatte keine der Fähigkeiten, die ein Herrscher in seiner schwierigen Position brauchte – in einem Land am Rande des sozialpolitischen Kollapses. Weder flößte er seiner Umgebung Respekt ein oder strahlte Autorität aus, noch war er fähig, mit seinen Beratern vernünftig umzugehen. Zar Nikolaus scheute jede sachliche Auseinandersetzung; so schaffte er es nicht, mit seinen Ministern konstruktiv zusammenzuarbeiten – kaum war einer von ihnen anderer Meinung, entließ er ihn ohne Vorankündigung. Auf diese Weise verlor er die besten Köpfe seines Kabinetts. Graf Sergei Juljewitsch Witte, der fähigste Finanzminister, den die Romanows je hatten, erinnerte sich an seine Entlassung: »Wir sprachen für zwei Stunden. Er schüttelte meine Hand. Er umarmte mich. Er wünschte mir alles Gute in der Welt. Ich kam nach Hause, sehr glücklich, und fand einen geschriebenen Befehl meiner Entlassung auf meinem Schreibtisch liegend vor.«[431]

**Die frischverheiratete Zarin Alexandra kurz nach ihrer Hochzeit im Jahr 1894.**

Unterwürfigkeit war für den Zaren wichtiger als fachliche Kompetenz und so blieb ihm mit der Zeit auch nur mehr ein Küchenkabinett von unterwürfigen, reaktionären Jasagern, die nicht im Sinne des Landes arbeiteten, sondern nur daran dachten, sich ihre Pfründe zu sichern. Was Zar Nikolaus an Führungsstärke fehlte, meinte er durch ausgiebige Aktenarbeit wieder wettmachen zu können. Wie ein braver Beamter arbeitete er täglich seine administrativen Pflichten ab und war unfähig, selbst die trivialsten Angelegenheiten zu delegieren. Während die soziale Frage im Land immer brennender wurde, setzte sich Nikolaus mit dem Budget für Reparaturen an einer landwirtschaftlichen Schule und der Ernennung von Provinzhebammen auseinander. Es kam ihm niemals in den Sinn, dass ein Alleinherrscher – der er sein wollte – vielleicht für nützlichere Dinge im Staat zuständig sein sollte.[432]

Wahrscheinlich hatte Nikolaus' Beharren, jeden noch so unbedeutenden Akt selbst abzuzeichnen, anstatt dies Beamten zu überlassen, auch eine psychologische Ursache: Er konnte sich damit der Illusion eines funktionierenden Staatswesens hingeben. In Wirklichkeit begriff der Zar auf diese Weise aber nur die Bedeutung einzelner isolierter Akten, aber niemals das große Ganze. Für das Russische Reich war diese Kombination aus autokratischem Herrschaftsanspruch und der peniblen Arbeitsweise eines kleinen Beamten katastrophal. Große Würfe blieben aus, dazu war der Zar nicht in der Lage, und durch seine kleinbürgerliche Neigung, selbst geringfügige bürokratische Abläufe kontrollieren zu wollen, schüttete er nur Sand ins Getriebe der Staatsmaschinerie. Das Ergebnis war ein Machtvakuum. In den letzten Jahren des zaristischen Regimes gab es keine Staatsführung, die diesen Namen verdiente, keine Koordination und keine kompetenten Politiker – denn die hatte Nikolaus ja alle entlassen.

Zarin Alexandra war nicht minder ungeeignet für ihre hohe Position, das erkannte selbst ihr engster Familienkreis.[433] Sie war zwar die tugendhafteste, frömmste und sprödeste Prinzessin ihrer Generation, freilich mit einem Schuss Selbstgefälligkeit und Intoleranz, ließ aber Eigenschaften vermissen, die eine künftige Zarin unbedingt brauchte: Selbstbewusstsein und den Anspruch, die gesellschaftliche Führerin der reichsten und dominantesten Aristokratie Europas zu sein.[434] Der Hof, in den Alexandra eingeheiratet hatte, war der luxuriöseste von ganz Europa. Daher waren Bescheidenheit und Zurückhaltung nicht gerade die Tugenden, die in der russischen Upperclass Respekt hervorriefen, sondern wurden, im Gegenteil, als Schwächen interpretiert. Wer als Zarin in Auftreten und Erscheinung nicht auch den Glanz und Pomp des Hofes widerspiegelte, dem wurde vorgeworfen, die Bedeutung des größten Reiches der Welt und die Bedeutung der reichsten Hofgesellschaft der Welt zu missachten.[435] Doch die prüde Alexandra war von der russischen Aristokratie und ihrem Tratsch, ihren Skandalen und Liebesaffären abgestoßen. Diese Ablehnung spürte die Hofgesellschaft und verweigerte ihrerseits der Zarin die Gefolgschaft.[436]

Die russische Monarchie basierte vor allem auf der Kraft der kaiserlichen Autorität, nach dieser richteten sich die höchsten Aristokraten ebenso wie die ärmsten Bauern. Bis ins frühe 20. Jahrhundert hinein war der Zar für den Großteil der Bevölkerung – vornehmlich für die wenig gebildete, gläubige Landbevölkerung – mehr als ein kaiserlicher Herrscher: Er war Gott auf Erden. Selbst der letzte Zar glaubte sich seinem Volk noch durch eine unerschütterliche mystische Liebe verbunden – ein mittelalterlicher Gedanke, der im Rest Europas längst der Vergangenheit angehörte.

Die Ratschläge einer weisen Großmutter aus Westeuropa konnten hier nur auf unfruchtbaren Boden fallen. Die alte Königin Victoria gab Zarin Alexandra einen Rat, der der tiefen Erfahrung einer achtzigjährigen Monarchin entstammte: »Es gibt kein schwierigeres Geschäft, als das Geschäft des Herrschens. Ich selbst herrsche seit mehr als fünfzig Jahren in meinem eigenen Land, das ich seit meiner Kindheit kenne, und trotzdem denke ich jeden Tag darüber nach, was ich tun muss, um die Liebe meiner Untertanen zu erhalten und zu stärken. Um wie viel schwieriger ist dagegen Deine Situation: Du findest Dich in einem unbekannten Land wieder, ein Land, das Du überhaupt nicht kennst. Wo alle Bräuche, die Art und Weise des Denkens und die Leute des Landes Dir so komplett fremd sind, und trotzdem ist es Deine erste Pflicht, ihre Liebe und ihren Respekt zu gewinnen.«

Alexandra antwortete mit einer Arroganz, die ihren schlechten Ruf verständlich machte: »Sie irren sich, liebe Großmama. Russland ist nicht England. Hier müssen wir uns die Liebe des Volkes nicht erarbeiten. Das russische Volk verehrt seine Zaren als heilige Wesen, von denen alle Wohltätigkeit und alles Glück ausgehen.«[437] Doch so arrogant die Worte der Zarin klangen – sie hatte nicht ganz Unrecht. Noch konnte die Zarenfamilie auf die unerschütterliche Treue der Bevölkerung zählen. Doch diese traditionelle Anhänglichkeit kollabierte relativ schnell im letzten Jahrzehnt des Zarenreichs.

Es waren vor allem zwei Ereignisse, die das Band zwischen dem Zaren und seinem Volk zerrissen. Das erste war der »Blutige Sonntag«, das Massaker von 1905, als der Zar das erste Aufbegehren des Volkes und seine Forderung nach politischer Mitbestimmung und Verbesserung der sozialen Zustände brutal niederschießen ließ. Das zweite Ereignis war ein privater Skandal, der den völligen Bruch mit der Öffentlichkeit nach sich zog und so die politischen Entwicklungen beschleunigte, die zur Revolution und zum Sturz des Kaiserhauses führten.[438]

**Russlands letzte Zarin, Alexandra, in großer Hofrobe und mit den legendären Juwelen der Romanows bei der Eröffnung der Duma im Jahr 1905.**

Der Auslöser für diesen größten öffentlichen Skandal in der Geschichte der Romanow-Dynastie wurde am 12. August 1904 geboren, trug den Namen Alexei und konnte unschuldiger nicht sein. Alexei war der einzige Sohn von Nikolaus und Alexandra – und genauer gesagt löste nicht er den folgenreichen Skandal aus, sondern seine Erbkrankheit.

Nach vier Mädchen war dem Zarenpaar endlich der ersehnte Thronerbe geboren worden.[439] Die Freude darüber währte allerdings nur kurz. Denn die Zarin hatte eine »genetische Zeitbombe«, die sie in sich trug, auf den Sohn vererbt. Wenige Wochen nach der Geburt zeigte sich, dass Alexei von seiner Mutter die gefürchtete Hämophilie-Krankheit geerbt hatte – das Kind war ein sogenannter »Bluter«, was bedeutete, dass in seinem Körper die natürliche Blutgerinnung gestört war, weshalb ihn die kleinste Verletzung an den Rand des Todes bringen konnte. Jeder kleine Stoß, jede kleinste Erschütterung, jedes Hämatom führte zu schweren inneren Blutungen, jede offene Wunde war ein

Todesurteil. Das Erwachsenenalter erreichten die an Hämophilie Erkrankten damals kaum.

Diese rezessiv vererbte Krankheit – die Frauen fungieren nur als »Trägerinnen« der Hämophilie, während die Krankheit bei Männern ausbricht – war bereits seit Jahrzehnten ein Schreckgespenst an Europas Königs- und Kaiserhöfen; nicht grundlos nannte man sie auch die »Krankheit der Könige«. Erstmals gehäuft aufgetreten war sie in der englischen Königsfamilie; einer von Queen Victorias Söhnen starb an den Folgen seiner Hämophilie-Erkrankung, Auslöser war eine einfache Knieverletzung.[440] Die Königin selbst, ihre Töchter und viele ihrer Enkelinnen waren Überträgerinnen der Hämophilie, und da die britischen Prinzessinnen in sämtliche Herrscherhäuser Europas eingeheiratet hatten, konnte sich die Krankheit an allen europäischen Höfen rasch verbreiten. Man wusste von den Risiken, die eine Heirat mit einer Enkelin Victorias mit sich brachte, obwohl die Krankheit damals noch nicht medizinisch erforscht worden war. Aber man hatte die Risiken zugunsten exzellenter Heiratsallianzen stets erfolgreich verdrängt.

**Der langersehnte russische Thronfolger Alexei litt an einer unheilbaren Krankheit. Auf der Suche nach Heilung stieß das Zarenpaar auf den Wunderheiler Rasputin.**

Die Krankheit des kleinen Alexei bestimmte vom Tag der Diagnose an das Leben von Zar Nikolaus und Zarin Alexandra. Jede kleinste Verletzung brachte ihr Kind, den einzigen Thronerben, in Lebensgefahr. Stieß sich Alexei nur leicht an einem Sessel, schwoll innerhalb einer Stunde das gesamte Bein an und verursachte dem Kind unendliche Schmerzen. Verletzte sich Alexei stärker, fiel er etwa beim Laufen hin und erfuhr sein Körper dadurch eine Erschütterung, konnte es zu schweren inneren Blutungen kommen, die ihn jedes Mal in Lebensgefahr brachten.

Die Schulmedizin konnte Alexei nicht helfen, sie konnte nicht einmal seine Schmerzen lindern. Die Eltern lebten in der permanenten Angst, dass sich ihr Sohn eine Verletzung zuziehen könnte, die ihn entweder gleich umbrachte oder Schmerzen verursachte, die das Kind bis zur Agonie peinigten. Sie ließen Alexei deshalb wie unter einem Glassturz aufwachsen. Zwei Matrosen wurden ihm Tag und Nacht als seine persönlichen Beschützer zur Seite gestellt, sie mussten jeden seiner Schritte überwachen und ihn am Laufen oder wilden Herumtoben hindern, damit ihm nichts passierte. Zur ständigen Angst um das Kind kam eine weitere psychische Belastung:[441] Niemand außer den engsten Verwandten wusste von Alexeis Schicksal. Die Krankheit war ein Staatsgeheimnis, denn der einzige Sohn des regierenden Zaren durfte keine Erbkrankheit haben – das passte nicht zum Image eines autoritären Herrschers. Der Öffentlichkeit wurde anstatt eines kleinen Jungen, den jede Verletzung in Lebensgefahr brachte, das Bild eines kraftstrotzenden draufgängerischen Thronfolgers präsentiert.[442]

Eine Folge von Alexeis Krankheit war der gesellschaftliche Rückzug von Nikolaus und Alexandra. Sie verließen St. Petersburg und übersiedelten nach Zarskoje Selo, dem zwanzig Kilometer von der Residenzstadt entfernten »kaiserlichen Dorf«. Hier, in einer kaiserlichen Miniaturwelt, lebte das Zarenpaar mit seinen Kindern im Alexander-Palast, inmitten eines riesigen Parks samt Teichlandschaft, künstlichen Grotten und chinesischer Pagode, als ob es keine Außenwelt gäbe.[443] Die Folgen dieser selbstgewählten Isolation waren schwerwiegend: Zar und Zarin wussten bald weder, was in der Bevölkerung, noch, was in der Adelsgesellschaft vor sich ging. Gut gemeinte Ratschläge, sich häufiger öffentlich zu zeigen, lehnten sie ab.

Alexeis Bluter-Krankheit veränderte aber nicht nur das Privatleben der kaiserlichen Familie von Grund auf, sondern – als dessen Folge – auch die öffentliche Meinung über die Zarenfamilie. Durch die unheilbare Krankheit des Thronfolgers ergriffen Nikolaus und Alexandra jede noch so winzige und abwegige Chance, ihrem Kind zu helfen. Somit eröffnete diese Familientragödie auch Abenteurern die Türen bei Hof, die, einmal geöffnet, nie wieder geschlossen werden konnten. Und einer, der eintrat, sollte der Todesengel der Romanows werden.[444]

Es war der 1869 geborene, sibirische Bauernsohn Grigori Jefimowitsch Rasputin, der 1905 an den Zarenhof kam. Er war ein Wanderprediger, der weder ordentlich lesen noch schreiben konnte, noch je in einem Orden gelebt hatte. Rasputins Aussehen war für den Zaren und seine Umgebung gewöhnungsbedürftig. Er hatte – passend zu seinem Auftreten als Asket – langes, strähniges Haar, einen Vollbart und fiel durch einen äußerst strengen Körpergeruch auf. Dieses ungepflegte Äußere tat jedoch Rasputins starker Ausstrahlung keinen Abbruch. Er war ein Charismatiker, der Menschen völlig in seinen Bann ziehen konnte.[445]

Rasputin gehörte zur großen Gruppe der »Starzen« – der »heiligen Männer«, die neben der offiziellen Kirche, mit Priestern und Bischöfen, eine wichtige Funktion im orthodoxen Glauben innehatten. Ein Starez (deutsch: »der Alte«) war ein selbsternannter Gottesmann; meist hatte er mehrere Jahre auf religiöser Pilgerschaft und als Einsiedler verbracht und dadurch ein besonderes Naheverhältnis zu Gott entwickelt. Die Starzen umgab eine Aura von Heiligkeit; man glaubte, dass sie wundertätig seien, Krankheiten heilen und die Zukunft prophezeien könnten. Sie verweigerten alle weltlichen Güter, waren spirituelle Begleiter, religiöses Vorbild und in allen Gesellschaftsschichten ob ihrer einfachen, asketischen Lebensweise und ihrer Dienste für die Menschen hoch angesehen.[446]

Der Glaube an einen heiligen Mann, der Wunder bewirkte, war also nichts, was die russische Gesellschaft per se schockieren konnte, im Gegenteil – wurzelte doch die Figur des Starez tief in Russlands Kultur und religiöser Tradition. Die Tragödie von Alexandra und in der Folge ganz Russlands war vielmehr, dass Rasputin sich auch als Machtmensch entpuppte, der seinen Einfluss auf die Zarin geschickt zu nutzen wusste.

Rasputin kam über Vermittlung der Großfürstinnen Miliza und Anastasia, die eine Schwäche für Wunderheiler pflegten, an den St. Petersburger Hof. Allein diese beiden Vermittlerinnen hätten die Zarin skeptisch stimmen müssen – hatten ihr die beiden Großfürstinnen doch schon einmal einen französischen Wunderdoktor ans Herz gelegt, der angeblich aufgrund einer besonderen medizinischen Begabung das Wunschgeschlecht eines noch ungeborenen Kindes garantieren konnte. Die Zarin hatte damals gehofft, mit der Hilfe des Wunderdoktors endlich den ersehnten Thronfolger zur Welt zu bringen. Doch eine Recherche der misstrauischen Hofärzte ergab, dass der gute Mann weder Wunder vollbringen konnte noch Arzt war, sondern ein –

bereits mehrfach wegen Betrugs verurteilter französischer Fleischhauer, der durch die leichtgläubigen Damen der besten Gesellschaft sein Geld verdiente.

Rasputin aber war anders als dieser profane Betrüger. Der sibirische Prediger mit den hypnotischen Augen konnte dem leidenden Thronfolger Alexei wirklich helfen. Von Beginn an schien Rasputin eine mystische Kraft auszustrahlen, die die Blutungen des Zarewitsch tatsächlich stoppte. Es wird bis heute darüber spekuliert, wie er ohne jede medizinische Kenntnisse eine unheilbare Krankheit wenn schon nicht heilen, so doch wenigstens lindern konnte.

Rasputin wurde zum ersten Mal zum Zarewitsch gerufen, als dieser sich wieder einmal wegen innerer Blutungen vor Schmerzen schreiend in seinem Bett wälzte. Er stellte sich ans Fußende von Alexeis Bett, versicherte der weinenden Mutter, dass ihr Sohn in Kürze keine Schmerzen mehr haben würde, und murmelte leise Gebete vor sich hin. Er berührte das Kind nicht einmal. Nach kurzer Zeit hörten die Blutungen wie durch ein Wunder auf, und die Schmerzen verschwanden.

Die anwesenden Ärzte waren überrascht, gingen aber noch von einem Zufall aus. Sie vermuteten, dass die Blutungen einfach in dem Moment aufgehört hatten, als Rasputin sich am Fußende des Bettes postierte, und unabhängig von seinen Gebeten. Dieses Phänomen sollte sich aber noch einige Male wiederholen, und mit jedem Mal wurden die Mediziner ratloser und verunsicherter. Zog sich der Zarewitsch wieder durch einen Sturz oder eine zu heftige Bewegung eine innere Verletzung zu, wurde ab nun sofort nach Rasputin geschickt, der immer das Gleiche tat. Er betete stundenlang neben dem Kind, mit solcher Inbrunst, dass er bald schweißgebadet war, und schon ging es Alexei schlagartig besser, während er bis dahin immer tagelang an den Folgen seiner Blutungen gelitten hatte.

Es gab und gibt, wie gesagt, bis heute keine vernünftige und medizinisch überzeugende Erklärung, wie Rasputin dem Kind geholfen hat, dafür kursieren noch immer die wildesten Spekulationen über die geheimnisvollen Kräfte des Wunderheilers. Vermutlich linderte Rasputin die Leiden des bluterkranken Thronfolgers durch eine Mischung aus Glück, Suggestionskraft und Hypnose. Man geht davon aus, dass es sich am ehesten um ein psychologisches Phänomen handelte: Die Anwesenheit Rasputins, von dessen Gottesgabe und Heilkraft die Zarin zutiefst überzeugt war, hatte wohl einen beruhigenden Effekt auf die Zarin, der sich wiederum auf ihr Kind übertrug. Es ist zudem überliefert, dass Rasputin Hypnosetechniken erlernt und angewandt hat. Wahrscheinlich konnte er durch Hypnose bei Alexei eine Tiefenentspannung herbeiführen, wodurch das Kind in einen ruhigen und bewegungslosen Zustand versetzt wurde. Und allein dadurch, dass Alexei sich nicht mehr wie panisch bewegte vor Schmerz, dürften die Blutungen wesentlich schneller aufgehört haben.[447]

**Der berüchtigte Wunderheiler Grigori Rasputin besaß das Vertrauen von Zar Nikolaus II. und Zarin Alexandra.**

Rasputin hatte zudem eine enorme charismatische Ausstrahlung auf seine Umgebung; selbst seine Kritiker mussten dies zugeben. Es ist noch immer schwierig zu erklären, was genau seine Wirkung ausmachte und warum sich so viele zu ihm hingezogen fühlten. Seine Zeitgenossen führten Rasputins Anziehungskraft vor allem auf seine Augen zurück. Eine Freundin der Zarin erinnerte sich später, dass sie immer wieder beeindruckt gewesen sei von diesen »strahlenden stahlblauen Augen, welche das Innerste der Gedanken lesen können«.[448]

Der französische Botschafter in Russland, Maurice Paléologue, der ein großer Kritiker Rasputins war, sagte einmal, er erkenne sehr wohl, dass es etwas an ihm gebe, das den Zaren und die Zarin anziehe. Als er selbst einmal mit Rasputin konfrontiert war, fühlte er sich wie magnetisiert von seinem Gesicht und bemerkte, dass »der ganze Ausdruck seines Gesichtes auf die Augen konzentriert war, auf hellblaue, die eigenartig funkelten, tief waren und Faszination ausübten«.[449]

Die einfachste Erklärung für die Faszination, die von Rasputin ausging, hatte die Zarin, und sie sollte sich bis an sein Ende nicht vom Gegenteil überzeugen lassen: Der Gottvater selbst hatte ihr den Retter ihres Kindes geschickt. Nikolaus' Schwester Olga bemerkte einmal, dass Rasputin für ihren Bruder und Alexandra sein Leben lang das geblieben war, was sie seit dem ersten Treffen in ihm gesehen hatten: ein einfacher Bauer mit einem profunden Vertrauen in Gott und einer großen Gabe zu heilen.[450]

Die Zarin klammerte sich voller Hoffnung vor allem an eine Prophezeiung Rasputins – zumal die Schulmedizin keine Lösungen anzubieten hatte. Rasputin hatte nämlich geweissagt, dass Alexei nicht an seiner Hämophilie sterben würde, sondern dass die Krankheit mit seiner, Rasputins Hilfe verschwände, bevor Alexei vierzehn Jahr alt würde. Diese Prophezeiung mutet aus heutiger Sicht mysteriös an. Denn entgegen aller schulmedizinischen Erwartung starb der Zarewitsch tatsächlich nicht an seiner Hämophilie, sondern er wurde 1918 kurz vor seinem vierzehnten Geburtstag im Auftrag der Bolschewisten ermordet. Rasputin selbst war 1917 ermordet worden – die Einlösung der Prophezeiung musste er also schuldig bleiben. Damit konnte weder der Beweis noch der Gegenbeweis von Rasputins Prophezeiung erbracht werden – was der späteren Legendenbildung nur dienlich war.

Doch zunächst einmal geriet die Zarin, aufgrund seiner heilsamen Wirkung auf ihren Sohn, in emotionale Abhängigkeit von Rasputin. Und der Zar, der von seiner Frau dominiert wurde, setzte ihrer Begeisterung nichts entgegen. Rasputins dunkle Seite wollten beide nicht sehen, schlimmer noch, sie verdrängten sie und trennten sich lieber von jenen Gutmeinenden, die sie vor dem unheilvollen Heiler warnten.

Anders als viele »echte« Starzen hatte Rasputin vor seiner Karriere als Wanderprediger nie als Mönch in einem Kloster gelebt. Rasputin hatte, einer späteren Aussage seiner Tochter zufolge, drei Muttergottes-Erscheinungen, die erste davon als Achtjähriger. Er war unter anderem zum Berg Athos in Griechenland und, später, nach Jerusalem gepilgert. Auf seiner Wanderschaft besuchte er Kirchen, hörte unzählige Predigten und begegnete wohl auch einigen Starzen, die er begleitete und von denen er lernte – doch er selbst lebte nicht wie ein »heiliger Mann«. Eine Kommission, die die spätere provisorische Regierung 1917 eingesetzt hatte, interviewte eine Reihe früherer Gefährten Rasputins. Diese wussten nichts Schmeichelhaftes zu berichten und bezeichneten ihn – wobei vielleicht auch Neid und Hass sowie die Interessen der Fragenden eine Rolle gespielt haben mochten – als schmutzigen Burschen, Trinker und Pferdedieb.[451]

Rasputins Einfluss auf die Zarin wuchs mit jedem Jahr. Das verschaffte ihm nicht nur Prestige, sondern auch Macht bei Hof – die er ausspielen sollte. Sein Erfolg öffnete dem Wunderheiler die Türen der besten Häuser und in der sensationsgierigen, dem Okkultismus zugeneigten High Society war der geheimnisvolle Wunderheiler eine willkommene Abwechslung. Man lud Rasputin zu den feinsten Partys und Soireen ein, wo man ihn – den in den Augen vieler Aristokraten »ungehobelten« Bauern, dem neben seiner tiefen Religiosität auch außergewöhnliche, mystische Kräfte zu eigen waren – als Attraktion präsentierte. Und man hoffte, durch ihn in die Nähe des Zaren zu gelangen.

Rasputin seinerseits spielte mit den privilegierten Aristokraten. Er genoss es, im Zentrum der Aufmerksamkeit zu stehen und zu provozieren, und war so etwas wie ein Salonrebell. Besonders liebte er es, die verwöhnte St. Petersburger Gesellschaft zu beschämen und zu beleidigen. Er warf den Reichen ihren Reichtum vor und predigte gern über Sünden und Buße. Selbst lebte er jedoch nach der eigenwilligen Idee, dass man erst bis zur Erschöpfung sündigen müsse, um am tristen Ende aller Leidenschaften tiefe Reue empfinden zu können und zu einem wahren Büßer zu werden, der auf Erlösung hoffen durfte. Diesem Modell des sich selbst bis zum Gotterbarmen erniedrigenden Sünders folgend, verbrachte Rasputin seine Tage oft mit Prostituierten in Badehäusern und seine Nächte in Restaurants und Bordellen; auch sein Alkoholkonsum – er hatte 1914 nach einem Attentat auf ihn aufgrund ständiger Schmerzen zu trinken begonnen – stieg dramatisch an.

Selbstverständlich war auch die bevorzugte Stellung Rasputins bei der Zarin vielen ein Dorn im Auge und da der wahre Grund – die Krankheit des Zarewitsch – geheimgehalten wurde, kamen Gerüchte auf, dass der »heilige Mann« in Wahrheit der Geliebte der Zarin sei. Doch dies war erst der Anfang; die Feinde des Zarenhofs bemühten sich, mit – zumeist erdichteten – Gerüchten Rasputin zu diskreditieren und damit den Zarenhof in Verruf zu bringen.

Besonders gerne erzählte man, mit genüsslichem Schauer von Rasputins sexuellen Ausschweifungen. Kolportiert wurde etwa, dass sich vor allem die gelangweilten und unbefriedigten Damen der High Society von Rasputin angezogen fühlten. Sei es, dass hierbei Hypnose mit im Spiel war oder ob der

Reiz des Unbekannten und die Lust an der Nähe zur Macht genügten – Rasputin hätte die feinsten Gesellschaftsdamen in sein Bett locken können. Auch bei ihnen hätte er sein beliebtes »Sünde und Reue«-Spiel angewandt, das sich folgendermaßen gestaltete: Er erklärte den Frauen, dass sie »Erlösung« erhielten, wenn sie ihren Stolz vergäßen und sich ihm hingäben. Viele der Damen seien zudem in eine eigenartige, sexuelle Aufregung geraten, wenn Rasputin sie beleidigte. Es habe ihm Vergnügen bereitet, diese Frauen, die in ihren Salons zu seinen Füßen saßen und ihn anbeteten, zu demütigen. Einmal habe er sogar seine schmutzigen Finger in eine Marmeladenschale gedrückt, sich zu einer der Damen umgewendet und zu ihr gesagt: »Erniedrige dich, leck es ab!«[452]

Berichte wie diese, bei denen Rasputin als monströser Verführer von Aristokratinnen auftritt, hält man, wie gesagt, heute für erfunden. Zu gut erfüllten sie den Zweck, über den einflussreichen Wunderheiler (der seine erotischen Gelüste eher mit Prostituierten auslebte) die Romanows zu diffamieren. Doch wie immer waren die unwahrscheinlichsten Gerüchte die erfolgreichsten. Und so gesellte sich im Lauf der Jahre zu Rasputins Ruf als Wunderheiler – er ließ nicht nur den Zarewitsch, sondern auch leidende Aristokraten in den Genuss seiner Heilkräfte kommen – noch der eines »Sexdämons«. Rasputins angeblich übernatürliche Fähigkeiten als Liebhaber waren bald legendär und die wildesten Geschichten kursierten über seine Potenz. Es hieß, Frauen, die mit ihm geschlafen hätten, hätten entrückt von Höhepunkten erzählt, die derart intensiv gewesen seien, dass sie in Ohnmacht gefallen wären. Selbstverständlich wollten die Männer der St. Petersburger Gesellschaft – soweit sie den Erzählungen glaubten – nicht auf sich sitzenlassen, dass ein zottelbärtiger, ungewaschener Wunderheiler derartige Erweckungserlebnisse bei ihren Frauen auslöste. Auf jede Art versuchte man herauszufinden, welche Mittel Rasputin anwandte, oder vielleicht einnahm, um bei den Frauen in diesen Ruf zu kommen. Keine Erklärung konnte absurd genug sein, um nicht ernsthaft in Betracht gezogen zu werden. Den Vogel schoss hier Rasputins späterer Mörder, Fürst Felix Jussupow, ab. Er meinte, herausgefunden zu haben, was Rasputins Erfolg bei Frauen bewirke: Es sei eine große, strategisch gut auf seinem Penis platzierte Warze von exzeptioneller Größe gewesen.[453]

Weniger unterhaltsam, dafür weitaus bedenklicher, war die Tatsache, dass Rasputin ein eigenes Machtzentrum innerhalb des Russischen Reichs geworden war. Und nicht nur die Hofgesellschaft wusste, dass er einen besonderen Zugang zur Zarenfamilie hatte. Vor Rasputins Wohnung fanden sich täglich hunderte Menschen ein, die stundenlang warteten, um von dem »heiligen Mann« ein Empfehlungsschreiben zu erhalten. Reich und Arm, Alt und Jung: Alle sahen in Rasputin ihren Schlüssel für künftiges Heil. Bitterarme Frauen flehten ihn an, er möge dafür sorgen, dass Söhne und Ehemänner vom Militärdienst befreit würden. Reiche Damen baten ihn, ihnen Einfluss und Zugang zum Hof zu verschaffen – nicht wenige von ihnen ließen sich dafür von ihm sexuell lustvoll erniedrigen. Männer bettelten um einen Posten in der Verwaltung oder im Heer, und viele erhofften sich durch Rasputins Fürsprache eine Beförderung.

Rasputin entwickelte bald ein äußerst lukratives System der Postenvergabe in der Regierung und in der Bürokratie, die, so gab er unumwunden zu, völlig unter seiner Kontrolle standen.[454] Die Abwicklung dieser »Vergaben« war so unkompliziert wie seltsam. Rasputin empfing seine Bittsteller, nahm ihre Gaben entgegen und kritzelte auf einen Zettel unleserliche Worte (er war ja ein halber Analphabet) – meist Sätze wie »mein guter und lieber Freund, tu es für mich, Grigori« – und daneben ein Kreuz; dann schickte er die Bittsteller mit diesem Zettel zu den betreffenden Entscheidungsträgern. Da Rasputin am Vormittag, wenn er seine Audienzen hielt, meist einen gehörigen Restalkoholspiegel im Blut hatte und oft gar nicht richtig zuhörte, kam es oft zu skurrilen Situationen. Eines Tages brachte ein hübsches junges Mädchen einen dieser Zettel zum Verantwortlichen der höfischen Sekretariate. Auf dem Zettel, den sie ihm reichte, las dieser nur die Zeilen: »Richte es für sie, sie ist in Ordnung, Grigori«. Als der Hofoffizier das Mädchen fragte, was sie denn überhaupt wünsche, antwortete sie, sie wolle Primaballerina der kaiserlichen Oper werden.[455]

Dass die Adressaten diese Wünsche auch wirklich erfüllten und sich nicht weigerten, von einem Außenstehenden Anweisungen zu erhalten, spricht nicht nur für Rasputins außergewöhnliche Sonderstellung – niemand wagte es, sich mit ihm anzulegen –, sondern zeigt auch, wie Korruption und Postenschacher das System von innen aushöhlten und die Macht des Zaren langsam unterwanderten. Denn indem die Menschen bei Rasputin um Einfluss bettelten, respektierten sie ihn auch als den »wahren Mächtigen« im Land.

Kaum jemand wusste, wie gesagt, warum Rasputin von so großer Bedeutung für die Zarin war, da außerhalb der engsten Familie niemand das Geheimnis der Bluterkrankheit des Zarewitsch kannte. Weder die weitere

Hofgesellschaft noch Politiker und hohe Militärs hatten eine Ahnung, welche Tragödie sich rund um ein unheilbar krankes Kind im innersten Kreis der Zarenfamilie abspielte. Wäre die Erkrankung ihres Sohnes nicht derart geheim gehalten worden, hätte Alexandra als Mutter eines kranken Kindes vielleicht sogar die Sympathie der Bevölkerung gewonnen. So aber glaubte die Öffentlichkeit, dass sich nicht nur die Zarin, sondern auch ihr Mann, der Herrscher Russlands in der Hand eines sibirischen Wunderheilers befinde, dessen Einfluss bis in die höchsten Regierungsämter reichte.

**»Meine arme Schwiegertochter hat keine Ahnung davon, dass sie sowohl die Dynastie als auch sich selbst ruiniert!« Auch seine Mutter konnte Zar Nikolaus II. nicht dazu bringen, den Wunderheiler Rasputin fallen zu lassen.**

Da Rasputins politischer Einfluss immer mehr wuchs, ordnete Premierminister Peter Stolypin im Jahr 1910 eine Untersuchung an. Anschließend informierte er Zar Nikolaus über das Dossier der Geheimpolizei, das Rasputin unzählige Unwahrheiten, Einflussversuche und Indiskretionen nachwies. Der Zar warnte den Premierminister: »Ich weiß, dass Sie mir sehr ergeben sind, und wahrscheinlich stimmt alles, was Sie sagen. Aber ich sage Ihnen nur, sprechen Sie mir nie wieder über Rasputin. Da ist nichts, was ich in dieser Sache tun kann.«[456] Stolypins Nachfolger als Premierminister, Graf Vladimir Kokovtsov, versuchte ebenfalls, die kaiserliche Familie davon zu überzeugen, dass sie sich von Rasputin trennen müsse. Als er der Mutter des Zaren einen Besuch abstattete, um mit ihr über Rasputin zu sprechen, fing sie zu weinen an: »Meine arme Schwiegertochter hat keine Ahnung davon, dass sie sowohl die Dynastie als auch sich selbst ruiniert. Sie glaubt einfach an die Heiligkeit von diesem Abenteurer und wir haben keine Macht, dieses Unglück von uns zu wenden, das sicher kommen wird.«[457]

Venn ich tot bin, wird's nicht mehr wehtun, nicht wahr?« e Eltern ließen bereits die Todesnachricht von Thronfol-er Alexei vorbereiten, Rasputin rettete den Knaben in tzter Sekunde.

Während sich die Umgebung des Zaren noch bemühte, den Einfluss des Wunderheilers zu brechen, ereignete sich im Herbst des Jahres 1912 in Spała, dem kaiserlichen Jagdsitz in den polnischen Wäldern, ein Unglück, das Rasputins Stellung in der kaiserlichen Familie bis an sein Lebensende geradezu einzementieren sollte.

Wieder einmal hatte sich der kleine Zarewitsch verletzt. Nach einem Sturz war sein Bein nicht nur angeschwollen, sondern er hatte sich auch eine offene Wunde zugezogen – eine wesentlich schwierigere Situation als sonst. Nach zwei Tagen wurde das Bein auch noch septisch, eine Infektion der verletzten Stelle war dazugekommen. Heute würde man in so einem Fall Antibiotika verordnen, aber derlei gab es damals noch nicht. Bei jedem anderen Patienten hätten die Ärzte eine Operation vorgenommen, um die infizierten Teile zu entfernen und dadurch eine Ausbreitung der Infektion zu verhindern. Diese Vorgehensweise war jedoch wegen Alexeis Hämophilie nicht möglich; der erste Schnitt mit dem Skalpell hätte den sofortigen Tod des Knaben bedeutet; er wäre sofort verblutet. Die Ärzte konnten nichts tun, als dem leidenden Kind zusehen. Und Rasputin befand sich tausende Kilometer entfernt in Sibirien.

Alexeis Fieber stieg auf Grund der unbehandelten Infektion auf über vierzig Grad, hinzu kamen unerträgliche Schmerzen. Er schrie zwei Tage lang; selbst die Arbeiter im Jagdresort verstopften ihre Ohren, um die erbarmungswürdigen Schreie des Knaben nicht mehr hören zu müssen. Der Zar schaffte es nicht einmal mehr, das Krankennzimmer zu betreten. Vier Tage lang wurde Alexeis Zustand nicht besser, irgendwann wimmerte er nur noch, dass er erlöst werden wolle, und fragte seine Mutter mit flehenden Augen: »Wenn ich tot bin, wird's nicht mehr wehtun, nicht wahr?«[458] Die Lage wurde hoffnungslos, Alexei fiel in Agonie, sein Tod war nur mehr eine Frage von Stunden. Die letzte Ölung wurde vorbereitet und Zar Nikolaus ließ schweren Herzens ein Bulletin in Auftrag geben, das die Staatsspitze, die Vertretungen der ausländischen Regierungen und Europas Höfe vom Tod des Thronfolgers Alexei in Kenntnis setzen sollte.

Zarin Alexandra, die tagelang neben ihrem sterbenden Sohn gesessen hatte, machte einen letzten Versuch, sein Leben zu retten. Was immer sie sich davon versprochen hatte – sie ließ ein Telegramm an Rasputin senden, der sich zu diesem Zeitpunkt in seinem Dorf in Sibirien aufhielt, da ihn der Zar, schon um die Gerüchte zu beruhigen, aus St. Petersburg fortgeschickt hatte. Es war ein Akt der schieren Verzweiflung. Rasputin antwortete der Zarin in einem weiteren Telegramm. Darin stand: »Gott hat Deine Tränen gesehen und Deine Gebete gehört. Gräme Dich nicht mehr! Der Kleine wird nicht sterben. Erlaube den Doktoren nicht, ihn weiterhin zu quälen.«[459]

Was jetzt passierte, schockierte die Ärzte, machte die Anwesenden fassungslos und Rasputin bis an sein Lebensende für den Zaren und die Zarin unantastbar: Unmittelbar nachdem das Telegramm eingetroffen war, begann Alexei wie durch ein Wunder zu gesunden. Das Fieber sank, die Schwellung des Beins ging zurück, das Kind erwachte aus seiner Agonie. Die Ärzte des Zarewitsch hatten keine Erklärung für diese Spontanheilung. Die Schwester des Zaren, selbst eine große Kritikerin Rasputins, bestätigte später, dass ihr Neffe wirklich innerhalb einer Stunde aus einem halbtoten Zustand ins Leben zurückgekehrt sei und sich erholt habe.[460] Dieser Vorfall, der von allen Anwesenden bezeugt wurde, auch von Rasputins Kritikern und den Ärzten, forderte jeden rational denkenden Menschen heraus. Wie konnte ein Mann, der tausende Kilometer entfernt war, durch ein Telegramm ein halbtotes Kind wieder gesund machen?

Wahrscheinlich hatte auch dieses Mal der Glaube der Mutter an seine Rettung beruhigend auf das Kind gewirkt, was wiederum die Blutungen zum Stillstand brachte. Zusätzlich dürfte es sich aber auch um eine schicksalhafte zeitliche Überschneidung gehandelt haben; denn es ist durchaus möglich, dass der Höhepunkt der Fieberkurve genau in dem Augenblick erreicht war,

**Eine erschöpfte Mutter und ihr krankes Kind. Die Krankheit von Thronfolger Alexei wurde verschwiegen und trieb die kaiserliche Familie in die Isolation.**

als Rasputins Telegramm eintraf; dann hätte sich Alexei ohne jede Fernheilung wieder erholt.

Nach der wundersamen Rettung von Spała war die Zarin mehr denn je, ja gleichsam obsessiv davon überzeugt, dass Rasputin ihren Sohn retten werde. Noch stärker als zuvor beharrte sie auf ihrer Meinung, dass Gott selbst ihr den heiligen Mann geschickt habe, um den Zarewitsch von seiner Krankheit zu befreien. Rasputin, der natürlich um sein hohes Ansehen bei der Kaiserin wusste, betrieb nun eine Art von emotionaler Erpressung. Weil er für die Zarin als Einziger die Fähigkeit besaß, Alexei zu heilen, konnte er sie veranlassen, in seinem Sinn zu handeln. Wobei er bei Hof genau die Rolle spielte, in der das Zarenpaar ihn sehen wollte: den einfachen, ehrlichen und gläubigen Bauern, der zugleich das einfache Volk repräsentierte, das in inniger Liebe an seinem Zaren hing. So nannte Rasputin den Zaren und seine Frau auch »Väterchen« und »Mütterchen« anstatt »Majestät«.

Fern dem Zarenpaar lebte Rasputin enthemmter als je zuvor. Er griff noch hemmungsloser in die kaiserliche Personalpolitik ein, verursachte noch mehr öffentliche Skandale. Am Newski-Prospekt, dem Prachtboulevard St. Petersburgs, gabelte er regelmäßig Prostituierte auf, schockierte bürgerliche Frauen mit anzüglichen Bemerkungen und urinierte im Vollrausch gegen Kirchentüren.[461] Geheimagenten notierten jeden seiner Schritte und legten Dossiers an – der Zar aber wollte von alldem nichts wissen.

Als immer mehr Politiker und selbst der Präsident der Duma, des russischen Parlaments, darauf drangen, Rasputin zu entfernen, stellte Nikolaus II. ein für allemal klar, dass er Rasputin als Familienangelegenheit betrachte und darum jede Kritik an dem Wunderheiler als unstatthaftes Eindringen in seine Privatsphäre bewerte.[462] Zar Nikolaus war zwar nicht so einfältig wie die Zarin und wusste von den Problemen rund um Rasputin. Aber er war zu schwach, um Rasputins Einfluss auf seine Frau zu brechen. Rasputins beruhigender Effekt auf die ständig um ihren Sohn besorgte Zarin wurde viel zu sehr von ihrem ewig aufgeregten Ehemann geschätzt – dem in einem unbedachten Moment der Satz entschlüpfte: »Besser ein Rasputin als zehn hysterische Anfälle jeden Tag.«[463] Der Zar wunderte sich nicht einmal mehr, als ihm seine Frau eines Tages einen Kamm Rasputins übergab und ihm riet, sich vor schwierigen Entscheidungen damit zu kämmen.[464]

Seiner Macht gewiss und keineswegs bescheiden, genoss es Rasputin durchaus, zu prahlen. Einem Diplomaten sagte er einmal: »Viele Geschichten werden erzählt von der Kaiserin und mir. Ich weiß es. Es ist schändlich. Gestern ging ich zu ihr, um sie zu sehen. Das arme kleine Ding; auch sie braucht jemanden, mit dem sie offen sprechen kann. Sie leidet viel. Ich berate sie. Ich spreche von Gott zu ihr und von uns Bauern und dann wird sie ruhig. Ah! Erst gestern schlief sie an meiner Schulter ein.«[465]

Es kam auch vor, dass er, alkoholisiert, öffentlich jene Frau demütigte, die ihn gegen die wachsende Schar seiner Feinde und Kritiker verteidigte. Der berühmteste aktenkundige Vorfall trug sich 1915 in einem der meistbesuchten St. Petersburger Restaurants zu, das Rasputin mit drei Prostituierten und einigen Begleitern betrat. Der völlig betrunkene Rasputin genoss das Entsetzen, das sein Auftritt an der Seite von drei leicht als Prostituierte erkennbaren Damen erregte, und begann lauthals – um die allgemeine Empörung seines Publikums auf die Spitze zu treiben – mit angeblichen sexuellen Eskapaden mit der Kaiserin anzugeben. Er rief in den Saal: »Seht Ihr diesen Gürtel? Den hat ihre Majestät gemacht. Ich kann sie dazu bringen, alles zu tun. Jawohl, ich, Grischka Rasputin. Ich kann das alte Mädchen sogar dazu bringen, so zu tanzen, wenn ich das wollte.« – Dazu, heißt es, machte er eine eindeutige sexuelle Geste.

Die entsetzen Gäste empörten sich lautstark über diese obszöne Majestätsbeleidigung. Was den bis zum Anschlag Betrunkenen in keiner Weise beeindruckte. Er war nun völlig außer Rand und Band, ließ seine Hose herunter und schwenkte seinen Penis vor den Gästen. Der verzweifelte Lokalbesitzer rief die Polizei, aber niemand traute sich, den heiligen Mann festzunehmen. Es folgten Telefonate zu immer höheren Beamten bis hin zum Chef des Corps der Gendarmen, der schließlich, mit dem Mut der Verzweiflung, befahl, Rasputin in Arrest zu nehmen. Rasputin schlief also in der Zelle seinen Rausch aus; am nächsten Morgen erreichte die Polizeistation eine persönliche Order des Zaren – der Wunderheiler war freizulassen. Jeder andere hätte für diese öffentliche Majestätsbeleidigung einige Jahre Straflager in Sibirien ausgefasst.[466]

Bis zum tragischen Ende blieb der Fall Rasputin ungelöst. Er vergiftete mehr und mehr die Beziehung der Monarchie zur Gesellschaft und zu ihren traditionellen Unterstützern, der Bürokratie, der Kirche und der Armee. Wirklich gefährlich war nicht Rasputins politische Macht, denn so unangenehm seine Einflussnahmen auch waren, er versuchte – bis auf jene Male, als er den Zaren mehrfach beschwor, Russland aus dem Ersten Weltkrieg herauszuhalten – niemals, ernsthaft in Regierungsangelegenheiten einzugreifen, es reichte ihm, wenn er sich durch Postenschacher wichtigmachen konnte und dafür bewundert wurde. Bedrohlich war dagegen Rasputins Wirkung auf das Prestige der Monarchie.

In der Öffentlichkeit sah man den Wunderheiler als dunkle Kraft hinter der Regierung. Und da sich niemand erklären konnte, was die Zarin an den, wie viele dachten, dämonischen Einflüsterer band, kamen im Lauf der Zeit die wildesten Gerüchte auf. Eines schien sicher: Rasputin musste der Geliebte der Zarin sein. Die Mutmaßung über eine Affäre zwischen Rasputin und der Kaiserin wurde so oft wiederholt, bis sie als Status akzeptiert war – wichtiger als die Wahrheit war schließlich die Tatsache, dass daran geglaubt wurde. Für die Reputation von Nikolaus II. waren die Gerüchte katastrophal: Die Autorität des Zaren als gottgewollter Souverän wurde komplett unterminiert durch die populäre Meinung, dass an seiner statt die Kaiserin und Rasputin das Land regierten.

Durch den Ausbruch des Ersten Weltkriegs 1914 wurde der Prestigeverlust des Zaren noch beschleunigt. Die zahlreichen Toten und die massiven Versorgungsschwierigkeiten trugen dazu bei, dass die an sich schon schlechte Stimmung gegen die Zarenfamilie bedrohlich anstieg – aufgeheizt wurde sie auch noch durch eine Flut von Pamphleten, meist pornographischen Inhalts. So wurde Nikolaus etwa als Puppe in der Hand eines korrupten Bauern namens Rasputin dargestellt oder in den Händen seiner ambitionierten Frau.[467] Oder man verunglimpfte ihn als sexuell impotenten Mann, dessen Impotenz die Zarin in Rasputins Bett getrieben hätte. Die Aussage war klar: Ein Mann, der seine Frau nicht dominieren und befriedigen könne, könne auch als Zar nicht ernst genommen werden.[468] Der Zar wurde als schwächlicher Ehemann inszeniert, der in permanenter Angst vor seiner Frau lebte. In einem dieser Pamphlete hieß es satirisch, dass Nikolaus jedes Mal, wenn die Zarin seinen Arbeitsraum betrete, unter seinen Schreibtisch springe, um sich vor ihr zu verstecken. Solche Darstellungen, die den Zaren zu einer Witzfigur machten, passten natürlich weder zu den patriarchischen Idealen eines Autokraten noch zur offiziellen Propaganda.[469]

Der Markt für politische und antidynastische Satiren, die, wie gesagt, oft sexuell unterlegt waren, explodierte in den Kriegsjahren geradezu. Pornographische Cartoons und Gedichte gingen von Hand zu Hand und wurden tausendfach vervielfältigt. Es kursierten »schmutzige« Postkarten mit Zeichnungen von der nackten Zarin und Rasputin, in den Vorstadt- und Hinterhoftheatern boomten satirische Aufführungen voller Anspielungen auf Orgien mit der Zarin und Rasputin.[470] Diese Sexgeschichten waren letztlich eine Metapher für die »verderbten« Bedingungen des Romanow-Regimes. Die politische Pornographie zerstörte die letzten Reste des »heiligen« Images der Romanows, so dass sie auch die ihnen noch verbliebene Autorität verloren.

Diese Dämonisierung der Romanows schadete sogar den Propagandabemühungen des Zarenhauses zu Gunsten von Kriegsverwundeten, die in anderen Ländern höchst erfolgreich waren. So wurden die Kranken-Sonderzüge, die aus dem Privatvermögen der Romanows finanziert wurden, sofort als mobile kaiserliche Privatbordelle verspottet. Fotografien der Kaiserin und ihrer Töchter in Rot-Kreuz-Uniformen provozierten bei den Soldaten nur mehr anzügliche Witze, die darauf anspielten, dass sich Straßenprostituierte seit Kriegsbeginn gern als Krankenschwestern kostümierten. Allein der Hinweis auf Krankenschwestern führte oft schon zu schmutzigen Witzen.[471] Als etwa der Zar 1915 eine Gruppe von Schwestern mit Medaillen auszeichnete, wurde sofort kolportiert, dass diese nicht nur für ihren professionellen medizinischen Service ausgezeichnet wurden, sondern auch für andere Arten von Diensten.[472]

Angesichts dieser öffentlichen Stimmung verwundert es kaum, dass sich die Situation um Rasputin mit jedem Kriegsjahr weiter zuspitzte. Das Land befand sich in einer drastischen Versorgungskrise, die Arbeiter der kriegswichtigen Fabriken litten Hunger und demonstrierten gegen die Erhöhung der Brotpreise. Vor diesem Hintergrund wuchs der Hass gegen Rasputin und seine permanenten Einflussversuche auf den Zaren, der selbst wegen des katastrophalen russischen Kriegsverlaufs unter massiver Kritik stand. Sogar in der Duma kam es wegen Rasputin zu tumultartigen Szenen.

Im Dezember 1916 entschied eine Gruppe von drei Verschwörern, das Problem Rasputin in Eigenregie zu lösen: Fürst Felix Jussupow – der reichste Aristokrat Russlands –, der Duma-Abgeordnete Wladimir Purischkewitsch und Großfürst Dimitri Pawlowitsch. Eine Version der Geschichte, was nun geschah lautet so: Als Lockvogel bestimmten die drei Irina Jussupow, die Zarennichte und Ehefrau von Felix Jussupow. Sie war in der St. Petersburger

**Fürstin Irina Jussupow war der schöne Lockvogel für das Komplott zur Ermordung Rasputins.**

Gesellschaft wegen ihrer großen Schönheit berühmt und die Verschwörer wussten, dass Rasputin schon lange ein Auge auf sie geworfen hatte. Tatsächlich ließ sich der Wunderheiler in die Falle locken, sprich: in Jussupows Palast.[473] Dort angekommen wurde Rasputin gesagt, dass Irina – die gar nicht anwesend war – noch Gäste hätte und er währenddessen bei Wein und Törtchen auf sie warten solle. Doch sowohl Törtchen als auch Wein waren mit Zyankali vergiftet. Rasputin, der eifrig zugriff, starb aber nicht an Wein und Törtchen und auch nicht an den Kugeln, die ihm anschließend der zweite Mitverschwörer in den Rücken jagte, sondern er ertrank – wie angeblich auch der spätere Obduktionsbericht feststellte. Denn die Mörder hatten Rasputin, als sie ihn endlich tot glaubten, in die nachtschwarze Newa geworfen.[474]

Die Glaubwürdigkeit dieses Berichts kann allerdings, angefangen beim Einsatz eines aristokratischen Lockvogels, aus mehreren Gründen bezweifelt werden; unter anderem waren laut Obduktionsbericht in Rasputins Leiche keine Spuren von Zyankali zu finden und Zeitgenossen wussten, dass der Wunderheiler aufgrund starker Magenbeschwerden gar keinen Kuchen mehr aß. Rasputins Körper, als er gefunden wurde, wies vielmehr Spuren starker Verletzungen auf, als habe man ihn gefoltert.[475]

Jedenfalls: Die Bekanntgabe von Rasputins Tod führte zu außergewöhnlichen Reaktionen. Eine Vertraute der Zarin erinnerte sich später, dass die St. Petersburger bei Verkündung der Ermordung in eine Freudenorgie ausbrachen. Die Mörder galten als nationale Helden. Als Gerüchte zirkulierten, dass sie exekutiert werden sollten, herrschte große Aufregung in der Bevölkerung, die angeblich sogar den Prinzen Jussupow vor der Auslieferung schützen wollte. Dass sich selbst das »einfache Volk« für einen dekadenten Aristokraten einsetzen wollte, verdeutlicht die damalige Stimmung gegen Rasputin und das Kaiserhaus.[476]

Die Zarin hingegen war schockiert, als sie vom Tod ihres heiligen Mannes hörte. Sie konnte sich nur mehr an Rasputins, von ihm endlos wiederholte Worte erinnern: »Solange ich lebe, wird auch der Zarewitsch leben.«[477]

Rasputin selbst hatte seinen bevorstehenden Tod geahnt. So hatte er zuvor dem Zaren geschrieben: »Wenn ich von einfachen Mördern getötet werde, vor allem von meinen Brüdern, den russischen Bauern, dann hast Du, Zar von Russland, nichts zu fürchten ... Wenn es einer Deiner Verwandten ist, der meinen Tod verursacht, dann wird keines Deiner Kinder oder keiner Deiner Verwandten am Leben bleiben für mehr als zwei Jahre ... Ich werde umgebracht werden. Ich gehöre nicht mehr länger zu den Lebenden ... Grigory.«[478] Er wurde von der Zarin im Park der kaiserlichen Residenz Zarskoje Selo beerdigt, gemeinsam mit einer Ikone und einem Brief von Alexandra.[479]

Rasputins Mörder, die vielleicht geglaubt hatten, Russland durch ihre Tat vor dem Untergang zu bewahren, mussten einsehen, dass sich trotzdem nichts änderte. Zwei Monate nach dem Mord, am 23. Februar, brach die Russische Revolution aus.[480] Drei Wochen später dankte Zar Nikolaus II. ab; für seinen Sohn Alexei verzichtete er auf alle Thronrechte. Die mehr als 300-jährige Herrschaft der Romanow-Dynastie war damit am Ende.

Der revolutionäre Untergrund hatte für seine Anti-Romanow-Propaganda viele der Gerüchte um Rasputin und die Zarin genutzt. In einem Bericht zur Stimmung der Bevölkerung in den Provinzen, der nur wenige Wochen nach Ausbruch der Revolution an die provisorische Regierung geschickt wurde, war zu lesen: »Der Rasputin-Skandal, der selbst in den abgelegensten Dörfern bekannt ist, hat geholfen, das Ansehen des Zaren zu zerstören. Jetzt sagen die Bauern: ›Der Zar hat sich selbst erniedrigt und uns ruiniert.‹«[481] Und in demselben Bericht wird auch mit Befriedigung festgestellt, dass der heiligenmäßige Nimbus des Zaren schon vor der Revolution zerstört gewesen sei: »Der weit verbreitete Mythos, der russische Bauer sei dem Zaren ergeben und könne ohne ihn nicht leben, wurde durch die allgemeine Freude und Erleichterung der Bauern zerstört, als sie merkten, dass sie in Wirklichkeit ohne den Zaren leben können.«[482]

Der spektakuläre Rücktritt des Zaren schockierte Europas Herrscherhäuser. Dass die einst mächtige Romanow-Dynastie vom russischen Thron gestoßen worden war, schürte die Angst royaler Damen und Herren in anderen Ländern.

Wenige Tage nach Nikolaus' Abdankung wurden die Zarin und ihre Kinder in Zsarskoye-Selo unter Hausarrest gestellt, bewacht von Soldaten, die sie verhöhnten – aber noch dachte niemand an eine unmittelbare Bedrohung der ehemaligen kaiserlichen Familie. Das änderte sich jedoch, als im Oktober 1918 die Bolschewiken unter Wladimir Iljitsch Lenin an die Macht gelangten. Nun wurden der Zar und sein Familie nach Jekaterinburg gebracht und dort unter Hausarrest gestellt. Bewacht wurde die ehemalige Zarenfamilie von der Tscheka, der neugegründeten Geheimpolizei zur Bekämpfung der Konterrevolution.

Am 16. Juli 1918 wurde die schlafende Familie um zwei Uhr nachts aufgeweckt und erhielt den Befehl, im Erdgeschoss zu warten, man würde sie wegbringen, da die vorrückende »weiße« Armee – die konterrevolutionären Truppen – im Anmarsch sei. Nikolaus, Alexandra, die vier Töchter und Alexei warteten eine Stunde lang. Dann kamen ihre Bewacher herein und befahlen ihnen, sich für ein Foto, das vor der Verlegung gemacht werden müsse, in zwei Reihen aufzustellen. Plötzlich trat ein Exekutionskommando ein, man rief: »Eure Verwandten haben versucht, Euch zu retten, sie haben versagt und wir müssen Euch jetzt erschießen«, und eröffnete das Feuer.[483] Der Zar und die Zarin waren sofort tot, ihre Töchter litten länger, an ihnen waren viele Kugeln abgeglitten. Bald stellte sich heraus, dass die Zarentöchter Diamanten und andere Juwelen in ihre Korsetts eingenäht hatten, deshalb stach das Exekutionskommando nach dem Kugelhagel noch auf die Mädchen ein. Der Letzte der Familie, der Lebenszeichen von sich gab, war Alexei, ihm wurde zuletzt gezielt in den Kopf geschossen. Es hatte zwanzig Minuten gedauert, um die Zarenfamilie auszulöschen.[484]

Großfürstin Olga, die Schwester von Nikolaus II., konnte nach Dänemark flüchten. Viele Jahre nach diesen tragischen Ereignissen sagte sie über den Beitrag ihrer Familie zum Ende des Zarenreichs: »Es handelt sich sicherlich um die letzte Generation, die zur Auflösung des Reiches beitrug ... In all

**Der tiefe Fall des letzten Zaren: Nikolaus II. stand nach seiner Abdankung unter Hausarrest. 1918 wurde er gemeinsam mit seiner Frau und seinen fünf Kindern von einem Mordkommando erschossen.**

diesen kritischen Jahren konnten die Romanows, die eigentlich die stabilste Stütze des Thrones hätten sein sollen, den Maßstäben der Traditionen ihrer Familie nicht entsprechen ... Zu viele von uns Romanows hatten sich in eine auf sich selbst bezogene Welt zurückgezogen, in der wenig mehr zählte außer der unendlichen Befriedigung persönlicher Wünsche und Bestrebungen ... Die Kette häuslicher Skandale konnte die Nation nur zutiefst erschüttern.«[485]

# Ausklang – »Macht Euch Euren Dreck alleine!«

Das tragische Ende der Romanow-Dynastie markierte den Anfang vom Ende des alten, königlichen und kaiserlichen Europas. Keine fünf Monate nach der Ermordung der Zarenfamilie dankten auch der deutsche und der österreichische Kaiser ab. Der österreichische Kaiser Karl I. brach im November 1918 in Richtung seines Schweizer Exils auf – damit endete die sechshundertjährige Herrschaft der Habsburger Dynastie.[486] Der deutsche Kaiser Wilhelm II. bat die verdutzte niederländische Königin Wilhelmine nach »unendlichen schweren Seelenkämpfen« um Asyl, was ihm die Monarchin nach vierundzwanzig Stunden Bedenkzeit schließlich gewährte.[487]

Nur wenige Monarchen konnten das Ende ihrer Herrschaft mit so viel trockenem Humor nehmen, wie es angeblich König Friedrich August III. von Sachsen tat (der Ex-Mann jener berüchtigten Kronprinzessin Luise, deren Ehebruch und Flucht seinerzeit einer der größten Skandale in Europas Königshäusern war). Er hatte, hieß es, bei seiner Abdankung 1918 in breitestem sächsischem Dialekt gesagt: »Nu da machd doch eiern Drägg alleene.« (Na, dann macht doch euren Dreck alleine!). Als ihm noch Jahre nach seiner Abdankung bei einer Ankunft am Neustädter Bahnhof eine Menschenmenge zujubelte, soll er den freundlichen Grüßern zugerufen haben: »Ihr seid mer ja scheene Demogradn!« (Ihr seid mir ja schöne Demokraten!) Auch wenn diese beiden Zitate nicht eindeutig historisch nachweisbar sind, simulieren sie zumindest den populäreren und humorvollen Ausklang einer Dynastie.

Das 20. Jahrhundert und die beiden Weltkriege bewirkten »zwei Schübe von Monarchiesterben«.[488] Die großen Kaiserreiche fielen, wie gesagt, bereits mit Ende des Ersten Weltkriegs. Nach dem Zweiten Weltkrieg verringerte sich die Zahl von Europas Dynastien weiter. Mit den Königs- und Kaiserhöfen schwand auch der ganze Prunk und Pomp, der die Herrscherhäuser über Jahrhunderte von der restlichen Welt getrennt hatte. Wenn auch nicht um die Monarchie, so war es doch manchen Zeitgenossen leid um die vergangene Pracht. So schrieb ein Diplomat: »Ich kann mir nicht helfen, ein Gefühl des

Bedauerns zu empfinden anlässlich dieses prosaischen 20. Jahrhunderts, das so ein starkes Element des Pittoresken verloren hat.«[489]

Die heute noch existierenden Königshäuser Europas sind einen weiten Weg gegangen. An die Medien, deren Aufkommen im 19. Jahrhundert sie so unsanft aus ihrer Komfortzone geschreckt hatte, haben sich die verbliebenen Dynastien gewöhnt – was sie auch mussten. Die Spielregeln des Umgangs mit den Medien haben Europas verbliebene Royals schnell gelernt, man hatte schließlich auch deren Möglichkeiten für das eigene Image erkannt. In regelmäßigen Abständen wurde und wird über private Ereignisse in Königshäusern berichtet, was wiederum Sympathien schafft. Heute müssen die verbliebenen Königshäuser das Kunststück bewerkstelligen, sich einerseits möglichst bürgerlich zu geben und andererseits eine Aura der Exklusivität zu wahren.

Nun, am Ende dieser Reise durch die letzte, so schillernde Epoche des vergangenen königlichen Europas mit seinen vielen Skandalen und Widersprüchen sei noch ein nettes Kuriosum erwähnt, das verdeutlicht, wie sehr Skandale letztendlich doch immer Kinder ihrer Zeit sind: So sind »unstandesgemäße« Liebesheiraten, die einst als skandalös galten, heute der größte Trumpf der verbliebenen Königshäuser. Denn seit die vielen bürgerlichen Prinzessinnen, Mädchen von nebenan, Einzug in die königlichen Paläste gehalten haben und sich die letzten Prinzen, die es noch gibt, die Frauen an ihrer Seite quasi aus dem Volk wählen, ist ein romantisches Element dazugekommen. Was einst ein Skandal war, damit werden heute Träume verkauft ...

# Quellen und Literatur

## Gedruckte Quellen

Anonym: Intimacies of Court and Society. An Unconventional Narrative of Unofficial Days, by the Widow of an American Diplomat, Mead 1912

Abrikossow, Dimitri: Revelation of a Russian Diplomat. The Memoirs of Dimitri Abrikossow, hrsg. von George Alexander Lensen, Seattle, University of Washington 1964

Albach-Retty, Rosa: So kurz sind hundert Jahre, Wien 1982

Alexander, Grand Duke: Once a Grand Duke, New York 1932

Bariatinsky, Princess Anatole: My Russian Life, London 1923

Benson, Arthur Christopher M.A. & Viscount Escher G.C.V.O., K.C.B.: The Letters of Queen Victoria. A Selection from Her Majesty's Correspondence between the Years 1837–1861, London 1906

Bing, Edward J. (Hg.): The letters of Tsar Nicholas and Empress Marie: Being the confidential correspondence between Nicholas II., Last of the Tsars and his mother, Dowager empress Marie Feodorvna, London 1937

Blatchford, William (Hg.): The Memoirs of Cora Pearl. The Erotic Reminiscences of a Flamboyant 19th Century Courtesan, London 1983

Botkin, Tatjana: Meine Erinnerungen an die Zarenfamilie (Neuauflage), Köln 2006

Bourgoing, Jean de (Hg.): Briefe Kaiser Franz-Josephs an Frau Katharina Schratt, Wien 1964

Buckle, George Earl (Hg.): The Letters of Queen Victoria, Third Series, A Selection from her Majesties Correspondence between the years 1862 and 1885 and between the years 1886 and 1901. Vol. II: 1891–1895, London 1931

Callimachi, Princess Ann-Marie: Yesterday was mine, London 1952

Cornwallis-West, George (Hg.): Reminiscences of Lady Randolph Churchill, London 1909

Dehn, Lili: The Real Tsaritsa, Boston 1922

Eisenmenger, Victor: Erzherzog Franz Ferdinand. Seinem Andenken gewidmet von seinem Leibarzt, Zürich-Leipzig-Wien 1930

Ellison, Grace: A new Country and its People, London 1933

Fugger, Nora Fürstin: Im Glanz der Kaiserzeit, Wien-München, 2. Auflage 1980

Fulford, Roger: Darling Child: Private Correspondence of Queen Victoria and the German Crown Princess, 1871–1878, London 1976

Hamann, Brigitte: Meine liebe, gute Freundin! Die Briefe Kaiser Franz Josephs an Katharina Schratt; aus dem Besitz der Österreichischen Nationalbibliothek, Wien 1992

Hamilton, Lord Frederic: The Vanished Pomps of Yesterday, London 1920

Harper, Henry Howard: Letters and Poems of Queen Elisabeth (Carmen Silvia), Boston 1920

Harrison, Rosina: The Lady's Maid. My life in Service, London 2011

Hough, Richard (Hg.): Advice to my Grand Daughter: Letters from Queen Victoria to Princess Victoria of Hesse, New York 1976

Hough, Richard: Advice to a Grand-daughter. Letters from Queen Victoria to Princess Victoria of Hesse, London 1975

Kirill Vladimirovich, Grand Duke of Russia: My Life in Russia's Service. Then and Now, London 1939

Kokovtsov, Vladimir N./Fisher. Harold H.: Out of My Past: The Memoirs of Count Kokovtsov, Russian Minister of Finance,

1904–1914, Chairman of the Council of Ministers, 1911–1914. Stanford 1935

Kschessinka, Mathilde: Dancing in Petersburgh. The Memoirs of Kschessinksa, Garden City, 1961

Langtry, Lillie: The days I knew. An Autobiography, (Neuauflage) London 1989

Le Qex, William: Things I know about kings, Celebrities and Crooks, London 1923

Lieselotte von der Pfalz: Das war mein Leben. Die Briefe der Lieselotte von der Pfalz, Herzogin von Orleans am Hof des Sonnenkönigs, Ebenhausen 1951

Lifar, Serge: My Life. From Kiev to Kiev, London 1970

Louise, Prinzessin von Coburg: Throne, die ich stürzen sah, Zürich 1924

Luise von Toskana: Mein Leben, Dresden 1997

Mandache, Diana: Later Chapters of my Life. The Lost Memoirs of Queen Marie of Romania, London 2004

Marie, Grand Duchess: Education of a Princess. A Memoir, New York 1930

Marie, Queen of Romania: The story of my life, Volume I, 1934

Matsch, Erwin: November 1918 auf dem Ballhausplatz. Erinnerungen Ludwigs Freiherrn von Flotow, des letzten Chefs des österreichisch-ungarischen Auswärtigen Dienstes, 1895 bis 1920, Wien-Köln-Graz 1982

Mouchanow, Marfa: My Empress, New York 1928

Nijinska, Bronislava: Early Memoirs, New York 1981

Nikolas II.: Journal Intime de Nicolas II, Paris 1924

Paléologue, Maurice: Ambassadors Memoirs, Vol. I. (July, 1914–June 2nd, 1915), New York 1925

Paoli, Xavier: Their Majesties as I knew them: Personal Reminiscences of the Kings and Queens of Europe. New York, 1911

Podewils, Sophie Dorothee Gräfin von (Hg.): Traum der Jugend goldner Stern. Aus den Aufzeichnungen der Königin Olga von Württemberg. Aus dem Französischen (Manuskript) übersetzt und herausgegeben von Sophie Dorothee Gräfin von Podewils, Pfullingen 1955

Ponsonby, Arthur P.: Henry Ponsonby, Queen Victoria's Private Secretary, His Life from His Letters. London 1942

Ramm, Agatha (Hg): Beloved and Darling Child: Last Letters between Queen Victoria and Her Eldest Daughter 1886–1901, London 1990

Redwitz, Marie Freiin von: Hofchronik, München 1924

Schneider, Josef (Hg.): Kaiser-Franz Joseph I. und sein Hof. Erinnerungen und Schilderungen aus den nachgelassenen Papieren eines persönlichen Ratgebers, Wien 1919

Stockhausen, Juliana von: Im Schatten der Hofburg. Gestalten, Puppen und Gespenster. Aus meinen Gesprächen mit Stefanie von Belgien, Fürstin Lonyay, der letzten Kronprinzessin von Österreich-Ungarn, Wien 1952

Uhland, Robert (Hg.): Das Tagebuch der Baronin Eveline von Massenbach. Hofdame der Königin Olga von Württemberg, Stuttgart 1987

Vasili, Comte Paul (Princess Catherine Radziwill): La Société de Vienne. Augmenté de Lettres Inédites, Paris 1885

Vassili, Comte Paul (Princess Catherine Radziwill): Confessions of the Tsarina, New York, 1918

Victoria Luise, Herzogin: Im Glanz der Krone. Erinnerungen, Göttingen-Hannover 1967

Vierhaus, Rudolf (Hg.): Am Hof der Hohenzollern. Aus dem Tagebuch der Baronin Spitzemberg 1865–1914, München 1965

Vyrubuva, Anna: Memoirs of the Russian Court, New York 1923

Wallersee, Marie-Luise von vormals Gräfin Larisch: Kaiserin Elisabeth und ich, Leipzig 1935

Wilhelm II., Kaiser: Ereignisse und Gestalten aus den Jahren 1878 bis 1918, Berlin 1922

Wölfling, Leopold: Habsburger unter sich. Freimütige Aufzeichnungen eines ehemaligen Erzherzogs, Berlin 1920

## Literatur

Almeras, Henri de: La Vie Parisienne au Second Empire, Paris 1933

Anand, Sushila: Daisy, the Life and Loves of the Countess of Warwick, London 2009

Apraxine, Pierre/Demange, Xavier: »La Divine Comtesse«. Photographs of the Countess de Castiglione, New York 2000

Ariès, Philippe: Geschichte der Kindheit, München 2007

Aronson, Theo: Royal Subjects. A biographer's encounters, London 2013

Aronson, Theo: Crowns in conflict. The Triumph of the Tragedy of European Monarchy, 1910–1918. London 1988

Asch, Ronald G.: Europäischer Adel in der frühen Neuzeit. Eine Einführung, Köln 2008.

Bagehot, Walter: English Constitution, 1867, Hrsg. von R. H. S. Crossman, London 1964

Baltazzi-Scharschmid, Heinrich/Swistun, Hermann: Die Familien Baltazzi-Vetsera im kaiserlichen Wien, Wien-Köln-Graz 1980

Barbara W. Tuchman: The Guns of August, New York 2004

Battiscombe, Georgina: Queen Alexandra, London 1969

Beck, Barbara: Glanz, Pomp und Tränen. Von der dynastischen Ehe zur Liebeshochzeit in europäischen Herrscherhäusern, Regensburg 2012

Bestenreiner, Erika: Luise von Toskana. Skandal am Königshof, München 1999

Bestenreiner, Erika: Die Frauen aus dem Hause Coburg. Aus dem fränkischen Herzogtum auf die Throne Europas, München 2011

Blom, Philipp: Der taumelnde Kontinent. Europa 1900–1914, München 2009

Bokelberg, Werner (Hg.): Sisis Schönheitenalbum. Private Fotographien aus dem Besitz der Kaiserin Elisabeth, Dortmund 1980

Bösch, Frank: Öffentliche Geheimnisse. Skandale, Politik und Medien in Deutschland und Großbritannien 1880–1914, München 2009

Brauneder, Wilhelm: Deutsch-Österreich 1918. Die Republik entsteht, Wien-München 2000

Bredow von, Wilfried: Legitimation durch Empörung. Vorüberlegungen zu einer politischen Theorie des Skandals, in Schoeps, Julius H. (Hg.), Der politische Skandal, Bonn 1992

Brook-Shepherd, Gordon: Edward VII. Ein europäischer Herrscher, Stuttgart-Zürich 1975

Brook-Shepherd, Gordon: Royal Sunset. The European Dynasties and the Great War, New York 1987

Broucek, Peter: Kronprinz und K. u. K.-Oberstleutnant im Generalstab Steininger (= Mitteilungen des österreichischen Staatsarchivs, 26), Wien 1973

Brown, Lucy: Victorian News and Newspapers, Oxford 1985

Bulygin, Paul: The Murder of the Romanovs, London 1935

Bußmann, Hadumod: Ich habe mich vor nichts im Leben gefürchtet. Die außergewöhnliche Geschichte der Therese Prinzessin von Bayern, München 2011

Buxhoeveden, Baroness Sophie: The Life and Tragedy of Alexandra Feodorovna, London 1930

Cavanagh, Julie: The Girl Who loved Kamellias. The Life and Legend of Marie Duplessis, Toronto 2013

Cierva, Ricardo de la: Alfonso y Victoria: las tramas intimas, secretas y europeas de un reinardo desconocideo, Madrid 2001

Clark, Christopher: A Life in Power, London 2012

Clark, Christopher: Die Schlafwandler. Wie Europa in den Ersten Weltkrieg zog, München 2013

Conte Corti, Egon Caesar: Ich, eine Tochter Maria Theresias: ein Lebensbild der Königin Marie Karoline von Neapel, München 1950

Conte Corti, Egon Caesar: Mensch und Herrscher. Wege und Schicksale Kaiser Franz-Josephs I. zwischen Thronbesteigung und Berliner Kongress, Graz-Wien-Altötting 1952

Conte Corti, Egon Caesar: Elisabeth. Die seltsame Frau, Wien 1936

Conte Corti, Egon Caesar: Unter Zaren und gekrönten Frauen. Schicksal und Tragik europäischer Kaiserreiche anhand von Briefen, Tagebüchern und Geheimdokumenten der Zarin Marie von Russland und des Prinzen Alexander von Hessen, Salzburg 1941

Conte Corti, Egon Cäsar/Sokol Hans: Der alte Kaiser. Franz-Joseph I. Vom Berliner Kongress bis zu seinem Tode, Graz-Wien-Köln 1955

Conte Corti, Egon Cäsar: Vom Kind zum Kaiser. Kindheit und erste Jugend Kaiser Franz Josephs I und seiner Geschwister, Graz-Salzburg-Wien 1950

Conte Corti, Egon Cäsar: Wenn ... Sendung und Schicksal einer Kaiserin, Wien 1954

Conze, Eckhart/Wienfort, Monika: Themen und Perspektiven historischer Adelsforschung zum 19. und 20. Jahrhundert, in: Adel und Moderne. Deutschland im europäischen Vergleich im 19. und 20. Jahrhundert, Eckart Conze und Monika Wienfort (Hg.), Köln 2004

Craveri, Benedetta: Königin und Mätressen. Die Nacht der Frauen – von Katharina de Medici bis Marie Antoinette, München 2012

Crawford, Donald/Crawford Rosemary: Michael and Natasha: The Life and Love of Emperor Michael II, the Last Tsar of Russia, London 1998

Dade, Eva Kathrin: Madame de Pompadour. Die Mätresse und die Diplomatie, Köln-Weimar-Wien 2010

Demel, Walter: Der europäische Adel. Vom Mittelalter bis zur Gegenwart, München 2011

Diesbach, Ghislain de: Die Geheimnisse des Gotha. Die Heiratspolitik der europäischen Fürstenhäuser, Paris 1964

Duff, David: Hessian Tapestry, The Hesse Family and British Royalty, London 1967

Elsberry, Terrence: Marie of Romania. The Intimate Life of a Twentieth Century Queen, New York 1972

Eulenburg-Hertefeld, Philipp Fürst zu: Erlebnisse an deutschen und fremden Höfen, Leipzig 1930

Fellmann, Walter: Sachsens letzter König Friedrich August III., Berlin-Leipzig, 1992

Figes Orlando/Kolonitskii Boris: Interpreting the Russian Revolution. The Language and Symbols of 1917, New Haven and London 1999

Figes, Orlando: A People's Tragedy, The Russian Revolution 1891–1924, London 2014

Franz, Eckhart G.: »Maria Alexandrowna«, in: Neue Deutsche Biographie 16 (1990)

Franz, Eckhart G: »Ludwig IV.«, in: Neue Deutsche Biographie 15 (1987)

Fuhrmann, J. T.: Rasputin. A Life, New York 1990

Funck, Marcus: Vom Höfling zum soldatischen Mann, in: Adel und Moderne. Deutschland im europäischen Vergleich im 19. und 20. Jahrhundert, Eckart Conze und Monika Wienfort (Hg.), Köln 2004

Gelardi, Julia P.: Born to Rule: Five Reigning Consorts, Granddaughters of Queen Victoria, New York, 2006

Gervaso, Roberto: La bella Rosina, Amore ragion di stato in Casa Savoia, Milano 1991

Gill, Gillian: Victoria and Albert: Rulers, Partners, Rivals, New York 2009

Goldinger, Walter(Hg.): Kaiserhaus, Staatsmänner und Politiker. Aufzeichnungen des k.k. Statthalters Erich Graf Kielmansegg, Wien 1966

Gollwitzer, Heinz: Die Funktion der Monarchie in der Demokratie. In: Bürgertum, Adel und Monarchie. Wandel der Lebensformen im Zeitalter des bürgerlichen Nationalismus; hrsg.: Adolf M. Birke; Lothar Kettenacker; Helmut Reifeld, München 1989, 527.

Gollwitzer, Heinz: Die Endphase der Monarchie in Deutschland (1971), in: Heinz Gollwitzer, Weltpolitik und deutsche Geschichte. Gesammelte Studien, Hrsg. von Hans-Christof Kraus, München 2008

Gollwitzer, Heinz: Ludwig I. von Bayern. Königtum im Vormärz. Eine politische Biographie, München 1986

Gore, John: King George V., London 1941

Groth, Otto: Die unerkannte Kulturmacht, Bd. 2, Berlin 1962

Hall, Coryn: Imperal Dancer. Mathilde Kschessinska and the Romanovs, London 2005

Hall, Coryne: Little Mother of Russia. A Biography of Empress Marie Feodorovna, London 1999

Hamann, Brigitte (Hg.): Kronprinz Rudolf. Politische und private Schriften, Wien 1987

Hamann, Brigitte: Elisabeth. Kaiserin wider Willen, Wien 1982

Hamann, Brigitte: Kronprinz Rudolf. Kronprinz und Rebell, München 1987

Hamann, Brigitte: Der Kaiser und sein Sohn. In: Kaiser Franz-Joseph von Österreich oder der Zerfall eines Prinzips (= Katalog Sonderausstellung des historischen Museums der Stadt Wien, Hermesvilla, 1980)

Hamann, Brigitte: Kronprinz Rudolf. Ein Leben, Wien 2005

Hannig, Alma: Franz Ferdinand. Die Biographie, Wien 2013

Haslinger, Ingrid: »Rudolf war immer ein guter Sohn«. Mayerling war ganz anders. Wien 2009

Hauck, Barbara: Ludwigs Lust. Unstandesgemäße Liebschaften im Hause Hessen-Darmstadt, Frankfurt 2010

Herman, Eleonor: Sex with Kings. Five hundred Years of Adultery, Power, Rivalry and Revenge, New York 2005

Heresch, Elisabeth: Alexey, der Sohn des letzten Zaren. Biographie mit neuen Dokumenten, München 1997

Heyden-Rynsch, Verena von der: Europäische Salons. Höhepunkte einer versunkenen weiblichen Kultur, Hamburg, 1985

Hibbert, Christopher: Edward VII., London 2007

Hickman, Katie: Courtesans, London 2003

Hobsbawm, Eric J.: Das imperiale Zeitalter 1875–1914, Frankfurt a. Main 2004, 26.

Höbelt, Lothar: Franz-Joseph I. Der Kaiser und sein Reich. Eine politische Geschichte, Wien-Köln-Weimar 2009

Höbelt, Lothar: Die Habsburger. Aufstieg und Glanz einer europäischen Dynastie, Stuttgart 2009

Hochschild, Adam: King Leopold's Ghost. A Story of Greed, Terror, and Heroism in Colonial Africa. New York, 1998

Holler, Gerd: Sophie. Die heimliche Kaiserin. Mutter Franz Joseph I., München 1993

Holtz, Sabine/Pfau, Natalia: Heiratspolitik zwischen Liebe und Staatsräson, in: Im Glanz der Zaren. Die Romanovs, Württemberg und Europa, Ausstellungskatalog des Landesmuseums Württemberg, Stuttgart 2013

Homans, Margaret: Royal Representations: Queen Victoria and British Culture, 1837–1876, Chicago 1998

Houston, Marco: Nikola und Milena, King and Queen of the Black Mountain. The Rise and Fall of Montenegro's Royal Family Told Through Family Albums and Diaries, London 2000

Hubbard, Kate: Serving Victoria. Life In The Royal Household, London 2013

Hull, Isabel V.: The Entourage of Kaiser Wilhelm II. 1888–1918, Cambridge 1982

Huss, Frank: Verhinderte Herrscher. 40 Kronprinzen und ihre tragischen Schicksale, Greiz 2011

Jurewitz-Freischmidt, Sylvia: Galantes Versailles. Die Mätressen am Hof der Bourbonen, München 2006

King, Greg: The Court of the Last Tsar. Pomp, Power and Pageantry in the Reign of Nicholas II, New York 2006

King, Greg: The Man who killed Rasputin: Prince Felix Youssoupov and the Murder that helped bring down die Russian Empire, New York 1995

Kiste van der, John/Hall, Coryne: Once a grand Duchess: Xenia, Sister of Nicholas II., London 2000

Kiste van der, John: George V.'s Children, London 2003

Kiste van der, John: Alfred. Queen Victoria's Second Son, London 2013

Kiste van der, John: Childhood at Court. 1819–1914, London 2003

Kiste van der, John: Crowns in a Changing World. The British and European Monarchies, 1901-36, London 1993

Kiste van der, John: Sons, Servants and Statesmen. The Men in Queen Victoria's Life, London 2011

Koch, Klaus: Generaladjutant Graf Crenneville. Politik und Militär zwischen Krimkrieg und Königgrätz (= Militärgeschichtliche Dissertationen österreichischer Universitäten Band 3), Wien 1984

Kohlrausch, Martin: Der Monarch im Skandal. Die Logik der Massenmedien und die

Transformation der wilhelminischen Monarchie, Berlin 2005

Kovács, Elisabeth: Die ideale Herzogin, Maria Theresias Forderungen an ihre Töchter. In: Mitteilungen des Instituts für österreichische Geschichtsforschung (MIÖG) 94, Wien 1986

Kuehl, Karen/Hänel, Anette: Das fürstliche Haus Hohenzollern. Private Einblicke in die Fotoalben, Meßkirch 2011

Langewiesche, Dieter: Die Monarchie im Jahrhundert Europas. Selbstbehauptung durch Wandel im 19. Jahrhundert, (= Schriften der philosophisch-historischen Klasse der Heidelberger Akademie der Wissenschaften, Band 50), Heidelberg, 2006

Laue, Theodore H. von: Sergei Witte and the Industrialization of Russia, New York 1963

Leslie, Anita: Edwardeans in Love, London 1972

Lincoln, W. Bruce: The Romanovs: Autocrats of all the Russias, New York 1981

Löwe, Heinz-Dietrich: Alexander II. 1815–1881. in: Hans-Joachim Torke (Hg.), Die Russischen Zaren 1547–1917, München 1995

MacColl, Gail/Wallace Carol McD: To Marry an English Lord. Tales of Wealth and Marriage, Sex and Snobbery, New York 2012

Magnus, Sir Philipp: King Edward the Seventh, London 1964

Mandler, Peter: The Fall and Rise of the British Aristocracy, in: Adel und Moderne, Deutschland im europäischen Vergleich im 19. und 20. Jahrhundert, Eckart Conze und Monika Wienfort (Hg.), Köln 2004

Margaret Blunden: The Countess of Warwick, Cassell 1967

Massie, Robert K.: Nicholas and Alexandra. The Tragic Compelling Story of the Last Tsar and his Family, London 1992.

Massie, Robert K.: Die Schalen des Zorns. Großbritannien, Deutschland und das Heraufziehen des Ersten Weltkrieges, Frankfurt a. M. 1998

Mayer, Arno J.: The Persistence of the Old Regime: Europe to the Great War, London 1981

Maylunas Andrei/Mironenko, Sergei (Hg): A Lifelong Passion: Nicholas and Alexandra their own Story, London 1996

Mitis, Oskar Freiherr von: Das Leben des Kronprinzen Rudolf. Mit Briefen und Schriften aus dessen Nachlass. – Neu herausgegeben und eingeleitet von Amdam Wandruszka, Wien 1971

Müller, Klaus: Maria Christina, in: Brigitte Hamann (Hg.), Die Habsburger. Ein biographisches Lexikon, Wien 1988

Nicolson, Nigel: The Queen and us. The Second Elizabethan Age, London 2003

Noel Gerard: Ena. Spains English Queen, Constable 1984

Osterhammel, Jürgen: Die Verwandlung der Welt. Eine Geschichte des 19. Jahrhunderts, München 2009

Packard, Jerrold M.: Victoria's Daughters, New York 1998

Pakula, Hannah: Uncommon Woman: The Life of Princess Vicky: The Empress Frederick London 2002

Pakula, Hannah: The Last Romantic. A Biography of Queen Marie of Romania, New York 1985

Paléologue, Maurice: Cavour. Ein großer Realist, Berlin 1928

Papi, Stefano: The Jewels of the Romanovs. Family and Court, London 2010

Pares, Sir Bernard: Fall of the Russian Monarchy: A Study of the Evidence, New York 1961

Paulmann, Johannes: Pomp und Politik. Monarchenbegegnungen in Europa zwischen Ancien Régime und Ersten Weltkrieg, Paderborn 2000

Plumptre, George: Edward VII, London 1995

Pope Hennessy, James: Queen Mary. 1867–1953, London 1959

Posadas, Carmen:La belle Otero, Die große Verführung der Belle Époque, Ein Leben wie ein Roman, Hamburg 2003

Puga Maria Teresa/Ferrer Eusebio: Victoria Eugenia: Esposa de Alfonso XIII., Barcelona 1999

Quinlan, Paul D.: The Playboy King: Carol II of Romania, (= Contributions to the Study of World History, No. 52), Westport – Connecticut 1995

Radsinski, Edward: Die Geheimakte Rasputin. Neue Erkenntnisse über den Dämon am Zarenhof, München 2000

Radzinsky, Edvard: The Last Tsar, The Life and Death of Nicolas II, New York 1992

Rappaport, Helen: Four Sisters. The Lost Lives of the Romanov Grand Duchesses, London 2014

Rappoport, Angelo S.: Leopold, the Second King of the Belgians. London 1910

Rauchensteiner, Manfried: Der Erste Weltkrieg und das Ende der Habsburger-Monarchie, Wien 2013

Reif, Heinz: Adel im 19. und 20. Jahrhundert, 2., um einen Nachtrag erweiterte Auflage, (= Enzyklopädie deutscher Geschichte Band 55, hrsg. von Lothar Gall), München 2012

Rhodes James, Robert: Albert, Prince Consort. A Biography, London 1983

Richard, Richard: Das Haus Oranien-Nassau, Lausanne 1969

Richardson, Joanna: The Courtesans. The Demi-Monde in 19th-Century France, London 1967

Ridley, Jane: The Heir Apparent: A Life of Edward VII, the Playboy Prince. New York 2013

Röhl, John C. G.: Hof und Hofgesellschaft unter Wilhelm II. in: Hof, Kultur und Politik (= Akten des 18. Deutsch-französischen Historikerkolloquiums Darmstadt, 27.–30. September 1982)

Röhl, John C. G.: Philipp Graf zu Eulenburg – Des Kaisers bester Freund, in: Ders., Kaiser, Hof und Staat. Wilhelm II. und die deutsche Politik, München 1987

Röhl, John C. G.: Wilhelm II. Die Jugend des Kaisers: 1859–1888, München 2001

Röhl, John C. G.: Wilhelm II. Der Aufbau der persönlichen Monarchie: 1888–1900, München 2001

Röhrig, Anna Eunike: Mätressen und Favoriten. Ein biographisches Handbuch, Göttingen 2010

Rose, Kenneth: King George V., London 1983

Rounding, Virginia: The Lives and Legends of four Nineteenth-century Courtesans, London 2003

Salisbury, Harrison E.: Black Night, White Snow: Russia's Revolutions, 1905–1917, New York 1981

Scharf, Claus: Die Europäisierung Russlands: Bündnisse, Diplomatie, Kriege – Die Heiratspolitik der Romanovs im 18. und 19. Jahrhundert, in: Im Glanz der Zaren, Die Romanovs, Württemberg und Europa, Katalog des Landesmuseums Württemberg, Stuttgart 2013

Schiel, Irmgard: Stephanie. Kronprinzessin im Schatten von Mayerling, Stuttgart 1978

Schwarzenbach, Alexis: Königliche Träume. Eine Kulturgeschichte der Monarchie 1789–1997, München 2012

Seewald, Helene: Die Aussteuer ihrer kaiserlichen Hoheit der Großfürstin Olga Nikolajewna, in: Im Glanz der Zaren. Die Romanovs, Württemberg und Europa, Katalog der Landesausstellung des Landesmuseums Württemberg, Stuttgart 2013

Seton-Watson, R. W.: A History of Rumanians: From Roman Times to the Completion of Unity, New York 1963

Sidorowa, Anna: Die Erziehung am Zarenhof, in: Im Glanz der Zaren. Die Romanovs, Württemberg und Europa, Ausstellung des Landesmuseums Württemberg, Stuttgart 2013

Standage, Tom: Das viktorianische Internet. Die erstaunliche Geschichte des Telegraphen und der ersten Online-Pioniere des 19. Jahrhunderts, St. Gallen-Zürich 1999

Strachey, Lytton/Fulford, Roger: The Greville Memoirs 1814–1860, Band 4, London 1938

Strauch, Rudi/Groskopff, Rudolf: Die Deutschen an Hollands Thron: Die Geschichte des Hauses Oranien-Nassau, Oldenburg-Hamburg 1966

Taylor, Edmond: The Fall of the Dynasties. The Collapse of the old Order 1905–1922, New York 1963

Thoma, Helga: Ungeliebte Königin, Ehetragödien an Europas Fürstenhöfen, München 2003

Thompson, Dorothy: Queen Victoria. The Women, The Monarchy and the People, New York 1990

Thomsen, Sabine: Die Württembergischen Königinnen. Charlotte Mathilde, Katharina, Pauline, Olga, Charlotte – Ihr Leben und Wirken, Tübingen 2007

Thomsen, Sabine: Goldene Bräute. Württembergische Prinzessinnen auf europäischen Thronen, Tübingen 2010

Verner, Andrew M.: The Crisis of Russian Autocracy, Nikolaus II and the 1905 Revolution, Princeton 1990

Vladimir Poliakoff: The Tragic Bride: The Story of the Empress Alexandra of Russia, New York 1928

Vocelka, Karl: Die Familien Habsburg und Habsburg-Lothringen. Politik – Kultur – Mentalität, Wien-Köln-Weimar 2010

Vocelka, Karl/Heller, Lynne: Die private Welt der Habsburger. Leben und Alltag einer Familie, Graz-Wien-Köln 1998

Vorres, Ian: The last Grand Duchess: Her imperial Highness Grand Duchess Olga Alexandrowna, New York 1965

Walter Hummelberger: Maria Caspar und Josef Bratfisch. Biografische Notizen (= Jahrbuch des Vereins für Geschichte der Stadt Wien Band 19/20 aus 1963-64), Wien 1963-64

Walterskirchen Gudula: »Der Franzi war ein wenig unartig«. Hofdamen der Habsburger erzählen, Wien 2013

Weintraub, Stanley: Edward the Caresser: The Playboy Prince Who Became Edward VII, New York 2001

Weintraub, Stanley: Queen Victoria, Düsseldorf 1994

Weir, Alison: Ella. Princess, Saint, Martyr, Chicester 2006

Weisbrod, Bernd: Die theatralische Monarchie. Victoria als Family Queen, in: Regina Schulte (Hg.), Der Körper der Königin, Geschlecht und Herrschaft in der höfischen Welt seit 1500, Frankfurt-Main 2002

Weissensteiner, Friedrich: Franz-Ferdinand. Der verhinderte Herrscher, München 1994

Weissensteiner, Friedrich (Hg.): Rudolf Lieber Rudolf. Briefe von Kaiser Franz-Joseph und Elisabeth an ihren Sohn, Wien 1991

Wiesflecker, Peter: Von »idealen Erzherzoginnen« und den »Hengsten Europas«. Initiation, Heirat und Ehe an Europas Fürstenhöfen, in: Im Bett mit der Macht. Kulturgeschichtliche Blicke in die Schlafzimmer der Herrschenden, hrsg. von Johannes Giessauf, Andrea Penz, Peter Wiesflecker, Wien 2011

Willms, Johannes: Napoleon III. Frankreichs letzter Kaiser, München 2008

Wilson, A. N.: The Victorians, London 2002

Wilson, A. N.: After the Victorians: The World Our Parents Knew, London 2006

Windisch-Grätz, Ghislaine: Kaiseradler und rote Nelke. Das Leben der Tochter des Kronprinzen Rudolf, Wien-München 1992

Wippermann, Wolfgang: Skandal im Jagdschloss Grunewald. Männlichkeit und Ehre im deutschen Kaiserreich, Darmstadt 2010

Woeginger, Sofie Katharina: Die Erziehung der österreichischen Kaiser, Kaiser Franz II. – I., Kaiser Ferdinand I., Kaiser Franz Josef I., Kaiser Karl I., Otto von Habsburg. Dipl. Univ. Wien 1996

Wortman, Richard: Scenarios of Power. Myth and ceremony in Russian Monarchy, Bd. 1, Princeton 1995

Zeepvat, Charlotte: Prince Leopold. The Untold Story of Queen Victoria's Youngest Son, London 1998

## Zeitungen

Frankfurter Allgemeine Zeitung vom 17.3.2007, Nr. 65

# Anmerkungen

1 Eric J. Hobsbawm, Das imperiale Zeitalter 1875–1914, Frankfurt a. Main 2004, 26.

2 Jürgen Osterhammel, Die Verwandlung der Welt. Eine Geschichte des 19. Jahrhunderts, München 2009, 820.

3 Heinz Gollwitzer, Ludwig I. von Bayern. Königtum im Vormärz, Eine politische Biographie, München 1986, 22.

4 Zu familiären Strategien, Netzwerken und Handlungszusammenhängen innerhalb der Elite siehe: Eckart Conze, Monika Wienfort, Themen und Perspektiven historischer Adelsforschung zum 19. und 20. Jahrhundert, in: Adel und Moderne. Deutschland im europäischen Vergleich im 19. und 20. Jahrhundert, Eckart Conze und Monika Wienfort (Hg.), Köln 2004, 8; als grundsätzlicher Überblick zu Adel, höfischer Kultur und Überlebensstrategien siehe auch: Ronald G. Asch, Europäischer Adel in der frühen Neuzeit. Eine Einführung, Köln 2008, 218; Heinz Gollwitzer, Die Endphase der Monarchie in Deutschland (1971), in: Heinz Gollwitzer, Weltpolitik und deutsche Geschichte. Gesammelte Studien. Herausgegeben von Hans-Christof Kraus, München 2008, 364; Barbara W. Tuchman, The Guns of August, New York 2004, 1–20; A. N. Wilson, After the Victorians: The World Our Parents Knew, London 2006, 6–8; Johannes Paulmann, Pomp und Politik: Monarchenbegegnungen in Europa zwischen Ancien Régime und Ersten Weltkrieg, Paderborn 2000; John Gore, King George V., London 1941, 263–264.

5 Walter Bagehot, English constitution, 1867, hg v. R. H. S. Crossman, London 1964, 61; A. N. Wilson, The Victorians, London 2002, 583; Margaret Homans, Royal Representations: Queen Victoria and British Culture, 1837–1876, Chicago 1998, XX–XXI; Lord Frederic Hamilton, The Vanished Pomps of Yesterday, London 1920, 334.

6 Heinz Reif, Adel im 19. und 20. Jahrhundert, 2., um einen Nachtrag erweiterte Auflage, (= Enzyklopädie deutscher Geschichte Band 55, hrsg. von Lothar Gall), München 2012, 83.

7 James Pope-Hennessy, Queen Mary. 1867–1953, 1959, 408. Sowie: zu dynastischen Absicherung von Staatsgründungen im monarchischen Europa des 19. Jahrhunderts siehe: Dieter Langewiesche, Die Monarchie im Jahrhundert Europas. Selbstbehauptung durch Wandel im 19. Jahrhundert, (= Schriften der philosophisch-historischen Klasse der Heidelberger Akademie der Wissenschaften, Band 50), Heidelberg, 2006, 20

8 Jürgen Osterhammel, Die Verwandlung der Welt, 828ff.

9 Bösch, Öffentliche Geheimnisse, 13.

10 Bernd Weisbrod, Die theatralische Monarchie. Victoria als Family Queen, in: Regina Schulte (HG), Der Körper der Königin, Geschlecht und Herrschaft in der höfischen Welt seit 1500, Frankfurt-Main 2002, 240. Sowie: Theo Aronson, Crowns in Conflict. The Triumph of the Tragedy of European Monarchy, 1910–1918. London 1988.

11 Frank Bösch, Öffentliche Geheimnisse. Skandale, Politik und Medien in Deutschland und Großbritannien 1880–1914, München 2009, 1–9.

12 Otto Groth, Die unerkannte Kulturmacht, Bd. 2, Berlin 1962, S. 286. Sowie: Bredow, Wilfried von, Legitimation durch Empörung. Vorüberlegungen zu einer politischen Theorie des Skandals, in Schoeps, Julius H. (Hrsg.), Der politische Skandal, Bonn 1992, 202.

13 Tom Standage, Das viktorianische Internet. Die erstaunliche Geschichte des Telegraphen und der ersten Online-Pioniere des 19. Jahrhunderts, St. Gallen-Zürich 1999, VII–IX.

14 Bösch, Öffentliche Geheimnisse, 35.

15 Martin Kohlrausch, Der Monarch im Skandal. Die Logik der Massenmedien und die Transformation der wilhelminischen Monarchie, Berlin 2005, 45ff.: Karen Kuehl, Anette Hänel, Das fürstliche Haus Hohenzollern. Private Einblicke in die Fotoalben, Meßkirch 2011, 23; Lucy Brown, Victorian News and Newspapers, Oxford 1985, 146. Sowie Dorothy Thompson, Queen Victoria. The Women, The Monarchy and the People, New York 1990, 132. Sowie Eintragung vom 29. Juni 1838, in: The Greville Memoirs 1814–1860, herausgegeben von Lytton Strachey, Roger Fulford, Band 4, London 1938, 72; Lytton Strachey, Queen Victoria, 1971, 62.

16 Queen Viktoria an König Leopold I. vom 13. Juni 1854, in: Jane Ridley, The Heir Apparent. A Life of Edward VII, the Playboy Prince. New York 2013, 19.

17 John van der Kiste, Childhood at Court. 1819–1914, London 2003, 102.

18 Ebda., 31.

19 Van der Kiste, Childhood, 31.

20 Philippe Ariès, Geschichte der Kindheit, München 2007, 92–112.

21 Van der Kiste, Childhood, 91.

22 Ebda., 29.

23 Königin Victoria an Kronprinzessin Vicky, 15. Juni 1859, in: Ridley, The Heir, 16. Sowie: Roger Fulford (Editor), Darling Child: Private Correspondence of Queen Victoria and the German Crown Princess, 1871–1878, London 1976, 195.

24 Kenneth Rose, King George V., 1983, 57.

25 Rosina Harrison, The Lady's Maid. My Life in Service, London 2011, 39.

26 Kronprinzessin Alexandra an Kronprinzessin Maria »Minny« vom 22. November 1874, Kopenhagen Archiv, in: Ridley, Heir, 205.

27 Fulford, Darling Child, 159: Roger Fulford (Editor), Darling Child: Private Correspondence of Queen Victoria and the German Crown Princess, 1871–1878, London 1976.

28 Pope- Hennessy, Queen Mary 392.

29 Irmgard Schiel, Stephanie. Kronprinzessin im Schatten von Mayerling, Stuttgart 1978, 63.

30 Georgina Battiscombe, Queen Alexandra, London 1969, 65.

31 Ridley, Heir, 199.

32 Nora Fürstin Fugger, Im Glanz der Kaiserzeit, Wien-München, 2. Auflage 1980, 102.

33 Egon Cäsar Conte Corti, Vom Kind zum Kaiser. Kindheit und erste Jugend Kaiser Franz Josephs I. und seiner Geschwister, Graz-Salzburg-Wien 1950, 26–40.

34 Irmgard Schiel, Stephanie, 67.

35 Anna Sidorowa, Die Erziehung am Zarenhof, in: Im Glanz der Zaren. Die Romanovs, Württemberg und Europa, Ausstellung des Landesmuseums Württemberg, Stuttgart 2013, 59.

36 Hannah Pakula, The Last Romantic: A Biography of Queen Marie of Romania, New York 1985, 25.

37 Herzogin Victoria Luise, Im Glanz der Krone. Erinnerungen, Göttingen-Hannover 1967, 67.

38 Kate Hubbard, Serving Victoria. Life in The Royal Household, London 2013, 57.

39 Marie, Queen of Romania, The Story of My Life, Vol I, London 1934, 180.

40 Luise von Toscana, Mein Leben, 26.

41 John Van der Kiste, George V.'s Children, London 2003, 13.

42 Irmgard Schiel, Stephanie, 67.

43 Van der Kiste, Childhood at Court, 148.

44 Theo Aronson, Royal Subjects. A biographer's encounters, London 2013, 45.

45 Gerard Noel Ena, Spains English Queen, Constable, 1984, 14.

46 Van der Kiste, Childhood, 132.

47 Hubbard, Serving Victoria, 53. Sowie: zum allgemeinen Verhältnis zwischen Vater und Sohn: Gillian Gill, Victoria and Albert: Rulers, Partners, Rivals, New York 2009, 322–337.

48 Hubbard, Serving Victoria, 127.

49 Tagebucheintrag des Leibarztes Sir James Clark, 24. Juni 1849, in: Ridley, 27.

50 Sophie Katharina Woeginger, Die Erziehung der österreichischen Kaiser: Kaiser Franz II./I., Kaiser Ferdinand I., Kaiser Franz Joseph I., Kaiser Karl I., Otto von Habsburg, Univ., Dipl.-Arb., Wien 1996, 56.

51 Memo Dr. Becker, 9. Februar 1852, Ridley, Heir, 32.

52 Van der Kiste, Childhood at Court, 56.

53 Ridley, Heir, 47, Queen Victoria an Vicky, 26. Mai 1858 und 27. November 1858 in Fulford, Dearest Child, 109.

54 Feodora an Königin Victoria, 29. März 1858, Royal Archives, in: Ridley, The Heir, 48.

55 John Van der Kiste, Sons, Servants & Statesmen, The Men, in Queen Victorias Life, London 2006, 173.

56 Zitiert in: George Plumptre, Edward VII, London 1995, 38.

57 John C. G. Röhl, Wilhelm II. Die Jugend des Kaisers: 1859–1888, München 2001, 68 f.

58 Röhl, Jugend, 38.

59 Kronprinzessin an Queen Victoria, 11. August 1859, siehe Kohut, Wilhelm II., 34 f. – zitiert in: Röhl, Jugend, 44.

60 Kronprinzessin an Queen Victoria, 28. April 1863, Royal Archives, abgedruckt in: Fulford, Dearest Mama, 203 f.

61 Röhl, Jugend, 63 f.

62 Ebda., 95.

63 Hannah Pakula, Uncommon Woman: the Life of Princess Vicky: The Empress Frederick. London 2002, 71–103.

64 Kronprinzessin an den Vater, 27. Jänner 1860, Royal Archives, zitiert bei: Kohut, Wilhelm II., 34.

65 Kronprinzessin an Queen Victoria, 26. Jänner 1861, Royal Archives, zitiert bei: Kohut, Wilhelm II., 34.

66 Van der Kiste, Childhood, 107.

67 Röhl, Jugend, 99.

68 Ebda., 154 ff.

69 Ebda., 157.

70 Ebda., 249.

71 Kronprinz an Kronprinzessin, 26. Dezember 1870, zitiert in: Röhl, Jugend, 187.

72 Gordon Brook-Shepherd, Royal Sunset. The European Dynasties and the Great War, New York 1987, 84.

73 Röhl, Jugend, 289.

74 Denkwürdigkeiten des General-Feldmarschalls Alfred Graf von Waldersee, I, 223. Sowie: eine vielschichtige Zusammenfassung der komplexen Persönlichkeit des Kaisers siehe: Christopher Clark, A Life in Power, London 2012, 359–367.

75 Comte Paul Vasili (Pseud.), La Société de Vienne. Augmenté de Lettres Inédites, Paris 1885, 17–38.

76 Brigitte Hamann, Elisabeth. Kaiserin wider Willen, Wien 1982, 146–152. Sowie: Marie-Luise von Wallersee, vormals Gräfin Larisch, Kaiserin Elisabeth und ich, Leipzig 1935, 54–63.

77 Gudula Walterskirchen, »Der Franzi war ein wenig unartig«. Hofdamen der Habsburger erzählen, Wien 2013, 39. Sowie: Karl Vocelka, Die Familien Habsburg und Habsburg-Lothringen. Politik – Kultur – Mentalität, Wien-Köln-Weimar 2010, 127–133.

78 Rudolf Weissensteiner (Hg.), Lieber Rudolf. Briefe von Kaiser Franz-Joseph und Elisabeth an ihren Sohn, Wien 1991 – etwa Brief vom 12. November 1861).

79 Woeginger, Erziehung, 56.

80 Brigitte Hamann, Kronprinz Rudolf. Ein Leben, Wien 2005, 29–31. Sowie: Ingrid Haslinger, »Rudolf war immer ein guter Sohn«. Mayerling war ganz anders. Wien 2009, 40–41. Sowie: über jene Personen, die Gondrecourt an den Hof gebracht hatten siehe: Klaus Koch, Generaladjutant Graf Crenneville. Politik und Militär zwischen Krimkrieg und Königgrätz (= Militärgeschichtliche Dissertationen österreichischer Universitäten Band 3), Wien 1984, 105–108.

81 Brigitte Hamann, Der Kaiser und sein Sohn. In: Kaiser Franz-Joseph von Österreich oder der Zerfall eines Prinzips (= Katalog Sonderausstellung des historischen Museums der Stadt Wien, Hermesvilla, 1980), 117–120.

82 Egon Cäsar Conte Corti, Hans Sokol, Der alte Kaiser. Franz-Joseph I. Vom Berliner Kongress bis zu seinem Tode, Graz-Wien-

Köln 1955, 119–127. Sowie: Jean de Bourgoing (Hg.), Briefe Kaiser Franz-Josephs an Frau Katharina Schratt, Wien 1964, S. 112, Brief vom 5. Februar 1889.

83 Zitat ohne Hinweis auf Quelle in: Karen Kuehl, Anette Hänel, Das fürstliche Haus Hohenzollern, 59.

84 Marco Houston, Nikola und Milena, King and Queen of the Black Mountain. The Rise and Fall of Montenegro's Royal Family Told Through Family Albums and Diaries. London 2000, 230.

85 Alexis Schwarzenbach, Königliche Träume. Eine Kulturgeschichte der Monarchie 1789–1997, München 2012, 171.

86 Röhl, Jugend, 133.

87 Marcus Funck, Vom Höfling zum soldatischen Mann, in: Conze und Wienfort, 212.

88 Gerd Holler, Sophie. Die heimliche Kaiserin. Mutter Franz Joseph I., München 1993, 239.

89 Queen Victoria an Victoria vom 9. April 1859, in: Victoria, Dearest Child, 173–174.

90 Gordon Brook-Shepherd, Edward VII. Ein europäischer Herrscher, Stuttgart-Zürich, 175, 25.

91 Arthur P. Ponsonby, Henry Ponsonby, Queen Victoria's Private Secretary, His Life from His Letters. London 1942, 359.

92 Lord Rosslyn an Lady Brooke, 31. Dezember 1882, zitiert in: Margaret Blunden, The Countess of Warwick, Cassell 1967, zitiert in: Daisy, The Life and Loves of the Countess of Warwick, London 2009, 37.

93 Queen Victoria an den Prinz of Wales vom 18. Januar 1869, Royal Archives, zitiert in: John Van der Kiste, Sons, servants and statesmen, 181.

94 Gordon, Brook-Shepherd, Edward VII. Ein europäischer Herrscher, München 1980, 27.

95 Gail MacColl/Carol McD. Wallace, To Marry an English Lord. Tales of Wealth and Marriage, Sex and Snobbery, New York 2012, 202–205.

96 Zitiert in: Gail MacColl, Carol McD. Wallace, To Marry an English Lord, 82.

97 Ridley, Heir, 147.

98 Anita Leslie, Edwardeans in Love, London 1972, 319.

99 Tagebuch Margot Asquith, 20. Juni 1908, zitiert in: Ridley, Heir, 573.

100 Eleonor Herman, Sex with Kings. Five hundred Years of Adultery, Power, Rivalry and Revenge, New York 2005, 182.

101 Queen Victoria an Prinzessin Alice vom 7. Juli 1863, Royal Archives, zitiert in: Ridley, Heir, 94

102 Sir Philip Magnus, King Edward the Seventh, London 1964, 5.

103 Queen Victoria an Victoria von Hessen vom 21. September 1883, in: Richard Hough, Advice to a Grand-daughter. Letters from Queen Victoria to Princess Victoria of Hesse, London 1975, 56

104 Ridley, Heir, 363.

105 Francis Knollys an Henry Ponsonby vom 15. August 1892, in: Sir Philip Magnus, King Edward, 236.

106 Magnus, Edward, 237.

107 Ridley, Heir, 421.

108 Gordon Brook-Shepherd, Royal Sunset. The European Dynasties and the Great War, New York 1987, 192.

109 Heinz-Dietrich Löwe: Alexander II. 1815–1881. in: Hans-Joachim Torke (Hg.), Die Russischen Zaren 1547–1917, München 1995, 315–338.

110 Zitiert in: Orlando Figes, A People's Tragedy, The Russian Revolution 1891–1924, London 2014, 17.

111 Brook-Shepherd, Royal Sunset. 193.

112 Ian Vorres, The Last Grand Duchess: Her imperial Highness Grand Duchess Olga Alexandrowna, New York 1965, 55.

113 Anonymer Autor: Intimacies of Court and Society: An Unconventional Narrative of Unofficial Days, by the Widow of an American Diplomat, Mead 1912, 155.

114 Greg King, The Court of the Last Tsar. Pomp, Power and Pageantry in the Reign of Nicholas II, New York 2006, 49.

115 Mathilde Kschessinka, Dancing in Petersburgh. The Memoirs of Kschessinksa, Garden City, 1961, 51.

116 Nikolas II, Journal Intime de Nicolas II, Paris 1924, 31.

[117] Coryn Hall, Imperial Dancer. Mathilde Kschessinska and the Romanovs, London 2005, 28.

[118] Hall, Imperial Dancer, 37.

[119] Paul Vassili (Princess Catherine Radziwill), Confessions of the Tsarina, New York, 1918, 80.

[120] Figes, A People's Tragedy, 20.

[121] Grand Duke Alexander, Once a Grand Duke, New York 1932, 168.

[122] Großfürst Vladimir an Königin Marie von Rumänien, 1909, in einem Privatarchiv, zitiert in: King, The Court, 67.

[123] Sabine Thomsen, Goldene Bräute. Württembergische Prinzessinnen auf europäischen Thronen, Tübingen 2010, 166.

[124] Rudi Strauch/Rudolf Groskopff: Die Deutschen an Hollands Thron: Die Geschichte des Hauses Oranien-Nassau, Oldenburg-Hamburg 1966, 123, zitiert in: Frank Huss, Verhinderte Herrscher. 40 Kronprinzen und ihre tragischen Schicksale, Greiz, 2011, 214.

[125] William Blatchford (Hg.), The Memoirs of Cora Pearl. The Erotic Reminiscences of a Flamboyant 19th Century Courtesan, London 1983, 59.

[126] Brigitte Hamann, Kronprinz Rudolf. Kronprinz und Rebell, München 1987, 101–102.

[127] Zitiert in: Egon Caesar Conte Corti, Elisabeth. Die seltsame Frau, Wien 1936, 289.

[128] Zitiert in: Egon Caesar Conte Corti, Mensch und Herrscher. Wege und Schicksale Kaiser Franz-Josephs I. zwischen Thronbesteigung und Berliner Kongress, Graz-Wien-Altötting 1952, 533.

[129] Brigitte Hamann (Hg.), Kronprinz Rudolf. Politische und private Schriften, Wien 1987, 55–79.

[130] Brigitte Hamann, Rudolf, 109.

[131] Rosa Albach-Retty, So kurz sind hundert Jahre, Wien 1982, 37.

[132] Ridley, Heir, 180.

[133] Ponsonby an Knollys vom 27. Oktober 1893, Royal Archives, zitiert in: Ridley, Heir, 372.

[134] Schiel, Stephanie, 65–80.

[135] Ebda., 65–80.

[136] Sabine Holtz und Natalia Pfau, Heiratspolitik zwischen Liebe und Staatsräson, in: Im Glanz der Zaren. Die Romanovs, Württemberg und Europa, Ausstellungskatalog des Landesmuseums Württemberg, Stuttgart 2013, 71.

[137] Claus Scharf, Die Europäisierung Russlands: Bündnisse, Diplomatie, Kriege – Die Heiratspolitik der Romanovs im 18. und 19. Jahrhundert, in: Im Glanz der Zaren, Die Romanovs, Württemberg und Europa, Katalog des Landesmuseums Württemberg, Stuttgart 2013, 37.

[138] Sylvia Jurewitz, Freischmidt, Galantes Versailles. Die Mätressen am Hof der Bourbonen, München 2006, 323–334.

[139] Walter Demel, Der europäische Adel. Vom Mittelalter bis zur Gegenwart, München 2011, 17.

[140] Queen Victoria an Kronprinzessin Vicky vom 11. Januar 1862, in: Ridley, Heir, 28. Sowie: Robert Rhodes, James, Albert, Prince Consort. A Biography, London 1983, 120ff.

[141] Georgina Battiscombe, Queen Alexandra, London 1969, 17.

[142] Ebda., 17.

[143] Arthur Balfour an Lord Salisbury, 30. August 1890, zitiert bei: Ridley, Heir, 337.

[144] Ridley, Heir, 64.

[145] Ebda., 67–69.

[146] Ebda., 70.

[147] Ghislain de Diesbach, Die Geheimnisse des Gotha. Die Heiratspolitik der europäischen Fürstenhäuser, Paris 1964, 65–66.

[148] Coryne Hall, Little Mother of Russia. A Biography of Empress Marie Feodorovna, London 1999, 21.

[149] Hall, Little Mother of Russia, 82–86.

[150] Pope Hennessy, Queen Mary, 105.

[151] Nigel Nicolson, The Queen and us. The Second Elizabethan Age, London 2003, 49.

[152] Marie Freiin von Redwitz, Hofchronik, München 1924, 33. Sowie: Egon Cäsar Conte Corti, Mensch und Herrscher, 123–127.

[153] Peter Wiesflecker, Von »idealen Erzherzoginnen« und den »Hengsten Europas«. Initiation, Heirat und Ehe an Europas Fürstenhöfen, in: Im Bett mit der Macht. Kulturgeschichtliche Blicke in die Schlafzimmer der Herrschenden, herausgegeben

von Johannes Giessauf, Andrea Penz, Peter Wiesflecker, Wien 2011, 110.

154 Elisabeth Kovács, Die ideale Herzogin, Maria Theresias Forderungen an ihre Töchter. In: Mitteilungen des Instituts für österreichische Geschichtsforschung (MIÖG) 94, 49–80.

155 Das war mein Leben. Die Briefe der Lieselotte von der Pfalz, Herzogin von Orleans am Hof des Sonnenkönigs, Ebenhausen 1951, 164.

156 Egon Caesar Conte Corti, Ich, eine Tochter Maria Theresias: ein Lebensbild der Königin Marie Karoline von Neapel, München 1950, 56.

157 Sophie Dorothee Gräfin von Podewils (Herausgeberin), Traum der Jugend goldner Stern. Aus den Aufzeichnungen der Königin Olga von Württemberg. Aus dem Französischen (Manuskript) übersetzt und herausgegeben von Sophie Dorothee Gräfin von Podewils, Pfullingen 1955, 198.

158 Barbara Beck, Glanz, Pomp und Tränen. Von der dynastischen Ehe zur Liebeshochzeit in europäischen Herrscherhäusern, Regensburg 2012, 59.

159 Ebda., 60.

160 Sabine Thomsen, Die Württembergischen Königinnen. Charlotte Mathilde, Katharina, Pauline, Olga, Charlotte – Ihr Leben und Wirken, Tübingen 2007, 19.

161 Hadumod Bußmann, Ich habe mich vor nichts im Leben gefürchtet. Die außergewöhnliche Geschichte der Therese Prinzessin von Bayern, München 2011, 62.

162 Tagebucheintrag 8. März 1889, in: Bußmann, Therese von Bayern, 63.

163 Geschichte meines Herzens, Seite 16 im Nachlass der Prinzessin, in: Bußmann, Therese von Bayern,18.

164 Ebda., 67.

165 Kronprinzessin Victoria an Kronprinz Friedrich Wilhelm vom 7. Mai 1879, zitiert in: Röhl, Jugend, 356.

166 Wiesflecker, Von idealen Herzoginnen, 126.

167 Schiel, Stephanie, 127.

168 Luise, Prinzessin von Coburg, Throne, die ich stürzen sah, Zürich 1924, 83.

169 Brigitte Hamann, Elisabeth, Kaiserin wider Willen, München 1998, 72–73. Sowie: 612, Anmerkung 19.

170 John van der Kiste, Coryne Hall, Once a grand Duchess: Xenia, Sister of Nicholas II., London 2000, 30–51.

171 Zarewitsch Nikolaus an Großfürst George Alexandrovich, 9. Mai 1895, in: Maylunas Andrei und Sergei Mironenko (Hg.), A Lifelong Passion: Nicholas and Alexandra their own Story, London 1996, 73.

172 Großfürst George Alexandrovich an Zarewitsch Nikolaus, 9. Juni 1894, in: Maylunas und Mironenko, 73.

173 King, The Court, 54.

174 Helene Seewald, Die Aussteuer ihrer kaiserlichen Hoheit der Großfürstin Olga Nikolajewna, in: Im Glanz der Zaren. Die Romanovs, Württemberg und Europa, Katalog der Landesausstellung des Landesmuseums Württemberg, Stuttgart 2013, 53.

175 Theo Aronson, Crowns in conflict. The Triumph of the Tragedy of European Monarchy, 1910–1918. London 1988, 78.

176 Grace Ellison, A New Country and its People, London 1933, zitiert in: Houston, Nikola und Milena, 91.

177 Michel Richard, Das Haus Oranien-Nassau, Lausanne 1969, 379–383.

178 Henri D'Almeras, La Vie Parisienne au Second Empire, Paris 1933, 210.

179 Barbara Beck, Glanz, Pomp und Tränen, 171.

180 Houston, Nikola und Milena, 262.

181 Brook, Shepherd, Royal Sunset, 28.

182 Ebda., 30.

183 Christopher Clark, Die Schlafwandler. Wie Europa in den Ersten Weltkrieg zog, München 2013, 23–25.

184 Sabine Thomsen, Die Württembergischen Königinnen, 212.

185 Rudolf Vierhaus (Hg.), Am Hof der Hohenzollern. Aus dem Tagebuch der Baronin Spitzemberg 1865–1914, München 1965, 154.

186 Ebda., 87.

187 Helge Thomsen, Goldene Bräute, 224–226.

188 Robert Uhland (Hg.), Das Tagebuch der Baronin Eveline von Massenbach. Hof-

dame der Königin Olga von Württemberg, Stuttgart 1987, 132.

[189] Barbara Beck, Glanz, Pomp und Tränen, 173.

[190] Sabine Thomsen, Goldene Bräute, 156.

[191] Ebda., 152.

[192] Ebda., 156, ohne genaue Zuschreibung dieses Zitats.

[193] Ebda., 180.

[194] Klaus Müller, Maris Christina, in: Brigitte Hamann (Hg.), Die Habsburger. Ein biographisches Lexikon, Wien 1988, 315.

[195] Helga Thoma, Ungeliebte Königin, Ehetragödien an Europas Fürstenhöfen, München 2003, 223.

[196] Anna Eunike Röhrig, Mätressen und Favoriten. Ein biographisches Handbuch, Göttingen 2010, 358.

[197] Thoma, Ungeliebte Königin, 232.

[198] Pope-Hennessy, Queen Mary, 400.

[199] Ricardo De La Cierva, Alfonso y Victoria: Las Tramas Intimas, Secretas y Europeas de un Eeinardo Desconocideo, Madrid 2001, 225.

[200] Gerard Noel, Spains English Queen, London 1984, 167.

[201] Maria Teresa Puga, Eusebio Ferrer, Victoria Eugenia: Esposa de Alfonso XIII., Barcelona 1999, 164.

[202] Terrence Elsberry, Marie of Romania. The Intimate Life of a Twentieth Century Queen, New York 1972, 62.

[203] Zitiert bei: Barbara Beck, Glanz, Pomp und Tränen, 174.

[204] Kirill Vladimirovich, Grand Duke of Russia, My Life in Russia's Service. Then and Now, London 1939, 163–184.

[205] Ian Vorres, Last Grand Duchess, 86.

[206] Edward J. Bing, The Letters of Tsar Nicholas and Empress Marie: Being the Confidential Correspondence between Nicholas II. Last of the Tsar and his Mother, Dowager Empress Maria Feodorovna, London 1937, 148.

[207] Vorres, Last Grand Duchess, 86–87.

[208] King, The Court, 56.

[209] Barbara Beck, Glanz, Pomp und Tränen, 47.

[210] Ebda., 49.

[211] Queen Marie, My life, Vol. II, 337. Sowie: Edvard Radzinsky, The Last Tsar, The Life and Death of Nicolas II., New York 1992, 117.

[212] Franz, Eckhart G., »Maria Alexandrowna«, in: Neue Deutsche Biographie 16 (1990), 197

[213] Egon Caesar Conte, Corti, Unter Zaren und gekrönten Frauen. Schicksal und Tragik europäischer Kaiserreiche anhand von Briefen, Tagebüchern und Geheimdokumenten der Zarin Marie von Russland und des Prinzen Alexander von Hessen, Salzburg 1941, 231–232.

[214] zitiert in: Frankfurter Allgemeine Zeitung vom 17. März 2007, Nr.65 Seite 45.

[215] Egon Caesar Conte, Corti, Unter Zaren, 325.

[216] Ebda., 329.

[217] Ebda., 330.

[218] Brief des Zaren Alexander II. an Königin Olga von Württemberg, 20. Oktober 1880 in Livadia, zitiert in: Fußnote: Egon Caesar Conte, Corti, Unter Zaren, 331.

[219] Ebda., 336.

[220] Roberto Gervaso, La bella Rosina, Amore ragion di stato in Casa Savoia, Milano 1991, 72.

[221] Ebda., 79.

[222] Ebda., 97.

[223] Maurice Paléologue, Cavour. Ein großer Realist, Berlin 1928, 119.

[224] Franz Ferdinand an Nora Fugger, 10. Oktober 1898., zitiert in: Nora Fugger, Im Glanz der Kaiserzeit, Wien 1980, 323.

[225] Fugger, Im Glanz der Kaiserzeit, 324.

[226] Friedrich Weissensteiner, Franz-Ferdinand. Der verhinderte Herrscher, München 1994, 114–118.

[227] Victor Eisenmenger, Erzherzog Franz Ferdinand. Seinem Andenken gewidmet von seinem Leibarzt, Zürich-Leipzig-Wien 1930, 119.

[228] Alma Hannig, Franz Ferdinand, Die Biographie, Wien 2013, 61.

[229] Eisenmenger, Franz Ferdinand, 172. Sowie: Lothar Höbelt, Die Habsburger. Aufstieg und Glanz einer europäischen Dynastie, Stuttgart 2009, 154–155. Sowie: Josef Schneider (Hg.), Kaiser-Franz Joseph I. und sein Hof. Erinnerungen und Schilderungen

aus den nachgelassenen Papieren eines persönlichen Ratgebers, Wien 1919, 64.

230 Eulenburg-Hertefeld, Philipp Fürst zu, Erlebnisse an deutschen und fremden Höfen, Leipzig 1930, 296.

231 Rumbold an Salisbury, 23. Mai 1900, zitiert in: Hannig, Franz Ferdinand, 63.

232 Walter Goldinger (Hg.), Kaiserhaus, Staatsmänner und Politiker. Aufzeichnungen des k.k. Statthalters Erich Graf Kielmansegg, Wien 1966, 69.

233 Hannig, Franz Ferdinand, 66.

234 Franz Ferdinand an Erzherzogin Maria Theresia, 9. Juli 1900, zitiert in: Hannig, Franz Ferdinand, 66.

235 Eulenburg an Wilhelm II., 22. März 1900., zitiert in: Eulenburg, Erlebnisse, 290,

236 Ghislaine Windisch-Grätz, Kaiseradler und rote Nelke. Das Leben der Tochter des Kronprinzen Rudolf, Wien-München 1992, 148–161.

237 Franz, Eckhart G., »Ludwig IV.«, in: Neue Deutsche Biographie 15 (1987), 398–400.

238 David Duff, Hessian Tapestry, The Hesse Family and British Royalty, London 1967, 93. Sowie: Jerrold M. Packard, Victoria's Daughters, New York 1998, 25–35.

239 Alison Weir, Ella. Princess, Saint, Martyr, Chicester 2006, 11.

240 Barbara Hauck, Ludwigs Lust. Unstandesgemäße Liebschaften im Hause Hessen-Darmstadt, Frankfurt 2010, 97–99.

241 Brief vom 13. März 1884, Großherzoglich-Hessisches Familienarchiv Darmstadt, Sign. D 24 Nr.3/1, zitiert bei Hauck, Ludwigs Lust, 102.

242 Ludwig IV. an Alexandrine, Auszüge aus dem Briefwechsel 1882–1884, Großherzoglich-Hessisches Familienarchiv Darmstadt, Sign. D 24 Nr.3/1, zitiert bei Hauck, Ludwigs Lust, 102.

243 Handakten Dr. W. Köhler, Mannheim, 1884/1885, in: Großherzoglich-Hessisches Familienarchiv Darmstadt, Sign. D 24 Nr.3/1, zitiert bei Hauck, Ludwigs Lust, 100.

244 Ludwig IV. an Alexandrine, Auszüge aus dem Briefwechsel 1882-1884, Großherzoglich-Hessisches Familienarchiv Darmstadt, Sign. D 24 Nr.3/1, zitiert bei Hauck, Ludwigs Lust, 104.

245 John Van der Kiste, Sons, Servants and Statesmen. The Men in Queen Victoria's Life, London 2006, 202.

246 Henry Ponsonby an Premier Gladstone, ohne Datum, zitiert in: Ponsonby, Arthur P.: Henry Ponsonby, Queen Victoria's Private Secretary, His Life from His Letters. London 1942.

247 Abschrift eines Briefes der Lady Emily Amptill an Königin Victoria, Britische Botschaft, Berlin, 18. Mai 1884, zitiert in: Hauck, Ludwigs Lust, 119.

248 »Der Eheschluss«, Handakten Dr. W. Köhler zum Fall Kolemine, in: Großherzoglich-Hessisches Familienarchiv Darmstadt, Sign. D 24 Nr. 3/1, zitiert bei Hauck, Ludwigs Lust, 120.

249 Madame de Kolumine's novels, From the London World, The New York Times, December 14th, 1886.

250 Van der Kiste, Sons, Servants and Statesmen, 203, ohne genaue Zitierung.

251 Juliana von Stockhausen, Im Schatten der Hofburg. Gestalten, Puppen und Gespenster. Aus meinen Gesprächen mit Stefanie von Belgien, Fürstin Lonyay, der letzten Kronprinzessin von Österreich-Ungarn, Wien 1952, 41–42.

252 Paoli, Xavier, Their Majesties as I knew them: Personal Reminiscences of the Kings and Queens of Europe. New York, 1911, 285–287.

253 Hochschild, Adam, King Leopold's Ghost. A Story of Greed, Terror, and Heroism in Colonial Africa. New York, 1998, 223.

254 Philipp Blom, Der taumelnde Kontinent. Europa 1900–1914, München 2009, 120–137.

255 Rappoport, Angelo S., Leopold, the Second King of the Belgians. London 1910, 267.

256 Nikolaus II. an Ex-Kaiserin Marie Feodorovna, 20. Oktober 1902, zitiert in: Bing Edward J. (Hg): The letters of Tsar Nicholas and empress Marie: Being the confidential correspondence between Nicholas II., Last of the Tsars and his mother, Dowager empress Marie Feodorvna, London 1937, 169–170.

257 Dimitri Abrikossow, Revelation of a Russian Diplomat: The Memoirs of Dimitri Abrikossow, herausgegeben von George Alexander Lensen, Seattle, University of Washington 1964, 231, 236.

258 Donald Crawford, Rosemary Crawford, Michael and Natasha: The Life and Love of Emperor Michael II, the Last Tsar of Russia, London 1998, 122–130.

259 King, Court, 59.

260 Ex-Kaiserin Marie an Nikolaus II., 4. November 1912, in: Maylunas und Mironenko, 283.

261 Nikolaus II. an Ex-Kaiserin Marie, 21. November 1912, in: Maylunas und Mironenko, 363.

262 Paleologue, hier zitiert, angegeben in: King, The Court, 61.

263 Abrikossow, Revelation of a Russian Diplomat, 234–235.

264 Zitiert in: Barbara Beck, Glanz, Pomp und Tränen, 182.

265 Queen Victoria an König Leopold, 11. Februar 1840, in: Benson, Arthur Christopher M. A. & Viscount Escher G. C. V. O., K. C. B.: The Letters of Queen Victoria. A Selection from Her Majesty's Correspondence between the Years 1837–1861, London 1906, 217.

266 Barbara Beck, Glanz, Pomp und Tränen, 169. Sowie: Egon Cäsar Conte Corti, Wenn ... Sendung und Schicksal einer Kaiserin, Wien 1954, 10. – ohne eine Belegstelle für diesen Ausspruch anzugeben.

267 Hubbard, Serving Victoria, 211.

268 Ebda., 208–210.

269 Hubbard, Serving Victoria, 263.

270 Stanley Weintraub: Queen Victoria, Düsseldorf 1994, 332.

271 Reid an Sir James, Jänner 1901, in: Ridley, Heir, 422.

272 Eva Kathrin Dade, Madame de Pompadour. Die Mätresse und die Diplomatie, Köln-Weimar-Wien 2010, 75–79.

273 Ebda. 80–81.

274 Benedetta Craveri, Königin und Mätressen. Die Nacht der Frauen – von Katharina de Medici bis Marie Antoinette, München 2012, 339–375.

275 Joanna Richardson, The Courtesans. The Demi-Monde in 19th-Century France, London 1967, 1–3.

276 Virginia Rounding, The Lives and Legends of four Nineteenth-century Courtesans, London 2003, 2–7.

277 Verena von der Heyden-Rynsch, Europäische Salons. Höhepunkte einer versunkenen weiblichen Kultur, Hamburg, 1985, 17.

278 Ridley, Heir, Prinzessin Victoria an Queen Victoria, 6. September 1870, in: Pakula, Uncommon Woman, 295–296.

279 Werner Bokelberg (Hg.), Sisis Schönheitenalbum. Private Fotographien aus dem Besitz der Kaiserin Elisabeth, Dortmund 1980, 92–119.

280 Julie Cavanagh, The Girl Who loved Kamellias. The Life and Legend of Marie Duplessis, Toronto 2013, 99.

281 Carmen Posadas, La belle Otero, Die große Verführung der Belle Epoque, Ein Leben wie ein Roman, Hamburg 2003, 127.

282 Ebda., 107.

283 Ebda., 209.

284 Ebda., 233.

285 Ebda., 234.

286 Ebda., 206.

287 Ebda., 190.

288 Ebda., 191.

289 Ebda., 162.

290 Ebda., 181.

291 Richardson, The Courtesans, 1967, 28–32; Sowie: Katie Hickman, Courtesans, 2003, 249–251.

292 Siehe: John Van der Kiste, Alfred. Queen Victoria's Second Son, London 2013.

293 Agent Canné an Francis Knollys, vom 9. November 1971, Royal Archives, in: Ridley, Heir, 181–182.

294 Agent Canné an Francis Knollys, ohne Datum, November 1871, Royal Archives, in: Ridley, Heir, 182.

295 Stanley Weintraub, Edward the Caresser: The Playboy Prince Who Became Edward VII, New York 2001, 310.

296 Maurice Paléologue, Cavour, 137. Sowie: Johannes Willms, Napoleon III. Frankreichs letzter Kaiser, München 2008, 119.

297 Maurice Paléologue, Cavour, 136.

298 Pierre Apraxine, Xavier Demange, »La Divine Comtesse«. Photographs of the Countess de Castiglione, New York 2000, 15–16.

299 Apraxine, La Divine Comtesse, 17.

300 Weintraub, Edward, 311.

301 Christopher Hibbert, Edward VII., London 2007, 236.

302 Freundlicher Hinweis von Dr. Georg Gaugusch

303 Oberstleutnant Steininger an Kronprinz Rudolf, 19. April 1887, in: Oskar Freiherr von Mitis, Das Leben des Kronprinzen Rudolf. Mit Briefen und Schriften aus dessen Nachlass. – Neu herausgegeben und eingeleitet von Amdam Wandruszka, Wien 1971, 324.

304 Ella Sommssich an Prinz Wilhelm, ohne Datum vom Sommer 1887, zitiert in: Röhl, Wilhelm und seine Frauen, 303.

305 Peter Broucek, Kronprinz und K.u.K.-Oberstleutnant im Generalstab Steininger, in: Mitteilungen des österreichischen Staatsarchivs, 26, 1973, 446f.

306 Kronprinz Rudolf, Beilage zum Brief an Szeps vom 6. November 1888, zitiert in: Hamann, Rudolf, Kronprinz und Rebell, 400.

307 Kronprinz Rudolf, Beilage zum Brief an Szeps vom 11. November 1888, zitiert nach Hamann, Rudolf, Kronprinz und Rebell, 401.

308 Walter Hummelberger, Maria Caspar und Josef Bratfisch. Biografische Notizen (= Jahrbuch des Vereins für Geschichte der Stadt Wien Band 19/20 aus 1963-64), 277–291.

309 Brigitte Hamann, Rudolf, Leben, 415–419.

310 Heinrich Baltazzi-Scharschmid, Hermann Swistun, Die Familien Baltazzi-Vetsera im kaiserlichen Wien, Wien-Köln-Graz 1980, 189–216.

311 Hall, Imperial Dancer, 19.

312 Serge Lifar, My Life. From Kiev to Kiev, London 1970, 100.

313 Hall, Imperial Dancer, 14.

314 Ebda., 16.

315 Ebda., 18.

316 Ebda., 15.

317 Bronislava Nijinska, Early Memoirs, New York 1981, 46–47.

318 Graf Vladimir Lambsdorff Tagebuch, Eintrag vom 8. April 1894, zitiert in: Hall, Imperial Dancer, 42.

319 Hall, Imperial Dancer, 45.

320 Stefano Papi, The Jewels of the Romanovs. Family and Court, London 2010, 169.

321 Papi, Jewels, 168.

322 Großfürst Sergei Mikhailovich an Großfürst Nikolaus Mikhailovic, 9. März 1917, zitiert in: King, The Court, 94.

323 George Cornwallis-West, Reminiscences of Lady Randolph Churchill, London 1909, 105.

324 Lillie Langtry, The days I knew. An Autobiography, (Neuauflage) London 1989, 38–40.

325 Ebda., 73.

326 Ridley, Heir, 249.

327 Langtry, Days, 155–157.

328 King, The Court, 79.

329 Queen Victoria an Kaiserin Friedrich, 20. Juli 1890. In: Agatha Ramm (Hg): Beloved and Darling Child: Last Letters between Queen Victoria and Her Eldest Daughter 1886–1901, London 1990, 113.

330 Luise von Toskana, Mein Leben, Dresden 1997, 39.

331 Leopold Wölfling, Habsburger unter sich. Freimütige Aufzeichnungen eines ehemaligen Erzherzogs, Berlin 1921, 149–155.

332 Die Zeit, Wien, 24. Dezember 1902.

333 Luise von Toskana, Mein Leben, 116.

334 Ebda., 74.

335 Ebda., 87.

336 Karl Vocelka, Lynne Heller, Die private Welt der Habsburger. Leben und Alltag einer Familie, 156–157.

337 Erika Bestenreiner, Luise von Toskana. Skandal am Königshof, München 1999, 113.

338 Walter Fellmann, Sachsens letzter König Friedrich August III., Berlin-Leipzig, 1992, 63.

339 Vierhaus, Tagebuch Spitzemberg, 208.

340 Brigitte Hamann, Meine liebe, gute Freundin! Die Briefe Kaiser Franz Josephs an Katharina Schratt; aus dem Besitz der Österreichischen Nationalbibliothek, Wien 1992, 380.

341 Erika Bestenreiner, Die Frauen aus dem Hause Coburg. Aus dem fränkischen Herzogtum auf die Throne Europas, München 2011, 128.

342 Präsidialakten des Obersthofmarschallamtes, zitiert in: Bestenreiner, Luise von Toskana, 97.

343 Wiener Extrapost, 20. Februar 1899.

344 Bestenreiner, Frauen aus dem Hause Coburg, 130.

345 Ebda., 153.

346 Bestenreiner, Frauen aus dem Hause Coburg, Obersthofmarschallakten, zitiert auf Seite 99.

347 Ebda., 155.

348 Ebda., 165.

349 Julia P. Gelardi, Born to Rule. Five Reigning Consorts, Granddaughters of Queen Victoria, New York 2006, 6.

350 Pakula, Last Romantic, 55.

351 Ebda., 59.

352 Gelardi, Born to rule, 87.

353 Marie, Queen of Romania, The story of my life, Volume I, 1934, 47.

354 Queen Marie, My life, Vol. II, 82.

355 Pakula, Last Romantic, 108.

356 William Le Qex, Things I know about kings, Celebrities and Crooks, London 1923, 96.

357 Brief vom 13. Dezember 1901, zitiert in: Queen Elisabeth und Henry Howard Harper, Letters and Poems of Queen Elisabeth (Carmen Silvia), Boston 1920, 127.

358 Princess Ann-Marie Callimachi, Yesterday was mine, London 1952, 49.

359 Pakula, Last Romantic, 115.

360 Ebda., 120.

361 Ebda., 123.

362 Ebda., 123.

363 Ebda., 124.

364 Paul D. Quinlan, the Playboy King: Carol II of Romania, Contributions to the Study of World History, No. 52. Westport, Connecticut 1995, 17.

365 Pakula, Last Romantic, 159.

366 Ebda., 103.

367 Quinlan, playboy King, 17.

368 Etwa: Nachlass des letzten Botschafters von Österreich-Ungarn in Berlin, Prinz Gottfried zu Hohenlohe-Schillingsfürst, Wien.

369 Erwin Matsch, November 1918 auf dem Ballhausplatz. Erinnerungen Ludwigs Freiherrn von Flotow, des letzten Chefs des österreichisch-ungarischen Auswärtigen Dienstes, 1895 bis 1920, Wien-Köln-Graz 1982, 103–104.

370 Pakula, Last Romantic, 145.

371 Gelardi, Born to rule, 155.

372 Zitat Graf Ottokar Czernin R.W. Seton-Watson, A History of Rumanians: From Roman Times to the Completion of Unity, New York 1963, 469–470.

373 Pakula, Last Romantic, 158.

374 Ebda., 162.

375 Diana Mandache, Later Chapters of my Life. The Lost Memoirs of Queen Marie of Romania, Phoenixmille 2004, XXIII.

376 An Official Report of the Cause Célébre Mordaunt versus Mordaunt, Cole and Johnston, 1870, 70–76. Sowie: The Times, 26. Februar 1878, zitiert in: Ridley, Heir, 148.

377 Prinz Albert Edward an Königin Victoria, 7. Mai 1869, Royal Archives, zitiert in: Ridley, The Heir, 154.

378 Prinz Albert Edward an Queen Victoria, 10. Februar 1870, Royal Archives, zitiert in: Ridley, Heir, 156.

379 Ridley, Heir, 162.

380 Ebda. 157.

381 William Gladstone an Prinz Albert Edward, 23. Februar 1870, Royal Archives, zitiert in: Ridley, Heir, 161

382 Ridley, Heir, 164.

383 Queen Victoria an Kronprinzessin Vicky, 5. Juni 1872, in: Fulford, Darling Child, 47.

384 Ridley, Heir, 223.

385 »corridor creeping«

386 Ridley, Heir, 226.

387 Ebda., 229.

388 Brief Henry Ponsonby an Prinz Albert Edward, 4. April 1876, zitiert in: Ridley, Heir, 230

389 Ridley, Heir, 231.

390 Ebda., 349.

391 Zitat ohne Hinweis bei: Van der Kiste, Sons, 212.

392 Queen Victoria an Kronprinzessin Vicky, 8. Juni 1891, Royal Archives, zitiert in: Ridley, Heir, 352.

393 L.J. Jennings an Knollys, 16. Juni 1891, Royal Archives, zitiert in: Ridley, Heir, 353.

394 Van der Kiste, Sons, servants and statesmen, 212.

395 The Times, 10. Juni 1891, zitiert in: Ridley, Heir, 353.

396 Reynolds Newspaper, 14. Juni 1891, Ridley, Heir, 353.

397 Peter Mandler, The Fall and Rise of the British Aristocracy, in: Adel und Moderne, Deutschland im europäischen Vergleich im 19. und 20. Jahrhundert, Eckart Conze und Monika Wienfort (Hg), Köln 2004, 47.

398 The World, 6. September 1877, zitiert in: Ridley, Heir, 254.

399 John Van der Kiste Crowns in a Changing World. The British and European Monarchies, 1901-36, London 1993, 21.

400 Robert K. Massie, Die Schalen des Zorns. Großbritannien, Deutschland und das Heraufziehen des Ersten Weltkrieges, Frankfurt a.M. 1998, 182–184.

401 Magnus, King Edward, 228.

402 Prinz Wilhelm von Preußen an Kaiserin Augusta, 27. Juni 1886, Zentrales Staatsarchiv Merseburg, zitiert in John C. G. Röhl, Hof und Hofgesellschaft unter Wilhelm II. in: Hof, Kultur und Politik (= Akten des 18. Deutsch-französischen Historikerkolloquiums Darmstadt, 27.–30. September 1982), 280.

403 Wolfgang Wippermann, Skandal im Jagdschloss Grunewald. Männlichkeit und Ehre im deutschen Kaiserreich, Darmstadt 2010, 9–10.

404 Fritz Friedmann, Der deutsche Kaiser und die Hofkamarilla, I: Der Fall Kotze. II: Wilhelm II. und die Revolution von oben, Zürich 1897, 158ff.

405 John C.G. Röhl: Wilhelm II. Der Aufbau der persönlichen Monarchie: 1888–1900, München 2001, 728ff.

406 Wippermann, Skandal im Jagdschloss, 14.

407 Anonymer Brief an Wilhelm von Hohenau, 15. Juni 1892, zitiert in: Fußnote: Wippermann, Skandal im Jagdschloss, 26. Sowie: Anonymer Brief an Prinzessin Luise von Anhalt, April 1892, zitiert in: Wippermann, Skandal im Jagdschloss, 23.

408 Röhl, Aufbau, 746.

409 John C.G. Röhl, Wilhelm II., Band 1, München 2001, 755. – Tagebucheintragung Waldersee vom 23. Mai 1895.

410 John C.G. Röhl, Philipp Graf zu Eulenburg – Des Kaisers bester Freund, in: Ders., Kaiser, Hof und Staat. Wilhelm II. und die deutsche Politik, München 1987, 65. Sowie: Isabel V. Hull, The Entourage of Kaiser Wilhelm II. 1888–1918, Cambridge 1982, 34–45.

411 Wippermann, Skandal im Jagdschloss Grunewald, 17.

412 Ebda., 63.

413 Ebda., 64.

414 Ebda., 63–66.

415 Ebda., 70.

416 Ebda., 72–75.

417 Ebda., 74–77.

418 Ebda., 97.

419 Ebda., 99.

420 Ebda., 50.

421 Orlando Figes, A People's Tragedy, The Russian Revolution 1891–1924, London 2014, 10.

422 Andrew M. Verner, The Crisis of Russian Autocracy, Nikolaus II and the 1905 Revolution, Princeton 1990, 73.

423 Orlando Figes, A people's Tragedy, 13–14.

424 zitiert bei Orlando Figes, A people's Tragedy, 4–12.

425 Ebda., 12.

426 Kokovtsov, Vladimir N, and Harold H. Fisher. Out of My Past: The Memoirs of Count Kokovtsov, Russian Minister of Finance, 1904–1914, Chairman of the Council of Ministers, 1911–1914. California: Stanford University Press, 1935, 361.

427 Vladimir Poliakoff, The Tragic Bride: The Story of the Empress Alexandra of Russia, New York 1928, 82.

428 Harrison E. Salisbury, Black Night, White Snow: Russia's Revolutions, 1905–1917, New York 1981, 50–58.

429 George Earl Buckle, The Letters of Queen Victoria, Third Series, A Selection from

her Majesties Correspondence between the years 1862 and 1885 and between the years 1886 and 1901. Vol. II: 1891 bis 1895, London 1931, Eintrag vom 1. November 1894, 438.

430 Agatha Ramm, Bilawal and Darling Child: Last Letters between Queen Victoria and her eldest Daughter 1886–1901, Straight, 1990, 172.

431 Theodore H. von Laue, Sergei Witte and die Industrialization of Russia, New York 1963, 122–123. sowie: Orlando Figes, A People's Tragedy, 21.

432 Orlando Figes, A People's Tragedy, 22.

433 Edmond Taylor, the Fall of the Dynasties. The Collapse of the old Order 1905–1922, New York 1963, 57.

434 Richard Hough (Hg), Advice to my Grand Daughter: Letters from Queen Victoria to Princess Victoria of Hesse, New York, Brief vom 26. April 1884, 65.

435 Vyrubuva, Anna, Memoirs of the Russian Court, New York 1923, 4.

436 Lili Dehn, The Real Tsaritsa, Boston 1922, 44; sowie Princess Anatole, Bariatinsky, My Russian Life, London 1923, 66.

437 Zitiert in Orlando Figes, A People's Tragedy, 26.

438 Orlando Figes und Boris Kolonitskii, Interpreting the Russian Revolution. The Language and Symbols of 1917, New Haven and London 1999, 9.

439 Marfa Mouchanow, My Empress, New York 1928, 91.

440 Charlotte Zeepvat, Prince Leopold. The Untold Story of Queen Victoria's Youngest Son, London 1998, 48–64.

441 Baroness Sophie Buxhoeveden, The Life and Tragedy of Alexandra Feodorovna, London 1930, 150.

442 Richard Wortman, Scenarios of Power. Myth and Ceremony in Russian Monarchy, Band 2, Princeton 2000, 415–421.

443 Tatjana Botkin, Meine Erinnerungen an die Zarenfamilie, Köln 2006 (Neuauflage), 32–35

444 Brook-Shepherd, Royal Sunset, 235; Salesbury, Black Night, 180; Elisabeth Heresch, Alexey, der Sohn des letzten Zaren. Biographie mit neuen Dokumenten, München 1997, 71.

445 Robert K. Massie, Nicholas and Alexandra. The Tragic Compelling Story of the Last Tsar and his Family, London 1992, 180–181.

446 Salesbury, Black Night, 208 sowie Massie, Nicholas and Alexandra, 193.

447 Interview Dr. med. Gabriela Richter vom 6. November 2014, Wien.

448 Lili Dehn, Real Tsaritsa, 100. Sowie Orlando Figes, A People's Tragedy, 30.

449 Maurice Paléologue, An Ambassadors Memoirs, Vol. I. (July, 1914–June 2nd, 1915), New York 1925, 292.

450 Ian Vorres, The Last Grand Duchess: Her Imperial Highness Grand Duchess Olga Alexandrovna, 130–131.

451 Orlando Figes, A People's Tragedy, 28.

452 Ebda., 31.

453 Ebda., 32.

454 Maylunas/Mironenko, A Lifelong Passion, 483–487.

455 Robert K. Massie, Nikolas and Alexandra. The tragic, compelling Story of the last Czar and his Family, London 1992, 318.

456 W. Bruce Lincoln, The Romanovs: Autocrats of all the Russias, New York 1981, 681; sowie Orlando Figes, A people's tragedy, The Russian Revolution 1891–1924, London 2014, 34.

457 Kokovtsov, Out of My Past, 295–296.

458 Buxhoeveden, Alexandra Feodorovna, 132, Sowie Vyrubuva, Memoirs, 92–93.

459 Paléoloque, Ambassadors Memoirs, 148. Sowie Vyrubuva, Memoirs, 94.

460 Vorres, The last Grand Duchess, 140.

461 The Surveillance of Rasputin, A Police Department Report, 18. Februar 1913, zitiert in Maylunas and Mironenko: A Lifelong Passion, 373–374.

462 Orlando Figes, A People's Tragedy, 34.

463 Orlando Figes, A People's Tragedy, 33; sowie Greg King, The Last Empress: The Life and Times of Alexandra Feodorovna, Tsarina of Russia, New York 1994, 185.

464 Gelardi, Born to rule, 206.

465 Ebda. 206.

466 J. T. Fuhrmann, Rasputin: A Life, New York 1990, 94–98.

467 Figes, Kolonitskii, Interpreting the Revolution, 16.

468 Ebda., 14.

469 Ebda, 17.

470 Ebda, 8–12.

471 Ebda, 24.

472 Ebda, 24.

473 Edward Radsinski, Die Geheimakte Rasputin. Neue Erkenntnisse über den Dämon am Zarenhof, München 2000, 451

474 Greg King, The Man who killed Rasputin: Prinz Felix Youssoupov and the Murder that helped bring down die Russian Empire, New York 1995, 175–178.

475 Zu diesen Erkenntnissen siehe u. a.: Frank M. Stein, Rasputin, 1997, 196

476 Grand Duke Alexander, Once a Grand Duke, New York 1932, 278.

477 Grand Duchess Marie, Education of a Princess. A Memoir, New York 1930, 271.

478 Sir Bernard Pares, Fall of the Russian Monarchy: A Study of the Evidence, New York 1961, 399.

479 Paléologue, Ambassador's Memoirs, Vol. III., 191.

480 Nach gregorianischer Zeitrechnung der 8. März

481 Maylunas und Mironenko, A lifelong Passion, 529.

482 Figes, Kolonitskii, Interpreting the Revolution, 15.

483 Paul Bulygin, The Murder of the Romanovs, London 1935, 238.

484 Helen Rappaport, Four Sisters. The Lost Lives of the Romanov Grand Duchesses, London 2014, 376.

485 King, Court, 95.

486 Wilhelm Brauneder, Deutsch-Österreich 1918. Die Republik entsteht, Wien-München 2000, 29–31; Lothar Höbelt, Franz-Joseph I. Der Kaiser und sein Reich. Eine politische Geschichte, Wien-Köln-Weimar 2009, 153–154; Manfried Rauchensteiner, Der Erste Weltkrieg und das Ende der Habsburger-Monarchie, Wien 2013, 1050–1052.

487 Kaiser Wilhelm II., Ereignisse und Gestalten aus den Jahren 1878 bis 1918, Berlin 1922, 246.

488 Heinz Gollwitzer, Die Funktion der Monarchie in der Demokratie. In: Bürgertum, Adel und Monarchie. Wandel der Lebensformen im Zeitalter des bürgerlichen Nationalismus; hrsg.: Adolf M. Birke; Lothar Kettenacker; Helmut Reifeld, München 1989, 527.

489 Arno J. Mayer, The Persistence of the Old Regime: Europe to the Great War, London 1981, 13.

# Namenregister

# Abbildungsnachweis

IMAGNO/Sammlung Hubmann (47), Scherl/SZ-Photo/picturedesk.com (48), Archie Miles/akg-images/picturedesk.com (81), Staatliches Museum Schloss Konopiště (135), Albert Harlingue/Roger Viollet/picturedesk.com (143), Roger Viollet/picturedesk.com (206 rechts), FFAH Fürstliches Familienarchiv Hohenlohe Wien (214). Alle übrigen Abbildungen stammen aus dem Archiv der Autorin.

Es wurden alle Rechte abgeklärt. Konnten in einzelnen Fällen die Rechteinhaber der reproduzierten Bilder nicht ausfindig gemacht werden, bitten wir, dem Verlag bestehende Ansprüche zu melden.